Arbeitsrechtliche Fragen nationaler und internationaler Telearbeit
in der Europäischen Union an den Beispielen Deutschland und Spanien

Schriften der Deutsch-Spanischen Juristenvereinigung

Band 12

PETER LANG
Frankfurt am Main · Berlin · Bern · Bruxelles · New York · Oxford · Wien

Johannes F. K. Rheinheimer

Arbeitsrechtliche Fragen nationaler und internationaler Telearbeit in der Europäischen Union an den Beispielen Deutschland und Spanien

PETER LANG
Europäischer Verlag der Wissenschaften

Bibliografische Information Der Deutschen Bibliothek
Die Deutsche Bibliothek verzeichnet diese Publikation in der Deutschen Nationalbibliografie; detaillierte bibliografische Daten sind im Internet über <http://dnb.ddb.de> abrufbar.

Zugl.: Berlin, Freie Univ., Diss., 2002

D 188
ISSN 1433-884X
ISBN 3-631-50111-0

www.peterlang.de

Meinen Eltern

in dankbarer Anerkennung

Vorwort

Die vorliegende Arbeit wurde vom Fachbereich Rechtswissenschaft der Freien Universität Berlin als Dissertation angenommen. Mit Freude darf ich sie nunmehr der wissenschaftlichen Öffentlichkeit vorlegen.

Allen, die zum Gelingen der Arbeit beigetragen haben, sei es durch ihr Interesse und ihre Anregungen, sei es auch durch ihre kritischen Anmerkungen, danke ich herzlich. Einige von ihnen möchte ich jedoch besonders hervorheben.

Mein Dank gilt meinem Doktorvater, Herrn Professor Dr. Klaus Adomeit für die Betreuung und die Erstattung des Erstgutachtens. Für die zügige Erstattung des Zweitgutachtens danke ich Herrn Prof. Dr. Jochem Schmitt.

Mein besonderer Dank gilt ferner meinen Eltern, die mir die Arbeit sowie mein Studium ermöglichten und mich über die Jahre immer wieder tatkräftig unterstützten. Ihnen widme ich meine Arbeit von ganzem Herzen. Meinem Vater Dr. Hans P. Rheinheimer gilt besonderer Dank, da er die vorliegende Arbeit mehrmals durchgesehen und an vielen Stellen Anregungen gegeben hat. Diesbezüglich gilt auch Herrn Rechtsanwalt und Steuerberater Dr. Johann van Lengerich aus Lingen, Frau m.a. Nathalie v. Siemens und Herrn Anton v. Rothenhan mein Dank, die Teile der Arbeit auf ihren sprachlichen Gehalt hin kritisch durchgesehen haben sowie auch Herrn Rechtsanwalt Arpad Szarka aus Berlin. Mein Dank gilt auch ferner Herrn Wolf Frhr. v.u.z. Egloffstein, Herrn Rechtsanwalt Christian Gerlach und Herrn Dr. Hans Hubertus Frhr. v. Roenne, die mir während mehrerer Tagungen Anregungen, Unterstützung und kritische Hinweise gegeben haben.

Besonders danken möchte ich ferner Herrn Rechtsanwalt Marc André Gimmy aus Düsseldorf, sowie die anderen Mitglieder des Vorstands der Deutsch-Spanischen Juristenvereinigung, die die Veröffentlichung in ihrer Schriftenreihe ermöglicht haben. Nicht minder möchte ich die Herren Udo Fedderies und Richard Breitenbach vom Verlag danken, die sich für den Druck verantwortlich zeichnen.

Die Bearbeitung der vorliegenden Arbeit wurde im September 1999 abgeschlossen. Grundlegende Veränderungen am Manuskript wurden danach nicht vorgenommen.

San Francisco, im November 2003

Johannes F.K. Rheinheimer

Inhaltsverzeichnis

A. Einleitung

Wir befinden uns in einem Zeitalter des schon fortgeschrittenen Umbruchs von der Industriegesellschaft zur Informationsgesellschaft. Das Informationszeitalter faßt in allen Bereichen des Lebens Fuß und wirkt sich damit auch im Arbeitsleben aus. Eine Folge ist die örtliche Ausgliederung der Arbeitskraft, die neue Fragen aufwirft und eine Analyse der Rechtslage erfordert. Verschiedene Formen der Ausgliederung sind möglich. Die vorliegende Untersuchung befaßt sich mit der Form, die gemeinhin als '*Telearbeit*' bezeichnet wird.[1]

I. Problemstellung und Zielsetzung der Arbeit

Dabei ergeben sich vier Fragenkomplexe. Zunächst ist festzustellen, was 'Telearbeit' als eine Arbeitsform beinhaltet, und entsprechend der hier übernommenen Aufgabenstellung, welchen gesetzlichen Vorschriften sie in Deutschland einerseits und andererseits in Spanien unterliegt.

Vier mehr oder weniger miteinander verknüpfte Bereiche bilden die Grundlage der vorliegenden Arbeit. Zum ersten die Telearbeit als neue Arbeitsform; zweitens telearbeitsspezifische Rechtsfragen der Telearbeit, die sich unabhängig von grenzüberschreitenden Fragen jeweils in Deutschland und in Spanien ergeben; drittens Fragen grenzüberschreitender Tätigkeit und der damit in Zusammenhang stehenden Rechtsfragen; und viertens die Frage, inwieweit sich die Antworten zu den Rechtsfragen in Deutschland und Spanien decken.

Als dem Thema übergeordnete Frage stellt sich die folgende: Wie ist die Rechtslage, wenn ein Telearbeiter in Spanien für ein Unternehmen, mit Sitz in Deutschland tätig wird? Die Parallelfrage lautet dementsprechend, wie ist die Rechtslage, wenn ein Telearbeiter in Deutschland für ein Unternehmen, das in Spanien seinen Sitz hat, tätig wird, und welche konkreten Lösungsansätze bietet die anwendbare Rechtsordnung für die Beantwortung der einzelnen Fragen, die im Rahmen der Telearbeit von besonderer Bedeutung sind?

Die Diskussionen in Literatur und Rechtsprechung befinden sich noch zu sehr im Fluß, als daß direkt und ausschließlich auf Fragen grenzüberschreitender Tätigkeit eingegangen werden könnte. Vielmehr bedarf es der grundsätzlichen Diskussion bestimmter nicht-juristischer und juristischer Einzelfragen.[2]

---

[1]Unter Telearbeit soll bis zur detaillierteren Diskussion einer Definition im folgenden 'durch Informations- und Kommunikationstechnologie unterstützte, räumlich dezentralisierte Büroarbeit' verstanden werden.

[2]Es ergibt sich von selbst, daß längst nicht alle Fragen Gegenstand der vorliegenden Arbeit sein können. Hierzu zählen etwa die technischen Voraussetzungen, zu denen insbesondere die Entwicklung der Telekommunikations-Infrastruktur aber auch die vor Ort jeweils erforderlichen informationstechnischen Geräte gehören. Denn hierzu ist bereits umfangreiche Literatur erschienen (stellvertretend für viele seien an Monographien aufgeführt: *in*

Eine direkte Antwort auf die Fragen wird sich ferner nicht ad hoc finden lassen, da die Telearbeit hierfür zu neu und die auftretenden Rechtsfragen zu komplex sind. Vorab stellt sich aber die Frage, was Telearbeit ist. Es gilt, das im Hinblick auf Inhalte und Auswirkungen umstrittene Phänomen der neueren Arbeitsform

---

Deutschland: GODEHARDT, Telearbeit, S. 80; an Artikeln: vgl. HÄUSSLER, FAZ v. 12.3.1996; SCHOLZ, ISDN, S. 43 ff; HAESNER, A Third, S. 46 ff.; MARTÍN DE LA HOZ, The Design, S. 52 ff.; KILIAN/BORSUM/HOFFMEISTER, NZA 1987, S. 402; *in Spanien:* PADILLA MELENDEZ, Los flujos; BARRIOS/MUÑOZ, Teletrabajo; GRAY/HODSON/GORDON, Teletrabajo; ORTIZ CHAPARRO, Teletrabajo). Weiter sollen im Rahmen dieser Arbeit grundsätzlich die Voraussetzungen betriebsorganisatorischer Art nur am Rande besprochen werden, und nur dann und insoweit, als das Verständnis der Rechtsfragen es erfordert Zu diesen ist ebenfalls eine umfangreiche Literatur erschienen. In Deutschland gibt es gerade in neuester Zeit viele Handbücher für Unternehmen u. dgl. In Spanien hingegen hält sich die Publikationsflut in Grenzen. Auch bezüglich der Literatur zu den Voraussetzungen arbeitsorganisatorischer Art seien stellvertretend für viele aufgeführt: GODEHARDT, Telearbeit, S. 131; ALBRECHT, NZA 1996, S. 1242 f.; PESCH, Online, S. 57 ff.
Ferner bleibt die Frage, ob die Telearbeit sozial schädlich ist oder ob es sich um eine sinnvolle und vorteilhafte Neuerung auf dem Arbeitsmarkt handelt außerhalb der Reichweite der vorliegenden Untersuchung, auf die hierzu bereits erschienene Literatur sei kurz verwiesen (vgl. stellvertretend für viele KILIAN/BORSUM/HOFFMEISTER, Telearbeit, S. 56 ff.; KAPPUS, Rechtsfragen der Telearbeit, S. 45 ff.; MÜLLNER, Privatisierung, S. 19 ff. u. 56 ff.; GODEHARDT, Telearbeit, S. 24 f; WEDDE, Telearbeit, S. 47 ff.; BARRIOS/MUÑOZ, Teletrabajo, S. 41 f., 48 ff. u. 93 ff.; ORTIZ CHAPARRO, Teletrabajo, S. 129 ff.; GRAY/HODSON/GORDON, Teletrabajo, S. 17 ff. u. 31 ff. Vgl. hierzu bspw. auch in *Kurzform*: LIEBS, Online Cooperation Berlin 1997, S. 82 ff.; DEN TOOM, Online Cooperation Berlin 1997, S. 41; HOOSE, Arbeit und Sozialpolitik 11-12/94, S. 56f.; ITURBE, Suplemento de la Revista TELOS 41, 1995, S. 19; GRIEB, Online Cooperation Berlin 1997, S. 34; v. BOYNEBURGK, Aktuelle, S. 30 ff.; von SCHÉELE/OHLSSON, Online Cooperation Berlin 1998, S. 42 ff.; ONFORTE, Basisinformation, S. 9 ff.; HÖNICKE, Mitbestimmung 9/96, S. 47 ff.; FRANK, Online Cooperation Berlin 1997, S. 77 f.; N.N., Empfehlungen, AuA 1/1998, S. 24; BESGEN, b+p 1995, S. 405; SCHAUB, § 163 B I 4; PETERS/ORTHWEIN, CR 1997, S. 294; ONFORTE, Basisinformation, S. 22 ff.; FENSKI, Rn. 266 f.; PESCH, teleworx 1/97, S. 9 ff.; FÖRSTER, CR 1997, S. 745; KILIAN/HEUSEN (Hg.)-LIEDTKE, 70, Rn. 13; HUNOLD, 5/8.2.2.1; *empirische Literatur* bzw. *Fallstudien*: EUROPEAN FOUNDATION, Conditions; GMD). Es sei erlaubt, sich im Hinblick auf die Frage, ob Telearbeit eine positive Neuerung ist, darauf zu beschränken, daß die positiven Aspekte überwiegen (so auch das Gutachten des Fraunhofer-Instituts für Arbeitswirtschaft und Organisation, das 1996 vom BMA in Auftrag gegeben wurde, vgl. auch die Zsfg. in Presse- und Informationsamt der Bundesregierung, Sozialpolitische Umschau, S 29 f.; N.N., Empfehlungen, AuA 1/1998, S. 24 f.; vgl. ferner DGFP, Arbeitgeber 1995, S. 936) und daß es kaum sinnvoll sein kann, eine weltweite Entwicklung mit nationalen Mitteln aufzuhalten zu versuchen. Die informationstechnische Revolution hat begonnen. Technischer Fortschritt ist nicht aufzuhalten. Es ist ein Irrglaube, zu meinen, daß es gelingen könnte, die technischen Veränderungen von der Arbeitswelt und damit vom Arbeitsrecht fernzuhalten. Vielmehr kommt es darauf an, sich den unvermeidbar eintretenden Umständen entgegenzustellen, indem man sich bestmöglich auf sie einstellt und nicht indem man versucht sie zu vermeiden. Pragmatismus ist gefragt; nicht Konfrontation durch Blockade. Der Staat ist in diesem Zusammenhang dazu verpflichtet, Arbeitnehmer vor Ausbeutungssituationen zu schützen, doch er darf nicht außer acht lassen, daß zu große nationale rechtliche Beschränkungen der Arbeit besonders im Fall der telearbeitstauglichen Arbeitsplätze zu einer grenzüberschreitenden Auslagerung führen kann, mit der Folge, daß der entsprechende Arbeitstelle auf dem inländischen Arbeitsmarkt fehlt. Abschließend sei festgestellt, daß die große Mehrheit derer, die sich intensiv mit dem Thema Telearbeit befassen, entsprechend handeln.

und seine Besonderheiten zu begreifen. Handelt es sich um einen neuen Begriff für eine neue Sache? Oder handelt es sich um einen neuen Begriff für eine alte Sache und ist er dabei vornehmlich Spielball technikverliebter Phantasten? Wie unterscheidet sich die Telearbeit von Formen konventioneller Arbeit? Was ist ihnen gleich? Sind für den Begriff rechtliche Kriterien von Bedeutung? Welche Facetten bietet die Arbeitsform? Wie kann der Begriff zur Erleichterung der anschließenden rechtlichen Behandlung von mit der Telearbeit in Zusammenhang stehenden Einzelfragen eingegrenzt werden? Gleiches gilt insbesondere auch für die Darstellung und Eingrenzung von möglichen Unterformen. Zur Beantwortung dieser Fragekomplexe erscheint zunächst eine weniger rechtlich definierte Erfassung des Begriffes Telearbeit erforderlich.

Nebeneffekt der Diskussionen zum Tele-'Arbeitsrecht' ist die Tatsache, daß das Arbeitsrecht neu diskutiert wird. Es stellt sich die Frage, ob das bestehende Arbeitsrecht, das seine Wurzeln im Industriezeitalter hat, im Informationszeitalter noch Bestand hat? Wird es den Erfordernissen des 'Cyberage', der Arbeit im 'Cyberspace' noch gerecht? Wird es den Erfordernissen der am Arbeitsleben Beteiligten - also der Arbeit- bzw. Auftraggeber wie auch der Arbeitskräfte - gerecht? Die zentrale Folgefrage im Rahmen der vorliegenden Arbeit ist, inwieweit die Telearbeit die Rechtslage in Deutschland und Spanien herausfordert. Überfordert das Neue das geltende Recht, oder genügen die gewachsenen rechtlichen Strukturen, um der neuen Arbeitsform gerecht zu werden. Ziel ist es, hierbei Lösungswege bzw. -alternativen für eine Reihe ausgewählter[3] Rechtsfragen insbesondere aus dem

[3]Die Flexibilität des Telearbeitsbegriffs und die dadurch möglichen vielfältigen Ausübungsformen werfen nicht nur eine Reihe von Rechtfragen, sondern auch sonstige Fragen auf, deren Diskussion es bedarf, auf, und die hier nur kurz aufzuzählen sind, da Schwerpunkt der Arbeit ein anderer ist. Bereits die Rechtsfragen erzeugen eine Weite der Probleme, die ein Werk mit dem Umfang derer von SCHAUB oder ALONSO OLEA/CASAS BAAMONDE füllen könnten. Es ist hier grundsätzlich nicht der Ort, um über Vor- und Nachteile der Telearbeit zu sinnieren.
In diesem Zusammenhang wird ferner nicht auf die Methoden, mit denen ein Schutz beim Datentransfer ermöglicht wird, eingegangen, wie bspw. *Kryptographie* (Datenverschlüsselung, digitale Signatur, vgl. GRIESER/IRLBECK, Lexikon, S. 507 u. 236 f.), *Steganographie* (mit Steganographie-Programmen können Nachrichten in anderen Nachrichtenprogrammen so verborgen werden, daß sie nicht zu erkennen sind, bspw., indem sie in bestimmten Farbpixeln eines Bilddokuments oder in den Hintergrundgeräuschen eines Telephongesprächs versteckt werden, vgl. ROßNAGEL, Grundrechte, S. 155), *Digitale Signaturen*, *Pseudonyme*, *Certified Electronic Mail*, *E-Cash*, *Agentenprogramme*, *Erreichbarkeitsmanagementprogramme*, *Mobilfunk ohne Bewegungsprofile*, *Watch Patrol*, *Sicherheitsmanagementprogramme*, und ähnliche (vgl. hierzu ROßNAGEL, Grundrechte, S. 158 f.). Fragen der Datensicherheit bleiben, da ihnen eine eigene Qualität zukommt und sie nicht originär dem Arbeitsrecht zuzuordnen sind, ebenfalls außen vor. Im Bereich des internationalen Datentransfers bestehen in der Europäischen Union Vorschriften, die die Grenzüberschreitung regeln. Ferner werden hier nicht kollektivrechtliche, sozialrechtliche und urheberrechtliche Fragen sowie solche des Rechts des öffentlichen Dienstes einschließlich des Personalvertretungsrechts Fragen behandelt. Zu steuerrechtlichen Fragen wird ebenfalls auf andere Literatur verwiesen (MÖSLEIN, teleworx 1/97, S. 56 f.).

Bereich des Individualarbeitsrechts aufzuzeigen. Weiterhin stellt sich die Frage, welche anderen Rechtsbereiche bei Tätigkeiten im Sinne der Telearbeit berührt werden. Außerdem gilt zu erörtern, wo sich Überschneidungen nach deutschem und spanischem Recht ergeben und wo die Unterschiede liegen.

Ferner stellt sich die Frage, ob 'das Recht' den Erfordernissen grenzüberschreitender Tätigkeit, die in Zukunft durch die Telearbeit zunehmend erleichtert wird, gerecht wird. Kann die spanische Arbeitskraft in Deutschland und die deutsche in Spanien tätig werden, welches Recht ist anwendbar und inwieweit besteht Wahlfreiheit?

Vierte und letzte aus der primären Frage resultierende Problematik ist, inwieweit sie durch die Untersuchung der einzelnen Rechtsbereiche herausgearbeiteten Zustände nach deutschen und spanischem Recht vergleichbar ist. Die Anzahl deutscher Darstellungen des spanischen Arbeitsrechts sowie deren Randfragen hält sich in Grenzen.[4] Vor dem Hintergrund des Zusammenwachsens Europas stellt sich aber immer dringender die Frage, inwieweit die genannten Rechtssysteme sich gleichen bzw. sich voneinander unterscheiden. Untersuchungen einzelner Teilaspekte, wie sie im Rahmen der vorliegenden Arbeit vorgenommen werden, dienen als Versuch einer Antwort auf Rechtsfragen, die im Rahmen der rechtlichen Diskussionen in Europa aktuell sind. Sie sind häufig grundlegend für die künftige Entwicklung der Rechtsverhältnisse in der EU.

Im Rahmen der vorliegenden Untersuchung wirft sich insbesondere folgende Frage auf: kann das deutsche und spanische bzw. das europäische Recht der grenzüberschreitenden Telearbeit gerecht werden?

II. Gang der Untersuchung

Der Gang der Untersuchung führt zunächst direkt zur Definition der Begrifflichkeiten. Es bedarf, wie bereits erwähnt, der eingehenden Erörterung des Oberbegriffs Telearbeit. Aus der Vielzahl an Umschreibungsformen, die in juristischer wie nichtjuristischer Literatur entstanden sind, müssen die Kriterien herausgearbeitet werden, die dem Zweck dieser Untersuchung, nämlich der Erörterung von Rechtsfragen der Telearbeit, am besten dienen. Geprüft wird, welche Kriterien besonders relevant sind; ferner auch, was nicht als Telearbeit zu qualifizieren ist. Die ausführliche Darlegung der Definition und Erarbeitung einer der Untersuchung zugrundeliegenden Definition von Telearbeit wird erforderlich. Zu häufig wird selbst in juristischen Schriften zur Telearbeit über Rechtsfragen diskutiert, ohne zuvor genau festzulegen, was unter Telearbeit zu verstehen ist. Ferner muß der definierende Teil deshalb ausführlich sein, weil es sich bei dem Begriff der Telearbeit um einen neuen Terminus handelt und

---

[4] Vgl. etwa ADOMEIT/FRÜHBECK; DÄUBLER, Arbeitsbeziehungen; BFAI; IBÁN; u.a.

(noch) nicht davon ausgegangen werden kann, daß er in seinen zahlreichen und artenreichen Facetten allgemein bekannt ist.

Dem Abschnitt mit den Begriffserläuterungen folgt ein solcher, der sich mit der Ausbreitung, dem Entwicklungspotential und dem Diskussionsstand zu dieser neueren Arbeitsform befaßt. Daran läßt sich die gegenwärtige und künftige Bedeutung der Klärung von Rechtsfragen messen. Ein Überblick über die Lage in Europa, sowie über die Situation in den USA soll weitere Parameter für das Entwicklungspotential liefern.

Hauptgewicht der Arbeit liegt dann in der Beantwortung der aufgeworfenen Rechtsfragen. Da Telearbeit eine Arbeitsform ist, liegt der Schwerpunkt der Fragen im Bereich des Arbeitsrechts. Dort wiederum ist die Statusfrage des Telearbeiters von erheblicher Bedeutung, da sie für die Anwendbarkeit von arbeitsrechtlichen Folgeregelungen ausschlaggebend ist. Geprüft wird die Einordnung von Telearbeitern als Arbeitnehmer bzw. als Selbständige, ferner in die Kategorien der sogenannten Arbeitnehmerähnlichen und - im spanischen Recht - der sogenannten *trabajadores a domicilio*. Die vorliegende Untersuchung wird grundsätzlich auf das Individualarbeitsrecht beschränkt, nicht nur, weil sich dort die Basis für die Lösung weiterer Rechtsfragen findet, sondern weil eine in die Tiefe gehende punktuelle Erörterung einer in die Breite gehenden vorgezogen wird. Daher bleibt auch das Arbeitsschutzrecht grundsätzlich außerhalb des Blickfelds dieser Arbeit. Neben Untersuchungen zu Statusfragen folgen Ausführungen zu verschiedenen anderen Aspekten des Arbeitsrechts: muß eine Arbeitskraft mit der Zuordnung von Telearbeit einverstanden sein, besteht eine Art Grundsatz der Freiwilligkeit? Sind die Kriterien zur 'Versetzung' eines Arbeitnehmers auf Telearbeiter im Arbeitsverhältnis anwendbar? Das spanische Recht wird diesbezüglich auch auf die sogenannte funktionale Mobilität untersucht. Es wird die Frage beantwortet, ob Informationspflichten gegenüber der Arbeitskraft im Hinblick auf die Arbeitsformänderung bestehen, ob Nebentätigkeiten möglich sind und wie weit diese gehen dürfen, ohne Wettbewerbsgesichtspunkte zu verletzen. Außerdem wird untersucht, welcher Art die Kontrolle gegenüber dem Telearbeiter sein darf, ob der Arbeit- bzw. Auftraggeber Zugang zum Arbeitsplatz hat, ob er die Tätigkeiten des Telearbeiters per IuK-Mittel kontrollieren kann und darf und wo ihm Grenzen gesetzt sind. Neben diesen individualrechtlichen Fragen wird untersucht, ob ein aktives und passives Wahlrecht im Hinblick auf die Betriebsvertretung besteht. Im Rahmen der Erörterungen zum deutschen Recht werden ferner Mietrechtsfragen erörtert, so z.B. ob der Vermieter einer Wohnung deren Nutzung zur Telearbeit untersagen kann. In Spanien läßt eine diesbezügliche Diskussion die Antwort auf Rechtsfragen (noch?) offen, so daß auf eine Darstellung dieser Fragen insoweit verzichtet werden muß.

Aufgrund der Komplexität der Einzelfragen und zur besseren Übersichtlichkeit werden die Rechtsuntersuchungen nach deutschem und spanischen Recht getrennt erörtert. Spanische Gesetze werden - sofern und soweit erforderlich - übersetzt. Da eine Übersetzung immer nur ein Kompromiß sein kann, wird vorliegend regelmäßig die betreffende Norm im Originaltext in der Fußnote beigefügt, um Überprüfbarkeit und Verständnis zu erleichtern. Spanische Gesetzestexte werden bewußt nicht als Übersetzung und Original im Anhang aufgeführt, sondern in den Text eingebaut, um ein ständiges Suchen der entsprechenden Gesetzestextstellen zu vermeiden. Nur dann, wenn bereits zuvor übersetzt wurde, wird auf die entsprechenden Stellen verwiesen.

Ein Vergleich der jeweiligen deutschen bzw. spanischen Rechtslösungen folgt nicht getrennt in eigenen Kapiteln, sondern - sofern erforderlich - inzident im Rahmen der Erörterungen zum spanischen Recht.

Schlußpunkt bildet die Untersuchung von Rechtsfragen grenzüberschreitender Art. Bezogen auf einen Spanier, der in Deutschland tätig wird und einem Deutschen, der in Spanien tätig wird, wird zunächst auf Freizügigkeit und Arbeitsbefugnis eingegangen. Dem folgt die Prüfung der Anwendbarkeit des Rechts (IPR), dabei werden Besonderheiten des spanischen Rechts erörtert. Dem folgt schließlich die Untersuchung der Frage, ob und wann die grenzüberschreitende 'Versetzung' eines Telearbeiters möglich ist.

Die Zwischenergebnisse zu den Einzelabschnitten werden bewußt im Anschluß dieser Abschnitte präsentiert, um einen möglichst themennahen Bezug zu erhalten. Dies erscheint sachgerecht, da die einzelnen Rechtsfragen häufig nur geringe Verbindung miteinander aufweisen und sie in einer Zusammenfassung aneinandergereiht oft nur schwer erfaßbar sind. Die Schlußbetrachtung fällt dementsprechend kurz aus und wird daher nur auf wenige Fragen von wesentlicher Bedeutung eingehen.

B. Begrifflichkeiten

Recht beruht auf Sprache, so daß im Interesse einer klaren Rechtslage die Begrifflichkeiten terminologisch möglichst fest umrissen sein müssen. Nur so können Teilnehmer am Wirtschaftsleben sowie Verwaltung und Gerichte für den Einzelfall angemessene Regelungen treffen bzw. Rechtsfragen lösen.

Bevor also über Rechtsfragen der Telearbeit gesprochen werden kann, müssen wir feststellen: Was ist Telearbeit? Handelt es sich um ein neues Phänomen, das nicht vergleichbar ist mit den bislang bekannten beruflichen Tätigkeiten? Oder ergeben sich mit den bisherigen als 'klassische' zu bezeichnenden Tätigkeiten Parallelen größeren Ausmaßes als bisher angenommen? Fällt Telearbeit trotz 'neuer' Technologien nicht je nach Ausgestaltung doch letztendlich in die herkömmlichen Fallgruppen der Erwerbsarbeit? Oder ergeben sich aufgrund der Einführung der Telearbeit doch Rechtsfolgen erheblichen Ausmaßes für die Telearbeiter?

Eine Vielzahl an Veröffentlichungen beschäftigen sich inzwischen mit der Telearbeit. Die Anzahl an Definitionen kommt der an Veröffentlichungen nahe. Manche dieser Definitionen unterscheiden sich nur in der Wortwahl. Bei den inhaltlich verschiedenen Begriffsbestimmungen muß dann jeweils untersucht werden, ob und inwieweit sich die Unterschiede auswirken.

Ferner dienen die nachfolgenden Begriffsuntersuchungen anderen Zwecken: Ist der Begriff frei von juristischen Elementen? Umfaßt die Bezeichnung 'Telearbeiter' bereits aus definitorischen Gründen nur bestimmte rechtliche Kategorien, so daß beispielsweise nur Heimarbeiter i.S.d. HAG bzw. *trabajadores a domicilio* i.S.v. Art. 13 ET Telearbeiter wären? Besteht im Hinblick auf die Frage, ob juristische Kriterien den Begriff eingrenzen, eine einhellige Auffassung? Dient es einem Sinn, dem Begriff an rechtliche Kriterien zu binden?

Erst wenn der Begriff feststeht, können rechtliche Fragen aufgeworfen werden, da erst dann feststeht, welche Probleme auftreten können. Außerdem kann der Versuch, die dann aufgeworfenen Rechtsfragen zu lösen, erst unternommen werden, wenn der Begriff feststeht. Dies gilt besonders dann, wenn im allgemeinen Sprachgebrauch und in dem der Veröffentlichungen unterschiedliche Termini verwendet werden.

Der zu ermittelnde Begriff wird als Parameter zur thematischen Eingrenzung der vorliegenden Arbeit dienen, anhand dessen die Untersuchungen erfolgen können. Hierzu muß die Reichweite des Begriffs nach der vorliegenden Untersuchung feststehen.

Angesichts des Umstandes, daß in Deutschland und auch in Spanien noch keine einheitliche und genaue Zuweisung von genauen Sachverhalten zu den Definitionen gibt, soll hier also der Versuch unternommen werden, möglichst klare Kriterien für die einzelnen Begriffe aus den Diskussionen in der juristischen Literatur herauszuarbeiten - jedenfalls soweit sie für die rechtlichen Fragen von Bedeutung sind. Die Begriffe werden für Deutschland und Spanien getrennt aufgeführt und darüber hinaus Untergruppen zugeteilt, die auf die Herkunft des Terminus schließen lassen.

I. Telearbeit als Arbeitsform

Telearbeit selbst ist *keine Tätigkeit*, sondern eine neuere *Arbeitsform*.[5] Es handelt sich also nicht um ein neues Berufsbild oder eine neue Berufsbezeichnung, sondern um eine *Organisationsform* der Arbeit, die in vielen teilweise sehr unterschiedlichen Berufsbildern auftreten kann.[6] Sie ist insoweit eine Art der Ausübung der in Unternehmen und Betrieben erforderlichen Tätigkeiten und nicht bloßer Selbstzweck.

II. Deutschland

1. Technische Begriffsalternativen

Wie im Allgemeinen bei Neuerungen[7] unterschiedlicher Art war der Literatur zu Beginn der Diskussionen über die Telearbeit noch kein einheitlicher Terminus zu entnehmen. Verwendet wurden Begriffe wie *elektronische, computer-gestützte, informationsgestützte Heimarbeit, Teleheimarbeit, Fernarbeit, Distanzarbeit, Telependler, Computerheimarbeit, elektronische Fernarbeit, Telefernarbeit, informations- und kommunikationstechnisch ausgestattete Bildschirmarbeitsplätze,*[8] und auch solche aus dem

---

[5]SCHREIBER, Anwendungen, S. 16; ob Telearbeit daneben auch eine Quelle neuer Arbeitsplätze sein kann, wird damit nicht ausgeschlossen, ist aber nicht Gegenstand der vorliegenden Arbeit (vgl. zu der Frage: TAYLOR, Online Cooperation Berlin 1998, S. 48 ff.).

[6]Vgl. ONFORTE, Basisinformation, S. 6. Anwendungsbereiche für Telearbeit ergeben sich bspw. in der Textverarbeitung, im Bereich von Fachaufgaben, beim Management, bei der Software-Entwicklung, beim Kunden- bzw. Außendienst, bei der Datenerfassung, beim Versand, beim Vertrieb, im Rahmen der Kundenauftragsabwicklung, bei Call-Centern und im Rahmen der Konstruktion (insbes. mit CAD) (vgl. ONFORTE, Basisinformation, S. 25). An vielen Arbeitsplätzen, an denen Computer Maschinen steuern oder wesentliche Grundlage der Arbeit sind, muß der Mensch nicht mehr am Produktionsort selbst anwesend sein, sondern sie kann per IuK-Mittel fern vom Betrieb i.e.S. tätig werden.

[7]Telearbeit ist schon seit den 60er Jahren ein Thema. Dennoch stehen wir am Anfang eines neuen Entwicklungsschubes, der die Telearbeit mittelfristig aus dem Experimentierstadium herausführen wird (vgl. HÄUSSLER, FAZ v. 12.3.1996).

[8]Vgl. HUNOLD, 5/8.2.1.1; BAHL-BENKER, Mitbestimmung 1983, S. 572; COLLARDIN, S. 10 ff; GODEHARDT, Telearbeit, S. 40 ff; HÖNICKE, Mitbestimmung 9/96, S. 47; KILIAN/BORSUM/HOFFMEISTER, NZA 1987, S. 402 f.; WANK, Telearbeit, Rn. 6; WEDDE,

englischsprachigen Raum wie *telecommuting* bzw. *tele-computing* sowie *teleworking*, *teleprocessing* und *work-at-home* fanden Anwendung.[9] In der vorliegenden Abhandlung wird der Begriff *Telearbeit* übernommen. Diese Bezeichnung hat sich nunmehr als Oberbegriff durchgesetzt, was begrüßenswert und nachvollziehbar ist.[10] Denn der Begriff ist prägnant und weist über die Bezeichnung *tele* auf die Entfernung des Arbeitsplatzes vom Betrieb sowie auf das nachrichtentechnische Übertragungsverfahren hin. Ferner asoziiert man den Begriff mit Fernsehen, was auf die zumeist bildschirmbezogene Arbeit hinweist. Im Hinblick auf die sonst genannten Begriffe bleibt festzustellen, daß sie von den Autoren aus Gründen sprachlicher Diversität verwendet werden, und sie sich in der Regel überwiegend auf den Begriff Telearbeit stützen.[11]

Gewarnt wird vor einer unreflektierten Verwendung des Begriffs *Heimarbeit* im Rahmen der Telearbeit (*Teleheimarbeit*, *Tele-Heimarbeit* oder *elektronische Heimarbeit*); er ist häufig in rechtlicher Hinsicht unpräzise, denn er kommt bereits als feststehender Rechtsbegriff im Heimarbeitergesetz vor und ist damit bereits belegt.[12] Ob der Versuch, Telearbeiter, die den Voraussetzungen des HAG[13] unterfallen, von solchen, die nicht diesem Gesetz zuzuordnen sind, sprachlich voneinander zu unterscheiden, indem erstere beispielsweise als *Tele-Heimarbeiter*, letztere dagegen als *Telearbeitnehmer* bezeichnet werden, glücklich ist, muß noch diskutiert werden.[14] Wie sich noch zeigen wird, bedarf die Einteilung der Arbeitskräfte in den jeweiligen Status einer genauen juristischen Auslegung, was nicht ad hoc und ohne Zuhilfenahme von Gesetzestexten gelingen kann. Auf die Bedeutung des HAG bezüglich der rechtlichen Einordnung des Telearbeiters wird später eingegangen werden. Festgestellt werden kann hier jedoch, daß nicht jeder Telearbeiter auch Heimarbeiter ist.

ALBRECHT hat sich gegen die ausschließliche Verwendung des Begriffs Telearbeit für telekommunikativ gestützte Außenarbeit gewendet.[15] Die Bezeichnung schränke die Anwendungsbreite außerbetrieblicher Arbeitsstätten zu stark auf den Bereich der Bildschirme ein und blende die vielfältigen

---

Telearbeit, S. 19 ff.; WAHSNER, AiB 7/84, S. 107; die Bezeichnung 'Telependler' ist die direkte Übersetzung des Wortes 'telecommuter'.

[9]HOOSE, Arbeit und Sozialpolitik 11-12/94, S. 53; LINNENKOHL, BB 1996, S. 51; PESCH, teleworx 1/97, S. 9.

[10]Vgl. WANK, Telearbeit, Rn. 7.

[11]So bspw. HÖNICKE, Mitbestimmung 9/96, S. 47 ff.; LINNENKOHL, BB 1996, S. 51 ff.

[12]Zum Begriff *Heimarbeit* und *Teleheimarbeit* s.u., Kap. D.I.2.b.aa.(2.).

[13]Heimarbeitergesetz

[14]Dagegen bspw. COLLARDIN, S. 10.

[15]Vgl. ALBRECHT, NZA 1996, S. 1240 ff.

Tätigkeiten aus, die außerhalb des Betriebs i.e.S.[16] erledigt werden können und nicht zwingend die ständige telekommunikative Vernetzung mit dem Betrieb voraussetzen. Zu denken sei in diesem Zusammenhang an prinzipiell-strategische Tätigkeiten, an die Ausarbeitung von Reden, Vorträgen und Schriftbeiträgen und an Führungsaufgaben mit geringem Anwesenheitserfordernis. In seinem Artikel umschreibt ALBRECHT die zu untersuchende Arbeitsform als 'Tele- und Außenarbeit'.[17] Anders als zu vermuten sein könnte, wendet er sich jedoch nicht gegen den Begriff der Telearbeit selbst, sondern prüft umfassend rechtliche Besonderheiten, die sich aus einem 'außerbetrieblichen' Arbeitsplatz ergeben. Er beschränkt sich also nicht auf gerade diejenigen Fragen, die sich aus dem Einsatz neuer Kommunikationsmittel, Speichermedien und Datenträger ergeben. Damit dürfte der Doppelbegriff 'Tele- und Außenarbeit' nicht erforderlich sein, was im Interesse einer umgangssprachlichen Nutzung der Bezeichnung liegt.

Im internationalen Bereich haben sich die jeweiligen Übersetzungen von *teleworking* durchgesetzt.[18]

2. Bedeutung des Begriffs Telearbeit

Der Begriff Telearbeit ist *keine rechtliche Kategorie*, was die juristische Behandlung des Themas Telearbeit besonders erschwert. Eine gesetzliche Definition des Begriffs Telearbeit fehlt bisher;[19] vom Gesetzgeber in Deutschland wurde vermieden, diese Arbeitsform zu regeln. Dies hat seinen Hauptgrund in den Empfehlungen verschiedener Rechtswissenschaftler, die eine zusätzliche Regulierung auf diesem Gebiet nicht für erforderlich halten. Insbesondere das Ergebnis des vom BUNDESMINISTERIUM FÜR ARBEIT UND SOZIALORDNUNG[20] bereits frühzeitig in Auftrag gegebenen Forschungsberichts von KILIAN, BORSUM und HOFFMEISTER zum Thema Telearbeit und Arbeitsrecht dürfte einer Überregulierung entgegengewirkt haben.[21]

Über eine allgemein anerkannte Definition der Telearbeit hat man sich in Deutschland bisher nicht einigen können. Die Literatur hat sich bei der Suche einer umfassenden und präzisen Umschreibung schwer getan. Einige Autoren vermeiden bewußt oder unbewußt, den Begriff zu umschreiben. Zunächst wurde teilweise versucht, den Terminus auf die dezentralisierteste Form von

---

16 Im Rahmen dieser Arbeit wird in Anlehnung an COLLARDIN unterschieden zwischen Betrieb i.e.S. und Betrieb i.w.S. Ersteres bezeichnet den konventionellen Arbeitsplatz; letzteres zusätzlich die Telearbeitsplätze (S. 11, 33 u. 35 f.).

17 Vgl. ALBRECHT, NZA 1996, S. 1240.

18 So in Frankreich: *teletravail*, in Italien: *telelavoro*, in Spanien: *teletrabajo*.

19 WEDDE, Telearbeit, S. 19.

20 BMA.

21 Vgl. KILIAN/BORSUM/HOFFMEISTER, NZA 1997, S. 408.

Telearbeit, nämlich die Telearbeit in der Wohnung der Arbeitskraft, oder auf andere Teilformen zu beschränken. Inzwischen geht man dagegen davon aus, daß eine Vielzahl an Arbeitsformen von dem Begriff erfaßt werden.[22] Dies führt jedoch dazu, daß eine Definition oberflächig und unpräzise bleiben muß, was in juristischer Hinsicht Schwierigkeiten aufwirft; einer rechtlichen Einordnung muß sich der Terminus also entziehen. Aufgrund der Anwendungsbreite ist eine Vielzahl an unterschiedlichen Definitionen entstanden.

Bewußt wird im Rahmen der vorliegenden Arbeit zunächst eine von rechtlichen Elementen entkleidete technische Definition herausgearbeitet. Denn ein nichtrechtlicher Begriff war und ist Ausgangspunkt der Diskussionen zur Telearbeit. Erst im Rahmen der juristischen Erörterungen lassen sich die Begriffe rechtlich einordnen, mit dem Ziel einer technisch-rechtlichen Definition.

a. Technische Definitionen

Terminologischer Ausgangspunkt war die Umschreibung von JACK NILLES, dem Gründervater der zu behandelnden neuen Arbeitsform, nach dem Telearbeit die Möglichkeit schafft, die Arbeit zur Arbeitskraft zu schicken statt die Arbeitskraft zur Arbeit.[23] Vor dieser Umschreibung hat die Literatur nicht Halt gemacht.

Die veröffentlichten Definitionen unterscheiden sich inhaltlich in der Regel nur marginal. Zur Veranschaulichung der verschiedenen Auffassungen sei nachfolgend eine Reihe Umschreibungen dargestellt, die bewußt nach der Natur der Quelle geordnet werden; juristische werden von nichtjuristischen getrennt. Erst im Rahmen der Stellungnahme wird versucht, eine möglichst zweckmäßige, den Erfordernissen der Arbeitswelt gerecht werdende Umschreibung zu entwickeln. Diese Definition soll dann Grundlage für die rechtlichen Erörterungen der vorliegenden Arbeit sein.

aa. Definitionen nach rechtlichen Quellen

Die Definitionen aus der juristischen Literatur in Deutschland decken sich weitestgehend. Regelmäßig umfassen sie die Verrichtung von Arbeit für einen Arbeit- oder Auftraggeber aus der Ferne mit der Hilfe von Kommunikationsmitteln.[24]

---

[22] KORTE/WYNNE, Telework, S. 7.

[23] Zitiert nach: SUÑÉ LLINAS, El Teletrabajo, S. 319; vgl. auch GRAY/HODSON/GORDON, Teletrabajo, S. 17.

[24] Nach MÜLLNER versteht man unter Telearbeit allgemein die Verrichtung von Arbeit aus der Ferne mit Hilfe von Kommunikationssystemen (vgl. MÜLLNER, Privatisierung, S. 33 f.). Nach KAPPUS ist Telearbeit als in die Wohnung des Mitarbeiters verlagerte Büroarbeit mit kommunikationstechnischer Anbindung des Arbeitsplatzes an das zentrale Büro zu vertehen.

Einige Definitionen deuten auf eine Einschränkung des Anwendungsbereichs auf Arbeitnehmer oder Auftraggeber hin, ohne eine solche tatsächlich zu beabsichtigen.[25]

Es erfordert ein Mindestmaß an technischen Kommunikationsmöglichkeiten (vgl. KAPPUS, S. 5).
Nach FENSKI sind unter Telearbeit im weiteren Sinn Erwerbstätigkeiten zu verstehen, die für Auftrag- oder Arbeitgeber zu erbringen sind und die außerhalb der bisherigen Betriebsstätten durch Computer und/oder unter Nutzung von Telekommunikationsnetzen und -geräten erfolgen (vgl. FENSKI, Rn. 265). Nach COLLARDIN ist Telearbeit die Arbeit fern vom konventionellen Betrieb. Er differenziert zwischen Telearbeit in der Wohnung des im Arbeitnehmerstatus Tätigen, die er als *Telearbeit i.e.S.* bezeichnet und die sonstigen Organisations- und Statusformen der Arbeit außerhalb des Betriebes i.e.S., die er als *Telearbeit i.w.S.* bezeichnet. Eine solche Unterscheidung ist in rechtlicher Hinsicht sinnvoll, da zahlreiche Vorschriften nur für Arbeitnehmer gelten, die in der Wohnung tätig sind, nicht aber für Arbeitskräfte anderer Rechtsverhältnisse. Der Terminus Telearbeit i.e.S. ist ferner handlicher als die Bezeichung 'Telearbeiter in der Wohnung des Arbeitnehmers' (COLLARDIN, S. 11).
Nach BESGEN liegt Telearbeit vor, wenn eine Person in einer selbst gewählten oder in einer vom Arbeitgeber bzw. Auftraggeber gestellten Tätigkeitsstätte einfache oder qualifizierte Tätigkeit mit Hilfe der EDV ausübt, wobei der Telearbeitsplatz mit dem Betrieb des Arbeitgebers bzw. Auftraggebers durch elektronische Kommunikationsmittel verbunden ist. Dabei kann die elektronische Verbindung auf der Grundlage von Online oder Offline bestehen (BESGEN, b+p 1995, S. 404).
SALLER beschreibt die Telearbeit als Erwerbstätigkeit, die für einen Auftraggeber oder Arbeitgeber zu erbringen ist und die außerhalb der bisherigen Betriebsstätte des Unternehmens durch Computer und durch die Nutzung von Telekommunikationsdiensten erfolgt (SALLER, NJW-CoR 5/96, S. 300).
Nach BEUTHIEN beschreibt der Begriff Telearbeit als Oberbegriff eine Form der Arbeitsorganisation, bei der die Arbeitsleistung räumlich entfernt vom Standort des Arbeitgebers unter Einsatz von Informations- und Kommunikationsmitteln erbracht wird. Je nach Ausprägung dieser räumlichen Aspekte ergeben sich unterschiedliche Formen der Telearbeit. Problematisch ist bei dieser Definition, daß nicht deutlich wird, daß Telearbeit die Arbeit auch in der Firma nicht ausschließt (sog. alternierende Telearbeit; BEUTHIEN, ZTR 1996, S. 205).
Nach LINNENKOHL bedeutet Telearbeit Büroheimarbeit über Telekommunikation, also Fernübertragung (LINNENKOHL, BB 1996, S. 51). Unglücklich ist die Wahl des Teilwortes 'Heimarbeit', da es Asoziationen mit dem HAG weckt.

[25]Nach KILIAN, BORSUM und HOFFMEISTER werden unter Telearbeit Tätigkeiten an einem externen Arbeitsplatz verstanden, der mit informationstechnischen Endgeräten ausgestattet, betriebsorganisatorisch dezentral eingerichtet und mit dem 'Auftraggeber' durch elektronische Kommunikationsmedien verbunden ist (KILIAN/BORSUM/HOFFMEISTER, Telearbeit, S. 4 u. 362). Die Anbindung des Telearbeitsplatzes an den Betrieb kann entweder im online-Betrieb (zum Begriff *online* s. Kap. B.II.2.b.aa.(1.)) mit unmittelbarer Dialogmöglichkeit geschehen oder im offline-Betrieb (zum Begriff *offline* s. Kap. B.II.2.b.aa.(1.)) mit einer Leitungsverbindung, die nur die Informationsübermittlung in eine Richtung gestattet; der Transport von Arbeitsaufgaben durch Boten fällt damit selbst dann nicht unter diese Definition, wenn dieser in seiner Wohnung Beschäftigte an einem Personalcomputer mit Bildschirm arbeitet (KILIAN/BORSUM/HOFFMEISTER, NZA 1987, S. 403). Es genügt also nicht, wenn der Telearbeiter die Arbeitsergebnisse auf Disketten überträgt und diese selbständig oder per Kurier an das Unternehmen weiterleitet. Problematisch ist die Verwendung der Bezeichnung Auftraggeber, da diese auf das unentgeltliche Rechtsgeschäft nach § 663 BGB hinzuweisen scheint, obwohl Telearbeit als Erwerbstätigkeit verstanden wird. Nach WEDDE läßt sich Telearbeit als Tätigkeit beschreiben, die mit einer gewissen

Nach WANK kann man Telearbeit als Tätigkeit "an einem externen Arbeitsplatz, der mit informationstechnischen Endgeräten ausgestattet, betriebsorganisatorisch dezentral eingerichtet und mit dem Auftraggeber durch elektronische Komunikationsmedien verbunden" ist, bezeichnen. Die Merkmale "fremdbestimmte Arbeit", "am Computer" und "dezentral" seien demnach die entscheidenden Merkmale.[26]

Seine Definition weicht insofern von den übrigen, herrschenden Meinungen zum Begriff Telearbeit ab, als nach seiner Auffassung die Arbeit fremdbestimmt sein muß. Damit würden nur Arbeitnehmer erfaßt; Selbständigen bliebe der Anwendungsbereich seines Telearbeitsbegriffes verschlossen. Seiner Auffassung wird vorliegend nicht gefolgt werden, da sie sich mit der allgemeinen und herrschenden Aufassung nicht deckt. Denn der herrschende und inzwischen auch umgangssprachliche Gebrauch des Begriffs erfaßt eine Arbeitsform, denen rechtliche Kriterien fremd sind. Rechtselemente einzufügen, die die Telearbeit künstlich beschränken, hieße sich vom allgemeinen Sprachgebrauch zu stark zu entfernen. Die Statusfrage bleibt noch im einzelnen zu erörtern.[27]

bb. Definition nach Tarifverträgen und Gewerkschaften

Während im Jahre 1987 in der Bundesrepublik Deutschland noch keine besonderen Tarifverträge oder Betriebsvereinbarungen zur Telearbeit existierten,[28] gibt es nun eine Vielzahl an betriebsinternen und tariflichen Regelungen, die Rechtsfragen zur Telearbeit regeln. Zumeist werden Tele-Arbeitsverhältnisse durch Betriebsvereinbarungen oder Zusätze zum Arbeitsvertrag geregelt.[29] Eine Betriebsvereinbarung wurde bereits vor mehreren Jahren bei der IBM Deutschland GmbH getroffen; sie ist Pionier und Ausgangspunkt einer Vielzahl von anderen Betriebsvereinbarungen und Tarifverträge. Es folgte der Tarifvertrag über die Vereinbarkeit von Beruf und

---

Regelmäßigkeit und unter Nutzung von elektronischen Diensten und Netzen sowie von Computern außerhalb der Betriebsstätte eines Arbeitgebers erfolgt (WEDDE, NJW 1999, S. 527; ähnlich: WEDDE, Telearbeit, S. 22; D+A CONSULTING/WEDDE, Entwicklungen, S. 4). Widersprüchlich ist, daß WEDDE durch die Verwendung der Bezeichnung 'Arbeitgeber' die Telearbeit scheinbar auf Vertragsverhältnisse zwischen Arbeitnehmern und Arbeitgebern beschränkt, obwohl dies nicht beabsichtigt sein kann. Denn nach seiner Auffassung sollen auch Unternehmer und Heimarbeiter Telearbeiter sein können, die nicht als Arbeitnehmer einzustufen sind (WEDDE, Telearbeit, S. 98 u. 73; s.a. D+A CONSULTING/WEDDE, Entwicklungen, S. 29).

[26] WANK, Telearbeit, Rn. 13 u. 15; WANK, Arbeitnehmer, S. 291; ähnlich PREUß (Der Betriebsrat 6/1997, S. 89).

[27] Vgl. Kap. D.I. u. E.I.

[28] KILIAN/BORSUM/HOFFMEISTER, NZA 1987, S. 405.

[29] REICHE/REICHE, Die Woche v. 28.2.1997.

Familie zwischen der IBM Deutschland Informationssysteme GmbH und der Deutschen Angestellten Gewerkschaft (DAG).[30]

Nachfolgend werden stellvertretend für die Vielzahl an Betriebsvereinbarungen und Tarifverträge die Definitionen aus dem Tarifvertrag der DEUTSCHEN TELEKOM AG sowie der IGM präsentiert.

(1.) Tarifvertrag der DEUTSCHEN TELEKOM AG

Die DEUTSCHEN TELEKOM AG hat mit der Deutschen Postgewerkschaft zunächst einen sogenannten *Pilottarifvertrag zur Erprobung der Telearbeit im Betrieb* abgeschlossen. Eine ausdrückliche Definition des Begriffes Telearbeit bzw. des dort verwendeten Begriffes (alternative) "Teleheimarbeit" ist dort nicht festgelegt worden;[31] im Tarifvertrag wird vielmehr davon ausgegangen, daß der Begriff mit seinem Inhalt allgemein bekannt ist. § 2 II des Vertrages legt jedoch fest, daß bei der alternierenden "Teleheimarbeit" die Arbeitszeit teilweise in der Wohnung des Arbeitnehmers und teilweise im Betrieb erbracht wird. Ein besonderer Hinweis auf eine etwaige informations- und kommunikationstechnische Anbindung besteht nicht. Nur in § 7 II wird darauf hingewiesen, daß im Rahmen der Projekte "Alternierende Teleheimarbeit" *auch* der Einsatz einer multimedialen Anbindung erprobt werden wird. Dies bedeutet jedoch nicht, daß diese Anbindung unabdingbare Voraussetzung ist. Auch die Tatsache, daß in der Präambel festgestellt wird, daß die Deutsche Telekom AG Produktionsanbieter für elektronische Kommunikationsprodukte und -dienstleistungen ist, deutet nicht notwendigerweise auf das Erfordernis einer derartigen Technik hin.

Im Oktober 1998 wurde der "*Tarifvertrag über Telearbeit* bei der Deutschen Telekom AG/der T-Mobil" abgeschlossen, der auf den Erfahrungen der Erprobungszeit gründet. Nach diesem werden zwei Formen der Telearbeit, nämlich die alternierende und die mobile beschrieben (Abschnitt I, § 2 (1 u. 2)).[32] Bei der alternierenden Telearbeit wird die bisher in den Räumlichkeiten des Betriebes zu erbringende Arbeitsleistung teilweise in den häuslichen Bereich des Arbeitnehmers verlagert und ist dort, unterstützt durch Geräte und Einrichtungen der dezentralen Informationsverarbeitungs- oder

---

[30]Betriebsvereinbarung der IBM Deutschland GmbH über außerbetriebliche Arbeitsstätten vom 12.10.1992 (BVaA; s. COLLARDIN, S. 222 ff.) und Tarifvertrag über Vereinbarkeit von Beruf und Familie zwischen der IBM Deutschland Informationssysteme GmbH und der DAG vom 29.12.1995; letztere wird durch die Betriebsvereinbarung über Mobile Telearbeit und Flexible Büroarbeitsplätze (BVMT) umgesetzt bzw. ergänzt, vgl. PETERS/ORTWEIN, CR 1997, S. 355 f.

[31]Vgl. den Tarifvertrag Nr. 3 vom 10. Oktober 1995 zur Begleitung der Erprobung von alternierender "Teleheimarbeit" bei der Deutschen Telekom AG.

[32]PETERS/ORTWEIN, CR 1997, S. 293 ff.; N.N., RdA 1996, S. 47 f.; N.N., NZA 1996, S. 189 f.; BEUTHIEN, ZTR 5/96, S. 204 ff. (der Text des Pilot-Tarifvertrages wird dort auf S. 208 f. aufgeführt); zum Ergebnis vgl. DPG, Telearbeit, S. 23.

Kommunikationstechnik, zu erbringen (Abschnitt I, § 2 (1))[33]. Bei der mobilen Telearbeit wird die im Rahmen der tarifvertraglichen bzw. der individuellen und regelmäßigen Arbeitszeit zu erbringende Arbeitsleistung, unterstützt durch Geräte und Einrichtungen der dezentralen Informationsverarbeitungs- oder Kommunikationstechnik, an wechselnden Einsatzstellen erbracht (Abschnitt I, § 2 (2))[34].

Da nach dem neuen Tarifvertrag bei der Deutschen Telekom AG und der T-Mobil nur die Formen der alternierenden oder mobilen Telearbeit zugelassen werden, enthält der Tarifvertrag keine Definition der allgemeinen Telearbeit. Den beiden geregelten Formen ist jedenfalls gemeinsam, daß die Arbeit (auch) außerhalb der Räumlichkeiten des Betriebes verlagert wird und durch IuK-Mittel unterstützt wird.

(2.) Definition nach der IGM

Nach der INDUSTRIEGEWERKSCHAFT METALL wird als Telearbeit die Tätigkeit bezeichnet, die regelmäßig unter Einsatz neuer Informations- und Kommunikationstechniken räumlich entfernt vom Standort des Arbeitgebers, und ganz oder teilweise nah beim Wohnort der Beschäftigten durchgeführt wird.[35]

cc. Definition nach den Arbeitsgerichten

In Deutschland gibt es bereits seit längerem Gerichtsentscheidungen zu Telearbeitsfragen. Doch in den bekannteren Urteilen wurde die Bezeichnung Telearbeit bislang nicht verwendet. Gesprochen wurde nur im Rahmen der Kommentierung durch Dritte von "Computerheimarbeit" oder "Büroheimarbeit"; eine Definition wurde daher nicht geliefert.[36]

dd. Definitionen nach sonstigen Quellen

(1.) Definition nach KORTE

KORTE schlägt eine Definition vor, die drei Kriterien umfaßt:

- Der *Arbeitsort* ist vom Ort des Arbeit- bzw. Auftraggebers unabhängig. Er wird von den Bedürfnissen des Telearbeiters und/oder der Organisation bestimmt und kann verlegt werden.

---

[33]Vgl. auch § 1 der Anlage 1 zum Tarifvertrag über Telearbeit bei der Deutschen Telekom AG/ der T-Mobil, abgedruckt in DPG, Telearbeit, S. 26.

[34]Vgl. auch § 1 der Anlage 2 zum Tarifvertrag über Telearbeit bei der Deutschen Telekom AG/ der T-Mobil, abgedruckt in DPG, Telearbeit, S. 33.

[35]IGM, Teils im Betrieb, S. 7.

[36]Vgl. AiB 85, S.94; AiB 84, S.78 u. AiB 84, S.94.

- Telearbeit basiert hauptsächlich oder jedenfalls in starkem Maße auf der Anwendung von *Informationstechnologien* (PC, Schreibmaschinen mit Speichermöglichkeiten usw.).

- Der Telearbeiter ist mit dem Arbeit- bzw. Auftraggeber *durch Kommunikationsmittel verbunden*. Diese Verbindung kann grundsätzlich im engeren und im weiteren Sinne ausgelegt werden.

  Verbindung *im engeren Sinn* ist, wenn eine Kommunitiationsverbindung besteht, die für elektronische Kommunikation und die Übersendung von Arbeitsresultaten verwendet wird.

  Verbindung *im weiteren Sinn* ist, wenn eine elektronische Verbindung nicht besteht, sondern die Kommunikation dadurch erfolgt, daß Arbeitsergebnisse auf Disketten, Kassetten usw. abgespeichert werden und mittels traditioneller Kommunikationsmittel wie Post und Kuriere usw. versendet werden.[37]

Andere Definitionen decken sich mit dieser weitestgehend.[38]

---

[37]KORTE/WYNNE, Telework, S. 8.

[38]Nach dem Bericht "Info 2000" der BUNDESREGIERUNG und nach dem Bundeswirtschaftsministerium (BMWi) ist Telearbeit jede auf Informations- und Kommunikationstechniken gestützte Tätigkeit, die ausschließlich oder alternierend an einem außerhalb des Betriebes liegenden Arbeitsplatz verrichtet wird, der mit der zentralen Betriebsstätte durch elektronische Kommunikationsmittel verbunden ist (BMWI/BMA, Telearbeit, S. 7; zitiert nach ONFORTE, Basisinformation, S. 6; vgl. auch BMA/BMWi/BMBF, Telearbeit, S. 10). Der Arbeitsplatz kann beispielsweise eine Privatwohnung, ferner ein Nachbarschaftsbüro, Satellitenbüro oder Telehaus und ein mobiler Arbeitsplatz sein (vgl. ONFORTE, a.a.O.).
Problematisch ist an diesem Begriff, daß - nicht nach dessen Wortlaut - dagegen schon nach allgemeiner Auffassung auch neu geschaffene und mit neuen Arbeitkräften besetzte Arbeitsplätze Telearbeitsplätze sind (so zu recht PREUß, Der Betriebsrat 6/1997, S. 89, der jedoch die Definition nur um Arbeitnehmer erweitert sehen will, obwohl die Statusfrage nach der Bundesregierung und der herrschenden Auffassung nicht Gegenstand des Begriffs sein soll).
Nach dem Projekt TWIST ((Telearbeit in flexiblen Strukturen) ist ein sogenanntes Bayern Online Projekt der BAYRSTREG, das zur Entlastung von Ballungsräumen mittels Telearbeit wohnortnahe Arbeitsplätze einrichtet; vgl. BAYRSTREG, High Tech, S. 26) bedeutet Telearbeit die örtlich und zeitlich flexible Gestaltung von Arbeit, um damit eine verbesserte Mitwirkung des Mitarbeiters an Entwicklungs-, Produktions- und Dienstleistungsprozessen zu erreichen (BAYRSTREG, TWIST, S. 4). Problematisch ist, daß die Bezeichnung keinen Hinweis auf IuK-Mittel enthält; ferner, daß Telearbeit faktisch nicht notwendigerweise örtlich und zeitlich flexibel gestaltet sein muß (Telearbeitsplätze sind i.ü. denkbar, bei denen im Hinblick auf Zeit und Ort keine Flexibilität besteht, da der Arbeitgeber genaue Vorgaben liefert.).
Nach GRIESER und IRLBECK wird unter Telearbeit eine moderne Arbeitsform verstanden, bei der eine Arbeitskraft ganz oder teilweise am Computer zu Hause arbeitet und mit dem Auftrag- bzw. Arbeitgeber per DFÜ verbunden ist (GRIESER/IRLBECK, Computer-Lexikon, S. 868).
Nach dem BROCKHAUS ist Telearbeit eine Bezeichnung für eine Erwerbstätigkeit an einem externen Arbeitsplatz, der mit informationstechnischen Endgeräten ausgestattet,

(2.) Definition nach HOOSE

Nach HOOSE ist die Telearbeit begrifflich zwar schwer zu fassen, sie könne aber durch konstitutive Merkmale erfaßt werden. Demnach sei Telearbeit:

- eine regelmäßig durchgeführte Fernarbeit;
- die dabei dezentral, d.h. von einer zentralen Arbeitsstätte verlagert;
- räumlich entfernt vom Standort des Arbeitgebers ausgeführt wird;
- dafür zu Hause oder möglichst nah vom Wohnort der Arbeitskräfte entfernt und
- unter Nutzung der Hilfsmittel der modernen Informations- und Kommunikationstechnologien[39] ausgeführt wird.[40]

Problematisch ist an dieser Definition, daß nicht deutlich wird, daß auch solche Tätigkeiten, die einen zeitweisen periodischen oder aperiodischen Aufenthalt in der zentralen Arbeitsstätte erfordern, ebenfalls erfaßt werden. Weiter fällt unter diese Definition nicht die sogenannte mobile Telearbeit, also diejenige, die nicht an einen festen Ort gebunden ist, obwohl sie nach allgemeiner Auffassung zur Telearbeit gezählt wird.[41]

b. Art der Anbindung an die klassische Arbeitsstätte

Die Anbindung des Telearbeiters an die klassische Arbeitsstätte ist jedenfalls zum Austausch von Arbeitsunterlagen und -ergebnissen erforderlich. Schwierigkeiten bereitet in der Literatur jedoch die Frage, ob der Begriff eines Telearbeitsplatzes *elektronische Übertragungstechnologie* zwingend erfordert. Diese Frage stellt sich beispielsweise, wenn eine Schreibkraft, die zu Hause nach Diktat oder sonstiger Vorlage Schreibarbeiten mit dem Computer erledigt, das Ergebnis auf Diskette überträgt und diese zur weiteren Bearbeitung zum Unternehmen bringt. Handelt es sich bei ihr um einen Telearbeiter? Hinsichtlich der Anbindungsvoraussetzungen besteht in der Literatur Uneinigkeit. Vor Darstellung der Positionen müssen jedoch weitere Begrifflichkeiten geklärt werden; einige technische Erläuterungen sind erforderlich:

---

betriebsorganisatorisch dezentral eingerichtet und mit dem Auftraggeber durch elektronische Kommunikationsnetze verbunden ist (BROCKHAUS, Bd. 21, S. 695).

[39] IuK-Technologien.

[40] HOOSE, Arbeit und Sozialpolitik, 11-12/94, S. 53.

[41] Vgl. stellvertretend für viele: COLLARDIN, S. 21 ff.; WEDDE, Telearbeit, S. 34; WANK, Telearbeit, Rn. 76 f.

aa. Grundsätzliches zur elektronischen Übertragungstechnologie

Es gibt verschiedene Formen der elektronischen Übertragung. Üblicherweise wird zwischen einem *Online*- und einem *Offline*-Betrieb unterschieden. Ferner kann in diesem Zusammenhang der Begriff *Telematik* verwendet werden. Aufgrund der in der Literatur zuweilen vorhandenen begrifflichen Unsicherheiten, seien nachfolgend die Formen kurz erläutert. Ähnlich wie bei den Diskussionen zum Begriff Telearbeit herrscht jedoch auch bezüglich dieser Bezeichnungen keine Einigkeit.

(1.) Online / Offline

Die Bezeichnung *Offline*[42] umschreibt einen Zustand, bei dem zwar eine Verbindung mit dem Kommunikationssystem besteht, sie jedoch *nicht direkt* sein muß.[43] Der Begriff bereitet zuweilen Schwierigkeiten, da er nicht immer im eigentlichen, umfassenden Sinne verstanden wird, denn die elektronische Verbindung zu den Kommunikationsmitteln kann temporär oder auch ständig unterbrochen sein. Sie ist beispielsweise dann ständig unterbrochen, wenn das Peripheriegrät, also das generell über Datenkanäle an das zentrale Datenverarbeitungssystem angeschlossene System, abgeschaltet wird, um das Gesamtsystem nicht zu stören oder um Kommunikationskosten zu vermeiden.[44] Die Daten werden nicht unmittelbar zur Verarbeitung übernommen bzw. ausgegeben, sondern von Zwischenträgern gelesen bzw. auf sie geschrieben.[45] Daß die Verbindung sowohl ständig als auch temporär unterbrochen sein kann, wird in der Literatur häufig übersehen und muß an dieser Stelle nochmals betont werden.

Verwirrend ist in Bezug auf den Begriff Offline, daß mit der Bezeichnung *offline-Geräte* nur solche Geräte bezeichnet werden, die prinzipiell nur in dieser Form einsetzbar sind, also nicht über Datenkanäle verbunden sind.[46] In dem stark wachsenden und dem ständigen Wandel unterworfenen Bereich der Informatik bedürfen die Begriffe noch einer genaueren Abgrenzung.[47]

---

[42]Offline/Off-line/offline/off-line: (von engl.: off line, 'Leitung inaktiv'; Ggtl.: online).

[43]GRIESER/IRLBECK, Computer-Lexikon, S. 632.

[44]Vgl. SCHULZE, Das RORORO, S. 268; GRIESER/IRLBECK, Lexikon, S. 632. In Bezug auf die Tatsache, daß eine bloß temporäre Verbindungsunterbrechung auch vom Begriff Offline umfaßt wird, täuschen sich bspw. WANIOREK, Gestaltungsformen, S. 26 f. und BESGEN, b+p 1995, S. 405; zum Peripheriegerät vgl. SCHNEIDER, Lexikon, S. 424.

[45]F.A. BROCKHAUS, Bd. 16, S. 127.

[46]Vgl. SCHULZE, Das RORORO, S. 286.

[47]Sie voneinander abzugrenzen ist im Rahmen der vorliegenden Arbeit nicht der Ort.

Online[48] ist das Gegenteil von Offline.[49] Er umschreibt den Zustand, bei dem eine Verbindung zwischen einem Kommunikationssystem und einem Computer besteht und die Daten über eine Datenleitung *direkt* in das Rechnersystem eingegeben werden.[50]

(2.) One way line / two way line

Die zuvor beschriebenen Verbindungsmodalitäten zeichnen sich regelmäßig dadurch aus, daß die Übermittlung von Informationen per Kommunikationsmittel zugleich in beide Richtungen erfolgen können. Hierbei handelt es sich um Fälle einer sogenannten interaktiven Verbindung oder um eine *two way line*-Verbindung. Dagegen ist bei der *one way line*-Verbindung die Infomationsübermittlung nur in eine Richtung möglich. Eine solche liegt etwa bei einer Telefaxanbindung vor. Die Besonderheit dieser Anbindungsform besteht darin, daß eine Kontrolle in die andere Richtung nicht über Datenübertragung erfolgen kann, sondern nur über das klassische Kommunikationsmittel Telephon oder über einen persönlich vorgenommenen Besuch des Arbeitsplatzes.[51] Aufgrund der zunehmenden Technisierung ist davon auszugehen, daß der Anteil an ausschließlich unilateralen Anbindungen stark zurückgehen wird und keine starke Rolle mehr spielen wird.

(3.) Telematik

Die Bezeichnung *Telematik*, setzt sich aus den Begriffen Tele*kommunikation* und *Infor*matik zusammen, indem sie die Verbindung zwischen Computern und Nachrichtentechnik herstellt.[52] Die Telematik verknüpft in ihrer Anwendung Informations- mit der Kommunikationstechnologie; sie läßt sich im Arbeitsprozeß als Arbeitsform (Telearbeit) oder als Organisationsfunktion (Teleanwendung oder Teledienst) einbinden.[53] Im deutschen Sprachbereich hat sich der Begriff Telematik nicht durchgesetzt, obwohl er in einprägsamer Weise die sich aus der Verknüpfung zwischen den Bereichen Informationstechnik und Informatik erst vielfach ergebenden Möglichkeiten umschreibt.[54] Nicht zuletzt deshalb ist zu empfehlen, ihn im Zusammenhang mit der Telearbeit zu verwenden. Zu den verschiedenen Komponenten der Telematik gehören beispielsweise das Telephon, das Fax, das E-Mail und ferner unter anderem die Anwendung von Textverarbeitungs-Programmen.[55]

---

[48]Online/On-line/online/on-line: (von engl.: on line, 'Leitung aktiv'; Ggtl.: offline).

[49]F.A. BROCKHAUS, Bd. 16, S. 198.

[50]Vgl. SCHNEIDER, Lexikon, S. 407; u. GRIESER/IRLBECK, Computer-Lexikon, S. 635.

[51]Vgl. MELLA MÉNDEZ, AS, Nº 11, octubre 1998, S. 45.

[52]Vgl. F.A. BROCKHAUS, Bd. 21, S. 702; s.a. GRIESER/IRLBECK, S. 870.

[53]SCHREIBER, Anwendungen, S. 9.

[54]Vgl. SCHULZE, Das RORORO, S. 367.

[55]EC/JOHNSTON, S. 22; der Begriff Telematik soll uns noch später begegnen.

bb. Elektronische Übertragungstechnologie als unabdingbare Voraussetzung?

Nach der überwiegenden Auffassung ist die Anbindung des Telearbeiters durch elektronische Übertragungstechnologie unabdingbare Voraussetzung. Dabei muß die Verbindung nach herrschender Auffassung nicht online erfolgen; eine offline-Verbindung genügt.[56] Erforderlich ist, daß zumindest auch eine Anbindung mit IuK-Mitteln vorliegt.[57]

Nach einer weiteren Auffassung ist es zweifelhaft, den Begriff Telearbeit auch auf Aufgaben zu erweitern, die keine direkte Anbindung an das zentrale Computersystem erfordern.[58]

cc. Jegliche Anbindungsform genügend

Eine Mindermeinung geht davon aus, daß Telearbeit auch dann vorliegt, wenn keine elektronische Übertragungstechnologie vorhanden ist. So beispielsweise WEDDE, nach dem es genügt, wenn die Person am Computer arbeitet und die zur Arbeit notwendigen Daten "manuell", etwa mit der herkömmlichen Post versendet.[59] Auch nach BESGEN genügt es, wenn beispielsweise eine Schreibkraft die Arbeitsergebnisse auf Diskette überträgt und zur weiteren Bearbeitung zum Unternehmen verbringt.[60]

dd. Weitere Lösungsvorschläge

Nach anderer Auffassung soll es genügen, wenn eine telephonische Anbindung vorliegt: wie bereits erwähnt, ist nach COLLARDIN Telearbeit die Arbeit fern vom konventionellen Betrieb. Offen könne dabei bleiben, ob das *Tele-* für Arbeit fern vom Betrieb steht oder ob darin die Nähe zu den entsprechenden kommunikationstechnischen Medien (Telephon, Telefax, Television usw.) zum Ausdruck komme - den es werde wohl jede Arbeit fern vom Betrieb i.e.S. durch kommunikationstechnische Anbindung an den Betrieb erfolgen (jedenfalls durch das Telephon).[61] Seine Definition ist damit sehr weit gefaßt.

---

[56] Zu den Begriffen *online* und *offline* s.o., Kap. B.II.2.b.aa.(1.).

[57] Vgl. für viele: OTTEN, Heim- und Telearbeit, C. Rn. 5 u. 12; WANK, Telearbeit, Rn. 13; vgl. ferner: KILIAN/BORSUM/HOFFMEISTER, NZA 1987, S. 403; LINNENKOHL, BB 1996, S. 51.

[58] BESGEN, b+p 1995, S. 404 f.

[59] WEDDE, Telearbeit, S. 20 f.; s.a. ders., Telearbeit und Arbeitsrecht, S. 20; keinen direkten Hinweis auf diese Frage ergibt sich aus seinem neuesten Artikel (NJW 1999, S. 527 ff.).

[60] BESGEN, b+p 1995, S. 404.

[61] COLLARDIN, S. 11.

Ähnliches vertritt auch KAPPUS, der ein zwar ein Mindestmaß an kommunikationstechnischer Anbindung des Arbeitsplatzes an das zentrale Büro für erforderlich hält, Fernsprecher jedoch für genügend hält.[62]

ee. Zwischenergebnis

Wie bereits erwähnt, wird also nach überwiegender Auffassung vorausgesetzt, daß der Arbeitsplatz mit einer Zentrale durch elektronische Übertragungstechnologien verbunden ist.[63] Dieser Eingrenzung ist zuzustimmen. Sie ist zweckmäßig, schließlich wird die Telearbeit allgemein als *neue* Arbeitsform herausgestellt. Die Diskussion zur Telearbeit erfolgte von Anfang an im Zusammenhang mit den neuen technischen Möglichkeiten, die sich aus der Verknüpfung von Informationsmitteln mit Kommunikationsmitteln ergeben. Erst diese eröffnet neuere Arbeitsmethoden, die zum Gegenstand der vielfältigen Diskussionen wurden; sie potenzieren erst den Einsatzbereich der Telearbeiter. Sich im Rahmen von juristischen Auseinandersetzungen nun auf einen anderen Begriff zu stützen, birgt die Gefahr einer Abkoppelung der rechtlichen von der nichtrechtlichen Diskussion in sich. Dies kann nicht Ziel einer praxisbezogenen Rechtsinterpretation sein. Die juristische Diskussion zur Telearbeit muß vielmehr der Arbeitswelt konkrete Lösungsansätze anbieten, die auf die dort vorhandenen Problemen abstellen.

Nach der hier vertretenen Auffassung soll es jedoch genügen, wenn die Arbeitskraft die Arbeitsergebnisse auf Diskette überträgt und diese zur weiteren Bearbeitung in das Unternehmen verbringt, sofern eine sonstige kommunikative Anbindung des Arbeitsplatzes besteht. Eine solche kann auch per Telephon oder E-Mail vorliegen.

Aufgrund der Tatsache, daß eine informationstechnische Verbindung beispielsweise per E-Mail heute keine Besonderheit mehr darstellt und in Zukunft die überwiegende Mehrheit der fern vom Betrieb i.e.S. Arbeitenden sich aufgrund der Technisierung über solche oder ähnliche Kommunikationsmittel verfügen werden, verliert der Streit an Bedeutung. Nochmals bleibt jedoch anzumerken, daß eine ständige und insofern ununterbrochene Anbindung mittels IuK-Mittel nicht erforderlich ist.

c. Telearbeit nur in der Wohnung?

Vor einer ex ante vorgenommenen Beschränkung des Begriffes Telearbeit auf Tätigkeiten, die in der Wohnung oder an Orten, die sich in deren Nähe befinden, ausgeübt wird, wird abgeraten.[64] Denn dies schließt einen erheblichen Bereich

---

[62] KAPPUS, S. 5.

[63] Vgl. für viele: OTTEN, Heim- und Telearbeit, C. Rn. 5.

[64] So jedoch KAPPUS, S. 5, der eine solche Eingrenzung an anderer Stelle relativiert, vgl. a.a.O., S. VII.

der Arbeitsformen vom Begriff aus, der ebenfalls durch die neuen Techniken ermöglicht wird; auch im Außendienst ist Telearbeit möglich. Weiter eröffnet die technische Entwicklung der Arbeitswelt gerade auch die Möglichkeit, Telearbeit außerhalb der eigentlichen Wohnung auszuüben. Wie noch gezeigt werden wird, unterscheidet sich die Telearbeit in der Wohnung der Arbeitskraft in den grundsätzlichen Fragen arbeitsorganisatorischer und auch in denen rechtlicher Art nicht oder nur unwesentlich von der Telearbeit an anderen Orten außerhalb des Betriebs i.e.S., denn es ist davon auszugehen, daß die meisten Telearbeiter sich überwiegend in der eigenen Wohnung aufhalten.

d. Subjekt der Telearbeit

Ein Kriterium, das regelmäßig vorausgesetzt, grundsätzlich jedoch nicht abgehandelt wird, ist, daß die Tätigkeit durch eine natürliche Person ausgeführt werden muß. Das bedeutet jedoch nicht, daß der Telearbeiter dem Auftraggeber gegenüber nicht als Rechtsperson auftreten kann.

e. Zwischenergebnis zur technischen Definition

Läßt man die Frage nach dem Beschäftigungsstatus des Telearbeiters außer Betracht,[65] umfaßt nach den oben genannten Beispielen und nach der herrschenden Auffassung Telearbeit die folgenden *drei Kernkriterien*:

- Arbeit für einen anderen;
- Ausübungsunabhängigkeit vom Standort des Arbeit- bzw. Auftraggebers sowie Dezentralisierung der Tätigkeit;
- Nutzung von IuK-Mitteln, also Einsatz der Telematik.

Diesbezüglich decken sich in der Regel die oben aufgeführten Definitionen. Sie unterscheiden sich regelmäßig zwar in semantischer, nicht jedoch in inhaltlicher Hinsicht. Damit deckt sich der folgende als Grundlage für die vorliegende Untersuchung verwendete Telearbeitsbegriff mit den überwiegend vertretenen.

> In Anlehnung an die oben aufgeführten Definitionen ist Telearbeit im Sinne der vorliegenden Arbeit eine neuere Arbeitsform, nämlich jede auf Informations- und Kommunikationstechniken gestützte Erwerbstätigkeit für einen anderen, die unter Einsatz dieser Mittel erbracht wird und mit einer gewissen Regelmäßigkeit ausschließlich oder alternierend an einem außerhalb des eigentlichen Betriebes liegenden Arbeitsplatz von einer natürlichen Person verrichtet wird. Dabei ist der Arbeitsplatz mit der

---

[65]Der Status des Telearbeiters ist bisher bewußt noch nicht Gegenstand der Untersuchung, da der Begriff Telearbeit in Deutschland und Spanien gesetzlich noch nicht belegt ist und der Status erst festgestellt werden kann, wenn geprüft wird, was allgemein unter Telearbeit verstanden wird. Er wird daher erst später rechtlich untersucht werden.

zentralen Betriebsstätte durch elektronische Kommunikationsmittel verbunden, über die das Arbeitsergebnis transportiert wird.

Die Anbindung des Telearbeitsplatzes an den Betrieb kann entweder im online-Betrieb mit unmittelbarer Dialogmöglichkeit geschehen oder im offline-Betrieb mit einer Leitungsverbindung, die nur die Informationsübermittlung in eine Richtung gestattet. Wenn Arbeitsaufgaben bloß durch Boten oder in ähnlicher Form transportiert werden, fällt die Tätigkeit selbst dann unter die Definition, wenn der in seiner Wohnung Beschäftigte an einem Personalcomputer mit Bildschirm arbeitet, aber eine sonstige kommunikative Anbindung besteht.

Da die Definitionen sehr breit gefaßt sind und die Telearbeit eine Vielzahl von Ausübungsarten umfaßt, wird in der Literatur auf die verschiedenen *Gestaltungsmöglichkeiten* zurückgegriffen, um sie plastischer zu umschreiben. Die Einteilung ist nicht zwingend und wird nicht in jeder Abhandlung vorgenommen.[66] Die Gestaltungsformen sollen nachfolgend vergegenwärtigt werden.

3. Unterformen der Telearbeit

Verschiedene Gestaltungsformen der Telearbeit stehen zur Disposition. Anders als die Einteilung in verschiedene Formen zunächst vermuten läßt, können sie je nach Bedarf im Sinne von Mischformen kombiniert werden.[67] Die Grenzen sind deshalb oft fließend, wobei der Phantasie hierbei kaum Grenzen gesetzt sind, so können sie zum Beispiel hinsichtlich des Arbeitsortes und der Dauer der Fernarbeit unterschieden werden:

a. Örtlich-technische Differenzierung

Es hat sich gezeigt, daß der Radius des Oberbegriffs Telearbeit sehr weitläufig ist, d.h. die Arbeitsform ist ausgesprochen facettenreich. Daraus folgend resultieren eine Vielzahl an Unterformen, deren Beschreibung das Verständnis über die Telarbeit fördern.

Darüber hinaus *kann* den Unterformen im Einzelfall *rechtliche Bedeutung* zukommen. Denn verschiedene Rechtsfragen sind in Abhängigkeit von der Unterform unterschiedlich zu lösen. Dies betrifft beispielsweise die noch zu erörternden Zugangsbefugnisse des Arbeitgebers. Denn denkbar ist bereits ohne tiefgreifende Prüfung der Rechtslage, daß Fragen des Zugangs des Arbeitgebers zum Telearbeitsplatz anders zu lösen sind, wenn der Telearbeiter zu Hause tätig ist, als wenn er in einem vom Arbeitgeber betriebenen Telezentrum arbeitet. Denn des Telearbeiters rechtliche Befugnisse über die eigene Wohnung

---

[66] Vgl. bspw. FENSKI; WANIOREK, Gestaltungsformen; MÜLLNER, Privatisierung; u.a.
[67] KILIAN/BORSUM/HOFFMEISTER, NZA 1987, S. 403.

unterscheiden sich von denen über ein vom Arbeitgeber betriebenen Telezentrum. Auch andere Rechtsfragen lassen sich mittels der nachfolgend näher darzulegenden Unterformen kategorisieren. Daher erleichtert die Einteilung der Telearbeit in Unterformen auch die Behandlung rechtlicher Fragen der Telearbeit.

Es soll daher nachstehend zunächst zwischen drei größeren Bereichen unterschieden werden, wobei allerdings auf eine starre Eingrenzung aller Zwischenformen verzichtet werden soll.

aa. Häusliche Telearbeit

Die *häusliche Telearbeit* wird auch mit der Bezeichnung 'Telearbeit in der Wohnung der Arbeitskraft' umschrieben.[68] Die Form entspricht in der Regel dem Vorstellungsbild derjenigen, die mit dem Begriff Telearbeit konfrontiert werden. Als typisches Bild für die Telearbeit kursiert in den Köpfen vieler das einer Ehefrau, die in der Küche auf einem Drehstuhl sitzend zugleich den Herd und den Computer bedient.[69] Doch es hat sich gezeigt, daß sich die häusliche Telearbeit auch für Personen eignet, die nicht für eine Familie sorgen müssen.[70]

bb. Telearbeit in besonderen, hierzu speziell eingerichteten Büros

Ein wesentliches Kriterium für die Einordnung einer Tätigkeit als Telearbeit ist die Arbeit außerhalb der betrieblichen Arbeitstätte i.e.S. Sie kann in den verschiedensten Formen von Büros erfolgen, die teilweise mit dem Unternehmen selbst verbunden oder selbständige Einrichtungen sein können. Schwierigkeiten bereitet auch hierbei die Tatsache, daß die Begriffe uneinheitlich verwendet werden. Es handelt sich um weiche Begriffe, die von unterschiedlichen Autoren unterschiedlich benutzt werden. Die verschiedenen Strukturen können sich durchmischen.[71]

(1.) Satellitenbüro

Bei der Telearbeit im sogenannten *Satellitenbüro* werden die Mitarbeiter in *dezentralen Betriebsstätten* des Unternehmens beschäftigt. Dabei können ganze Abteilungen ausgegliedert werden oder Mitarbeiter verschiedener Abteilungen

---

68 COLLARDIN, S. 19.

69 Vgl. die Abb. in: VON BOYNEBURGK, Aktuelle, S. Anhang XI.

70 Ob und inwieweit sich Telearbeit mit der Familie vereinbart, soll nicht Gegenstand der vorliegenden Arbeit sein.

71 Auch hierbei dürfte die Anzahl an Definitionen der an Veröffentlichungen zum Thema entsprechen. Daher und weil die Einteilung in verschiedene Gruppen nicht zwingend ist, wird vorliegend i.d.R. darauf verzichtet, auf Nuancen in der Einordnung der verschiedenen Gestaltungsmöglichkeiten einzugehen. Es werden i.d.R. lediglich die wesentlichen Positionen und die dieser Abhandlung zugrundeliegende Definition herausgearbeitet werden.

nutzen gemeinsam eine Betriebsstätte.[72] Für das Satellitenbüro wird teilweise das Synonym *Regionalbüro* verwendet.[73] Hinsichlich der *Entfernung vom Wohnort* unterscheiden sich die Auffassungen.

Nach einer Meinung liegen Satellitenbüros in einer für die Mitarbeiter leicht erreichbaren Entfernung von der Wohnung.[74] Die Arbeitsstätten werden demnach grundsätzlich von den Betrieben nahe den Wohnungen von Beschäftigten eingerichtet und unterhalten.[75] Diese Telearbeitsform sei demnach der Dezentralisierung von Unternehmen in Form von Außenstellen zwar sehr ähnlich, der Unterschied zu den Außenstellen bestehe jedoch darin, daß die Standortwahl sich bei den Satellitenbüros *vorrangig* an den räumlichen Aspekten des Arbeitsmarktes, den Wohnorten der Mitarbeiter bzw. der Immobilien- und Bürosituation und nicht so sehr an dienstleistungs-, produktions- oder absatzbezogenen Faktoren orientiert.[76] Es handelt sich um eine engere Auffassung vom Begriff Satellitenbüro.

Die Gegenmeinung vertritt einen weiteren Begriff, wonach es sich bei Satellitenbüros um nichts anderes als um Bildschirmarbeit in einer ausgelagerten Zweigstelle oder in einer ausgelagerten sonstigen Funktionseinheit des Unternehmens handele.[77] Es seien beispielsweise auch Bankfilialen zu den Satellitenbüros zu zählen.[78] Diese befinden sich jedoch in der Regel gerade nicht notwendigerweise in der unmittelbaren Umgebung der Mitarbeiter. Vielmehr ist für die Lokalität von Bankenfilialen die Nähe zu den Bankkunden ausschlaggebend. Die Telearbeit im Satellitenbüro sei die bislang bekannteste Form von Telearbeit, die sich am Arbeitsmarkt längst etabliert habe; für diese seit langem praktizierte Erscheinungsform der Bildschirmarbeit seien *keine neuen rechtlichen Besonderheiten* zu erwähnen.[79]

Mangels gesetzlicher Grundlage handelt es sich um eine *bloße Definitionsfrage*, ob Außenstellen oder Zweigstellen auch als Satellitenbüros angesehen werden sollen oder nicht und ob die Nähe zu den Wohnungen der Arbeitskräfte ausschlaggebend sein soll. Äußerlich unterscheiden sich für einen nicht eingeweihten Dritten Außenbüros nicht von den Satellitenbüros im Sinne der

---

[72] PFARR/DRÜKE, Rechtsprobleme, S. 22.

[73] BESGEN, b+p 1995, S. 405.

[74] Vgl. für viele: KILIAN/BORSUM/HOFFMEISTER, Telearbeit, S. 5; GODEHARDT, Telearbeit, S. 45; PFARR/DRÜKE, Rechtsprobleme, S. 22; HUBER, Telearbeit, S. 20 f.

[75] KILIAN/BORSUM/HOFFMEISTER, NZA 1987, S. 403.

[76] BEUTHIEN, ZTR 5/96, S. 205; GODEHARDT, Telearbeit, S. 44 f.; nach WEDDE (Telearbeit, S. 24) liegt das Satellitenbüro i.d.R. in der Nähe der Wohnungen der Beschäftigten.

[77] GODEHARDT, Telearbeit, S. 45.

[78] COLLARDIN, S. 21; SALLER, NJW-CoR 1996, S. 300 f.; nach WANK (Telearbeit, Rn. 61) kann sich die Auswahl des Standortes nach der Nähe zum Wohnort der Mitarbeiter richten, sie muß es jedoch nicht.

[79] Vgl. SALLER, NJW-CoR 5/96, S. 300 f.

erstgenannten, engeren Auffassung. Nach dieser Meinung kommt es vielmehr auf die jeweilige Motivation derjenigen Stellen der Zentrale an, die für die Plazierung der Unterbüros zuständig war.

Der Wortlaut des Begriffs Satellitenbüro läßt beide Meinungen zu; die Herkunft des Begriffs läßt nicht auf die Bedeutung des Begriffs Satellitenbüro rückschließen. Denn der Kern des Wortes stammt vom lateinischen Begriff 'satelles' ab, der Leibwächter, Trabant bzw. Gefolge bedeutet.[80] Konkrete Anhaltspunkte für die Definition ergeben sich also nicht. Hier wird dem weiteren Begriff gefolgt, der wie folgt zu beschreiben ist:

> In Abgrenzung zu dem später zu erörternden Begriff *Nachbarschaftsbüro* sind *Satellitenbüros* in Anlehnung an WEDDE für die Zwecke dieser Darstellung Arbeitsstätten, die vom einzelnen Unternehmen als Betriebsfiliale betrieben werden und dabei auch nach außen, z.B. gegenüber Kunden, in Erscheinung treten.[81]

Im Rahmen der vorliegenden Arbeit ist die Frage irrelevant, ob die Nähe der Büros zu den Wohnungen der Arbeitskräfte unabdingbare Voraussetzung für die Kennzeichnung als Satellitenbüro ist. Denn nach überwiegender Auffassung sind die Satellitenbüros unter rechtlichen und wirtschaftlichen Gesichtspunkten Außen- oder Zweigstellen bzw. Filialen des Unternehmens.[82] Voraussetzung ist dabei, daß eine unverzichtbare Anbindung an die Zentrale per IuK-Mittel besteht.

Und da in Bezug auf die Rechtsfragen von derartigen Büros und der in ihnen vertretenen Arbeitsverhältnissen auf die ausreichend vorhandene Literatur zurückgegriffen werden kann, kann hier die rechtliche Erörterung vernachlässigt werden.

(2.) Nachbarschaftsbüro

Der Begriff Nachbarschaftsbüro überschneidet sich nach vielen Definitionen mit dem Begriff Satellitenbüro. Unter den häufig auch *Nachbarschaftszentralen*[83] genannten Nachbarschaftsbüros sind solche zu verstehen, in denen die Mitarbeiter von Unternehmen gemeinsam eine Infrastruktur nutzen. Nach der überwiegenden Auffassung handelt es sich um Arbeitskräfte derselben oder

---

[80] Vgl. MEYERS LEXIKON, Bd. 20, S. 739.

[81] Vgl. WEDDE, Telearbeit, S. 25.

[82] Vgl. stellvertretend für viele: GODEHARDT, Telearbeit, S. 45; COLLARDIN, S. 21; SALLER, NJW-CoR 1996, S. 300 f.

[83] BESGEN, b+p 1995, S. 405.

auch verschiedener Unternehmen.[84] In der Regel erfolgt dies in unterschiedlicher Intensität.[85] Das Büro wird hierbei grundsätzlich von den angeschlossenen Unternehmen betrieben, andere Betreiber sind jedoch auch denkbar. Beispielsweise können sich hierzu verschiedene Arbeitskräfte zusammenschließen.[86]

In Anlehnung an WEDDE werden für die Zwecke dieser Darstellung die Nachbarschaftsbüros von den Satellitenbüros dadurch unterschieden, daß sie an Stelle eines häuslichen Arbeitsplatzes auf eigene Initiative der Beschäftigten, der Kommune oder durch den Arbeitgeber eingerichtet werden, sich dabei aber auf die Stellung der reinen Infrastruktur für Büroarbeit beschränken und *nach außen nicht in Erscheinung* treten.[87]

Im Sinne der vorliegenden Arbeit gelten die *Nachbarschaftszentren* als Weiterentwicklung der Nachbarschaftsbüros, die neben dezentralen Arbeitsplätzen der verschiedenen Unternehmen auch soziale, kulturelle und gastronomische Einrichtungen wie beispielsweise Kindergärten, Bibliotheken und Restaurants umfassen.[88] Die Bedeutung der Nachbarschaftsbüros ist gering, zumal im Jahr 1997 in Deutschland lediglich etwa 3.500 Arbeitsplätze in Einrichtungen dieser Art vorhanden waren.[89]

(3.) Teleservicecenter / elektronische Dienstleistungsbüros

Die Begriffe Teleserviececenter und elektronische Dienstleistungsbüros sowie Telezentren und andere können aufgrund von sachlichen Überschneidungen mit Nachbarschaftsbüro und Satellitenbüro nachfolgend vernachlässigt werden. Dennoch seien sie nachfolgend kurz erläutert, da sie das Verständnis der Telearbeit erleichtern.

Bei den auch als *Teleservice-Zentren* bezeichneten elektronischen Dienstleistungsbüros handelt es sich um selbständige Unternehmen, die informations- und kommunikationstechnisch gestützte Dienstleistungen für räumlich entfernte Unternehmen anbieten. Dabei werden die Dienstleistungen mit Hilfe von Informationstechnik erbracht und die Kommunikation wird schwerpunktmäßig über Telekommunikationsdienste abgewickelt. Die Dienstleistungen können beispielsweise in Text- und Datenerfassung,

---

[84] COLLARDIN, S. 21; KILIAN/BORSUM/HOFFMEISTER, NZA 1987, S. 403; a.A. BEUTHIEN, ZTR, 5/96, S. 205, der Nachbarschaftsbüros nur dann annimmt, wenn die Räumlichkeiten von verschiedenen Unternehmen gemeinsam betrieben werden.

[85] OTTEN, Heim- und Telearbeit, C. Rn.19.

[86] COLLARDIN, S. 19.

[87] Vgl. WEDDE, Telearbeit, S. 25.

[88] GODEHARDT, Telearbeit, S. 47.

[89] N.N., Empfehlungen, AuA 1/1998, S. 24.

Buchhaltung, Datenbankrecherche oder Sekretariatsdienste bestehen.[90] Das Produkt besteht in der Dienstleistung selbst; die primäre Aufgabe liegt im *Vertrieb von Dienstleistungen*.

(4.) Telezentren / Telecenter / Telehäuser / Computels und andere

Dagegen besteht das Produkt bei den *Telezentren* aus dem Büro und dessen "Einrichtung" im weitesten Sinne. Die Dienste dieser auch *Telehäuser* genannten *Computels* bzw. *Telezentren* umfassen Dienstleistungsbüros, die informations- und kommunikationstechnisch ausgestattet angeboten werden und zeitweise als Paketlösung Leistung von einzelnen räumlichen Einheiten, Hard- und Software oder auch personellen Kapazitäten bieten können. Die Telehäuser werden sowohl privat als auch von Gemeinden oder anderen öffentlichen Trägern als infrastrukturelle Maßnahme angeboten.[91] Die Dienste eines Telezentrums können sehr vielfältig sein. Neben PC-Arbeitsplätzen können beispielsweise Konferenzräume und Videokonferenzräume angeboten werden. Weiterhin kann technische Betreuung mittels Computerspezialisten und auch Sekrätariatsdienste zur Verfügung gestellt werden. Letztere können Photokopiermöglichkeiten, Post- und Übersetzungsdienste, Reisebestellungen u.ä. umfassen.[92]

Sie unterscheiden sich von den Satellitenbüros unter anderem insofern, als sie nicht von einem, sondern von verschiedenen Unternehmen betrieben werden. Es können dort jedoch nicht nur Angestellte der angeschlossenen Unternehmen, sondern auch Freiberufler tätig sein.[93]

Telecottages sind kleine, komplett ausgestattete Büroeinheiten, die sich Telearbeiter anmieten, was sie mit den Telezentren vergleichbar macht. Telecottages haben sich insbesondere in Großbritannien durchgesetzt, wo es etwa 150 solcher Einheiten gibt.[94]

Mit dem Begriff *Teleports* wird man seltener konfrontiert. Er umfaßt Zentren, die den Nutzern eine Vielzahl an fortgeschrittenen Geräten zum Gebrauch anbieten. Hierzu gehören der Zugang zu ISDN,[95] Videotext, E-Mail Sicherheitsdiensten, Videokonferenzgeräten usw. Der Vorteil wird insbesondere in der regionalen Förderung gesehen.[96] Auch die Definitionen der Teleports überschneiden sich mit denen der Telezentren.

---

[90] GODEHARDT, Telearbeit, S. 48.

[91] S. GODEHARDT, Telearbeit, S. 48.

[92] BENZONI/MALARBI, Online Cooperation Berlin 1998, S. 151.

[93] SALLER, NJW-CoR 5/96, S. 301.

[94] POLLMANN, teleworx 1/98, S. 11.

[95] In Spanien genannt RDSI.

[96] EC/JOHNSTON, S. 59.

Das erste *Telecenter* entstand 1985 in Vemladen, einer achthundertköpfigen schwedischen Gemeinde. Ähnliche Strukturen wiesen die sogenannten *Telecottages*, *Telehouses* und *Telearbeitszentren* auf. Sie entstanden in den neunziger Jahren in Schweden, Finland, Großbritannien und Irland und sind nunmehr in ganz Europa präsent. Hauptziel ist die Ausstattung einer Gemeinde, einer Firma oder einer Region mit IuK-Technologien.[97]

Nach der oben genannten Definition fallen unter Umständen auch sogenannte *Call-Center* unter die Bezeichnung Telearbeit. Diese auch *calling center* genannten Einrichtungen dienen unter anderem der Entgegennahme von Wünschen, Aufträgen, Anfragen und Reklamationen, die per Telephon erfolgen. Weitere Einsatzgebiete eines Call-Centers sind beispielsweise telephonische Vertriebsunterstützung, Terminvereinbarungen (z.B. für den Außendienst), Kundenakquisition, Produktneueinführung, Anwenderbeobachtung, Telesales, Abogewinn und -betreuung, Marktforschung und Inkasso. Ferner können sie auch als Hotline, zur Kundenbetreuung, zur Auftrags- und Bestellannahme sowie zu Auskunftsdiensten dienen.[98] Kundenbesuchen oder postalischen Aufträgen stehen Callcenter regelmäßig nicht zur Verfügung, wodurch der Ort der Einrichtung grundsätzlich unerheblich wird; nationale Grenzen verlieren an Bedeutung. Sofern in Call-Centern die Arbeitskräfte ihre Tätigkeiten auf Informationstechnologien stützen, liegt Telearbeit vor.

(5.) *Hoteling*

Unter *hoteling* werden berufliche Tätigkeiten verstanden, die in in Hotels eigens eingerichteten Räumen ausgeübt werden. Unter Umständen können Unternehmen dort eigene Schränke und Archive haben, in denen Dokumentationsmaterialien gelagert werden.[99]

Im Rahmen der vorliegenden Arbeit wird diese Unterform nicht eigenständig behandelt, da es sich bei ihr regelmäßig um die nachfolgend noch zu beschreibende mobile Telearbeit handelt. Im übrigen ist die Verbreitung noch sehr beschränkt.

(6.) Zusammenfassung

Erkennbar wird bei den beschriebenen Formen der Telearbeit, daß die Definitionen sich untereinander und mit denen der Nachbarschaftsbüros überschneiden; abgesehen von den Bezeichnungen *Satellitenbüro* und *Nachbarschaftsbüro* können sie daher im Rahmen der vorliegenden Arbeit vernachlässigt werden.

---

[97] DI NICOLA, Online Cooperation Berlin 1998, S. 140.

[98] WURZER, teleworx 2/98, S. 41.

[99] Vgl. zu dieser besonderen Form: SAGARDOY DE SIMÓN, RMTAS - Economía y sociología, Nº 11, 1998, S. 29 f.

Die Bedeutung der Telearbeit, die in den angesprochenen besonderen, hierzu speziell eingerichteten Büros geleistet wird, darf nicht überschätzt werden. Denn der zunehmende informationstechnologische Fortschritt ermöglicht die Verlagerung der Arbeit auch in den häuslichen Bereich zu Konditionen, die sich in finanzieller und in technischer Hinsicht rechnen. Weiter sind mit der Anmietung von externen Büros höhere Kosten verbunden, die Firmen zum großen Teil abschrecken. Die geringere Bedeutung der Telearbeit in den beschriebenen Büros zeigt sich auch an der Verbreitung dieser Formen. Daher wird im Rahmen der juristischen Erörterungen der Schwerpunkt auf die häusliche und mobile Telearbeit gesetzt.

cc. Mobile Telearbeit

Die mobile Telearbeit wird auch als *standortunabhängige Telearbeit* bezeichnet. Sie umfaßt Arbeit, bei der die Anwesenheit an einem festen Arbeitsort nicht erforderlich oder nicht möglich ist, wobei gleichwohl die Möglichkeit besteht, unter Nutzung eigener Hardware wie Funktelephon, Koppler und Faxgerät oder z.B. der Angebote öffentlicher oder privater TK-Netzbetreiber mit der Zentrale oder Dritten einen Informationsaustausch vorzunehmen. Geeignet ist diese Arbeitsform für Mitarbeiter im Außendienst oder auch für freiberufliche Handelsvertreter.[100] Neben diesen werden hierzu insbesondere Servicetechniker, Außendienstmitarbeiter, Berater und Journalisten gezählt, sofern sie sich der IuK-Mittel bedienen.[101] Neben den Versicherungsvertretern, die verstärkt mittels Laptops arbeiten und per Funk Kundendaten direkt zur Zentrale senden bzw. aus der Ferne Daten von der Zentrale abrufen können, sind weitere Anwendungsbereiche denkbar. Technischer Kundendienst kann ebenso in Form von mobiler Telearbeit erfolgen. So konnte etwa die Firma Ascom Hasler GmbH, die für die Wartung von ca. 30.000 Porto-Frankiermaschinen verantwortlich ist, die Servicekosten deutlich senken, indem sie alle Techniker mit mobilen PC-Arbeitsplätzen ausgerüstet hat, welche die Fehlerermittlung unterstützt. Eine spezielle hierfür ausgestaltete Software läuft auf Notebooks. Der Ausdruck aller Servicebelege beim Kunden vor Ort erfolgt mittels mobiler Drucker. Die Kommunikation erfolgt über Datenfunk. Die Geräte sind in eigens dafür entworfenen Koffern eingebaut worden.[102]

Die mobile Telearbeit wird etwas unglücklich auch als *mobile Arbeitsplätze*[103] bezeichnet. Ungünstig ist diese Bezeichnung insoweit, als hierunter auch nicht typischerweise mit Computern Beschäftigte wie beispielsweise Fernkraftfahrer zu verstehen sein können, die nicht unter dem Begriff Telearbeit fallen sollen,

---

[100] OTTEN, Heim- und Telearbeit, C. Rn. 20.

[101] ONFORTE, Basisinformation, S. 6 f..

[102] Vgl. TSI Software AG, ADVANCE, Presse-Infomation, vom März 1999, S. 4.

[103] HUBER, Telearbeit, S. 21.

da es sich bei Fernkraftfahrer nicht um eine erst durch IuK-Mittel mögliche Tätigkeitsform handelt.

b. Örtlich-zeitliche Differenzierung

In Bezug auf die Frage, wo und wie lange der Telearbeiter an einem Ort tätig ist, ergeben sich verschiedene Antworten. Zu unterscheiden ist hierbei zwischen ausschließlicher und alternativer Telearbeit:

aa. Ausschließliche Telearbeit der Arbeitskraft

Die Telearbeit in der Wohnung der Arbeitskraft oder in einem sonstigen, von ihr ausgesuchten Ort wird teilweise *ausschließliche Telearbeit* genannt.[104] Dies dient zur Abgrenzung vom Begriff der *alternierenden Telearbeit*, die anschließend besprochen wird. Für die ausschließliche Telearbeit wird auch das Synonym *isolierte Telearbeit* verwendet, die jedoch auschließlich die Arbeit in der Wohnung und nicht an einem sonstigen von der Arbeitskraft ausgesuchten Ort umfaßt.[105]

Die Kommunikation mit dem Betrieb erfolgt in beiden Fällen neben den bisher üblichen Telephongesprächen in der Regel im Zusammenhang mit dem Austausch von Arbeitsunterlagen in Form von Datentransfers. Und in Zukunft wird sich zunehmend selbst an den einzelnen außerhalb des Betriebes liegenden Arbeitsplätzen die Videokonferenz als Kommunikationsmittel durchsetzen. Doch diese Entwicklung wird zur Zeit noch u.a. aufgrund des ungünstigen Preis-Leistungsverhältnisses der dazu erforderlichen technischen Anlagen verzögert.

bb. Alternierende Telearbeit

Die alternierende Telearbeit ist diejenige, die sich international am stärksten durchgesetzt hat und sich auch weiterhin am häufigsten ausbreiten wird.[106] Hierauf weist schon die allgemeine Entwicklung in Deutschland hin, wo nach einer Studie des Frauenhofer-Instituts für Arbeitswirtschaft und Organisation im Jahr 1997 etwa 350.000 alternierende Telearbeitsplätze im Gegensatz zu 22.000 Stellen in Satellitenbüros und 3.500 in Nachbarschaftsbüros eingerichtet gewesen sein sollen.[107]

---

[104] LINNENKOHL, BB 1996, S. 52.
[105] BEUTHIEN, ZTR 5/96, S. 205.
[106] WEDDE, Telearbeit, S. 24.
[107] N.N., Empfehlungen, AuA 1/1998, S. 24.

(1.) Definition der alternierenden Telearbeit

Der Begriff *alternierende Telearbeit* steht im Gegensatz zu dem Begriff der ausschließenden Telearbeit, der bereits oben besprochen wurde. Darunter ist der gelegentliche oder regelmäßige Wechsel zwischen zwei oder mehreren festen Orten zu verstehen. Üblicherweise wechselt die Arbeit zu Hause mit der im Büro ab,[108] doch auch andere Arbeitsorte kommen in Frage. Neben dem Begriff *alternierende Telearbeit* wurde auf die Bezeichnung *Mischarbeit* verwendet.[109] Sie hat sich jedoch nicht durchgesetzt; vermutlich weil sie aus dem Zusammenhang gerissen nicht aus sich selbst heraus verständlich ist.

Zur Verdeutlichung sei aufgeführt, daß bei den Firmen durch die teilweise Abwesenheit der alternierenden Telearbeiter Arbeitsplätze (im Sinne von Arbeitsorten, also Schreibtischen) frei werden, die andere Telearbeitskräfte nutzen können. Hierbei können die Unternehmen deutlich an Bürofläche sparen. Beispielsweise wird bei der IBM in Großbritannien das Planungskonzept SMART[110] angewendet, nach dem den einzelnen Telearbeitern kein eigener Arbeitsort zugewiesen wird, sondern ihnen stattdessen ermöglicht wird, sich für die Anwesenheit in dem Unternehmen ad hoc einen beliebigen Arbeitort zu suchen, bei dem sie sich in die vorhandene informationstechnische Infrastruktur einloggen.[111] Dies kann einerseits durch Anschluß eines Laptops bzw. Notebooks oder durch Eingabe eines persönlichen Codes in den vorhandenen Computer geschehen.[112]

Die starke Ausbreitung dieser Arbeitsform ist damit zu erklären, daß mit ihr die Vorteile der Telearbeit genutzt werden kann, während dagegen die Gefahr einer sozialen Isolierung, die bei einem ständig allein arbeitenden Telearbeiter drohen kann, weitgehend vermieden wird. Auch kann sich eher ein Betriebszugehörigkeitsgefühl entwickeln, das für die Motivation der Arbeitskräfte sehr förderlich sein kann.

Für die alternative Telearbeit wird auch der Begriff *gelegentliche Heimarbeit* verwendet. Er ist jedoch wie bereits angesprochen aufgrund der Tatsache, daß die Bezeichnung Heimarbeit über das HAG bereits gesetzlich belegt ist, abzulehnen.

---

[108] HUBER, Telerabeit, S. 21.

[109] Vgl. bspw. KILIAN/BORSUM/HOFFMEISTER, NZA 1987, S. 403.

[110] SMART bedeutet Space, Morale and Required Technology.

[111] Einloggen stammt vom Wort *login* ab, was soviel wie Anmelden und Authentisieren eines Benutzers in einem Netzwerk oder in einem Kommunikationssystem bedeutet (vgl. GRIESER/IRLBECK, Computer-Lexikon, S. 302 u. 535).

[112] Vgl. BARRIOS/MUÑOS, Teletrabajo, S. 115.

Es wird vertreten, daß die elektronisch gestützte ausschließlich mobile Tätigkeit als moderne Variante herkömmlicher Außenarbeit in den Bereich der *alternierenden Telearbeit* gehöre; die alternierende Telearbeit schließe die mobilen Formen mit ein.[113] Dem wird sich hier angeschlossen, jedoch nur, sofern die Arbeitskraft jedenfalls teilweise auch im Betrieb i.e.S. arbeitet. Denn es hängt oft nur von Zufällen ab, ob ein im Außendienst Tätiger sich über einen Computer zu Hause oder an einem beliebigen anderen Ort einloggt.

(2.) Gestaltungsbeispiele der alternierenden Telearbeit

Die Gestaltungsmöglichkeiten sind auch bei der alternativen Telearbeit sehr vielfältig. Einerseits kann der Arbeitnehmer beispielsweise in einem festgelegten Wechsel zwischen Arbeits- und Wohnort pendeln. Durchgesetzt haben sich insbesondere die 2-3- oder die 1-4-Modelle, also Varianten, bei denen die Arbeitskraft 2 bzw. 1 Tage der Woche im Büro und 3 bzw. 4 Tage der Woche in der Wohnung verbringt. Häufig haben die Arbeitskräfte keinen eigenen Arbeitsort, sondern sie benutzen einen Schreibtisch, der nicht besetzt ist, und schließen den Laptop bzw. das Notebook an das bestehende Netz an, bzw. loggen sich in den bestehenden Desktop ein.[114]

Ferner kann es für die Arbeitskraft erforderlich sein, zu dem Kunden zu fahren, da nur dieser über die notwendigen Informationen verfügt. Dies trifft beispielsweise auf Unternehmensberatungs- sowie Wirtschaftsprüfergesellschaften häufig zu. Die Berater und Prüfer ermitteln dann die für ihre Aufgaben erforderlichen Informationen bei den Mandanten, mit denen sie geschäftlich in Verbindung stehen, da der Zugriff unkomplizierter und schneller erfolgen kann und der oft kosten- und zeitintensive Transport der Akten und Unterlagen vermieden bzw. stark reduziert werden kann. Häufig ist dabei eine zeitweise Vernetzung mit der eigenen Datenbank in der Zentrale erforderlich, was mittels Modemanschlusses über beinahe jedes Telephonnetz möglich ist. Häufig ist der Arbeitskraft nicht bekannt, daß sie die Voraussetzungen eines Telearbeiters erfüllt und als solcher zu bezeichnen ist.[115] Ein Telearbeiter zu sein, bedeutet also nicht, daß man stigmatisiert sein muß; die Übergänge zwischen normalen Arbeitskräften und Telearbeitern sind fließend.

Auch die Fälle der sogenannten *Rufbereitschaft*, bei denen Störungen an EDV-Anlagen und EDV-Systemen in bestimmten Rufbereitschaftszeiten (nachts und am Wochenende) vom PC in der Wohnung des Beschäftigten aus behoben bzw. ferngewartet werden, zählen zur Form der alternierenden Telearbeit.[116] Weiter

---

[113] WEDDE, Telearbeit, S. 23.

[114] Vgl. bspw. LINNENKOHL, BB 1996, S. 51.

[115] Dies ergab sich aus diversen Gesprächen mit Personen, die derart tätig wurden.

[116] ONFORTE, Basisinformation, S. 7.

kann man sich vorstellen, daß ein alternierender Telearbeiter international tätig wird, also zwischen verschiedenen Staaten hin- und herpendelt.

cc. Zeitliche Mindestvoraussetzungen?

Die Frage, wie häufig ein Telearbeiter fern des Betriebes i.e.S. tätig werden muß, wird in Deutschland selten und wenn, dann nur am Rande diskutiert.

Nach WEDDE genügt es nicht für die Bezeichnung als Telearbeit, wenn Ausgestaltungen von Arbeit, bei denen Beschäftigte ungeplant oder nur gelegentlich außerhalb des Betriebes i.e.S. tätig werden und dabei eher zufällig einen Computer oder ein Datennetz als Arbeitsmittel nutzen.[117]

Dem ist zuzustimmen; um jemanden als Telearbeiter bezeichnen zu können, muß er einen bestimmten Zeitanteil im Rahmen der Arbeitsform tätig werden.[118] Das bedeutet jedoch nicht, daß Rechtsfragen, die für Telearbeiter bestehen, im Einzelfall für den zufällig außerhalb des Betriebes i.e.S. relevant werden können.

c. Individuelle und kollektive Telearbeit

Die Telearbeit wird zuweilen auch in *individuelle* und *kollektive* Telearbeit eingeteilt. Dabei darf diese Bezeichnung nicht gleichgesetzt werden mit der in Deutschland und Spanien üblichen Unterscheidung zwischen kollektivem und individuellem Arbeitsrecht,[119] nach der ersteres den Bereich des Arbeitsrechts bezeichnet, der die Beziehungen zwischen Arbeitgebern und Arbeitnehmern definiert[120] und letzteres den Teil des Arbeitsrechts umfaßt, der die Beziehungen zwischen den Gewerkschaften und Arbeitgeberverbänden und zwischen Betriebsräten und Arbeitgebern behandelt.[121] Vielmehr geht es hierbei um die Frage, ob die jeweilige Arbeitskraft allein in ihrer Wohnung oder an sonstigen Orten arbeitet und in kommunikativer Verbindung mit dem Arbeit liefernden Betrieb steht (sog. individuelle Telearbeit) oder ob sie die Arbeit mit anderen Arbeitskräften am selben Ort verrichtet. Nicht erforderlich ist hierbei, daß es sich nicht um den selben Arbeitsadressaten handelt. Zu dieser kollektiven Form der Telearbeit zählen beispielsweise die bereits erörterten Nachbarschafts-

---

117 WEDDE, NJW 1999, S. 527.

118 Anderes gilt m.E. auch für die Frage, ob jemand 'telearbeitet'. Eine Arbeitskraft kann kurze Zeit 'telearbeiten', dies macht ihn nach der hier vertretenen Auffassung jedoch nicht zum Telearbeiter.

119 Zum System des Arbeitsrechts in Deutschland und dessen Kriterien vgl. Adomeit, Rechtsquellenfragen, S. 9 ff.

120 Zur Unterscheidung im deutschen Rechtskreis vgl. HANAU/ADOMEIT, Arbeitsrecht, B.I.3.; vgl. auch ZÖLLNER/LORITZ, Arbeitsrecht, § 6 III.; SÖLLNER, Arbeitsrecht, § 5 II.

121 Zur Unterscheidung im deutschen Rechtskreis: vgl. HANAU/ADOMEIT, Arbeitsrecht, B.I.3.; vgl. auch ZÖLLNER/LORITZ, Arbeitsrecht, § 6 III.

und Satellitenbüros. Die alternative Telearbeit ist nach diesen Kriterien als Mischform individueller und kollektiver Telearbeit einzustufen.[122]

Die Einteilung der Telearbeit in eine kollektive und individuelle Gruppe ist im Hinblick auf die Wirkung der Telearbeitsplätze auf die betrieblichen Sozialkontakte von großer Bedeutung. In rechtlicher Hinsicht ist diese Untergliederung hingegen nicht nur unbefriedigend, sondern auch ohne Relevanz und sie kann daher in Rahmen dieser Arbeit vernachlässigt werden.

d. Grenzüberschreitende Telearbeit

Wie bereits erwähnt, kann der Telearbeiter zwischen zwei Staaten pendeln. Es kann - abgesehen von den vergleichsweise höheren Telekommunikationsgebühren - bei der Ausübung der Telearbeit kaum einen Unterschied machen, ob die Arbeitskraft zu Hause, also 5 km von der Arbeitsstätte oder in einem anderen Land, also 500 km vom Unternehmen entfernt ist. In technischer Hinsicht stellt es sich heute kaum noch als Problem, einen Arbeitplatz, der außerhalb des Staates liegt, in dem sich der Arbeit- bzw. Auftraggeber seinen Sitz hat, anzubinden. Denn dies kann einerseits über die bereits vorhandene internationale Telephoninfrastruktur als auch andererseits über eine eigene - auch tragbare - Satellitenschüssel erfolgen. Auch der Anschluß des Laptops an ein Funktelephon ist hierbei möglich.

Verschiedene Ursachen für einen internationalen Arbeitsaufenthalt sind denkbar. Einerseits kann es aus beruflichen Gründen erforderlich sein, beispielsweise weil bestimmte für die Arbeit erforderliche Sachverhalte nur im Ausland zugänglich sind oder weil internationale Konferenzen oder Gesprächsrunden außerhalb des Staates stattfinden und zwischenzeitlich Berichte erstellt werden müssen.

Doch auch, in anderen Fällen ist internationale Telearbeit denkbar. So lassen beispielsweise klimatische Bedingung die Einnahme eines temporären Telerbeitsplatzes möglich und für die Arbeitskraft wünschenswert erscheinen. So kann künftig für gewisse Berufsgruppen eine *Winterflucht* aber auch eine *Sommerflucht* in Frage kommen, da aufgrund der Telekommunikationsmittel der Ort der Arbeit nicht mehr im bisherigen Maße ausschlaggebend sein muß.

Bereits heute nehmen die Arbeitnehmer in Deutschland mit Vorliebe Urlaub in den Wintermonaten. Unter den Reisezielen nimmt Spanien für Deutsche Touristen einen hohen Stellenwert ein. Allein 2,9 Millionen Deutsche flogen 1998 nach Palma de Mallorca; die Zuwachsraten in den ersten drei Monaten von 1999 lagen bei über 35%.[123] Vorstellbar ist, daß Arbeitnehmer vor dem

---

[122] HOOSE, Arbeit und Sozialpolitik 11-12/94, S. 53 f.

[123] N.N., Mallorca ist beliebtestes Flugziel der Deutschen, Der Tagesspiegel v. 16. Juni 1999, S. 32.

eigentlichen Urlaub im Zielland für den Arbeitgeber tätig werden. Diese Überlegungen werden z.B. im Rahmen der Projekte der Europäischen Union zur Stärkung der ländlichen und damit der strukturschwächeren Gebiete insbesondere von Vertretern der einzelnen Territorien angestellt.[124] Auch verschiedene Telearbeitskräfte halten diese Möglichkeit zur Verlängerung des Aufenthalts fern von der alltäglichen Umgebung für attraktiv.[125] Sie wünschen die Einführung von Telearbeit insbesondere in Telezentren bzw. Teleservicezentren in den ländlichen Gebieten, einerseits um diese in wirtschaftlicher Hinsicht zu stärken, andererseits auch um die noch vorhandene Landflucht einzudämmen.[126] Die durch diese europäischen und sonstigen Programme entstandene berufliche Infrastruktur könnte auch von sogenannten qualifizierteren Touristen (*turistas de calidad*) genutzt werden, die damit die Schulferien gemeinsam mit der Familie verbringen könnten.[127] Die REGIERUNG DER BALEAREN hat die Telearbeit als Quelle für eine Verbesserung des Tourismus erkannt; sie beabsichtigt, sich als Art "resort office"[128] innerhalb Europas zu positionieren. Nach den Vorstellungen des Generaldirektors für Wirtschaft der Regierung, ANDRÉS FONT, sollen die Inseln zum 'telematischen Megapark' werden, der über moderne Kommunikationsnetze die insulare Lage überwinden und so Verbindung zur übrigen Welt schaffen soll.[129] Mit dem Bau dieses als ParkBIT bezeichneten Megaparks wurde 1996 begonnen.[130]

Auch bei der grenzüberschreitenden Telearbeit sind verschiedene Gestaltungsformen möglich. Es ist jedoch aus den oben genannten Gründen zu erwarten, daß die internationale Arbeit überwiegend in Form der alternativen Telearbeit erfolgen wird, da nur so der erforderliche soziale Kontakt zu Arbeit- bzw. Auftraggebern und Mitarbeitern gewahrt wird. Ob und inwieweit sich die 'Winter- und Sommerflucht' im Rahmen der Arbeitsverhältnisse auch durchsetzen wird, ist nicht absehbar. Fest steht dagegen, daß die zunehmende Globalisierung auch vor den Arbeitsverhältnissen nicht halt machen wird.

---

[124] So bspw. das EU-Projekt SABRE, Programm ORA (vgl. FRANCESCH/BARRERA, El Campo, 1993, Nº 127, S. 267).

[125] So bspw. die Telearbeiter, die im Rahmen der Untersuchung der Firma Ficosa Internacional, S.A. außerhalb des Betriebes eingesetzt wurden (vgl.: TARRAGÓ, Alta Dirección, 1995, Nº 184, S. 434).

[126] Vgl. bspw. für die ländlichen Regionen Galiciens: FRANCESCH/BARRERA, El Campo, 1993, Nº 127, S. 265 ff.

[127] FRANCESCH/BARRERA, El Campo, 1993, Nº 127, S. 267.

[128] I.S. von Ferien- oder Seebad-Büro.

[129] Vgl. BARRIOS/MUÑOZ, Teletrabajo, S. 132 f.

[130] KORTE/WYNNE, Telework, S. 87.

e. *Guerilla-Teleworker*

Die Bezeichnung *Guerilla-Teleworker* stammt vermutlich aus den USA. Sie bezeichnet Menschen, die sich immer und überall, im Büro, am Wochenende, im Urlaub, auf Geschäftsreise oder bei jeder sonstigen Gelegenheit ins Firmennetz einwählen und arbeiten.[131] Solche Arbeitsformen werden meistens von Führungskräften und Spezialisten praktiziert, deren berufliche Stellung sie auf Schutznormen verzichten läßt.[132]

f. Sonstige Formen

Die aufgezeigten Möglichkeiten können in verschiedener Hinsicht kombiniert werden. Dies kann gelten im Bezug auf die Arbeitskräfte, die Auftrag- bzw. Arbeitgeber, den Betreiber der Einrichtung, die Finanzierung, den örtlichen Gegebenheiten, die Ausstattung und verschiedener anderer im Arbeitsleben vorhandener Kriterien. Wiederholt sei in diesem Zusammenhang darauf hingewiesen, daß sich die Begriffe in der Literatur häufig überschneiden und ihnen oft verschiedene Definitionen zugrundegelegt werden, was aufgrund der Vielfaltigkeit der Arbeitswelt verständlich ist.

4. Ergebnis zur technischen Definition

In Anlehnung an die oben aufgeführten Definitionen ist Telearbeit im Sinne der vorliegenden Arbeit:

> jede auf Informations- und Kommunikationstechniken gestützte Tätigkeit für einen anderen, die unter Einsatz dieser Mittel erbracht wird und mit einer gewissen Regelmäßigkeit ausschließlich oder alternierend an einem außerhalb des eigentlichen Betriebes liegenden Arbeitsplatz von einer natürlichen Person verrichtet wird. Dabei ist der Arbeitsplatz mit der zentralen Betriebsstätte durch elektronische Kommunikationsmittel verbunden, über die das Arbeitsergebnis transportiert wird.
>
> Die Anbindung des Telearbeitsplatzes an den Betrieb kann entweder im online-Betrieb mit unmittelbarer Dialogmöglichkeit geschehen oder im offline-Betrieb mit einer Leitungsverbindung, die nur die Informationsübermittlung in eine Richtung gestattet. Wenn Arbeitsaufgaben ausschließlich durch Boten oder in ähnlicher Form transportiert werden, fällt die Tätigkeit selbst dann unter die Definition, wenn der in seiner Wohnung

---

[131] Vgl. SALLER, NJW-CoR 5/96, S. 301.

[132] ONFORTE, Basisinformation, S. 7; in rechtlicher Hinsicht ergeben sich bei den *Guerilla-Teleworkern* Arbeitsschutzfragen, die im Rahmen der vorliegenden Arbeit nicht zu untersuchen sind.

Beschäftigte an einem Personalcomputer mit Bildschirm arbeitet, sofern eine kommunikative Anbindung besteht.

Telearbeit beschreibt insoweit als *Oberbegriff* eine *Form der Arbeitsorganisation*. Je nach Ausprägung dieser räumlichen Aspekte ergeben sich unterschiedliche Unterformen der Telearbeit. Sie können mitunter kombiniert werden: Telearbeit ist in der Wohnung der Arbeitskraft, in Nachbarschaftsbüros, in Satellitenbüros, in Telezentren, Teleservicezentren, Telehäusern und in Form der mobilen Telearbeit möglich. Auch nationale Schranken begrenzen die Telearbeit nicht notwendigerweise.

Die Einordnung nach der Art der Ausübung *dient lediglich der Einteilung der Telearbeit in Untergruppen* und dem besseren Verständnis der Möglichkeiten, die diese neuere Arbeitsform bieten kann. Sinn dieser Einordnung kann es jedoch nicht sein, diese Arbeitsmöglichkeiten rechtlich einzuordnen. Hierzu bedarf es einer genaueren Untersuchung anderer Fragen, wie insbesondere die nach dem Status.

III. Spanien

In Spanien ergeben sich im Hinblick auf den Begriff die selben Fragen wie in Deutschland. Was bedeutet Telearbeit? Welche Definitionen herrschen vor? Sind rechtliche Kriterien relevant? Sind sie sinnvoll? Es ist hier nicht der Ort, wieder auf diese und die weiteren Fragen sowie deren Hintergründe einzugehen. Diesbezüglich sei stattdessen auf die bereits erörterten Fragestellungen verwiesen.[133] Festzustellen ist, daß vor der Behandlung der spanischen Rechtssituation eine eingehende Besprechung der Definition vorhergehen muß.

Das Thema Telearbeit wurde bislang in Spanien nicht annähernd so intensiv diskutiert wie in Deutschland. Dies gilt sowohl in nichtjuristischer als auch in juristischer Hinsicht. Verschiedene der Texte, die bislang publiziert wurden, basieren entweder auf Literatur aus dem angelsächsischen oder dem außerspanischen Bereich oder sind sogar direkte Übersetzungen. Häufig stammen die Autoren nicht aus Spanien oder sie gehören einer nichtspanischen Institution an.[134] Im Rahmen der Recherchen wird seitens der Autoren häufig auf Texte zurückgegriffen, die nicht auf spanisch verfaßt wurden, was zur Folge hat, daß die Begriffe und die dazugehörigen Definitionen oft in verschiedenster Form übersetzt werden, selbst wenn sie auf derselben Grundlage beruhen. Insoweit ist es nicht sinnvoll, auf jegliche Definitionsalternativen einzugehen.

---

[133] S.o., Kap. B.

[134] Vgl. für viele bspw. GAETA, DL 1996, Nº 49, S. 35 ff.; GBEZO, Trabajo - Revista de la OIT Nº 14, 1995, S. 4 ff.; GRAY/HODSON/GORDON, Teletrabajo; JOHNSTON, ALFOZ, 1994, Nº 109, S. 78 ff.; KORTE/KORDEY/ROBINSON, El teletrabajo, I&T Magazine, 1994-95, Nº 16, S. 24 ff.; MAHFOOD, Trabajo; MARTINO/WIRTH, revista internacional del trabajo 1990, Vol. 109, Nº 4, S. 469 ff.

Da die Diskussion in Spanien noch nicht so fortgeschritten ist und bislang eine juristische Monographie zur Telearbeit fehlt, lassen sich Meinungsrichtungen noch nicht ausreichend feststellen. Dies stellt sich als Hindernis für eine Interpretation der Meinungen dar. Im Rahmen dieser Abhandlung können daher allenfalls einige der Definitionen herausgegriffen werden, anhand derer geprüft wird, ob die Umschreibung der Telearbeit, die auf der Grundlage der in Deutschland vorherrschenden Auffassungen ermittelt wurde, sich im wesentlichen mit ihnen deckt und für die Analyse des spanischen Rechts geeignet ist.

1. Technische Begriffsalternativen

Auch in Spanien ist die Telearbeit nicht gesetzlich geregelt.[135] Daß dies wie in Deutschland beabsichtigt gewesen wäre, ist zu bezweifeln. Vielmehr liegt es daran, daß die wissenschaftliche und insbesondere rechtswissenschaftliche Öffentlichkeit sich noch nicht so eingehend mit dem Thema beschäftigt hat, wie in Deutschland.

Im Gegensatz zu Deutschland besteht in Spanien eine eher einheitliche Terminologie, indem sich der Begriff *teletrabajo* weitgehend durchsetzt.[136] Lediglich vereinzelt werden andere Begriffen wie *trabajo telemático*[137], *trabajo electrónico*[138], *trabajo remoto*, *trabajo a distancia*[139], *teledesplazamieto*[140] *tele-trabajo*[141], *tele trabajo*[142] verwendet. Die auch anzufindenden Bezeichnungen *trabajo en casa*[143], *trabajo desde el hogar*,[144] *trabajadores en pantalla*[145] sowie *trabajo periférico*[146] sind unbefriedigend, da mit ihnen kein direkter Bezug zu dem erforderlichen Einsatz von IuK-Mitteln hergestellt wird. Dies erklärt, daß sie sich nicht durchgesetzt haben und am

---

135 Vgl. MARTÍN FLOREZ, REDT 1995, Nº 71, S. 403; auch heute (Juli 1999) gibt es keine spezifische Regelungen in Spanien. Die Diskussionen über das Regulierungserfordernis haben jedoch bereits begonnen.

136 Vgl. stellvertretend für viele: ORTIZ CHAPARRO, Teletrabajo, S. 37 ff.; ARCHE/GALINER, Glossar, S. 90; GIL CASADO, Teletrabajo, S. 169 ff.; MAESTRE, Tendencias, RAE, 1995, Nº 3, S. 65 u. 76.

137 ('telematische Arbeit') so z.B. DE CLOET, El Campo, 1995, Nº 133, S. 295 ff., die jedoch daneben auch den ansonsten üblichen Begriff *teletrabajo* verwendet, vgl. dort S. 297.

138 ('elektronische Arbeit') CASADO, Rafael, gaceta sindical, 1996, Nº 149, S. 57.

139 ('entfernte Arbeit' / 'Fernarbeit') MAHFOOD, Trabajo, S. 114; GIL CASADO, Teletrabajo, S. 169; ARCHE/GALINER, S. 90 u. 204.

140 ESCUDERO RODRÍQUEZ, S. 2.

141 MONTOYA MELGAR, Derecho del trabajo, S. 521.

142 MONEREO PÉREZ/QUESADA SEGURA, Art. 13, S. 233.

143 ('Arbeit in der Wohnung') GIL CASADO, Teletrabajo, S. 169.

144 ('Arbeit vom Heim aus'); CASADO, Rafael, gaceta sindical, 1996, Nº 149, S. 57.

145 MELLA MÉNDEZ, AS, Nº 11, octubre 1998, S. 38.

146 ('peripherische Arbeit' / 'Außenarbeit') GIL CASADO, Teletrabajo, S. 169.

Rande der erwähnten Schriften auftauchen. Auch in Spanien werden Bezeichnungen aus dem englischsprachigen Raum wie *telecommuting*[147] *home-working*[148] benutzt, doch auch diese nur am Rande. Im katalanischen Sprachgebrauch begegnet einem der Begriff *teletreball.*[149]

Ungünstig ist die ebenfalls selten gebräuchliche Verwendung des Begriffs *trabajo a domicilio*,[150] der ähnlich wie der aus dem deutschen Rechtskreis stammende Begriff Heimarbeiter bereits vom spanischen Arbeitnehmerstatut *Estatuto de los Trabajadores* in Art. 13 belegt ist und nicht notwendigerweise alle rechtlichen Modalitäten der Arbeitsform umfaßt.[151] Nach einer Auffassung sollte im Rahmen von nichtjuristischen Abhandlungen der Begriff *teletrabajo en casa* verwendet werden.[152]

Die im Vergleich zum deutschsprachigen Raum deutlich größere Übereinstimmung in Bezug auf den Begriff teletrabajo in Spanien ist einerseits sicherlich darin begründet, daß der im englischsprachigen Raum am stärksten verwendete Begriff *teleworking* direkt übersetzt wurde, ohne daß aus den unterschiedlichsten Gründen nach neuen Alternativen gesucht wurde. Zum anderen wird auch der geringere Diskussionsstand in Spanien ausschlaggebend sein.

2. Bedeutung des Begriffs Telearbeit

Auch in Spanien besteht keine universelle technische Definition.[153] ORTIZ CHAPARRO brachte es auf den Punkt, indem er erklärte, daß es so viele Definitionen zur Telearbeit gibt, wie Leitfäden, Artikel und sonstige Dokumente, die das Thema untersuchen. Weiter sei auffällig, daß die neueren Artikel sich mit den jeweils vorausgegangenen Definitionen befassen, sie untersuchen und kritisieren, um am Ende eine neue eigene Definition zu liefern.[154]

Die Definitionen des Begriffes Telearbeit in Spanien ähneln denen in Deutschland, was sich daraus erklären läßt, daß sie wie auch in Deutschland von den anglizistischen Umschreibungen übernommen wurden. Anzumerken bleibt noch, daß die Definitionen in der Regel nicht von Juristen stammen. Das bedeutet nicht, daß sie im rechtlichem Kontext grundsätzlich nicht tragfähig

---

147 GIL CASADO, Teletrabajo, S. 169.

148 VIDEGAIN MURO, Alta Dirección, 1995, Nº 184, S. 397 u. 400.

149 Vgl. VILLANUEVA I PALACIOS, Teletreball.

150 CASADO, gaceta sindical, 1996, Nº 149, S. 57.

151 Rechtsfragen zum *trabajo a domicilio* im Sinne des Art. 13 ET wird an anderer Stelle erörtert.

152 MELLA MÉNDEZ, AS, Nº 11, octubre 1998, S. 44.

153 BARRIOS/MUÑOSZ, Teletrabajo, S. 39.

154 ORTIZ CHAPARRO, Teletrabajo, S. 37.

sind, sondern es soll nur insoweit eine Wertung beinhalten, als zu prüfen ist, ob der Begriff in juristischer Hinsicht anhand der gleichen Kriterien definiert werden kann.

a. Technische Definitionen

Nachfolgend seien verschiedene Ansatzpunkte für eine technische Definition aufgeführt:

aa. Definitionen nach rechtlichen Quellen

Nach PÉREZ DE LOS COBOS ORIHUEL bedeutet Telearbeit die Ausführung von Arbeit aus der Ferne unter Verwendung von Informations- und/oder Telekommunikationsmitteln.[155] Dies entspricht sinngemäß den anderen Definitionen aus juristischen Quellen, die erschienen sind.[156]

---

[155] PÉREZ DE LOS COBOS ORIHUEL, S.34.

[156] Nach THIBAULT ARANDA handelt es sich bei der Telearbeit um eine Organisations- und/oder Ausübungsform der Arbeit, die zum großen Teil oder hauptsächlich aus der Ferne ausgeübt wird unter Verwendung von Informations- und/oder Kommunikationstechniken. Die Tätigkeit wird an anderer Stelle verrichtet als die, an der das Arbeitsergebnis erwartet wird. Eine intensive Nutzung der Informations- und/oder Kommunikationsmittel wird zwar vorausgesetzt, doch die Versendung der Arbeitsergebnisse in Form von Informationen auf Magnetbändern oder Disketten per Post oder auf sonstige Weise soll genügen (THIBAULT ARANDA, RMTAS - Economía y sociología, Nº 11, 1998, S. 94).
Nach MARTÍN FLOREZ ist Telearbeit die Leistung von Diensten auf fremde Rechung außerhalb des Arbeitszentrums (regelmäßig in der Wohnung der Arbeitskraft), dessen Ausführung über telephonische und informationelle Anbindung erfolgt. Selbständige Arbeitskräfte sind dementsprechend ausgeschlossen (MARTÍN FLOREZ, REDT 1995, Nº 71, S. 413).
Nach RODRIGUEZ-PIÑERO handelt es sich bei der Telearbeit um eine solche, die grundsätzlich zu Hause ausgeübt wird, wobei die Entfernung der Arbeitskraft durch Informations- und Kommunikations-Technologien überbrückt wird. Die Gruppierung von derartigen Arbeitskräften in eigenen Betriebsstätten sind ebenfalls möglich (RODRÍGUEZ-PIÑERO, Economía y Sociología del TRABAJO Nº 29/30, 1995, S. 104).
Nach OLIVER ist Telearbeit jegliche berufliche oder Arbeits-Tätigkeit, die über Informationsmittel ausgeübt wird, die mit Kommunikationsmittel verbunden ist und die das sofortige Senden von Informationen zu einer Betriebsstätte ermöglicht (OLIVER, El teletrabajo, S. 2).
GAETA ist zwar kein spanischer, sondern ein italienischer Rechtswissenschaftler, sein in Spanien erschienener Artikel zu Telearbeitsfragen in Italien hat die spanischen Diskussionen jedoch wesentlich beeinflußt. Nach ihm ist Telearbeit die Tätigkeit, bei der die Arbeitskraft mit einem Bildschirm geographisch außerhalb des Unternehmens arbeitet, an die die Tätigkeit gerichtet ist (vgl. GAETA, DL 1996, Nº 49, S. 33 ff.). Problematisch ist an dieser Definition, daß sie nicht diejenige Telearbeit umfaßt, bei der die Arbeitskraft alterniertend tätig wird.
Nach MONTOYA MELGAR handelt es sich bei der Telearbeit um auf der Anwendung von informationstechnischen Instrumenten basierte Arbeit aus der Ferne (MONTOYA MELGAR, u.a., Art. 13 ET, S. 65). Problematisch ist an der Definition, daß das Erfordernis einer kommunikationstechnischen Anbindung keine Erwähnung findet.

bb. Definition nach Tarifverträgen und Betriebsvereinbarungen

In Spanien wurden bisher selbst von Unternehmen, die viele Telearbeiter beschäftigen, noch keine Tarifverträge abgeschlossen, die sich in ausführlicherer Form mit der Telearbeit beschäftigen. Dies gilt beispielsweise für die IBM España, die Ende 1996 bereits 1000 Telearbeiter aufweisen konnte.[157] Anders als in Deutschland ist die Telearbeit in Spanien also nur im Ausnahmefall Gegenstand von Vereinbarungen zwischen Tarifparteien geworden. Betriebsvereinbarungen, die sich mit der Telearbeit beschäftigen, sind allgemein nicht bekannt. Derzeit liegen erst zwei Tarifverträge vor, die die neuere Arbeitsform zum Gegenstand machen. Sie regeln keine prinzipiellen Fragen, sondern enthalten allenfalls einen kurzen Hinweis darauf, daß Telearbeit grundsätzlich möglich sein kann. Der Tarifvertrag etwa, der bei der DHL International España S.A. abgeschlossen wurde, enthält in Artikel 17 eine Klausel, nach der die Einführung von Telearbeit möglich ist. Eine Definition enthält der Vertrag nicht.[158]

cc. Definition nach den ARBEITSGERICHTEN

In Spanien existieren zwar Urteile, welche die Telearbeit betreffen,[159] eine Definition der Telearbeit aus solchen ist noch nicht bekannt geworden. Regelmäßig wird der Begriff Telearbeit im genannten Kontext nicht verwendet.

dd. Definitionen nach sonstigen Quellen

Die Definitionen aus den sonstigen Quellen entsprechen im wesentlichen denen aus den juristischen Quellen.[160]

---

[157] PADILLA MELENDEZ, Los flujos, S. 846.

[158] Convenio colectivo de la empresa DHL International España S.A. (BOE núm. 72, de 25 marzo 1998).

[159] Etwa die sich auf den selben Fall beziehenden Urteile: SJS 668/94 3 de Palma de Mallorca de 24 enero de 1995; STSJ Baleares 246/95 de 30 de mayo 1995; STS de 22 de abril de 1996, Ar. 3.334.

[160] Nach ORTIZ CHAPARRO ist Telearbeit Fernarbeit, die mittels Telekommunikationsmittel für andere ausgeführt und von ihnen vergütet wird (ORTIZ CHAPARRO, Teletrabajo, S. 38 u. 40. ORTIZ CHAPARRO legt sich entgegen dem Wortlaut *cuenta ajena*, der im spanischen Recht Arbeitnehmer kennzeichnet, nicht auf einen bestimmten Status fest (vgl. hierzu die späteren Ausführungen zum Status des Telearbeiters in Spanien)). Durch die beiden letzteren Voraussetzungen sollen die Tätigkeiten in der Wohnung ausgegrenzt werden, die aus rein sportlichen Gründen oder aus reinem Spaß an ihnen ausgeführt werden (ORTIZ CHAPARRO, Teletrabajo, S. 40).
Teletrabajo beinhaltet nach GIL CASADO die Ausführung der Arbeit an einem anderen Ort als dem Arbeitszentrum und den Einsatz von telematischen Mitteln als Arbeitsmittel von grundsätzlicher Bedeutung. Die Nutzung der Informations- und Kommunikations-Mittel unterscheide demnach die Telearbeit von traditionellen Formen der Arbeit in der Wohnung der Arbeitskraft (*trabajo a domicilio*) (vgl. GIL CASADO, Teletrabajo, S. 170. Die von GIL CASADO aufgeworfene Frage, ob auch Selbständige, die diese Kriterien erfüllen, als

Telearbeiter bezeichnet werden können, soll hier vorerst außer acht gelassen werden, da es sich hierbei um eine juristischer Art handelt, die erst später zusammenhängend erörtert werden soll.).

Nach ITURBE ist Telearbeit eine allgemeine Definition, die eine Arbeitsmethode beschreibt, bei der der Angestellte außerhalb des Büros also z.B. zu Hause arbeitet und Telekommunikationsmittel und Computer benutzt, um sich mit der Arbeitszentrale zu verbinden. Neben diesem Oberbegriff, der möglicherweise nicht alle Alternativen umfasse, stünden spezifischere Definitionen, die auf Besonderheiten hinsichtlich des Arbeitsortes, des Arbeitsverhältnisses und beispielsweise hinsichtlich der Arbeitszeit hinweisen (ITURBE, Suplemento de la Revista TELOS 41, 1995, S. 16). Problematisch ist an der Definition zwar, daß sie sich zunächst lediglich auf Arbeitnehmer bezieht. Die Einschränkung auf Arbeitnehmer wird jedoch später relativiert; Telearbeiter könnte auch von Selbständigen ausgeübt werden (ITURBE, a.a.O.). Ohne die Frage nach der juristischen Einordnung von Telearbeitern an dieser Stelle vorwegzunehmen, können Telearbeiter nach Iturbe also sowohl Arbeitnehmer als auch Selbständige sein.

Nach VIDEGAIN MURO bedeutet Telearbeit, daß die Arbeit zur Arbeitskraft und die Arbeitskräfte zu den Kunden verlegt wird, wobei jede Art von Telekommunikationsnetzen und bzw. / oder telephonische Einrichtungen sowie tragbare Informationsgeräte verwendet werden, um eine unmittelbarere und effektivere Kommunikation mit den Kunden, mit den Zulieferern und Versorgern und mit den zentralen Büros zu gewährleisten. Dabei werden die Anfahrtszeiten zum Büro reduziert und Ausgaben für die klassische Büroinfrastruktur eingespart. Dies geschieht unter einer Abwendung vom traditionellen Gedanken, daß die Arbeit in zentralen und feststehenden Zentren ausgeübt werden muß, die einen erheblichen Aufwand für Fahrten von Arbeitnehmern, die identische Arbeitszeiten haben, erfordern (VIDEGAIN MURO, Alta Dirección, 1995, Nº 184, S. 397).

Nach RAFAEL CASADO ist Telearbeit eine Arbeitsorganisationsform, bei der IuK-Mittel verwendet werden und bei der (jedenfalls auch) außerhalb der zentralen Büros oder der Produktionsstätten gearbeitet wird (CASADO, gaceta sindical, 1996, Nº 149, S. 58).

Nach MOLINA handelt es sich bei den Telearbeitern um solche Arbeitskräfte, die Arbeit außerhalb der Organisation (im Sinne von Unternehmen o.ä.) verrichten, wobei sie durch Telekommunikationsmittel unterstützt werden. Der Unterschied zu klassischen Berufsangehörigen, bei denen ebenfalls eine externe Tätigkeit ausgeübt wird und Kommunikationsmittel einsetzen, wie z.B. Taxifahrern bestehe darin, daß ein zentraler Aspekt der Telearbeit in der Erzeugung eines zusätzlichen Wertes durch die intensive Nutzung der Informationstechnologien liegt. Die Datenverarbeitung dient als Grundlage der Schaffung dieses "Mehrwertes" (MOLINA, Alta Dirección, 1995, Nº 184, S. 437 f.).

Auch wenn die Autoren GRAY, HODSON und GORDON nicht spanischer Herkunft sind, müssen sie hier erwähnt werden, da sie über die Übersetzung ihrer Werke ins spanische einen erheblichen Einfluß auf die Diskussionen zur Telearbeit in Spanien ausgeübt haben. Nach ihnen ist Telearbeit eine flexible Arbeitsform, bei der die Arbeit während eines bedeutenden Teils der Arbeitszeit ausgeübt wird, ohne daß die körperliche Anwesenheit der Arbeitskraft im Unternehmen erforderlich ist. Sie umfaßt ein breites Spektrum an Aktivitäten und kann ganz- oder teilzeitlich fern vom Unternehmen ausgeübt werden. Die Tätigkeit impliziert die häufige Anwendung von Methoden informationsprozessualer Art und die permanente Verwendung eines Telekommunikationsmittels, um die Verbindung zwischen dem Telearbeiter und dem Betrieb herzustellen (vgl. GRAY/HODSON/GORDON, Teletrabajo, S. 63; es mag verwundern, wenn die Definition von GRAY/HODSON/GORDON bei der Darstellung der spanischen Literatur behandelt wird, da es sich bei dem Werk um eine Übersetzung des ursprünglichen englischen Werkes handelt (vgl. GRAY/HODSON/GORDON, Teleworking explained). Doch mangels einer Vielfalt an alternativen Monographien zum Thema Telearbeit wurde der Übersetzung eine starke Wirkung innerhalb der spanischen Literatur zuteil. Daher erscheint sie in deren Literaturverzeichnissen relativ häufig.).

b. Art der Anbindung an die klassische Arbeitsstätte

Im Hinblick auf die Art der Anbindung der Arbeitskraft kann auf die Erörterungen zu den Fragen in Deutschland verwiesen werden; eine Wiederholung ist nicht erforderlich.[161]

c. Telearbeit nur in der Wohnung?

In Spanien wird der Telearbeitsbegriff regelmäßig nicht auf Tätigkeiten, die in der Wohnung oder an Orten, die sich in der Nähe befinden, reduziert. Nach überwiegender Auffassung soll Telearbeit auch an anderen Orten ausgeführt werden können.[162]

d. Subjekt der Telearbeit

Auch diesbezüglich kann auf die Äußerungen zur Bedeutung des Begriffs in Deutschland verwiesen werden.[163]

e. Zwischenergebnis zur technischen Definition

In Spanien decken sich die Definitionen weitgehend. Erforderlich ist die Arbeit mit Informationsmitteln, fern von der eigentlichen zentralen Arbeitsstätte, wobei die Anbindung mit Kommunikationsmitteln erfolgt. Neuer ist der Gedanke von ORTIZ CHAPARRO, der betont, daß das Arbeitsergebnis für Dritte bestimmt ist und die Arbeitskraft von diesen vergütet wird.[164]

Der Vergleich der Definitionen in Spanien mit denen in Deutschland läßt die Anwendung des bereits anhand der deutschen Definition geprägten und dieser Arbeit zugrundeliegenden technischen Telearbeitsbegriffs zu, weshalb auf ihn an dieser Stelle verwiesen sei.[165]

---

[161] S.o., Kap. B.II.2.b.

[162] Vgl. insoweit die oben erwähnten Definitionen.

[163] S.o., Kap. B.II.2.d.

[164] ORTIZ CHAPARRO, Teletrabajo, S. 38. u. 40.

[165] Zum Begriff s.o., Kap. B.II.2.e.

3. Unterformen der Telearbeit

a. Örtlich-technische Differenzierung

aa. *Teletrabajo en el domicilio* / häusliche Telearbeit

Der Begriff *teletrabajo* wird auch von der Bevölkerung in Spanien im allgemeinen mit Arbeit im eigenen Haus bzw. in der eigenen Wohnung gleichgesetzt.[166]

Schwierigkeiten gestaltet wie bereits erwähnt die Nutzung des Begriffes *teletrabajo a domicilio*,[167] da *trabajo a domicilio* bereits in Art. 13 ET rechtlich belegt ist. Daher sollte er entweder vermieden werden oder lediglich für die Arbeitskräfte angewendet werden, auf die sich Art. 13 ET bezieht.

bb. Telearbeit in besonderen, hierzu speziell eingerichteten Büros

(1.) *Oficina satélite*

Die Diskussion zur *oficina satélite* in Spanien entspricht der zum Satellitenbüro in Deutschland. Auch in der spanischen Literatur wird teilweise vertreten, daß Satellitenbüros in der Nähe der Mitarbeiter errichtet werden, bzw. daß sie sich von den traditionelllen Filialen dadurch unterscheiden, daß sie Mitarbeiter örtlich vereinen, die in der Nähe der Büros wohnen.[168] Andere legen auf die örtliche Nähe zu den Arbeitskräften keinen Wert; akzeptiert wird jedes Büro, welches als Arbeitszentrum der Arbeitskräfte dient und keine Filiale ist.[169] Andere stellen auf die Nähe der Satellitenbüros zum eigenen Wirkungs- bzw. Einflußbereich ab.[170]

Auch in Spanien ist das Satellitenbüro nicht normiert. Hinsichtlich der semantischen Auslegung gilt das bereits über das Satellitenbüro angesprochene. Es ist in Spanien ebenfalls Definitionsfrage, was man unter der *oficina satélite* versteht.

> Insoweit werden auch für die Zwecke der Darstellung des spanischen Rechts in Anlehnung an WEDDE unter *oficina satélite* Arbeitsstätten verstanden, die vom Unternehmen als Betriebsfiliale betrieben werden und dabei auch nach außen, z.B. gegenüber Kunden, in Erscheinung treten.

---

166 GIL CASADO, Teletrabajo, S. 170.

167 Vgl. etwa FERNÁNDEZ DOMÍNGUEZ / MARTÍNEZ BARROSO / RODRÍGUEZ ESCANCIANO, S. 61 f.

168 Vgl. z.B. DE CLOET, El Campo, 1995, № 133, S. 301; ORTIZ CHAPARRO, Teletrabajo, S. 60.

169 MAHFOOD, Trabajo, S. 114.

170 ITURBE, Suplemento de la Revista TELOS 41, 1995, S. 16.

Voraussetzung ist auch hier, daß eine intensive Anbindung an die Zentrale per IuK-Mittel besteht.

Auch hierbei soll die Frage vernachlässigt werden, ob die Nähe der Büros zu den Wohnungen der Arbeitskräfte unabdingbare Voraussetzung für die Kennzeichnung als Satellitenbüro ist. Denn auch in Spanien sind nach überwiegender Auffassung die *oficinas satélites* unter rechtlichen und wirtschaftlichen Gesichtspunkten Außen- oder Zweigstellen bzw. Filialen des Unternehmens. Und da auch in Spanien in Bezug auf die Rechtsfragen von derartigen Büros und der in ihnen vertretenen Arbeitsverhältnissen auf die vorhandene Literatur zurückgegriffen werden kann, darr die rechtliche Erörterung im Rahmen dieser Darstellung vernachlässigt werden.

(2.) *Oficinas de vecindad*

Der eher selten geläufige Begriff *oficina de vecindad* soll hier als Entsprechung zu den *Nachbarschaftsbüros* begriffen werden. Insoweit sei auf die bereits zu den Nachbarschaftsbüros getroffenen Feststellungen verwiesen.[171]

(3.) Teleservicecenter /*centro de trabajo telemático*

Centro de trabajo telemático (telematischer Betrtieb) werden die Teleservicecenter in Spanien genannt. Der urspünglich aus dem englischsprachigen Raum stammende Begriff *teleservicecentre* wird ebenfalls verwendet.[172]

(4.) *Centros de teletrabajo / telecentro / telecabañas und sonstige*

Telezentren werden in Spanien *centros de teletrabajo* oder auch *telecentros* genannt.[173] Teilweise werden sie in Abhängigkeit von der Lage unterschieden in *telecentros en ciudades* (Telezentren in Städten), *telecentros en islas* (Telezentren auf Inseln) und *telecentros en áreas rurales* (Telezentren in ländlichen Gebieten). Letztere werden auch als *telecottages*[174] oder als *electronic cottages*[175] bezeichnet; ihnen wird das größte Wachstumspotential zugesprochen.[176]

Telecottages entsprechen nach häufig vertretener Auffassung auch in Spanien den Telezentren in ländlichen Gebieten, die eine besondere Infrastruktur bieten

---

171 S.o., Kap. B.II.3.a.bb.(2.).

172 DE CLOET, El Campo, 1995, Nº 133, S. 300.

173 OLIVER, El teletrabajo, S. 5; GIL CASADO, Teletrabajo, S. 171.

174 GIL CASADO, Teletrabajo, S. 172.

175 Der Begriff 'electronic cottage' geht auf ALVIN TOFFLER zurück, der ihn bereits im Jahr 1981 geprägt hat (vgl. TOFFLER, The Third Wave).

176 GIL CASADO, Teletrabajo, S. 171.

und von Unternehmen, privaten Betreibern oder auch Kommunen betrieben werden können.[177] Telecottages werden in Spanien seltener auch als *telecabañas* bezeichnet.[178]

Die sogenannten *Teleports* werden in Spanien auch *Telepuertos* genannt.

(5.) *Teletrabajo internacional / teletabajo off shore*

Als *teletrabajo internacional* oder *teletrabajo off shore* wird in Spanien die Telearbeit bezeichnet, die grenzüberschreitend ausgeübt wird. Neben Gründen der Personalkostenreduzierung ist bei der Einrichtung eines solchen Arbeitsplatzes vor allem der Grund ausschlaggebend, daß Projekte bzw. Arbeitsvorgänge zeitunabhängig erledigt werden können, da auf Arbeitskräfte zurückgegriffen werden kann, die in einer anderen Zeitzone wohnhaft sind.[179]

(6.) Zusammenfassung

Auch in Spanien überschneiden sich die Definitionen der Unterformen teilweise. Abgesehen von den Bezeichnungen *oficina satélite* (Satellitenbüro) und *oficina de vecindad* (Nachbarschaftsbüro) können die Begriffe daher nachfolgend weitgehend vernachlässigt werden.

cc. *Trabajador móvil / trabajador nómada / trabajo itinerante*

Der mobile Telearbeiter wird in Spanien als *teletrabajador móvil*, *trabajador móvil* oder *trabajador nómada* bezeichnet.[180] Daneben findet sich auch der eher seltene Begriff *teletrabajor itinerante*.[181] Inhaltlich decken sich die Bezeichnungen. Ein Unterschied zwischen dem mobilen Telearbeiter in der spanischen und dem in der deutschen Literatur ist nicht erkennbar. Als mobile Telearbeit kann auch die Arbeit an den verschiedenen Arbeitsstätten des an mehreren Orten vertretenen Betriebes bezeichnet werden.[182] Sie stellen in rechtlicher Hinsicht keine Besonderheit dar, denn sie sind von denjenigen Arbeitskräften, die ohne Einsatz der Telematik tätig sind, nicht zu unterscheiden; insoweit wird auf diese im Rahmen der Arbeit regelmäßig nicht eingegangen.

---

[177] Vgl für viele SUÑÉ LLINAS, El Teletrabajo, S. 322; OLIVER, El teletrabajo, S. 6.

[178] GRAY/HODSON/GORDON, Teletrabajo, S. 57.

[179] MELLA MÉNDEZ, AS, Nº 11, octubre 1998, S. 44.

[180] ORTIZ CHAPARRO, Teletrabajo, S. 65; CASADO, gaceta sindical, 1996, Nº 149, S. 58; ITURBE, Suplemento de la Revista TELOS 41, 1995, S. 16; TARRAGÓ, Alta Dirección, 1995, Nº 184, S. 432.

[181] GIL CASADO, Teletrabajo, S. 170.

[182] TARRAGÓ, Alta Dirección, 1995, Nº 184, S. 432.

Als Gegenbegriff zum mobilen Telearbeiter wurde *teletrabajador estable* geprägt, der an einem mehr oder weniger festen Arbeitsplatz seinen Aufgaben nachgeht.[183] Beide Bezeichnungen *teletrabajador móvil* und *teletrabajador nómada* finden Verwendung.

b. Örtlich-zeitliche Differenzierung

aa. Ausschließliche Telearbeit der Arbeitskraft / *teletrabajo permanente*

Der oben beschriebenen ausschließlichen Telearbeit kommt der von MOLINA zitierten *teletrabajo permanente* am nächsten. Anders als der Begriff zunächst impliziert, geht MOLINA davon aus, daß gelegentliche Besuche und alle zwei Wochen eine Besprechung bzw. Versammlung in den Räumen des Unternehmens erforderlich sind.[184] Die Unterscheidung trifft er jedoch nicht aus rechtlichen Gründen, sondern weil er organisatorische und technische Lösungsansätze für die Einführung von Telearbeitsplätzen anbieten will und weil er die nichtjuristischen Umstände aufführt, unter denen die Einrichtung dieser Arbeitsplätze sinnvoll erscheint.[185]

Neben der Bezeichnung *teletrabajadores permanentes* haben sich für ausschließliche Telearbeiter auch *teletrabajadores a tiempo completo*[186] manifestiert. Gegen die Bezeichnung spricht jedoch, daß er den Eindruck vermittelt, als handle es sich bei den Arbeitskräften um Vollzeitarbeitskräfte, obwohl dies nicht der Fall sein muß. Auch Teilzeitarbeitskräfte können im Rahmen von ausschließlicher Telearbeit tätig sein. Daher wird sich an die Definition *teletrabajo permanente* gehalten.

bb. Alternierende Telearbeit / *teletrabajador alterno*

(1.) Definition

Ein allgemein geläufiger Begriff für die alternierende Telearbeit hat sich in Spanien noch nicht durchgesetzt.

MOLINA unterscheidet zwischen der bereits besprochenen ausschließlichen (*teletrabajo permanente*), der häufigen (*teletrabajo frecuente*) und der gelegentlichen Telearbeit (*teletrabajo ocasional*).[187] Unter häufiger Telearbeit versteht er eine solche, bei der die Arbeitskraft ein oder mehr Tage der Woche außerhalb der eigentlichen Betriebsstätte arbeiten kann. Demgegenüber

---

183 OLIVER, El teletrabajo, S. 5.

184 MOLINA, Alta Dirección, 1995, Nº 184, S. 440.

185 Vgl. MOLINA, Alta Dirección, 1995, Nº 184, S. 437.

186 OLIVER, El teletrabajo, S. 4.

187 Vgl. MOLINA, Alta Dirección, 1995, Nº 184, S. 440 f.

bezeichnet er die diejenige Telearbeit als gelegentliche, bei der die Arbeitskraft eher ausnahmsweise außerhalb der Betriebsstätte tätig ist.[188]

Andere umschreiben die alternierende als ganzzeitige oder teilzeitige Telearbeit (*teletrabajo a tiempo completo o a tiempo parcial*).[189] Die direkte Übersetzung deutet jedoch eher auf die Unterscheidung zwischen Vollzeit- und Teilzeitarbeitskräfte und weniger auf die zwischen ständig und nur teilweise abwesenden Telearbeitern hin.[190] Die Umschreibung erscheint weniger sinnvoll, denn sie könnte verwechselt werden mit dem Begriff des *trabajador a tiempo parcial*.

Günstiger ist, alternierende Telearbeiter als *teletrabajadores alternos* zu bezeichnen,[191] was im Rahmen der vorliegenden Arbeit übernommen wird.

(2.) Gestaltungsbeispiele der alternierenden Telearbeit

Im Hinblick auf die Gestaltungsbeispiele wird auf die bereits getroffenen Ausführungen verwiesen.[192]

(3.) Zeitliche Mindestbedingungen?

Im Hinblick auf die Frage, wie häufig die Arbeitskraft per Telearbeit tätig werden muß, bestehen Meinungsunterschiede.

THIBAULT ARANDA lehnt es ab, im Falle der alternierenden Telearbeit eine Mindestzeit festzulegen, in welcher die Arbeitskraft fern des eigentlichen Arbeitsplatzes tätig wird. Denn es komme nicht auf die Frage an, wie lange sie sich telematischer Mittel bedient, sondern darauf, ab wann ein derartiger Wandel der grundsätzlichen Arbeitsorganisationsform stattfindet, daß die Person nicht arbeitet, sondern 'telearbeitet'.[193]

OLIVER dagegen stellt neben den allgemeinen Kriterien ein weiteres für diejenige Arbeitskräfte auf, die nach seiner Auffassung im Rahmen eines zu schaffenden "*Estatuto Jurídico del Teletrabajador*" den Anwendungsbereich definieren müßten: Wichtig sei die Dauer der Arbeitszeit, die sie im Rahmen dieser Tätigkeit ausüben. In Anlehnung an Art. 36.1 ET, der die Definition für

---

188 MOLINA, Alta Dirección, 1995, Nº 184, S. 440.

189 GIL CASADO, Teletrabajo, S. 173; ITURBE, Suplemento de la Revista TELOS 41, 1995, S. 16.

190 *Teletrabajadores a tiempo completo* ist wörtlich mit Vollzeit-Telearbeiter und *teletrabajadores a tiempo parcial* mit Teilzeit-Telearbeiter zu übersetzen.

191 ESCUDERO RODRÍQUEZ, S. 11.

192 S.o., Kap. B.II.3.b.bb.(2.).

193 THIBAULT ARANDA, RMTAS - Economía y sociología, Nº 11, 1998, S. 94 f.

Nachtarbeit aufstellt,[194] sollte nach seiner Auffassung mindestens ein Drittel der wöchentlichen, monatlichen oder jährlichen Arbeitszeit per Telearbeit ausgeübt werden.[195]

Richtig ist es, zu fordern, daß nicht jeder, der nur eine sehr geringe Zeit als Telearbeiter tätig wird, auch als solcher zu bezeichnen sein soll. Doch der von OLIVER angesetzte Zeitanteil dürfte zu großzügig angesetzt sein. Telearbeit wird von alternierenden Telearbeiter teilweise nur ein Tag pro Woche ausgeübt, was einem Zeitanteil von 20% entspricht. Diesen als untere Grenze für Telearbeiter anzusetzen wird der Arbeitsform nicht gerecht, da eine Arbeitskraft, die planmäßig an einem Tag pro Woche fern vom Betrieb tätig sein soll, bereits dann nicht als Telearbeiter bezeichnet werden könnte, wenn sie während einer Woche nicht fern vom Betrieb tätig wird. Daher soll nach der hier vertretenen Meinung die Mindestgrenze von 10 - 15% der gesamten wöchentlichen, monatlichen oder jährlichen Arbeitszeit für die Einordnung als Telearbeiter maßgeblich sein.[196]

Nach der bereits im Zusammenhang für Deutschland vertretenen Auffassung soll Telearbeit dann gegeben sein, wenn die Arbeitskraft mit einer gewissen Regelmäßigkeit sich der neuen Arbeitsform bedient; insoweit wird OLIVER gefolgt. Das bedeutet jedoch nicht, daß entsprechend THIBAULT ARANDA von 'telearbeiten' gesprochen werden kann, wenn jemand sich - auch nur kurzfristig und zufällig - der Arbeitsform bedient. Denn unter rechtlichen Gesichtspunkten ergeben sich keine Unterschiede, ob die Arbeitskraft nur kurz und zufällig oder planmäßig und periodisch im Rahmen der neueren Arbeitsform tätig wird.

c. Individuelle und kollektive Telearbeit

Die Einteiliung der Telearbeit in 'individuelle' und 'kollektive' Telearbeit ist aus der spanischen Diskussion nicht bekannt.

---

[194] Art. 36.1 ET: Ausweislich dieses Gesetzes ist Nachtarbeit diejenige, die zwischen zehn Uhr nachts und sechs Uhr morgens geleistet wird. Der Unternehmer, der regelmäßig Nachtarbeit in Anspruch nimmt, muß dies der Arbeitsbehörde mitteilen.
(Art. 36.1 ET: A los efectos de lo dispuesto en la presente Ley, se considera trabajo nocturno el realizado entre las diez de la noche y las seis de la mañana. El empresario que recurra regularmente a la realización de trabajo nocturno deberá informar de ello a la autoridad laboral.).

[195] OLIVER, El teletrabajo, S. 3 f.

[196] Dagegen erscheint der Ruf von OLIVER nach einem neuen Gesetz anzweifelbar. Ein eigenes Statut für Telearbeiter ist nicht erforderlich, da die vorhandenen Arbeitsrechtsprinzipien regelmäßig die Telearbeit abdecken. Besonderheiten lassen sich etwa mit neueren Prinzipien wie der *informationellen Subordination* (*subordinación informática*) oder der *informationellen Weisungsbefugnis* (*dirección informática*) lösen (zur neuen Terminologie vgl. RHEINHEIMER, Subordinación informática: El teletrabajo en Alemania, S. 6 f.). Gegen ein eigenes Gesetz spricht derzeit vieles.

d. Grenzüberschreitende Telearbeit

Die internationale und damit grenzüberschreitende Telearbeit wird zuweilen auch in Spanien am Rande diskutiert.[197] Diesbezüglich sei auf die bereits getroffenen Aussagen verwiesen.[198]

4. Ergebnis zur technischen Definition

Im Hinblick auf die Unterformen der Telearbeit ergeben sich keine wesentlichen Unterschiede zu denen in Deutschland. Insoweit kann grundsätzlich auf die Definition verwiesen werden, die im Zusammenhang mit den Erläuterungen zur Telearbeit in Deutschland geprägt wurde.[199] Der Unterschied besteht lediglich darin, daß in Spanien Nachbarschaftsbüros als *oficinas de vecindad*, Satellitenbüros als *oficinas satélite*, Telezentren als *telecentros*, Teleservicezentren als *centros de teleservicio*, Telehäuser als *telecabañas* und mobile Telearbeit als *teletrabajo móvil* bezeichnet werden.

IV. Europa

1. Technische Begriffsalternativen

Auf die verschiedenen Bezeichnungen der einzelnen Staaten der Europäischen Union im Detail einzugehen, würde den Rahmen dieser Arbeit sprengen und soll nicht Gegenstand einer juristischen Arbeit sein, die sich auf die rechtlichen Umstände innerhalb und zwischen den Staaten Deutschland und Spanien bezieht.

Es sei hier daher nur kurz angemerkt, daß sich in Europa überwiegend Begriffe durchgesetzt haben, die in die jeweilige Sprache übersetzt Telearbeit bedeuten. In Großbritannien hat sich dementsprechend *teleworking*, in Frankreich, Belgien und Luxemburg *télétravail*, in Italien *telelavoro* durchgesetzt. Im angelsächsischen Raum hat sich daneben noch der Begriff *telecommuting*[200] etabliert, der sich noch heute behauptet, da er bereits im Jahr 1976 geprägt wurde; JACK NILLES hatte damals in Zusammenhang mit dem Begriff *telecommuting* als erster die Möglichkeiten aufgezeigt, Ortsveränderungen

---

[197] ORTIZ CHAPARRO, Sociedad y Utopia - Informática y Sociedad, 1997, Nº 9, S. 108.

[198] S.o., Kap. B.II.3.d.

[199] S.o., Kap. B.II.4.

[200] *Commute* (Am.) bedeutet pendeln, täglich hin- und herfahren (LANGENSCHEIDT - Englisch-Deutsch, S. 120); *Commuter* (Am.) bedeutet Pendler.

durch Telekommunikation zu ersetzen und dadurch Fahrten zur Arbeitsstätte zu reduzieren; er gilt daher als einer der geistigen Urheber der Telearbeit.[201]

2. Bedeutung der entsprechenden Begriffe für Telearbeit

Im Jahr 1994 gab es noch in keinem Mitgliedsstaat der EU eigenständige Normen zur Regelung der Telearbeit.[202] Dies hat sich bis heute noch nicht geändert. Auch die Bemühungen von starken Kräften des italienischen Parlamentes schlugen sich nicht in einer Gesetzesänderung nieder, obwohl es bereits mehrere Gesetzesinitiativen gab.[203] Der italienische Telearbeitsverband *Lavoro & Tecnologia* (L&T) hatte dem italienischen Parlament einen konkreten Vorschlag für ein Telearbeitsgesetz vorgelegt.[204]

Es muß zwischen den Definitionen der Telearbeit in den Einzelstaaten und der der Europäischen Union selbst unterschieden werden:

a. Bedeutung in europäischen Einzelstaaten

Ebenso soll hier aus den oben genannten Gründen darauf verzichtet werden, die in den einzelnen Staaten jeweils vorherrschenden Aufassungen über die genaue Definition von Telearbeit einer Analyse zu unterziehen. Vielmehr wird hier kurz festgestellt, daß die wohl üblichste Bedeutung des Begriffs Telearbeit in Europa die Arbeit in der Ferne mit Hilfe von IuK-Mitteln umfaßt.[205]

b. Bedeutung in der Europäischen Union

Dagegen ist die Definition der Telearbeit in der Europäischen Union für Rechtsfragen dieser Arbeit von großer Bedeutung, denn im Rahmen des Zusammenwachsens Europas in wirtschaftlicher, politischer und rechtlicher Hinsicht werden sich die rechtsetzenden und auch die rechtsprechenden Gewalten Spaniens und Deutschlands zunehmend mit der Rechtslage der Union und mit deren Gerichtsurteilen auseinandersetzen müssen. Weiterhin bestehen in der Europäischen Union Bestrebungen die Telearbeit normativ zu regeln.

---

[201] Vgl. NILLES, The Telecommunications-Transportation Tradeoff; vgl. PESCH, teleworx 1/97, S. 9; ferner: DE VAL ARNAL, Acciones e Investigaciones Sociales, Nº 7, marzo 1998, S. 207.

[202] EC/JOHNSTON, S. 16 u. 42.

[203] MELLA MÉNDEZ, AS, Nº 11, octubre 1998, S. 39.

[204] POLLMANN, teleworx 2/98, S. 10.

[205] So etwa in Frankreich: *travail à distance à l'aide des TIC*, vgl. SYSDEM, Observatoire de l'Emploi - Tendances Nº 25, S. 3.

In der EU entspricht der Telearbeitsbegriff den herrschenden Auffassungen in Deutschland und Spanien.[206]

---

[206]Der BANGEMANN-Bericht liefert keine präzise Definition des Begriffs Telearbeit, es wird vielmehr generell zur Beschreibung einer Vielzahl von verschiedenen Arbeitsformen benutzt, in der die Natur/Form ('nature') und der Arbeitsort aufgrund der kombinierten Anwendung von Telekommunikationsmitteln mit Informationstechnologien verändert werden kann (EC/HUWS, S. 6; vgl. EUROPÄISCHE KOMMISSION, Wachstum, Wettbewerbsfähigkeit, Beschäftigung - Herausforderungen der Gegenwart und Wege ins 21. Jahrhundert - Weißbuch; auf spanisch: COMISSIÓN EUROPEA, Crecimiento, competividad, empleo - Retos y pistas para entrar en el siglo XXI - Libro blanco. Nach dem BANGEMANN-BERICHT 'Weißbuch Wachstum, Wettbewerb, Beschäftigung: Die Herausforderungen und Wege in das 21. Jahrhundert' wird neuen Informationstechnologien eine besonders herausragende Rolle in der Entwicklung der Wettbewerbsfähigkeit Europas im 21. Jahrhundert zugeschrieben (vgl. EC/HUWS, Executive Summary page iii; vgl. die Zusammenfassung des Bangemann-Berichts in: SYSDEM, Observatoire de l'Emploi - Tendances № 25, S. 5; der Bericht lautet auf Englisch: EUROPEAN COMMISSION's White Paper Growth, Competitiveness, Employment: the Challenges and Ways Forward into the 21st Century). Über die Förderung der Telearbeit sollten so Arbeitsplätze geschaffen werden (EC/HUWS, S. 3). Es wurden daher verschiedene Programme entworfen und Initiativen ins Leben gerufen, die die Ausbreitung dieser Arbeitsform stützen sollen. Hierzu gehören einerseits die Seminare, die unter der Schirmherrschaft der EU durchgeführt wurden, aber auch die geleistete Hilfe technischer, finanzieller, organisatorischer und sonstiger Art. Es wurde Wert darauf gelegt, daß diese Maßnahmen sich nicht nur auf einzelne Staaten beschränkten, sondern daß möglichst viele begünstigt wurden.
Telearbeit ist nach der EUROPÄISCHEN KOMMISSION die Arbeit, die unter Verwendung der Telematik-Infrastruktur (zum Begriff *Telematik* s.o., Kap. B.II.2.b.aa.(3.)) von einem anderen Standort aus entrichtet wird als dem Ort, an dem die Resultate benötigt werden (SCHREIBER, Anwendungen, S. 9 u. 16). Der Begriff ist weit gefaßt, denn problematisch ist daran, daß demnach selbst Taxi- oder Lastwagenfahrer dieser Definition unterfallen, sofern sie über Funk mit der Firmenzentrale kommunizieren (SALLER, NJW-CoR 5/96, S. 300).
Nach JOHNSTON bezieht sich der Begriff Telearbeit auf die Arbeitsmethode, die Telematik (zur Definition der Telematik s.o., Kap. B.II.2.b.aa.(3.)) anwendet, um die Arbeitskraft mit dem Arbeits- bzw. Auftraggeber zu verbinden. Er begründet die teilweise Bezeichnung als 'IuK-unterstützte Fernarbeit' (*IT-supported distance working*) damit, daß die Arbeit von IuK-basierten Produkten abhängt, die der Arbeitskraft ermöglichen, fern vom "Arbeitgeber" zu arbeiten. Auch er unterteilt die Telearbeit in fünf Kategorien: 'Heim-Telearbeit', Arbeit in Satellitenbüros und in Telecentren. Ferner zählt er die 'Fern-Gruppen-Arbeit' (*distant group working*) und 'Teledienstleistungen' (*teleservices*) dazu (vgl. EC/JOHNSTON, S. 22).
Nach der EUROPÄISCHEN STIFTUNG ZUR VERBESSERUNG DER LEBENS- UND ARBEITSBEDINGUNGEN wurde in Anlehnung an BLANPAIN die folgende Definition für die Telearbeit festgelegt: unter Telearbeit versteht man jede Tätigkeit, die von einer Person (Arbeitnehmer, Selbständiger, Heimarbeiter) vorwiegend oder weitgehend an einem räumlich außerhalb des Betriebes im herkömmlichen Sinne liegenden Arbeitsplatz für einen Arbeitgeber oder Auftraggeber unter Einsatz moderner Technologien verrichtet wird (EG, Soziale Folgen, Titelseite; vgl. i.ü. die Berichte; 'Rechtliche und vertragliche Situation der Telearbeiter in der Europäischen Union', 'Soziale Sicherheit der Telearbeiter in der Europäischen Union' und 'Aspekte des Gesundheitsschutzes und der Sicherheit am Arbeitsplatz für Telearbeiter in der Europäischen Union').
Das Projekt TELDET (Telework Development and Trends) ist auch heute noch eines der bedeutenderen der von der EUROPÄISCHEN UNION unterstützten Projekte zur Telearbeit. Es hat deren Ausbreitung und Potential sowie Aspekte der Ausübung in Europa und die Bedingungen für die Entwicklung mittels representativer Umfragen und Fallstudien analysiert. Der Definition von TELDET kommt insofern eine große Bedeutung zu, als die

3. Formen der Telearbeit

Hierunter fallen auch die verschiedensten Ausführungformen wie Telearbeit in der Wohnung der Arbeitskraft, in Telecottages, in Nachbarschaftsbüros, die mobile Telearbeit u.a. Insoweit gilt das oben bereits zur Lage in Deutschland und Spanien erwähnte.

V. Gegenüberstellung

Wie aus den unter aufgeführten Erläuterungen hervorgeht, decken sich die Begriffe in Deutschland, Spanien und Europa in ihren wesentlichen Grundzügen. Das liegt daran, daß die Begriffe, die in den USA üblich sind, wo seit verhältnismäßig langer Zeit Telearbeit ausgeübt wird, in der Regel direkt übernommen wurden.

Anderes gilt für die Unterformen der Telearbeit. Einigkeit besteht im Falle der mobilen und alternierenden Telearbeit. Dagegen zeichnen sich Begriffe wie *telecottage*, *telepuerto*, Nachbarschaftsbüros und andere vergleichbare durch eine erhebliche definitorische Ungenauigkeit sowohl im innerstaatlichen als auch im zwischenstaatlichen Vergleich aus. Diese erleichtert es, im Rahmen der vorliegenden Arbeit die Begriffe Telearbeit, Satellitenbüro und Nachbarschaftsbüro für Deutschland und Spanien deckungsgleich festzulegen.

VI. Ergebnis zur technischen Definition der Telearbeit in Europa

In Europa decken sich die Definitionen weitgehend. Die drei Kriterien (*Tätigkeit fern vom eigentlichen Betrieb*, *Verwendung von IuK-Mitteln* und

---

Studie zur Grundlage verschiedener weiterer Untersuchungen und Artikel geworden ist. Die Definition der Studie weist ebenfalls drei Kriterien auf:
•Der *Arbeitsort* soll wenigstens eine der drei folgenden Kriterien erfüllen:
- eine partielle Unabhängigkeit des Arbeitsortes vom Sitz bzw. Ort der Firma, dem Unternehmer, den Kunden, den Arbeitsressourcen, usw.;
- er muß zeitweise oder auf Dauer in der Nähe des oder am Wohnort des Telearbeiters gelegen sein;
- er muß fern vom Ort des Unternehmens, der Unternehmer, Kunden, Partner, Arbeitsressourcen usw. gelegen sein.
•Telearbeit basiert hauptsächlich oder jedenfalls in starkem Maße auf der Anwendung von *IuK-Mitteln* (in der Regel PC's oder Terminals, die an einen Großrechner, ein Telephon und ein Faxgerät verbunden sind). Insoweit besteht eine Kommunikationsverbindung zwischen dem Telerabeiter und dem Arbeit- bzw. Auftraggeber, die zur Kommunikation verwendet wird.
•*Verschiedene Organisationsformen* sind möglich. Im TELDET-Programm wird zwischen den verschiedenen Formen von Telearbeit wie Telearbeit in der Wohnung der Arbeitskraft, im Satelliten- und Nachbarschaftsbüro, mobile Telearbeit, alternative Telearbeit usw. unterschieden. Insoweit differieren die Ausführungen nicht von denen allgemein üblichen. Telearbeiter können nach dem TELDET-Programm selbständig oder angestellt tätig sein. Für die Unternehmen kann die Telearbeit bei der Verlegung von Aktivitäten, im Fall von Outsourcing und bei Einführung von Teleservice von Bedeutung sein (KORTE/WYNNE, Telework, S. 8 ff.).

Möglichkeit verschiedener Unterformen) bilden die tragenden Säulen der Arbeitsform. Im Hinblick auf eine Einordnung des Telearbeiters in einen bestimmten Status wird allgemein Zurückhaltung geübt. Die bereits erwähnten Definition, die Grundlage der vorliegenden Arbeit ist, deckt sich mit der überwiegenden Auffassung in Europa. Telearbeit im Sinne der vorliegenden Arbeit ist:

> jede auf Informations- und Kommunikationstechniken gestützte Tätigkeit für einen anderen, die unter Einsatz dieser Mittel erbracht wird und mit einer gewissen Regelmäßigkeit ausschließlich oder alternierend an einem außerhalb des eigentlichen Betriebes liegenden Arbeitsplatz von einer natürlichen Person verrichtet wird. Dabei ist der Arbeitsplatz mit der zentralen Betriebsstätte durch elektronische Kommunikationsmittel verbunden, über die das Arbeitsergebnis transportiert wird.
>
> Die Anbindung des Telearbeitsplatzes an den Betrieb kann entweder im online-Betrieb mit unmittelbarer Dialogmöglichkeit geschehen oder im offline-Betrieb mit einer Leitungsverbindung, die nur die Informationsübermittlung in eine Richtung gestattet. Wenn Arbeitsaufgaben bloß durch Boten oder in ähnlicher Form transportiert werden, fällt die Tätigkeit selbst dann unter die Definition, wenn der in seiner Wohnung Beschäftigte an einem Personalcomputer mit Bildschirm arbeitet, sofern eine sonstige kommunikative Anbindung besteht.
>
> Telearbeit beschreibt insoweit als *Oberbegriff* eine *Form der Arbeitsorganisation*. Je nach Ausprägung dieser räumlichen Aspekte ergeben sich unterschiedliche Unterformen der Telearbeit. Sie können mitunter kombiniert werden: Telearbeit ist in der Wohnung des Arbeitnehmers, im Nachbarschaftsbüro, im Satellitenbüro, in Telezentren, Teleservicezentren, Telehäusern und in Form der mobilen Telearbeit möglich. Auch nationale Schranken begrenzen die Telearbeit nicht notwendigerweise.

C. Ausbreitung, Entwicklungspotential und Diskussionsstand

I. Praktische Erfahrungen mit der Telearbeit

Die praktischen Erfahrungen mit der Telearbeit differieren erheblich je nach dem Staat, den man einer Untersuchung unterzieht. Gemeinsam ist jedoch nicht nur Deutschland und Spanien, sondern allen einer Untersuchung unterzogenen Staaten, daß eine genaue Schätzung der Anzahl der Telearbeiter nicht möglich ist. Die verschiedenen Schätzungen zur Anzahl der Telearbeiter in den einzelnen Staaten sind ferner in der Regel nur selten vergleichbar. Wie sich an anderer Stelle gezeigt hat, bestehen einerseits sehr unterschiedliche Auffassungen hinsichtlich der Frage, wer als Telearbeiter anzusehen ist.[207] Andererseits differieren die Methoden der Erhebungen und insbesondere die Fragebögen erheblich, und die Befragungen der Unternehmen werden von diesen nicht immer mit der erforderlichen Seriösität beantwortet.[208]

Die Anzahl der Telearbeiter zwischen verschiedenen Staaten sind allenfalls dann vergleichbar, wenn die gleichen Kriterien und statistischen Erhebungsmethoden angewendet wurden. Vor diesem Hintergrund wurde im Jahre 1994 durch die Europäischen Kommission[209] im Rahmen des Projekts TELDET[210] die einheitliche Erhebung der Anzahl der Telearbeiter in Deutschland, Frankreich, Großbritannien, Italien und Spanien in Auftrag gegeben. Sie wurde von verschiedenen einzelnen Unternehmen[211] durchgeführt und von der empirica GmbH koordiniert und dürfte insoweit die zuverlässigste Vergleichsgrundlage für die genannten Staaten sein.[212]

Weder in Deutschland noch in Spanien besteht eine Meldepflicht des Arbeitgebers bzw. Auftraggebers oder der Arbeitnehmer bzw. Auftragnehmer gegenüber staatlichen Stellen, wenn Telearbeit ausgeübt wird. Es besteht lediglich die Pflicht, *trabajadores a domicilio* bzw. Heimarbeiter bei einer staatlichen Stelle anzumelden (Art. 13.2 ET bzw. §§ 6 ff. HAG). Doch selbst, wenn davon ausgegangen wird, daß die Arbeit- bzw. Auftraggeber der Meldepflicht in vollem Umfang nachkämen, kann man allein aufgrund der Meldeunterlagen nicht ermitteln, ob es sich bei den Arbeitskräften um

---

207 Vgl. bspw. GIL CASADO, Teletrabajo, S. 180 f.

208 KORTE/KORDEY/ROBINSON, El teletrabajo, I&T Magazine, 1994-95, Nº 16, S. 24; als Beispiel für Fragebögen vgl. N.N., Anexo, Alta Dirección, 1995, Nº 184, S. 444 ff.

209 Europäische Kommission, DG XIII-B.

210 TELDET: Telework Development and Trends.

211 Die Untersuchungen in den einzelnen Staaten wurden von den folgenden Firmen durchgeführt: in Deutschland: empirica, in Frankreich: IDATE, in Großbritannien: The Work Centre, in Italien: INNOVA und in Spanien: INMARK (vgl. KORTE/KORDEY/ROBINSON, El teletrabajo, I&T Magazine, 1994-95, Nº 16, S. 24.).

212 KORTE/KORDEY/ROBINSON, El teletrabajo, I&T Magazine, 1994-95, Nº 16, S. 24.

Telearbeiter handelt, denn es besteht keine Pflicht anzugeben, ob bei die angemeldeten Arbeitskräfte dieser Kategorie unterfallen. Im übrigen gibt es, wie sich noch zeigen wird, neben den Heimarbeitern noch Arbeitskräfte mit anderen Status, die als Telearbeiter zu bezeichnen sind.

Ein weiterer Aspekt, der eine genaue Ermittlung der Telearbeitsplätze unmöglich macht, ist die Tatsache, daß die Grenzen zur normalen Arbeitskraft fließend sind. Dies gilt in zeitlicher aber auch in anderer Hinsicht. Wie oft und wie intensiv muß eine Arbeitskraft sich mit Computer und IuK-Mitteln auseinandersetzen? Genügt der Einsatz eines Telephons, oder ist ein Modem[213] erforderlich? Häufig bezeichnen Arbeitskräfte sich selbst nicht als Telearbeiter, obwohl sie die Voraussetzungen hierfür erfüllen.[214] Denn die Kriterien hierfür sind nicht allgemein bekannt. Hier ergeben sich insbesondere Verfälschungen bei den Statistiken, die auf der Grundlage der Fragebögen erstellt werden, die durch die Arbeitskräfte selbst ausgefüllt werden.

1. In intranationaler Hinsicht

Zunächst soll analysiert werden, wieviele Telearbeitskräfte in Deutschland und in Spanien, anschließend wieviele in Europa und den USA tätig sind.

a. Deutschland

Telearbeit existiert in Deutschland seit 1982/83, seitdem es in der Softwareindustrie angesichts der neuen technischen Möglichkeiten erste Telearbeitsinitiativen gibt.[215] Im Jahr 1996 waren in Deutschland nach der TELDET-Studie etwa 150.000 Telearbeitsplätze in Deutschland vorhanden.[216] Dies entspricht einem Anteil von 4,8% der arbeitenden Bevölkerung.[217] Nach dem vom Frauenhofer-Institut für Arbeitswirtschaft und Organisation in Zusammenarbeit mit d + a consulting erstellten Gutachten, das vom Bundesministerium für Arbeit und Sozialordnung (BMA) in Auftrag gegeben wurde, soll es 1997 etwa 875.000 Telearbeitsplätze gegeben haben. Davon seinen 500.000 mobile und 350.000 alternierende Telearbeiter gewesen. Etwa 22.000 waren in ihrer Wohnung tätig; 3.500 dagegen in Satelliten- und Nachbarschaftsbüros bzw. in Telezentren.[218] 10% aller deutschen Firmen

---

[213]*Modem* ist ein Kunstwort aus den Begiffen Modulator-Demodulator und steht für ein Gerät zur Datenübertragung über das Telephonnetz.

[214]Diese Erfahrung konnte der Verfasser im Rahmen seiner Untersuchungen häufig machen; vgl. auch BARRIOS/MUÑOS, Teletrabajo, S. 129.

[215]WEIßBACH, Mitbestimmung 8/95, S. 35.

[216]Info 2000, zit. nach WOLBER, Die Welt v. 19.11.1996; DGPF, Wie verändert, S. 936; ANDREAE, NJW-CoR 1996, S. 146.

[217]KORTE/KORDEY/ROBINSON, El teletrabajo, I&T Magazine, 1994-95, Nº 16, S. 25.

[218]Zit. nach: SCHUCHARDT, Online Cooperation Berlin 1998, S. 148 und N.N., Empfehlungen, AuA 1/1998, S. 24.

boten 1997 Telearbeit an; 30% planten kurzfristig die Einführung von Telearbeit.[219] Nach PESCH waren Anfang 1998 in Deutschland etwa 900.000 Telearbeiter beschäftigt.[220]

b. Spanien

Nach Schätzung des europäischen Projekts TELDET sollen im Jahr 1994 in Spanien 102.000 Telearbeiter tätig gewesen sein;[221] womit sie einen Anteil von 3,6% der im Arbeitsleben stehenden Bevölkerung ausmachten.[222] Dieser Statistik steht die des britischen Unternehmens OVUM gegenüber, die davon ausgeht, daß es in Spanien im Jahr 1994 etwa 12.000 Telearbeiter gab.[223] Dagegen schätzte NOEL HODSON bereits im Mai 1992 die Anzahl an Telearbeitern in Spanien auf 300.000.[224] Der Statistik von OVUM dürfte kein weiter Telearbeitsbegriff zugrundegelegen haben.[225] CARRASCO GUTIÉRREZ ging im Jahr 1997 von etwa 300.000 Telearbeitern aus.[226]

c. Sonstiges Europa und USA

Nach den Untersuchungen des Projekts TELDET sollen im Jahr 1994 5% aller europäischen Betriebe Telearbeitskräfte beschäftigt haben. Demnach seien 1994 in Großbritanien 560.000, in Frankreich 215.000 und in Italien 97.000 Telearbeiter tätig gewesen.[227] In Irland seien 32.000 und in Portugal 25.000 Arbeitskräfte Telearbeiter. Damit seien in Großbritanien 2,2%, in Frankreich 1,0%, in Italien 0,5%, in Irland 3,8% und in Portugal 0,6% aller Beschäftigten Telearbeiter.[228]

Nach anderen Erhebungen ergab sich, daß der Anteil der Telearbeiter in europäischen Organisationen bei zirka 5% lag und in der Europäischen Union 1995 etwa 1,25 Millionen Menschen ihren Beruf per Telearbeit ausübten.[229] Es

---

[219] Zit. nach: SCHUCHARDT, Online Cooperation Berlin 1998, S. 148.

[220] PESCH, teleworx 2/98, S. 3.

[221] GIL CASADO, Teletrabajo, S. 181; KORTE/KORDEY/ROBINSON, El teletrabajo, I&T Magazine, 1994-95, Nº 16, S. 25.

[222] KORTE/KORDEY/ROBINSON, El teletrabajo, I&T Magazine, 1994-95, Nº 16, S. 25.

[223] Zit. nach BARRIOS/MUÑOS, Teletrabajo, S. 129.

[224] ORTIZ CHAPARRO, Teletrabajo, S. 48 f.

[225] Vgl. BARRIOS/MUÑOS, Teletrabajo, S. 129.

[226] CARRASCO GUTIÉRREZ, Estudios Financieros Nº 177, 1997, S. 123.

[227] KORTE/KORDEY/ROBINSON, El teletrabajo, I&T Magazine, 1994-95, Nº 16, S. 25; GIL CASADO, Teletrabajo, S. 181.

[228] Institut der deutschen Wirtschaft Köln, zit. nach KÖHLER, Welt am Sonntag v. 26.1.1997.

[229] N.N., EU-Tele-Arbeit, DuD 1996, S. 172, zu berücksichtigen ist in diesem Zusammenhang, daß eine genaue Zahl schon deshalb kaum genannt werden kann, da die Prüfung, ob ein Telearbeitsplatz vorliegt, Schwierigkeiten bereitet. Insoweit dürfen diese und die nachfolgenden Daten lediglich als grober Anhaltspunkt angenommen werden.

ist nicht auszuschließen, daß sich diese Zahl bis zur Jahrtausendwende auf etwa zehn Millionen erhöht.[230] Nach anderen Untersuchungen sind etwa 20% sämtlicher Arbeitsplätze potentielle Telearbeitsplätze.[231]

Die Statistiken über Telearbeit in den USA variieren erheblich. Die Anzahl der Telearbeiter wird auf teilweise 7,6 Millionen geschätzt.[232] Nach anderen Untersuchungen sollen in den USA, dem Ursprungsland der Telearbeit,[233] dagegen bereits über zehn Millionen Menschen zu Hause mit Computer und Datenleitung arbeiten.[234] Nicht zu überzeugen vermag jedenfalls die Behauptung, daß es in den USA bereits 34,5 Millionen *telecommuter* gegeben haben soll.[235]

2. In grenzüberschreitender Hinsicht

Zur Ausbreitung der Telearbeit zwischen zwei Staaten ist wenig an Literatur und Statistiken vorhanden. Dies liegt sicherlich einerseits daran, daß sie sich nur schwer ermitteln läßt. Doch andererseits wird sie noch eine sehr geringe Stellung im Arbeitsleben einnehmen. Denn neben den rechtlichen und tatsächlichen Barrieren, die eine zügige Ausbreitung behindern, treten solche sprachlicher Art. Auch die Komplexität steuerrechtlicher Fragen dürfte das seine dazu beitragen, daß die übernationale Telearbeit noch nicht von allzu großer Bedeutung ist.

Nicht zuletzt für multinationale Unternehmen, bei denen die paneuropäischen Aktivitäten durch die Verbesserung der IuK-Mittel einen zusätzlichen Schub erhalten haben und für die der Stellenwert von örtlichen Vertretern durch die Anwendung der neuen Technologien zunehmende Einbußen erhalten hat, werden die Telearbeit und paneropäische *virtuelle Unternehmen*[236] (sp. *empresa virtual*[237]) von immer größerer Bedeutung sein.[238] Ferner werden grenzüberschreitende Tätigkeiten durch die sogenannte *Telekooperation*, also die gemeinsame Bearbeitung von Projekten, Texten usw. an unterschiedlichen

---

[230] empirica, zit. nach RAITHEL, Das Parlament vom 9.8.1996.

[231] DEN TOOM, Online Cooperation Berlin 1997, S. 41.

[232] YZER, Perspektiven, S. 82.

[233] GODEHARDT, Telearbeit, S. 21 ff.

[234] HÖNICKE, Mitbestimmung 9/96, S. 47.

[235] Für das Jahr 1995 werde sogar mit 51 Millionen *telecommutern* gerechnet, vgl. LINNENKOHL, BB 1996, S. 53.

[236] Ein virtuelles Unternehmen ist ein Zusammenschluß von rechtlich unabhängigen und räumlich getrennten Selbständigen oder (kleinen) Unternehmen, teilweise nur für ein bestimmtes Projekt, aber auch auf Dauer. Sie finden sich bspw. im Internet (vgl. ONFORTE, Basisinformation, S. 7). Sie werden auch als virtuelle Firmen bezeichnet, was jedoch im Hinblick auf § 17 I HGB inkorrekt ist.

[237] Zum spanischen Begriff vgl. ORTIZ CHAPARRO, S. 22 f.

[238] EC/JOHNSTON, S. 47.

Standorten unter Verwendung von IuK-Mitteln erleichtert bzw. im Einzelfall erst ermöglicht.[239]

Insoweit ist eine deutliche Steigerung der Zahl der international tätigen Telearbeiter zu erwarten.

Die transnationale Telearbeit setzt sich am schnellsten zwischen *gleichsprachigen* Staaten durch. So geschieht es häufig, daß nordamerikanische Kunden, die innerhalb der USA von einem dort gelegenen Unternehmen telephonisch Auskunft erhalten wollen, sich wundern, daß die Person am anderen Ende der Leitung mit einem irischen Akzent spricht. Nicht selten werden sie dadurch überrascht zu erfahren, daß der Gespächspartner sich tatsächlich in Irland befindet. Das liegt häufig daran, daß Telearbeiter in irischen Telecottages oder Call-Center für amerikanische Firmen tätig sind.[240]

Doch nicht nur zwischen gleichsprachigen Staaten wird sich die Telearbeiter stärker durchsetzen; auch zwischen *verschiedensprachigen* sind Potentiale erkennbar. Dies gilt nicht nur im Falle der oben genannten saisonalen Telearbeit in Urlaubsländern, sondern auch für diejenigen Firmen, die sich in bestimmten Ebenen einer anderen Sprache bedienen, um international kompatibel zu sein; so hat sich in einer größeren Bank in Deutschland ab einer bestimmten Ebene Englisch als interne Sprache durchgesetzt.

Derzeit liegen keine Untersuchungen zur Zahl von in Deutschland bzw. Spanien aus grenzüberschreitend tätigen Telearbeitern vor.

II. Entwicklungspotential

Es ist davon auszugehen, daß die zunehmende Verbreitung von PC's in Haushalten der Europäischen Union,[241] deren Vernetzung und insbesondere die zunehmende Anbindung an das Internet[242] - und insoweit auch an das WWW[243] - den Umgang mit dem Computer übt und bis dato vorhandene Handhabungsschwierigkeiten abbaut, was der neueren Arbeitsform zum

---

[239] Vgl. SCHREIBER, Telematics, S. 3.

[240] Vgl. bspw. das Telecottage KITE, das nicht nur für lokale Kunden, sondern auch solche aus dem restlichen Europa und den USA tätig ist (vgl. bspw. MCCAFFREY, Online Cooperation Berlin 1998, S. 153).

[241] Die Verbreitung von PC's in europäischen Haushalten lag 1991 bereits bei 20,8%, in Deutschland bei 28,0% und in Spanien bei 11,5% (EUROPEAN COMMISSION - XIII, The Employment, S. 38).

[242] Nach der ersten bundesweiten Untersuchung über die Nutzung von Onlinemedien, deren Ergebnisse die Gesellschaft für Konsumforschung (GfK) im Sommer 1997 vorgestellt hat, hatten zehneinhalb Millionen Einwohner die Möglichkeit, sich von daheim oder vom Büro aus Zugang zu den "Datenautobahnen" zu verschaffen. Gut fünf Millionen nutzen sie auch. vgl. N.N., Deutsche nutzen, S. 29.

[243] World Wide Web.

stärkeren Durchbruch verhelfen wird.[244] Auch die Tatsache, daß Unternehmen mittlerweile zunehmend sich intern und auch extern über Intranets[245] und Extranets[246] vernetzen, wird die Einrichtung von externen Arbeitsplätzen zunehmend erleichtern.[247] Die künftige Entwicklung der Telearbeit hängt also stark von den nationalen Gegebenheiten ab.

Über die Qualität der Prognosen wurde bereits gesprochen. Zu einfach wäre jedoch ein verallgemeinerndes Infragestellen der Statistiken und der ihnen zugrundeliegenden Methoden. Die Unsicherheitsfaktoren, die sich bei der Ermittlung der gegenwärtigen Telearbeitsplätze ergeben, potenzieren sich im Rahmen der Vorausschau. Hinzu kommt, daß verschiedene Kriterien wie Preisentwicklung für die Nutzung von Kommunikationsverbindungen und für die erforderliche Hard- und Software[248] sowie die technischen Fähigkeiten der Arbeitskräfte beim Umgang mit den erforderlichen Programmen im voraus nur schwer eingeschätzt werden können.

1. Deutschland und Spanien

Die Prognosen weichen stark voneinander ab. Nach einer EMPIRICA-Studie aus dem Jahre 1996 liegt im Jahr 2000 die realistische Zahl der Telearbeiter in

---

[244] In Spanien wird teilweise eine ungenügende Ausbildung an diesen Arbeitsmitteln bemängelt; nach einer Umfrage hätten 50% der Befragten mitgeteilt, daß sie den Umgang mit den Informationsverarbeitungsgeräten autodidaktisch erlernt hätten; 39% gab an, über Mitarbeiter und lediglich 11% äußerte, durch speziellen Unterricht den Umgang mit den Computern erlernt zu haben (DE CLOET, El Campo, 1995, Nº 133, S. 307). Die Fähigkeit mit Computern umzugehen ist von grundsätzlicher Bedeutung, da die IT-Geräte das entscheidende Bindungsglied zwischen der Arbeitskraft und dem Arbeits- bzw. Auftraggeber darstellen. Häufig wird bemängelt, daß die Ausbildung ungenügend ist; zuweilen ist passend von einem 'funktionellem Analphabetismus' (*'analfabetismo funcional'*) die Rede (MAESTRE, Tendencias, RAE, 1995, Nº 3, S. 70). In diesem Zusammenhang würden sicherlich Programme wie "Schulen ans Netz" mittel- und langfristig förderlich sein (vgl. YZER, Perspektiven, S. 84.).

[245] *Intranet* bezeichnet ein Netzwerk, also einen internen Verbund von Rechnern, der die Elemente und Internet-Dienste innerhalb des Netzwerks für sich nutzt. Vor allem in Unternehmen werden Intranets eingesetzt, bspw. um interne Datenbanken über HTML-Dokumente zur Verfügung zu stellen (vgl. SITTEK, Internet-Lexikon, S. 142). Über eine sog. Firewall, also einer computertechnischen Einrichtung wird verhindert, daß Unbefugte von außerhalb Zugriff auf das Netzwerk nehmen können (COLEMAN, Online Cooperation Berlin 1997, S. 15). Das *Intranet* bezeichnet also das betriebsinterne, das *Internet* dagegen das weltweite, externe Netzwerk (INNOVATIONSFORUM, S. 13).

[246] *Extranet* ist ein Bereich eines Netzwerks eines Unternehmens oder einer sonst. Organisation, über den Kunden und Lieferanten Kontakt aufnehmen können (vgl. COLEMAN, Online Cooperation Berlin 1997, S. 17).

[247] Zur mit 'electronic collaboration' umschriebenen Vernetzung von betrieblichen Abläufen vgl. COLEMAN, Online Cooperation Berlin 1997, S. 14 ff.

[248] Hardware ist die Menge aller technischen Geräte einer Rechenanlage; Software ist die Gesamtheit aller Programme, die auf einer Rechenanlage eingesetzt werden können (vgl. DUDEN - Informatik, S. 293 bzw. 655.

Deutschland bei 2,48 Millionen, in Spanien dagegen bei 0,91 Millionen.[249] Das Interessenpotential wird nach dieser Untersuchung in Spanien mit 18,2% gegenüber zu 17,1% in Deutschland etwas höher eingeschätzt.[250] Dies setzt sich nach der Studie aus verschiedenen Faktoren zusammen, wovon das allgemeine Interesse der Bevölkerung sowie das der privaten und öffentlichen Institutionen - an der Telearbeit von großer Bedeutung sind. In Spanien war das Interesse der Bevölkerung an der Telearbeit mit 55% am größten; in Deutschland mit 41% am geringsten innerhalb von fünf untersuchten europäischen Ländern Europas.[251] Demgegenüber signalisierte mit 40,4% der befragten Organisationen in Deutschland ein deutlich größerer Anteil als in Spanien (29,6%) Interesse an der neuen Arbeitsform.[252]

Nach einer anderen Studie wurden für das Jahr 2000 in Deutschland ein Potential von 2,87 Millionen Telearbeitsplätzen prognostiziert.[253] Vorsichtigere Schätzungen gehen von 800.000 Telearbeitsplätzen aus, sofern bestimmte Voraussetzungen gegeben sind.[254] Ähnlich wie bei allen Prognosen ist sich auch hier in Vorsicht angebracht. Bereits mehrfach unterbot die eingetretene Realität die Vorhersagen deutlich;[255] Ideen waren schon immer schneller als ihre Verwirklichung. Dennoch kann erwartet werden, daß es zu einer deutlichen Steigerung an Telearbeitsplätzen kommen wird.

Der Verband Deutscher Maschinen- und Anlagenbau (VDMA) und der Zentralverband Elektrotechnik und Elektronikindustrie (ZVEI) gaben 1995 gemeinsam zu Protokoll, daß mittelfristig jeder zehnte Arbeitsplatz aus den Unternehmen in Privatwohnungen oder mobile Büros verlagert werden könnte. Mehr als vier Millionen Telearbeitsplätze seien so denkbar.[256] Andere Statistiken sind konservativer, so ging *empirica* 1996 davon aus, daß das Potential an Telearbeitern in Deutschland bei 2,48 Millionen Telearbeitern liegt.[257]

---

[249] empirica, zit. nach WOLBER, Die Welt v. 13.11.1996.

[250] empirica, zit. nach WOLBER, Die Welt v. 13.11.1996.

[251] Deutschland, Frankreich, Großbritannien, Italien und Spanien.

[252] KORTE/KORDEY/ROBINSON, El teletrabajo, I&T Magazine, 1994-95, N<u>o</u> 16, S. 25.

[253] Lt. ADEN von der Kienbaum Personalberatung werden rund drei Millionen dieser Arbeitspätze zu Hause installiert sein (zitiert nach: HOCH, SZ v. 6.7.1996; N.N.) NJW-CoR 1996, S. 333.

[254] Lt. Schätzung der Bundesregierung, sofern es gelingt, entsprechend des "Bangemann-Berichtes" die Zahl der Telearbeiter in der EU bis zum Jahre 2000 auf zwei Millionen zu erhöhen (zit. nach N.N., HB v. 12.4.1996).

[255] Vgl. HOOSE, Arbeit und Sozialpolitik 11-12/94, S. 55, nach der im Jahr 1982 für das Jahr 1995 ein Potential von 1,5 bis 1,7 Mio. Telearbeitsplätzen vorausgesagt wurden; sowie N.N., CR 1996, S. 515.

[256] CHRISTENSEN, Herausforderung, S. 61 f.

[257] Zit. nach: ROCK, HB v. 4.6.1997.

2. Sonstiges Europa und USA

In Europa soll für das Jahr 2000 ein Potential von 10 Millionen Telearbeiter bestehen.[258]

Nach Studien der Ministerien für Energie und für Verkehr der USA wurden die folgenden Zahlen an Telearbeitern erwartet: für das Jahr 2000 bis zu 10.000.000, 30.000.000 für 2010 und 50.000.000 für 2020.[259] Bei diesen Prognosen ist von Bedeutung, daß als Telearbeiter alle Arbeitskräfte bezeichnet werden, die mit den IuK-Mitteln verbunden für ein Unternehmen arbeiten und mindestens einen Tag in der Woche außerhalb des Betriebes arbeiten. Nach den Statistiken der Ministerien wird zugleich deutlich, daß der prozentuale Anteil an Arbeitskräften, die ausschließlich außerhalb des Betriebes arbeiten (*teletrabajo sólo*) noch für einen langen Zeitraum unbedeutend sein wird.[260] Die erwarteten Steigerungsraten dürften im allgemeinen eher zu hoch eingeschätzt werden. Bereits mehrfach wurden Prognosen nicht erfüllt.

III. Diskussionsstand

1. Diskussionsstand in Deutschland

a. Diskussionsstand in nicht-juristischer Hinsicht

Die Diskussion in nicht-juristischer Hinsicht wurde zunächst insbesondere durch die Gewerkschaften ausgelöst. Innerhalb Europas waren die Gewerkschaften insbesondere in Deutschland zunächst gegen die Einführung von Telearbeit.[261] Beispielsweise sprach sich in Deutschland die IG Metall Anfang der achtziger Jahre für ein Verbot der Telearbeit in der damaligen Form aus.[262] Auch der DGB forderte noch im Jahr 1986 in einer Resolution, die Telearbeit in der Wohnung des Arbeitnehmers per Gesetz zu verbieten, da diese Form der Telearbeit den Schutz der Rechte der Arbeitskräfte schwäche und deren Beteiligung im Betrieb vermindere.[263] Auch die DAG hat auf ihrem Bundeskongreß 1987 sich für ein gesetzliches Verbot der Telearbeit ausgesprochen.[264] Diese heute noch schwer verständlichen Reaktionen dürften ihre Ursachen auch darin gehabt haben, daß die Telearbeit grundsätzliche Fragen hinsichtlich des Selbstverständnisses der Gewerkschaften selbst

---

[258] KORTE/KORDEY/ROBINSON, El teletrabajo, I&T Magazine, 1994-95, Nº 16, S. 26.

[259] ITURBE, Suplemento de la Revista TELOS 41, 1995, S. 15; für 1990 waren 400.000, für 1991: 1.400.000 und für 1992: 2.400.000 erwartet worden.

[260] ITURBE, Suplemento de la Revista TELOS 41, 1995, S. 15.

[261] EC/JOHNSTON, S. 29.

[262] Beschluß der IG Metall auf dem 14. ordentlichen Gewerkschaftstag, zit. nach BAHL-BENKER, Mitbestimmung 1983, S. 576.

[263] PADILLA MELENDEZ, Los flujos, S. 845.

[264] DAG, Der Betriebsrat 1/1993, S. 15.

aufwarf.[265] Ferner dürfte auch die Analogie zur unterbezahlten und weniger geschützten 'Heimarbeit'[266] Ursache der Ablehnung gewesen sein.

Doch inzwischen wird bei den Gewerkschaften erkannt, daß es sehr schwierig ist, sich gegen die Wünsche auch der Arbeitnehmer zu stellen, die wünschen als Telearbeiter tätig zu werden.[267] An Stelle einer überwiegenden Ablehnungshaltung ist daher inzwischen eine Mischung aus einer Erwartungshaltung und Skepsis getreten,[268] mit der Folge, daß inzwischen einige Gewerkschaften und Betriebsräte diese neue Arbeitsform bzw. Gestaltung der Arbeitsbeziehung nicht mehr kategorisch ablehnen, sondern eine eher positive Einstellung einnehmen, indem sie wünschen, bei der Einführung von Telearbeit beteiligt zu werden,[269] was beispielsweise in Deutschland bei der IBM, der Deutschen Telekom AG und der SIEMENS AG zu Betriebsvereinbarungen bzw. Tarifverträgen geführt hat.[270] Der baden-würtembergische DGB-Landesvorsitzende POMMERENKE trat Ende 1994 vor die Presse, um die gewerkschaftliche Unterstützung für den Multimedia-Pilotversuch des Landes zu bekunden und zugleich eine inhaltliche Erweiterung auf die Themen Telearbeit und Telekooperation zu fordern.[271] Die gewerkschaftliche Einstellung zur Telearbeit hat sich also gewandelt; es geht in der Praxis selbst in Seminaren für Betriebsräte nicht mehr darum, wie man der Auslagerung von betrieblichen Arbeitsplätzen in den heimischen Bereich ein Mitbestimmungsrecht entgegenstellt, sondern wie man als Betriebsrat selbst initiativ werden kann, um die Forderung des Arbeitnehmers auf Einrichtung eines solchen Arbeitsplatzes zu unterstützen.[272]

Entgegen der anfänglichen Auffassung der Gewerkschaften standen Unternehmer den neueren Möglichkeiten eher offen gegenüber, denn unter anderem kann die Einführung von Telearbeit Bürokosten reduzieren, eine größere Flexibilität im Rahmen der Arbeitsorganisation erlauben und die Haltung qualifizierter Arbeitskräfte erleichtern. Einige Unternehmer erwarten darüber hinaus die Reduzierung von Sozialpflichten.[273]

---

[265]PADILLA MELENDEZ, Los flujos, S. 845.

[266]Unter 'Heimarbeit' ist hier nicht notwendigerweise eine solche im Sinne des HAG zu verstehen. Zum HAG vgl. die Erläuterungen in Kap. D.I.2.b.aa.

[267]Vgl. WEIßBACH, Mitbestimmung 8/95, S. 38.

[268]GBEZO, Trabajo - Revista de la OIT Nº 14, 1995, S. 7.

[269]PADILLA MELENDEZ, Los flujos, S. 846.

[270]Vgl. Betriebsvereinbarung der IBM Deutschland GmbH vom 10. Dezember 1992 abgedr. in COLLARDIN, S. 215 ff.); Tarifvertrag zur Begleitung der Erprobung von alternierender Teleheimarbeit bei der Deutschen Telekom AG vom 10. Oktober 1995; Betriebsvereinbarung der SIEMENS AG vom Mai 1996.

[271]SCHRÖTER, in: BOHNER/SCHRÖTER, S. 12.

[272]FENSKI, NZA 1997, S. 1103.

[273]GBEZO, Trabajo - Revista de la OIT Nº 14, 1995, S. 7.

Neben den Gewerkschaften haben ferner verschiedene Programme der Unternehmen und des Staates die Diskussion angeregt und nachhaltig befruchtet.[274] Die Bundesregierung und einige Bundesländer fördern die Einführung der Telearbeit. Beispielsweise in Baden-Württemberg, Bayern, Nordrhein-Westfahlen und in Berlin wurden landeseigene aber auch unabhängige Verwaltungsabteilungen geschaffen oder landeseigene Firmen gegründet, mit dem Ziel, die Einführung von Telearbeit zu fördern.[275] Die Bundesregierung hat die "Initiative Telearbeit" ins Leben gerufen, die Teil des Aktionsplans "Info 2000: Deutschlands Weg in die Informationsgesellschaft" ist. Sie unterstützt Unternehmen und Arbeitskräften bei der Lösung von Problemen, die sich bei der Einführung der Telearbeit ergeben.[276]

Seit der Computermesse in Hannover CeBIT 1997 erscheint *teleworx*, die erste für deutschsprachige Leser herausgegebene Fachzeitschrift für Telearbeit, Telelearning und andere Tele-Themen, dessen Zielgruppen sowohl Telearbeiter als auch Manager und zuständige Entscheidungsträger sind.[277]

b. Juristischer Diskussionsstand

Anders als sonst bei neuen Entwicklungen üblich, begann die juristische Diskussion zur Telearbeit in der Bundesrepublik Deutschland lange bevor die Telearbeit als Arbeitsform in einem ernstzunehmenden Maße relevant wurde. Die erste große Diskussionswelle begann in den achtziger Jahren, insbesondere als mehrere staatlich unterstütze Projekte initiiert wurden, welche Forschungen anregten oder Telearbeitsprojekte in Firmen promovierten.[278] Es hat sich in den 80er Jahren eine umfangreiche Literatur sowohl in Form von Artikeln als auch von Monographien angesammelt.[279] Die erste Diskussionswelle ist zunächst wieder abgeebbt.

---

[274] Zu staatlichen Programmen in Deutschland auf Bundes- bzw. Landesebene vgl. bspw. KORTE/WYNNE, Telework, S. 83 f.

[275] In BADEN-WÜRTTEMBERG: Innovationsforum Multimedia-Anwendungen der Landesregierung von Baden-Württemberg, Arbeitsgruppe "Teleworking"; in BAYERN: Offensive Zukunft Bayern - Bayern Online; in NRW: Initiative Telearbeit (vgl. ROCK, HB v. 4.6.1997; MINISTERIUM FÜR WIRTSCHAFT UND MITTELSTAND, TECHNOLOGIE UND VERKEHR DES LANDES NORDRHEIN-WESTFALEN, Landesinitiative NRW); in BERLIN: Senatsverwaltung für Arbeit, Berufliche Bildung und Frauen (vgl. N.N., Berliner Wirtschaft 2/1998, S. 22 f.).

[276] Vgl. hierzu REXRODT, Die Welt v. 25.6.1997; ferner fördert die Bundesregierung Telearbeit im Mittelstand, vgl. N.N., Förderprogramm "Telearbeit im Mittelstand", NJW-CoR 1997, S. 186.

[277] PESCH, Online Cooperation Berlin 1997, S. 57.

[278] Als Bsp. seien genannt die Forschungen, die i.A. des BMA erfolgten: KILIAN/BORSUM/HOFFMEISTER, Telearbeit; FRAUNHOFER, Entwicklungen.

[279] Einen Überblick der Diskussionen bis 1987 vermitteln KILIAN/BORSUM/HOFFMEISTER in NZA 1987, S. 401, Rn. 1.

Erst in jüngerer Zeit hat der Sachbereich insbesondere durch die durch das Internet verstärkte Vernetzung der Bereich der Telearbeit und die damit verbundenen Rechtsfragen einen weiteren Auftrieb im Bereich der öffentlichen Disussion[280] erfahren. Die Einrichtung und der Ausbau des ISDN-Netzes,[281] sowie die zunehmende Verbesserung der Technik haben das ihre dazu beigetragen, diese Arbeitsform zusätzlich zu unterstützen. Weiter hat beispielsweise die Verbesserung der Verknüpfungsmöglichkeiten von Computern untereinander und der dadurch bedingte einfachere Austausch zwischen verschiedenen an örtlich unterschiedlichen Endgeräten tätigen Arbeitskräften zur Folge, daß die Telearbeit an Bedeutung zunimmt.[282]

Die juristische Diskussion zur Telearbeit in Deutschland wurden insbesondere durch die Sorge darüber geprägt, daß spezifische Regelungen fehlen, welche die Lage der Telearbeiter umschreiben und die soziale Sicherheit der Arbeitskräfte regeln.[283]

2. Diskussionsstand in Spanien

a. Diskussionsstand in nichtjuristischer Hinsicht

Anders als in deutschen Gewerkschaften verhielten sich die spanischen Arbeitnehmervertretungen der neueren Arbeitsform gegenüber von Anfang an aufgeschlossener. Die Autoren in den Medien der spanischen Gewerkschaften sind in Bezug auf die Einführung von Telearbeit weitaus realitätsbezogener. So wird vertreten, daß es 'absurd' sei, die Einführung der Informationstechnologie in der Arbeitswelt zu behindern, denn dies desorganisiere, destrukturiere und schwäche die gewerkschaftliche Bewegung.[284] Zugeich wird festgestellt, daß es ebenfalls 'absurd' sei, sich für die neue Technologie zu begeistern und dabei zu meinen, daß sie der gewerkschaftlichen Bewegung ein Ende bereiten würde.[285] Die grundsätzlich offenere Einstellung der spanischen Gewerkschaften gegenüber der Telearbeit zeigt sich beispielsweise daran, daß die spanische Gewerkschaft CC.OO. über die FOREM[286] (einer Schulungseinrichtung für Arbeitslose, Berufseinsteiger und für Arbeitskräfte, die zusätzlicher Ausbildung bedürfen, um sich neuen Anforderungen in der Arbeitswelt anpassen zu können) nunmehr ein Programm zur Ausbildung von Telearbeitskräften entwickelt

---

[280] Vgl. hierzu bspw. SALLER, NJW-CoR 1996, S. 300 u. 304, Fn. 1.

[281] Zu den Entwicklungen beim Ausbau des Netzes sowie dessen Vorteilen vgl. SCHOLZ, Online Cooperation 1997, S. 43 ff.; ISDN wird in Spanien RDSI genannt (vgl. z.B. MAESTRE, Tendencias, RAE, 1995, Nº 3, S. 68 u. 70).

[282] Zur Einrichtung von kooperativen Computer-Systemen vgl. bspw. FERNANDES-MARCOS/HORNUNG, Online Cooperation Berlin 1997, S. 47 ff.

[283] Vgl. SYSDEM, Observatoire de l'Emploi - Tendances Nº 25, S. 3 f.

[284] CASADO, gaceta sindical, 1996, Nº 149, S. 57 f.

[285] CASADO, gaceta sindical, 1996, Nº 149, S. 58.

[286] FOREM: Fundación Formación y Empleo.

hat.[287] Dabei wird ausdrücklich darauf hingewiesen, daß FOREM bewußt nicht eine gewerkschaftliche Position einnimmt - also die Frage nach den Vor- und Nachteilen bewußt vermeidet, sondern pragmatisch nach Möglichkeiten für den Erwerb des Lebensunterhalts für unterprivilegierte Arbeitskräfte mittels dieser Arbeitsform sucht.[288]

Im Hinblick auf die allgemeine Literatur in Spanien gilt, daß sie sich über die Einflüsse des Informationszeitalters auf die Gesellschaft noch wenig ausläßt.[289] Daß nicht-juristische Literatur zur Telearbeit ebenfalls nur in geringem Umfang vorhanden ist, verwundert vor diesem Hintergrund nicht. Die in Spanien hierzu erschienene Literatur orientiert sich überwiegend an dem Phänomen als solchem, und beschreibt es aus betriebswirtschaftlicher, arbeitssoziologischer und sonstiger Sicht.[290] Rechtliche Fragen werden in der Regel nicht aufgeworfen;[291] und wenn, dann nur insoweit, daß verlangt wird, bei der Einführung von Telearbeit das Arbeits- und das Sozialrecht zu beachten.[292] Bei einem großen Teil der Monograpien handelt es sich um Übersetzungen aus dem englischsprachigen Raum; teilweise wurden sie zuvor im ibero-amerikanischen Raum publiziert.[293] Besonders auffällig wird dies bei den dort aufgeführten Statistiken und den Bespielen von Unternehmen, die Telearbeitsplätze geschaffen haben.[294]

In den letzten drei Jahren ist die Telearbeit in Spanien jedoch verstärkt ins öffentliche Interesse gerückt. Was an den zahlreichen Konferenzen und Tagungen zum Thema zu erkennen ist, in denen unterschiedliche Aspekte der neuen Arbeitsform behandelt werden.[295] Die gegenwärtige Diskussion in Spanien wird durch staatliche Projekte stark befruchtet. Sowohl die nationale als auch regionale Regierungen erkennen die Telearbeit zunehmend als förderungswürdig an. Beispielsweise zweigt die spanische Generaldirektion für Telekommunikation Subventionen des "Feder"[296] für das Programm "Arco" ab.

---

[287] Zum Programm vgl. MARTÍN DE LA HOZ, Online Cooperation Berlin 1997, S. 52 ff.

[288] MARTÍN DE LA HOZ, Online Cooperation Berlin 1997, S. 52.

[289] SYSDEM, Observatoire de l'Emploi - Tendances Nº 25, S. 19.

[290] Für einige seien genannt: PADILLA MELENDEZ, Los flujos; BARRIOS/MUÑOZ, Teletrabajo; GRAY/HODSON/GORDON, Teletrabajo; ORTIZ CHAPARRO, Teletrabajo.

[291] Als Bsp. für viele vgl. VIDEGAIN MURO, Alta Dirección, 1995, Nº 184, S. 396, der ausdrücklich juristische Themen ausschließt.

[292] MOLINA, Alta Dirección, 1995, Nº 184, S. 442; MOLINA erwähnt darüber hinaus beiläufig, daß die Kontrolle der Telearbeitskräfte in deren Wohnung illegal sei (S. 443).

[293] Für diese seien genannt: GRAY/HODSON/GORDON, Teletrabajo; BARRIOS/MUÑOZ, Teletrabajo.

[294] Vgl. bspw. GRAY/HODSON/GORDON, Teletrabajo, S. 92 u. 399 ff. in dem Statistiken aus Großbritanien und den USA aufgeführt werden

[295] Vgl. bspw. zur Konferenz der Fundesco und der UIMP im Jahre 1994, N.N., El teletrabajo, Suplemento TELOS 41, 1995, S. 62 f.

[296] Feder: Fondo Europeo de Desarollo Regional.

Die katalanische Regierung hat beispielsweise ein eigenes Institut für auf Firmen applizierbare Telematik gegründet.[297] Eine Vielzahl an Programmen staatlicher und nichtstaatlicher Art sind in den letzten wenigen Jahren ins Leben gerufen worden.[298]

b. Juristischer Diskussionsstand

Außergewöhnlich ist, daß die juristischen Diskussionen zur Telearbeit in Deutschland bereits Anfang der Achtziger - also zu einem Zeitpunkt begonnen haben, als die Praxis der Arbeitswelt mangels einer relevanten Zahl an eingerichteten Telearbeitsplätzen nicht in größerem Umfang rechtliche Lösungen erforderte.

Juristische Monographien, die sich ausschließlich mit dem Thema Telearbeit befassen, sind bislang nicht vorhanden. Ähnliches galt bis vor kurzem für Zeitschriftenartikel u.ä. Die zahlreichen Artikel, die in den in Spanien häufig sehr gut ausgestatteten Dateibanken der Universitäten und sonstiger Einrichtungen auffindbar waren, behandelten das Thema in allgemeiner Hinsicht; ausschließlich juristische Texte waren selten vorhanden. Einige dieser behandeln die Telearbeit neben anderen neuen Arbeits-Organisations-Systemen für Betriebe wie das sogenannte Outsourcing in rechtlicher Hinsicht.[299] Teilweise werden in den spanischen Zeitschriften Rechtsdarstellungen zu Telearbeit in anderen Ländern veröffentlicht, ohne auf das spanische Recht einzugehen.[300] Dies ändert sich jedoch zunehmend. In den neueren Auflagen einiger arbeitsrechtlicher Lehrbücher werden Telearbeitnehmer als neuere Erscheinung in der Arbeitswelt kurz erwähnt.[301] Dies und das allgemein wachsende Interesse am diesem Thema führt dazu, daß im Laufe der Zeit eine die Problematik vertiefende Diskussion einsetzt. Einen Auftrieb erhält das Thema seit 1998, seitdem mehrere juristische Aufsätze publiziert wurden. Auch die oben erwähnten Kongresse beschäftigen sich immer häufiger mit den Rechtsfragen der Telearbeit, wobei auf die spezifische Rechtslage eingegangen wird.[302] Trotz der zunehmenden Publikationen zum Thema lassen sich die Diskussionen in Spanien mit denen in Deutschland auch heute noch nicht vergleichen.

---

[297] ORTIZ CHAPARRO, Teletrabajo, S. 51.

[298] Zu staatlichen Programmen in Spanien auf nationaler bzw. regionaler Ebene vgl. bspw. KORTE/WYNNE, Telework, S. 87 f.

[299] Vgl. bspw. MARTÍN FLOREZ, REDT 1995, Nº 71, S. 401 ff.

[300] Vgl. z.B. GAETA, DL 1996, Nº 49, S. 35 ff., der eine Abhandlung zu Telearbeit und Recht in Italien veröffentlicht hat.

[301] Z.B. MONTOYA MELGAR, Derecho, S. 521; ALONSO OLEA/CASAS BAAMONDE, S. 147.

[302] Am 28./29.5.1999 fand der Kongreß der A.E.D.T.S.S. statt, an dem eines der drei Themenbereiche Rechtsfragen der Telearbeit bahandelte.

3. Diskussionsstand in Europa

Nur kurz soll auf die juristische Diskussion in Europa eingegangen werden. Auf die unterschiedliche juristische Diskussion innerhalb der einzelnen Staaten der Europäischen Union im Detail einzugehen, würde den Rahmen dieser Arbeit sprengen. Eine kurze Behandlung des Sachverhalts unter europäischer Sicht sei jedoch nachstehend erlaubt.

a. Diskussionsstand in nichtjuristischer Hinsicht

Die nichtjuristische Diskussion zur Telearbeit in der Europäischen Union ist im Gegensatz zur juristischen weit fortgeschritten. Maßgeblicher Initiator hierfür war das DELORS-PAPIER der EU, das 1993 die Rolle der Telekommunikation betonte und - wie auch später der BANGEMANN-BERICHT von 1994 - die Telearbeit als ein Mittel der Lösung der Beschäftigungskrise großer Unternehmen postulierte.[303] Diesem folgten die bereits erwähnten Programme und die insbesondere hierauf anknüpfenden Diskussionen zur Telearbeit unter den verschiedensten Aspekten. Seither waren zunächst die Generaldirektion V, später vor allem die Generaldirektion XIII der Europäischen Kommission, die für Telekommunikation, Informationsmarkt und für die Nutzung der Forschung zuständig ist, maßgeblich für eine Vielzahl von Veranstaltungen und Veröffentlichungen, aber auch für konkrete Projekte zur Einführung der Telearbeit verantwortlich.[304]

---

[303] Vgl. hierzu die kurze 'Chronologie der Telearbeit in Deutschland', WEIßBACH, Mitbestimmung 8/95, S. 35.

[304] Im Rahmen von sogenannten 'Framework Programmes' hat die Europäische Kommission unter anderem Projekte, die Telearbeit betreffen, finanziell gefördert. Auch das von 1998 bis 2002 geltende '5th Framework Programme' stellt finanzielle Mittel für Projekte betreffend flexibler, mobiler und vom traditionellen Arbeitsort entfernter Arbeit zur Verfügung. Das Förderungsvolumen des gesamten 'Framework'-Programms wird bei zwischen 14 und 16,7 Milliarden ECU liegen (BOTTERMANN, Online Cooperation Berlin 1998, S.3). Das '5th Framework Programme' vereinigt erstmals neue Arbeitsformen und *Electronic Commerce* in einer gemeinsamen Aktion (BOTTERMANN, Online Cooperation Berlin 1998, S.3; zum Programm vgl. auch MITCHELL, Online Cooperation Berlin 1998, S. 18).
Zu den verschiedenen Programmen gehören bspw. das ETD (European Telework Development; Zum ETD-Programm vgl. POLLMANN, Online Cooperation Berlin 1997, S. 23 ff. u. Online Cooperation Berlin 1998, S. 141 ff; hinsichtlich einer Vielzahl an weiteren Projekte, die Telearbeit bzw. Telematik zum Gegenstand haben, wird verwiesen auf: EUROPEAN COMMISSION - DGXIII, Telematics for Urban and Rural Areas - Project Highlights Compendium; EUROPEAN COMMISSION - DGXIII: Telematics Applications Programme - Projekt Summaries). Bei den Programmen der EU handelt es sich i.d.R. um solche, die die Einführung von Telearbeit erleichtern sollen und hierzu Hilfestellungen organisatorischer, informativer und sonstiger Art anbieten. I.d.R. werden juristische Fragen dabei nicht oder lediglich peripher berührt.
Die Europäische Kommission hat darüber hinaus mehrfach Informationsmaterial zur Telearbeit veröffentlicht, in der Vor- und Nachteile dieser Arbeitsform erörtert wird. Wie bereits einleitend erwähnt, soll hier nicht im einzelnen auf die für bzw. gegen die Telearbeit sprechenden Faktoren eingegangen werden. Festgestellt sei nur, daß in der Kommission

Die Gewerkschaften in ganz Europa waren im Hinblick auf die Einführung von Telearbeit zunächst eher skeptisch bzw. sie lehnten die Telearbeit kategorisch ab.[305] Insbesondere in Großbritannien und in Frankreich bestanden seitens der Gewerkschaften gegenüber der Telearbeit Vorbehalte. Teilweise bestehen sie auch noch heute fort. Die französische Gewerkschaft CGT beispielsweise fordert neues Gewerkschaftsrecht für Telearbeiter.[306] Auch Arbeitnehmervertretungen in Irland befürchteten, daß die neueren Arbeitsformen neue Arten selbständiger Arbeit schaffen würden.[307] Im Rahmen einer Umfrage in verschiedenen europäischen Staaten ergab sich, daß ganze 17,8% der befragten Unternehmensleitungen den Widerstand der Gewerkschaften als Hemmnis für die Einführung der Telearbeit im Betrieb nannten.[308]

In der Europäischen Union nimmt die Telearbeit ferner im Rahmen der Diskussionen zum sogenannten *business process re-engeneering* (BPR) eine besondere Stellung ein. Es handelt sich dabei um ein neueres Mittel zur Änderung und damit auch Optimierung betrieblicher Abläufe.[309]

---

insgesamt eine grundsätzlich positive Einstellung vorherrscht, die schon an der Vielzahl der unterstützten Projekte abzulesen ist. Dennoch werden die Gefahren, die sich für die Arbeitskräfte ergeben können, gesehen und bspw. im sogenannten von der Kommission herausgegebenen 'Follow up of the White Paper' (bzw. in der französischen Fassung 'Suivi du Livre blanc') Schlüsse für deren Eingrenzung gezogen. Die unerwünschten Nebenfolgen der Telearbeit seien jedoch durch Maßnahmen verschiedener Art wie bspw. die Aufklärung der Telearbeiter über ihre Rechte und über Informationsquellen zur Telearbeit, ferner die Weitergabe von Namen und Adressen über Organisationen, die sich mit den Fragen der Telearbeiter beschäftigen - wie z.B. Gewerkschaften - zu vermeiden.

[305] PADILLA MELENDEZ, Los flujos, S. 844 f.

[306] EC/JOHNSTON, S. 29.

[307] *Travail à distance à l'aide des TIC*, vgl. SYSDEM, Observatoire de l'Emploi - Tendances № 25, S. 4.

[308] KORTE/KORDEY/ROBINSON, El teletrabajo, I&T Magazine, 1994-95, № 16, S. 25 f.; zur TELDET-Studie s.u. Kap. B.IV.2.b.ee.

[309] BPR hat seinen Ursprung Ende der achtziger Jahre in den USA und wird seit Anfang der neunziger Jahre in europäischen Firmen zunehmend angewendet. Direkt übersetzt bedeutet BPR Umgestaltung des Unternehmensprozesses. Der Betrieb wird unter Abkehr einer funktionsorientierten Ausrichtung umstrukturiert, der auf (Arbeits-)Prozessen ausgerichtet ist. Dabei wird zunehmend davon Abstand genommen, Arbeit einzelnen bereits von Anfang an festgelegten Funktionsbereichen zuzuorden (Neben dieser Definition besteht eine Vielzahl an anderen sich teilweise überschneiden, vgl. EC/JOHNSTON, S. 24; zu weiteren Definitionen und zur genauen Bedeutung vgl. HAMMER/CHAMPY, Business Reengeneering - Die Radikalkur für das Unternehmen; bzw. dgl. Business Reengineering - A manifesto for business revolution). Vielmehr wird die Arbeit projektorientiert an dann teilweise erst zu schaffende Einheiten weitergeleitet, denen eine beinahe eigenständige Stellung zukommt. Bei der Schaffung dieser Einheiten kommt dem Outsourcing und der Telearbeit eine besondere Bedeutung zu. Telearbeiter erfüllen oft die Voraussetzungen, die für das BPR von großem Vorteil sind (EC/JOHNSTON, S. 23 ff. u. 30). Daher wurde im Rahmen des COBRA-Projekts Informationen über die Eigenschaften des BPR als Vorbote für die Einführung der Telearbeit zusammengestellt und analysiert (Zum COBRA-Projekt vgl. EC/JOHNSTON, S. 70 ff.).

b. Juristischer Diskussionsstand

Die rechtlichen Erörterungen sind in vielen Mitgliedstaaten der Europäischen Union im Gegensatz zu den nicht juristischen Fragen der Telearbeit in Europa insgesamt noch nicht umfassend genug.[310] Insbesondere ist die Statusfrage, die von besonderer Bedeutung ist, in den einzelnen Staaten häufig unklar; gleiches gilt beispielsweise auch für die Frage, ob Regelungen, die die Gesundheit und die Sicherheit der Arbeitskräfte betreffen, anwendbar sind.[311] In Bezug auf den Fortschritt der rechtlichen Diskussion wird eine zu pauschale Aussage den Unterschieden zwischen den eintelnen Staaten jedoch nicht gerecht. Weit entwickelt ist die Auseinandersetzung mit dem Thema besonders in England, Deutschland, Frankreich und Italien.

Im Rahmen der rechtlichen Diskussion zur Telearbeit in Europa ist insbesondere der Ruf nach gesetzlichen Normen nicht zu überhören. Nach dem "Follow up of the White Paper" etwa sollten Maßnahmen ergriffen werden, die dafür Gewähr bieten, daß die Telearbeiter im Bereich der Sozialversicherung und in sonstiger Hinsicht die gleichen Rechte wie sonstige Arbeitskräfte genießen können. Es wird dort weiter angeregt, eine Debatte darüber zu beginnen, um den 'Heim'- und Telearbeitern[312] den zweckmäßigsten Schutz zu gewähren. Notwendigen Änderungen des EU-Rechts sei anzustreben.[313] Vor allem wird gefordert, Definitionen der Telearbeit und der Unterformen gesetzlich zu normieren. Ähnlich verlangt das ATTICA-Projekt die Einbeziehung der Telearbeit in internationale Steuerabkommen; außerdem sollten steuerliche Anreize die Telearbeit fördern.[314] Dagegen ist nach dem TELDET-Projekt Telearbeit keine eigene Arbeitsform, die einer spezifischen eigenen Regelung bedarf. Dennoch bedürfen die bestehenden Regelungswerke wegen der Auswirkungen der Einführung der Telearbeit auf die Frage nach der Selbständigkeit einer Überprüfung.[315] Auch andere Projekte haben das Regulierungserfordernis bejaht.[316]

---

[310] Vgl. SYSDEM, Observatoire de l'Emploi - Tendances N° 25, S. 3.

[311] EC/JOHNSTON, S. 16.

[312] Unter 'Heimarbeiter' wird hier nicht notwendigerweise ein solcher i.S. des HAG oder *trabajadores a domicilio* i.S.d. Art. 13 ET verstanden.

[313] EC/HUWS, Executive Summary page ix f.

[314] EC/JOHNSTON, S. 56 u. 68.

[315] KORTE/WYNNE, Telework, S. 105.

[316] Ein weiteres Projekt, das von der Europäischen Union ins Leben gerufen und von verschiedenen Vertretern der Wirtschaft und Wissenschaft realisiert wurde, ist das PRACTICE Projekt aus dem Jahr 1994. Ziel war es, einen Kodex ('Code of good practice') für die Telearbeit in Europa zu erarbeiten, der sowohl juristische als auch technische Inhalte umfassen sollte. Zusammenfassend wird dort festgestellt, daß allgemein in Europa die Einführung der Telearbeit für die bereits Angestellten nicht notwendigerweise eine Statusänderung zur Folge hat. Es wird als Ergebnis der länderübergreifenden Untersuchung empfohlen, bei der Einführung der neuen Arbeitsform bestimmte Umstände wie bspw. die Intensität der Telearbeit, die Art der per Telearbeit zu verrichtenden Tätigkeiten und der

In Zusammenhang mit der *grenzüberschreitenden* Telearbeit wurden ebenfalls Untersuchungen angestellt. In der Regel sind sie jedoch sehr pauschal ausgefallen. Sie weisen oft lediglich auf einzelne Problempunkte hin und suchen nach sehr allgemeinen Lösungsgrundsätzen; sie werden damit den Anforderungen des Arbeitslebens noch nicht gerecht.[317]

c. Rechtsnatur der 'Europäischen Charta für Telearbeit'

Die 'Europäische Charta für Telearbeit' wurde durch das EU-Projekt DIPLOMAT initiiert und von Vertretern aus Unternehmen, Gewerkschaften, Handwerk, Forschung und Politik unterzeichnet.[318] In ihr erklären sich die Unterzeichner dazu bereit, Maßnahmen zu unterstützen, "um die positiven Potentiale von Telearbeit zur Geltung zu bringen". Die Schwerpunkte liegen in den verschiedenen Bereichen: Beschäftigung, Arbeitswelt, Lebensqualität, Organisationsdesign, Demokratie und politisches Handeln sowie Umwelt und nachhaltige Entwicklung.[319] Im Rahmen der Charta wurde die Notwendigkeit betont, "die vertraglichen Rahmenbedingungen für die Arbeitswelt, für Arbeitsmethoden und für die Arbeitsorganisation zu modernisieren. Ferner wird die "dringende Notwendigkeit [des Erlasses] von europaweiten Richtlinien für die Einführung, Organisation und Entfaltung von Telearbeit mit dem Ziel, zu bestmöglichen Anwendungen des Telearbeitens für Beschäftigte von Kleinbetrieben und von großen Organisationen zu gelangen, ebenso wie für Selbständige anerkannt". Weiter verpflichteten sich die Unterzeichner, den Prozeß der Entwicklung paneuropäischer Richtlinien zu unterstützen und daran aktiv teilzunehmen.[320] Die Absichtserklärung ist privater Natur, deren Inhalt und Aufbau keinen Rechtsbindungswillen erkennen läßt.

IV. Ergebnis

Die rechtlichen und nicht-juristischen Diskussinen zur Telearbeit sind in Deutschland zwar weit fortgeschritten, doch in verschiedenen (auch) wichtigen

---

Zugangsmöglichkeiten wie auch der Kommunikationsmittel, ferner die Kompensationen für zusätzliche Kosten, weiter das Ausmaß und den Umfang der Geheimhaltungspflichten und die Beendigung der per IuK-Mittel gestützten Arbeit festzulegen (EC/JOHNSTON, S. 80). Insbes. wird ferner gefordert, grenzüberschreitende Telearbeit zu fördern, indem z.B. Mitgliedsstaaten angeregt werden, Telearbeit in die nationale Gesetzgebung zu integrieren. Dabei wird jedoch häufig darauf Wert gelegt, daß gerade nicht alle gesetzgeberischen Maßnahmen auf europäischer Ebene zu erfolgen haben; vielmehr sollten i.d.R. die Mitgliedstaaten die erforderlichen Regelungen schaffen. Weiter wird empfohlen, internationale Telearbeitsprojekte zu fördern. Dabei wird erwartet und gehofft, daß derartige supernationale Projekte eine Harmonisierung der rechtlichen Regelungen vorantreiben würden (EC/JOHNSTON, S. 68).

317 Vgl. bspw. die Analyse in EC/RODER, S. 84 ff.

318 INNOVATIONSFORUM, S. 10 ff.

319 INNOVATIONSFORUM, S. 8 f.

320 INNOVATIONSFORUM, S. 9.

Bereichen noch nicht zufriedenstellend. In Spanien beginnt erst seit etwa einem Jahr eine ernstzunehmende juristische Diskussion, nachdem lediglich einzelne Artikel oder Teile von Werken sich des Themas angenommen hatten. Die noch schwache Entwicklung der juristischen Diskussionen in Spanien ist angesichts des primär reagierenden Charakters der Jurisprudenz verständlich.

In den einzelnen europäischen Staaten bestehen erhebliche Unterschiede im Hinblick auf die Diskussion zur Telearbeit. Der aus der europäischen Ebene zu vernehmende Ruf nach der Kodifizierung der Telearbeit in den einzelnen Staaten ertönt häufig in zu pauschaler Form und ist daher nur bedingt ernst zu nehmen.

D. Rechtsfragen der Telearbeit in Deutschland

Eigene Vorschriften zur Telearbeit existieren in Deutschland im Gegensatz etwa zur Schweiz und Japan, wo Vorschriften existieren, die eigens für die Telearbeit entwickelt wurden,[321] nicht. Der Telearbeiter unterliegt damit den allgemeinen rechtlichen Verhältnissen, die auf den Rechtsquellen des Arbeitsrechts basieren. Es muß daher im Einzelfall auf die allgemeingültigen nationalen und internationalen Quellen zurückgegriffen werden.[322]

I. Arbeitsrechtliche Einordnung des Telearbeiters

Die Statusfrage, also die nach der arbeitsrechtlichen Einordnung des Telearbeiters, und auch die Frage nach der Vertragsart finden in der deutschen Rechtsliteratur erhebliche Beachtung. Denn von der Einordnung und von der Vertragsart hängen Rechte und Pflichten der Arbeitskraft und damit Art und Umfang der Teilhabe an etwaigen Rechten und Pflichten ab. Kaum eine Rechtsfrage kann beantwortet werden, wenn der Status bzw. der Vertragstypus nicht zuvor geklärt ist.

1. Einführung zu Vertragsmodalitäten und Statusfragen

Aufgrund der Tatsache, daß sich eine sehr weite Definition des Begriffs Telearbeit durchgesetzt hat und eine solche der vorliegenden Arbeit zugrundegelegt wird, sind in Deutschland und Spanien grundsätzlich eine Vielzahl an rechtlichen Konstellationen denkbar, unter denen Telearbeit ausgeübt werden kann.

Zunächst sei die Frage aufgeworfen, ob es sinnvoll ist, Telearbeit begrifflich auf eine einzelne oder auf nur wenige Rechtsformen oder Status zu begrenzen. Anschließend gilt es im Rahmen der rechtlichen Einordnung zu unterscheiden zwischen der schuldrechtlichen Grundlage, aufgrund der Telearbeiter tätig werden (Form der Vertragsgestaltung) und der statusrechtlichen Beziehung.

a. Telearbeit als feststehender Rechtsbegriff?

Im Hinblick auf die vertragliche Gestaltung ist bislang in Deutschland Telearbeit nach herrschender Auffassung per Definition insoweit nicht an rechtliche Grenzen gebunden, als den am Arbeitsleben Beteiligten grundsätzlich verschiedene Vertragsformen zwischen dem Telearbeiter und dem Auftrag- bzw. Arbeitgeber zur Disposition stehen. Die allgemein verwendeten Definitionen schränken also die Telearbeit nicht vorab auf einen bestimmten

---

321 SUÑÉ LLINAS, El Teletrabajo, S. 330.

322 Zu den Rechtsquellen des Arbeitsrechts vgl. ADOMEIT, Rechtsquellenfragen; s.a. SCHAUB, § 3.

Beschäftigungsstatus wie beispielsweise auf den des Arbeitnehmers oder des Heimarbeiters ein.

Die Frage stellt sich, ob es sinnvoll ist, der Bezeichnung *Telearbeit* bzw. *teletrabajo* einen eigenen Rechtsgehalt zukommen zu lassen, da sie etwa bereits begrifflich auf Arbeitnehmer beschränkt werden könnte. Dafür könnte sprechen, daß eine größere Rechtsklarheit entstehen könnte, da den Betroffenen von vornherein bekannt wäre, welches Rechtsverhältnis der vertraglichen Beziehung zugrundeliegt.

Doch eine Beschränkung rein definitorischer Art ist abzulehnen. Dem auch international herrschenden, an keinen juristischen Parametern sich orientierenden Begriff ist zuzustimmen, da die rechtlichen Kriterien für die Einordnung einer Arbeitskraft nicht notwendigerweise mit denen korrelieren, die für die Bezeichnung als Telearbeiter maßgeblich sind und da den oben behandelten Begriffsvoraussetzungen der Telearbeit ein inhaltlicher Zusammenhang zugrundeliegt, der nur sinnwidrig zu trennen ist. Ferner bleibt so die für die Entwicklung der Arbeitsform erforderliche Flexibilität gewahrt; vermieden wird dann, den Begriff entgegen dem aktuellen und landläufigen Gebrauch künstlich einschränken.[323] Gegen eine Eingrenzung und Anwendung auf lediglich bestimmte Formen der Telearbeit spricht insoweit ein Argument, das als *normative Kraft des Faktischen des allgemeinen Sprachgebrauchs* zu bezeichnen wäre.[324] Weiter wird eine allein auf den unterschiedlichen Rechtssystemen basierende nationale Zersplitterung des bislang universal gehaltenen Begriffs Telearbeit vermieden.

Telearbeit als *Oberbegriff* ist also von rechtlichen Grenzen freizuhalten. Dagegen können *Unterbegriffe* geschaffen werden, die das Vertragsverhältnis genauer umschreiben. Diese sollten jedoch mit der erforderlichen Vorsicht und nur dann verwendet werden, wenn gewahrt bleibt, daß das Rechtsverhältnis mit der erforderlichen juristischen Seriösität und Sicherheit ermittelt wird. Andernfalls besteht die Gefahr, daß - wie bereits häufig geschehen - die Bezeichnungen von rechtlichen Laien unrichtig angewendet werden, und dadurch Konfusionen entstehen.[325]

---

[323] EC/RODER, S. 86.

[324] Der Begriff Telearbeit umschreibt in verschiedenen Staaten im allgemeinen die vielfältigsten Ausübungsarten.

[325] So bspw. der Begriff *Tele-Heimarbeit*, der unter rechtlichen Gesichtspunkten nur die unter das HAG fallenden Heimarbeiter erfassen kann, mit dem jedoch häufig in allgemeiner Weise sämtliche Telearbeiter erfaßt werden sollen, die im Heim arbeiten. Dies gilt es zu korrigieren.

b. Formen der Vertragsgestaltung

Die Vertragspartner haben grundsätzlich das Recht, sich für eine Rechtsform ihrer Konvenienz zu entscheiden. Dies bedeutet, daß sie im Hinblick auf die *Gestaltung des Verhältnisses* frei sind und nicht, daß sie unabhängig von dieser den Vertragstyp bestimmen können. Der Vertragstyp ist aus der tatsächlichen Gestaltung der Tätigkeit abzuleiten; die praktische Durchführung des Rechtsverhältnisses ist entscheidend.[326] Die rechtliche Bezeichnung eines Telearbeiters durch die Vertragsparteien kann der praktischen Durchführung widersprechen und ist damit nicht notwendigerweise für die tatsächliche Natur des Verhältnisses ausschlaggebend. Vor dem Hintergrund dieser Aussage sind grundsätzlich verschiedene Formen der Vertragsgestaltung denkbar:

Telearbeit kann im Rahmen eines bloßen *Dienstvertrages* geleistet werden.[327] Ferner kann Telearbeit auf einem *Arbeitsvertragsverhältnis* beruhen.[328] Darüber hinaus kann Telearbeit auch im Rahmen eines *Werkvertrages* geleistet werden.[329] Die rechtliche Beziehung kann außerdem auch auf dem HAG basierend in einem *Heimarbeitsvertrag* bestehen.[330] Und denkbar ist Telearbeit auch im Rahmen eines *Auftragsverhältnisses.*

aa. Dienstvertrag

In Deutschland ist der Dienstvertrag in §§ 611 ff. BGB geregelt. Er wird dadurch geprägt, daß der Beauftragte dazu verpflichtet wird, einen Dienst zu leisten; geschuldet wird insoweit ein Bemühen. Die Obligation ist auch dann erbracht, wenn das Tätigwerden nicht zu dem gewünschten Ergebnis führt. Von starker Bedeutung ist der Dienstvertrag vor allem, weil er Grundlage für ein Arbeitsverhältnis sein kann (aber nicht muß). In Bezug auf die *Telearbeit* gelten ebenfalls die allgemeinen Grundsätze; auch ein *Telearbeiter* kann im Rahmen eines Dienstvertrages tätig werden, da Dienste auch unter Nutzung von IuK-Mitteln aus der Ferne geleistet werden können.

Nach überwiegender Auffassung gelten beispielsweise Rechtsverhältnisse zwischen Anwälten und Mandanten als Dienstverhältnisse. Rechtsgutachten, die per Computer erstellt werden, können auch etwa per E-Mail versendet werden, so daß *Telearbeit* auch im Rahmen eines derartigen Dienstvertrages denkbar ist.

---

[326] HROMADKA, NZA 1997, S. 577; vgl. für die Abgrenzung des Arbeitsvertrages von verwandten Verträgen SCHAUB, § 36 I 3.

[327] Vgl. für viele BESGEN, b+p 1995, S. 405 f.

[328] Vgl. für viele OTTEN, Heim- und Telearbeit, C. Rn. 69 ff.; COLLARDIN, S. 27.

[329] Vgl. für viele BESGEN, b+p 1995, S. 405 f.

[330] Vgl. für viele COLLARDIN, S. 28 ff..

bb. Werkvertrag

Die Rechtsnatur des Werkvertrages besteht nach deutschem Recht darin, daß der Beauftragte dazu verpflichtet wird, eine fertiges (Teil-) Werk zu erstellen. Die Leistung gilt erst als erbracht, wenn es tatsächlich errichtet wird. Geregelt ist der Werkvertrag in §§ 631 ff. BGB.

Ein Werk im Sinne des § 631 BGB kann auch durch Informationsmittel erstellt werden, und per Kommunikationsmittel weitergeleitet werden. Dann liegt ein klassischer Fall von *Telearbeit* vor. Beispielsweise kann dies dadurch geschehen, daß ein Übersetzer den bearbeiteten Text per E-Mail an den Vertragspartner zusendet. Dann besteht das Werk darin, den Text zu übersetzen. Ob es auch an die elektronische Adresse des Empfängers zuzuleiten ist, ist Vereinbarungssache.

Entscheidendes Kriterium zur Abgrenzung der Dienst- von den Werkverträgen ist, ob ein Erfolg oder lediglich ein Bemühen geschuldet wird. Auch im Zusammenhang mit der *Telearbeit* gelten insoweit die allgemeinen Grundsätze.[331]

cc. Auftragsverhältnis

Denkbar ist auch die Telearbeit im Rahmen eines Auftragsverhältnisses, §§ 662 ff. BGB. Da ein solches nach deutschem Recht unentgeltlich ist, wird es für das Berufsleben kaum relevant sein, und es kann daher im Rahmen dieser Arbeit vernachlässigt werden.[332]

c. Statusbezogene Differenzierung

Anders als die bereits erwähnten Formen der Vertragsgestaltung ist die Frage nach dem Status einer Arbeitskraft von größerer Bedeutung, da sie nicht nur Auswirkungen auf deren spezielle Tätigkeiten, sondern auf das gesamte Geflecht an Rechtsbeziehungen zwischen den Beteiligten hat.

Zu Beginn der Diskussionen über die Telearbeit in Deutschland in den achtziger Jahren wurde in der Literatur von Arbeitnehmervertretern befürchtet, daß Telearbeit lediglich ein den Unternehmern probates Mittel zur Einschränkung der Rechte der Arbeitnehmer - und mehr noch gar zur Reduzierung des Anteils der Arbeitnehmer im Betrieb zu Lasten von anderen den Arbeitskräften weniger

---

331 Zu den allgemeinen Grundsätzen vgl. PALANDT-THOMAS, Einf. v § 631, Rn. 5.

332 Der *entgeltliche Geschäftsbesorgungsvertrag* nach § 675 BGB wird zwar unter 'Auftrag' im zehnten Titel des 2. Buchs. 7. Abschnitts des BGB geregelt, doch er gehört nicht eigentlich in das Auftragsrecht, denn er betrifft im Gegensatz zum Auftrag bestimmte Dienst- und Werkverträge, und damit gegenseitige Verträge (PALANDT-THOMAS, § 675, Rn. 1).

Schutz bietenden Arbeitsformen sei.[333] Welcher Status den Telearbeitern zukommt, wurde seither zu Recht stark diskutiert. Denn die Begriffsvielfalt brachte Verwirrung in die Diskussionen zur Telearbeit. Und - wie bereits kurz erwähnt - ist die rechtliche Einordnung der Vertragsbeziehungen des Telearbeiters zu den Auftrag- bzw. Arbeitgebern zur Ermittlung der Rechte und Pflichten der Arbeitskräfte von essentieller Bedeutung, denn "mit der Feststellung der Arbeitnehmereigenschaft wird [grundsätzlich] die Geltung sämtlicher Schutzvorschriften des 'Normal'arbeitsrechts ausgelöst."[334]

Die Telearbeit als Arbeitsform pauschal einer der nachfolgenden Status zuzuordnen, ist nach dem herrschenden Arbeitnehmerbegriff und dem herrschenden Telearbeiterbegriff juristisch nicht vertretbar.[335] Teilweise vermittelt eine derartige globale Einordnung den Eindruck des Versuchs einer rechtspolitischen Einflußnahme, um die Gestaltungsmöglichkeiten für die Unternehmen einzuschränken bzw. den Schutz der Arbeitskräfte zu vergrößern.[336] Die Telearbeit bietet jedoch in ihren Anwendungsmöglichkeiten sowohl in örtlicher, zeitlicher und weisungsbezogener als auch in sonstiger Hinsicht sehr flexible und vielfältige Tätigkeitsarten, die im *konkreten Einzelfall* einer genauen, anhand der herrschenden Auffassungen sich orientierenden rechtsdogmatischen Einordnung bedarf. Eine globale und undifferenzierte Einordnung der Telearbeiter wird dieser Vielfalt nicht gerecht. In der vorliegenden Arbeit wird davon Abstand genommen, eine konkrete einzelfallbezogene Einordnung verschiedenster Typen und Beispiele vorzunehmen.[337]

Nachfolgend sollen vielmehr die Kriterien, die für die Qualifizierung der neuen Arbeitsform relevant sein können, für die einzelnen Status getrennt aufgeführt werden, um im Einzelfall die konkrete Einordnung zu erleichtern. Mit diesem Ansatz sollen die bislang in der Literatur regelmäßig vorgenommenen Versuche, den Status der Telearbeiter zu klären, nicht grundsätzlich ad absurdum geführt werden. Schließlich lassen sich so grundsätzliche Tendenzen der Telearbeit herausarbeiten und widerlegbare Vermutungen für sie

---

333 Vgl. stellvertretend für viele: HÖNICKE, Mitbestimmung 9/96, S. 47 ff.; HOOSE, Arbeit und Sozialpolitik, 11-12/94, S. 56.

334 So jedenfalls die hM, vgl. HROMADKA, NZA 1997, S. 569.

335 Zur Gegenauffassung vgl. WANK, Telearbeit, Rn. 375 ff.

336 Nach der IGM ist ein Telearbeiter jemand, der eine Tätigkeit für einen Arbeitgeber ausübt und damit logischerweise Arbeitnehmer ist (vgl. IGM, Teils im Betrieb, S. 7). Dies entspricht nicht der Rechtslage. Andererseits sind verschiedene Arbeitgeber bemüht, den Telearbeiter aufgrund der geringeren Bindung zum Betrieb als Selbständige zu bezeichnen, obwohl dies nicht notwendigerweise der rechtlichen Realität entspricht und es sich um sogenannte Scheinselbständige handelt.

337 Beispielsfälle dienen zwar grundsätzlich zur Veranschaulichung, doch vor einer direkten Übertragung auf aktuelle Fälle wird gewarnt. Denn sie können zum Nachteil derjenigen, die sich auf sie berufen, häufig aufgrund einer kleinen Differenz zum aktuellen Fall rechtlich unanwendbar sein.

aufstellen.[338] Gewarnt sei in diesem Zusammenhang jedoch vor einer zu pauschalen Einordnung 'der Telearbeiter'.

In der Diskussion um die Einordnung werden nachfolgend verschiedene Gruppen behandelt, denn Telearbeiter können als *Arbeitnehmer*, als *Heimarbeiter* bzw. *Hausgewerbebetreibende*, als *sonstige arbeitnehmerähnliche Personen* und als *Selbständige* qualifiziert werden.[339] Die eigenständige Besprechung der *Scheinselbständigen* ist von besonderer Aktualität. Die *Außenmitarbeiter* hingegen werden teils im Rahmen der Diskussion über die Arbeitnehmern und teils im Rahmen der über die Handelsvertreter behandelt.

2. Zur Abgrenzung der Status im einzelnen

Wie bereits kurz angesprochen, gelten die allgemeinen arbeitsrechtlichen Kriterien auch für die Einordnung von Telearbeitern. Diese sind zu erläutern, um nachfolgend auf die telearbeitsspezifischen Aspekte zu einzugehen.

Die Abgrenzung der *Arbeitnehmer*, *Arbeitnehmerähnlichen* und der *Selbständigen* voneinander bereitet in der Literatur und Rechtsprechung erhebliche Schwierigkeiten. Obwohl es sich um eine Frage von esssentieller Bedeutung für die Betroffenen handelt, finden sich im Gesetz lediglich geringe Anhaltspunkte, die den Erfordernissen des Arbeitslebens gerecht werden.[340] Die Rechtsprechung hat im Lauf der Jahrzehnte zwar Kriterien entwickelt, sie entbehren jedoch einer klaren Systematik und enthalten Widersprüche. Dies schlägt sich konsequenterweise in vielen Ausführungen der Literatur nieder.[341] Obwohl mittel- bis langfristig eine Regulierung durch die Europäischen Union zu erwarten ist, sollten zur Klarheit der Rechtsverhältnisse und zum besseren Verständnis auch für Nichtjuristen die herrschenden Auffassungen, die sich in Rechtsprechung und Literatur herauskristallisiert haben, kodifiziert werden, ähnlich wie es im Zusammenhang mit den Auffassungen zu Allgemeinen Geschäftsbedingungen geschehen ist. Eine Kodifizierung des Arbeitsrechts hätte im Rahmen der Vereinheitlichung des Arbeitsrechts der EU den Vorteil, daß auf der Grundlage einer eindeutigeren Position argumentiert werden könnte. Wie ließe sich im Rahmen der Verhandlungen zur Vereinheitlichung des Arbeitsrechts in Europa begründen, daß das Arbeitsrecht in Deutschland Vorzüge aufweist, wenn selbst grundlegende Fragen wie die Abgrenzung der verschiedenen Kategorien voneinander nicht geregelt ist?

---

[338] Vgl. KILIAN/BORSUM/HOFFMEISTER, NZA 1987, S. 404; ALBRECHT, NZA 1996, S. 1242.

[339] Vgl. stellvertretend für viele: ALBRECHT, NZA 1996, S. 1241 f.; LINNENKOHL, BB 1996, S. 52; COLLARDIN, S. 22; SCHAUB, § 163 B II 1.

[340] Vgl. § 84 I 2 HGB, dessen argumentum e contrario den Arbeitnehmer nur ungenügend definiert; auch die §§ 611 ff. BGB schaffen keine Klarheit.

[341] Auch gibt es Zeugnis dafür ab, daß in solch *wesentlichen* Fragen eine klare Regulierung erforderlich ist.

Aufgabe einer verschiedene rechtliche Aspekte der Telearbeit behandelnden Schrift kann nicht sein, auf sämtliche neuen Ansätze in der Literatur zur Abgrenzung des Arbeitnehmerbegriffs einzugehen. Denn bereits unabhängig von den telearbeitsspezifischen Fragen lassen sich mit den Abgrenzungsfragen zu den Status ganze Bibliotheken füllen.[342] Grundlage der begrifflichen Differenzierung sollen also vorliegend die herrschenden Auffassungen des BAG, des RAG und der Literatur sein, selbst wenn sie der erforderlichen Systematik entbehren. Insoweit wird sich an den laut HROMADKA 'klassischen' Arbeitnehmerbegriff orientiert.[343]

a. Arbeitnehmer

Vorab ist festzustellen, daß anders als häufig befürchtet wurde, in Deutschland für Telearbeiter in der Regel die Rechtsstellung des Arbeitnehmers gewählt wird.[344] Die zu Beginn der Diskussion der Telearbeit noch befürchtete "Flucht aus dem Arbeitsrecht" ist nicht eingetreten.[345] Denn so kann erreicht werden, daß die für den Arbeitgeber sehr bedeutsame Treuepflicht der Arbeitskraft besteht und andererseits dem Arbeitgeber ein Direktionsrecht zusteht.[346]

Nach allgemeiner und höchstrichterlich grundsätzlich gefestigter Auffassung sind Arbeitnehmer diejenigen, die aufgrund eines Arbeitsverhältnisses beschäftigt sind; d.h. also diejenigen, die aufgrund eines privatrechtlichen Vertrages oder eines ihm gleichgestellten Rechtsverhältnisses *im Dienst eines anderen* zur Arbeit verpflichtet sind.[347]

aa. Leistung von Arbeit

Inhalt der vertraglichen Beziehungen muß die *Leistung von Arbeit* sein. Geschuldet wird nur die Arbeitsleistung, nicht dagegen ein Arbeitserfolg wie z.B. die Herstellung eines Werkes, die sich nach den §§ 631 ff. BGB richtet.[348] In letzteren Fällen kann es sich jedoch um ein arbeitnehmerähnliches Verhältnis handeln.

Arbeit ist in diesem Zusammenhang im wirtschaftlichen Sinne zu verstehen. Sie bedeutet jede Betätigung oder jedes Verhalten, das zur Befriedigung eines

---

342Vgl. insbes. WANK, Arbeitnehmer; ferner RICHARDI, Arbeitnehmerbegriff, insbes. S. 615-623 u. MÜNCHARBR-RICHARDI, § 23 Rn. 27 ff.; kritisch auch HILGER, RdA 1989, S. 1 ff., u.a.

343Vgl. HROMADKA, NZA 1997, S. 569; dagegen steht der Arbeitnehmerbegriff von WANK, der noch zu besprechen sein wird.

344Vgl. für viele FRAUNHOFER, Entwicklungen, S. 55.

345D+A CONSULTING/WEDDE, Entwicklungen, S. 27.

346Für viele vgl. COLLARDIN, S. 22.

347Vgl. MÜNCHARBR-RICHARDI, § 23 Rn. 7; s.a. SCHAUB, § 8 I 1, m.w.N.

348MÜNCHARBR-RICHARDI, § 23 Rn. 9.

Bedürfnisses dient und im Wirtschaftsleben als Arbeit qualifiziert wird. Dazu gehören sowohl geistige als auch körperliche Betätigungen höherer und niederer Art.[349]

Das Kriterium Leistung von Arbeit bereitet im Rahmen der Untersuchung der *Telearbeit* grundsätzlich keine Probleme. In der Regel wird der Telearbeiter für den Arbeit- bzw. Auftraggeber Arbeit in diesem Sinne leisten. Lediglich im Falle der sogenannten Arbeitsbereitschaft, der Rufbereitschaft und dem Bereitschaftsdienst könnten Schwierigkeiten auftauchen. Diese Arbeitsformen können beispielsweise bei Computerprogrammierern, die als Telearbeiter außerhalb der üblichen Arbeitszeit aus der Ferne über Kommunikationsmittel Fehler im Datensystem beheben, vorliegen.

Nach höchstrichterlicher Rechtssprechung ist die *Arbeitsbereitschaft* als solche Arbeit im Sinne der Voraussetzungen der Arbeitnehmereigenschaft, da sie eine bestimmte Leistung des Arbeitnehmers, nämlich die wache Achtsamkeit im Zustand der Entspannung voraussetzt. Die Arbeitsbereitschaft gehört zur Arbeitszeit, in der der Arbeitnehmer nicht seine volle, angespannte Tätigkeit entfalten braucht, sondern an seiner Arbeitsstelle anwesend ist und jederzeit bereit sein muß, in den Arbeitsprozeß einzugreifen.[350]

Die genannte Definition schließt Arbeitsbereitschaft außerhalb der klassischen Arbeitsstätte begrifflich zunächst aus. Doch in Ausnahmefällen ist auch denkbar, daß der Arbeitnehmer sich in seiner Wohnung auf Anweisung des Arbeitgebers bereithalten muß.[351] Sofern ein Telearbeiter in Arbeitsbereitschaft steht, gilt nichts anderes; er leistet ebenfalls Arbeit, wenn auch teilweise außerhalb der eigentlichen Arbeitsstätte. Kein Unterschied kann es machen, ob er zu Hause oder an anderer Stelle ist, sofern er -jedenfalls (funk-)telephonisch-erreichbar ist.

Im Falle der *Rufbereitschaft* und des *Bereitschaftsdienstes* liegt "Arbeit" im Sinne der oben genannten Definition jedenfalls in dem Moment vor, in dem der zunächst bereit stehende für den anderen tätig wird.

Beim *Bereitschaftsdienst* muß sich die Arbeitskraft nicht im Zustand wacher Achtsamkeit befinden. Er liegt vor, wenn der Arbeitnehmer sich an einer vom Arbeitgeber bestimmten Stelle innerhalb oder außerhalb des Betriebes aufzuhalten hat, um, sobald es notwendig wird, seine Arbeit aufzunehmen.[352]

---

[349] SCHAUB, § 8 II 1.

[350] SCHAUB, § 8 II 1 u. § 45 VI 3.

[351] BAG AP 3 zu § 7 AZO; vgl. zum Rettungssanitäter bspw. BAG AP 7 zu § 15 BAT = NJW 87, S. 2957.

[352] SCHAUB, § 45 VI 3.

Rufbereitschaft ist dagegen die Verpflichtung des Arbeitnehmers, sich an einem selbst bestimmten, aber dem Arbeitgeber anzugebenden Ort auf Abruf zur Arbeit bereitzuhalten. Arbeit in diesem Sinne der Arbeitnehmerdefinition liegt vor; sie beginnt zu dem Zeitpunkt, von dem an der Arbeitnehmer verpflichtet ist, auf Abruf die Arbeit aufzunehmen und endet zum Zeitpunkt, an dem die Verpflichtung endet.[353]

bb. Privatrechtlicher Vertrag oder gleichgestelltes Rechtsverhältnis

Verglichen mit anderen Arbeitsformen ergeben sich bei der *Telearbeit* keine besonderen Probleme im Hinblick auf das Kriterium 'privatrechtlicher Vertrag oder gleichgestelltes Rechtsverhältnis'. Zur Vermeidung unnötiger Wiederholungen wird diesbezüglich auf die allgemeine arbeitsrechtliche Literatur verwiesen.[354]

cc. Im Dienste eines anderen

Der bereits zuvor erwähnte Streit um die Einordnung von Arbeitskräften entzündet sich am Kriterium *im Dienste eines anderen*, welches den Arbeitsvertrag vom freien Dienstvertrag unterscheidet. Der Unterschied zwischen Selbständigen und Arbeitnehmern wird nach ständiger Rechtsspechung und herrschender Lehre durch das Merkmal der *persönlichen Abhängigkeit* definiert.[355]

Wirtschaftliche Abhängigkeit dagegen ist bereits nach Auffassung des RAG weder erforderlich noch ausreichend.[356] Die Frage nach der *wirtschaftlichen Abhängigkeit* ist nach herrschender Meinung grundsätzlich nicht für die Einordnung als Arbeitnehmer, sondern vielmehr für die Abgrenzung von *Arbeitnehmerähnlichen* auschlaggebend.[357] Die Ansicht, daß die wirtschaftliche Abhängigkeit nicht für die Einordnung als Arbeitnehmer ausschlaggebend ist, gründet auf § 84 I 2 HGB, der nach überwiegender

---

[353]SCHAUB, § 45 VI 3.

[354]Vgl. für viele bspw. SCHAUB, § 8 II 2; MÜNCHARBR-RICHARDI, § 23 Rn. 10.

[355]Ständige Rechtsprechung des BAG, vgl. ausführlich BAG vom 28.2.1962 und 9.5.1984, AP Nrn. 1 und 45 zu § 611 BGB Abhängigkeit; vgl. ferner MÜNCHARBR-RICHARDI, § 23 Rn. 11.

[356]Nachdem das Reichsarbeitsgericht das Abgrenzungsmerkmal zunächst in der wirtschaftlichen Unselbständigkeit sah (RAG BenshSlg. 4, 143), erkannte es, daß es ausschließlich auf die persönliche Abhängigkeit ankommt (RAG BenshSlg. 8, 451, 452). Denn in jeder persönlichen Abhängigkeit liegt ein gewisses Maß an wirtschaftlicher Abhängigkeit (vgl. RAG BenshSlg. 15, 505, 550, 552; 20, 203; ARS 29, 35, 36, 65; 38, 182, 183 f.).

[357]SÖLLNER, Grundriß, § 3 I 2 e).

Auffassung ein typisches Merkmal enthält, das als allgemeine Wertung bei der Abgrenzung des Dienstvertrages vom Arbeitsvertrag zu beachten ist.[358]

Einige ziehen die Sachgerechtigkeit des Begriffs persönliche Abhängigkeit in Zweifel. Teilweise wird die persönliche Abhängigkeit auch als persönliche Unselbständigkeit bezeichnet, wobei sich die Inhalte dennoch häufig gleichen.[359]

Nach überwiegender Auffassung ist für die Einordnung als Arbeitnehmer entscheidend, daß es sich um einen in einem Arbeitsverhältnis Stehenden handelt, der verpflichtet ist, fremdbestimmte, unselbständige Arbeit zu leisten und damit eine vom Arbeitgeber abhängige, weisungsgebundene Tätigkeit ausführt.[360] Während der Arbeitnehmer eine abhängige, fremdbestimmte Arbeit leistet, ist die eines Selbständigen selbstbestimmt.

Zu den *materiellen Kriterien*, die nach der Rechtsprechung und der herrschenden Lehre als Indizien für ein Arbeitsverhältnis bei Telearbeitern herangezogen werden, zählen der Umfang der fachlichen, örtlichen und zeitlichen Weisungsgebundenheit, der Grad der persönlichen Abhängigkeit, Fremdbestimmtheit von Ort und Zeit der Arbeitsleistung, die Eingliederung in den Betrieb, die arbeitsorganisatorische Abhängigkeit, Personalgebundenheit der Arbeitsleistung, fehlendes Unternehmerrisiko, Bindung an feste Arbeitszeiten, Zulässigkeit anderweitiger Tätigkeit, Vergleich der Tätigkeit mit der von festangestellten Mitarbeitern und die zur Verfügungstellung von Arbeitsgerätschaften.[361] Gegebenenfalls wird auf *formelle Kriterien* zurückgegriffen.[362]

Die Rechtsprechung und herrschende Lehre verwendet also für die Bestimmung der Arbeitnehmereigenschaft eine Vielzahl von *Einzelmerkmalen*, die die Gerichte geprägt haben und die sich teilweise überschneiden.[363] Die Indizien sind wertend zu betrachten.[364] Dabei ist maßgebend auf die charakteristischen Merkmale nach der *praktischen Durchführung und Gestaltung* der Vertragsbeziehungen im Rahmen einer *Gesamtschau* abzustellen;[365] sie sind

---

[358]BAG vom 26.7.1995, AP Nr. 79 zu § 611 Abhängigkeit; vgl. zusammenfassend: HROMADKA, NZA 1997, S. 570.

[359]HROMADKA, NZA 1997, S. 571.

[360]PALANDT-PUTZO, Einf. v § 611, Rn. 7.

[361]Vgl. ALBRECHT, NZA 1996, S. 1241; vgl. BESGEN, b+p 1995, S. 406; vgl. D+A CONSULTING/WEDDE, Entwicklungen, S. 6 ff.; vgl. ferner BAG, NZA 1994, S. 169 m.w.N.; vgl. SÖLLNER, Grundriß, § 3 I 2.

[362]D+A CONSULTING/WEDDE, Entwicklungen, S. 10.

[363]Vgl. MÜNCHARBR-RICHARDI, § 23 Rn. 12.

[364]Vgl. SCHAUB, § 8 I 1.

[365]BESGEN, b+p 1995, S. 406.

also insgesamt zu bewerten.[366] Insoweit wird vom "*Ende der Vertragsfreiheit*" gesprochen.[367]

Das Kriterium im Dienste eines anderen wirft bei der *Telearbeit* größere Probleme auf als bei sonstigen Arbeitskräften. Denn aufgrund der räumlichen Trennung wird nicht nur die Ausübung einer etwaigen Direktions- und Weisungsbefugnis durch denjenigen, für den der Telearbeiter tätig ist, erschwert, wie es auch nicht leicht fällt, die Konturen etwaig vorhandener Kriterien zu erkennen, da die Ausübung der Befugnis eine mittelbare ist. Die Eingliederung in den Betrieb oder in die betriebliche Organisation gestaltet sich anders als bei Arbeitskräften, die ständig vor Ort tätig sind.

(1.) Weisungsgebundenheit

Nach Ansicht des BAG äußert sich die persönliche Abhängigkeit darin, daß ein Arbeitnehmer *fremdbestimmte Arbeit* zu leisten hat.[368] Das Merkmal der persönlichen Abhängigkeit wird deshalb durch die sogenannte *Weisungsgebundenheit* bzw. *Weisungsunterworfenheit* konkretisiert.[369] Das auch als *Direktionsrecht* bzw. *Direktionsbefugnis* bezeichnete Weisungsrecht genießt eine besondere Bedeutung im Rahmen des Arbeitsverhältnisses. Dem Arbeitgeber kommt ein solches in Bezug auf Inhalt, Durchführung, Ziel, Dauer und Ort der Arbeit zu.[370]

(a.) Persönliche und fachliche Weisungsgebundenheit

Als wichtiges Kriterium zur Feststellung und Abgrenzung des Arbeitsverhältnisses gilt das Vorliegen einer *fachlich und / oder persönlich weisungsgebundenen Tätigkeit*, das sich aus dem bereits angesprochenen § 84 I S. 2 HGB ableitet.[371] Indizien für die *persönliche Weisungsgebundenheit* liegen vor, wenn der Beschäftigte im Rahmen von Zielvorstellungen des Arbeitgebers Arbeiten gewerbsmäßig erledigt, die ihm keinen Raum für Eigeninitiative und persönliche Gestaltung lassen, oder wenn der Arbeitgeber für die Erledigung der Arbeit von einer engen Zusammenarbeit mit anderen Beschäftigten oder einem Team ausgeht. Der Grad der persönlichen Weisungsgebundenheit hängt im Einzelfall von der Eigenart der jeweiligen Tätigkeit ab.[372]

---

366 COLLARDIN, S. 27.

367 D+A CONSULTING/WEDDE, Entwicklungen, S. 16.

368 Vgl. BAG vom 15.3.1978, AP Nr. 26 zu § 611 BGB Abhängigkeit.

369 Vgl. MÜNCHARBR-RICHARDI, § 23 Rn. 19.

370 Vgl. OTTEN, NZA 1995, S. 290 m.w.N.

371 D+A CONSULTING/WEDDE, Entwicklungen, S. 11.

372 Vgl. WEDDE, Telearbeit, S. 57; vgl. D+A CONSULTING/WEDDE, Entwicklungen, S. 11.

Die *fachliche Weisungsgebundenheit* kann weiteres Indiz sein, sie muß jedoch nicht notwendigerweise vorliegen.[373] Je differenzierter die Tätigkeit, umso weniger wird der Arbeitgeber für Inhalt und Durchführung der Tätigkeit Weisungen erteilen und erteilen können.[374] Für die Weisungsgebundenheit ist das Recht, Weisungen zur Art und Weise, etwa zur Reihenfolge der Arbeitserledigung und zum Verhalten bei der Arbeit zu geben, ausreichend.[375]

(b.) Örtliche und zeitliche Weisungsgebundenheit

Es spricht in erheblichem Maße für ein Arbeitsverhältnis, wenn der Beschäftigte den Weisungen unterliegt, die der Arbeitgeber bzw. die in seinen Diensten stehende Person kraft seines Direktionsrechts in Bezug auf Ort, Zeit und Dauer der Tätigkeit erteilt.[376] Sofern der Arbeitgeber von der Arbeitserbringung im Betrieb oder an einem anderen fest definierten Ort wie beispielsweise bei Kunden ausgeht, stellt dies eine örtliche Festlegung dar. Ebenso wird es zu bewerten sein, wenn feste Arbeitszeiten vorgegeben werden oder eine Einbindung in Dienstpläne erfolgt, ohne daß eine Möglichkeit zur Mitgestaltung durch die Beschäftigten besteht.[377]

Auch wenn Arbeitgeber den Beschäftigten zulässigerweise Arbeit außerhalb des Betriebs zuweisen oder wenn er sie gestattet, liegt eine örtliche Festlegung im beschriebenen Sinne vor. Eine solche Zuweisung liegt beispielsweise vor, wenn die zu erbringende Tätigkeit außerhalb des Betriebs stattfinden muß (Montage, Zeitungsaustragen u.ä.) oder wenn aus räumlichen Gründen ein Arbeitsplatz nicht zur Verfügung gestellt werden kann.[378]

Das Kriterium der *zeitlichen Weisungsgebundenheit* wird der gesetzgeberischen Wertung aus § 84 I HGB entnommen, die bei der Abgrenzung des Dienstvertrages vom Arbeitsvertrag und damit des freien Dienstnehmers vom Arbeitnehmer zu beachten ist.[379] Nach dieser Norm ist Handelsvertreter, wer "im wesentlichen frei seine Tätigkeit gestalten und seine Arbeitszeit frei bestimmen kann". Sofern der Arbeitgeber über die Verteilung der Arbeitszeit auf die einzelnen Tage sowie über Beginn und Ende der Arbeitszeit entscheidet, läßt sich zeitliche Abhängigkeit annehmen. Gleiches gilt, wenn ein als freier Mitarbeiter Beschäftigter in etwa die gleiche Stundenanzahl arbeitet wie

---

[373] Vgl. D+A CONSULTING/WEDDE, Entwicklungen, S. 11; WEDDE, Telearbeit, S. 57.

[374] SCHAUB, § 8 II 3c.

[375] HROMADKA, NZA 1997, S. 576.

[376] Vgl. WEDDE, Telearbeit, S. 57.

[377] D+A CONSULTING/WEDDE, Entwicklungen, S. 11 f.

[378] Vgl. KILIAN/BORSUM/HOFFMEISTER, Telearbeit, S. 88 f.; vgl. D+A CONSULTING/WEDDE, Entwicklungen, S. 12.

[379] MÜNCHARBR-RICHARDI, § 23 Rn. 22; KILIAN/BORSUM/HOFFMEISTER, Telearbeit, S. 89.

vergleichbare Arbeitnehmer.[380] Sofern der Telearbeiter an Arbeitszeiten gebunden ist, während der Arbeitgeber über die Arbeitskraft seines Telearbeiters nach eigenem Wunsch verfügen kann, spricht es als Indiz für ein Arbeitnehmer-Arbeitgeberverhältnis; man spricht in diesem Zusammenhang von der sogenannten Zeithoheit.[381]

Eine zeitliche Festlegung liegt auch vor, wenn sich aus Anwesenheitspflicht oder strikter Terminbindung eine feste Arbeitszeit ergibt oder wenn ständige Dienstbereitschaft besteht.[382]

Selbst wenn Weisungsgebundenheit nach *Ort und Zeit* der Arbeitsleistung fehlt, kann dennoch Arbeitnehmereigenschaft angenommen werden. Denn das BAG sieht selbst für die Abgrenzung der Handlungsgehilfen vom Handelsvertreter in § 84 I S. 2 HGB *keine abschließende Umschreibung* der für die Arbeitnehmereigenschaft maßgeblichen Gesichtspunkte.[383] Dies gilt insbesondere, wenn die Beschäftigten aus anderen Gründen fremdbestimmte Arbeit leisten.[384]

Im Rahmen der *Telearbeit* spricht es für *örtliche Weisungsgebundenheit*, wenn Arbeit in der Arbeitsstätte des Arbeitgebers oder in von ihm betriebenen Satelliten- oder Nachbarschaftsbüros geleistet wird.[385] In Zusammenhang mit Satelliten- oder Nachbarschaftsbüros und -zentralen gilt dies insbesondere, wenn ein leitender Angestellter die Arbeit organisiert sowie aufeinander abstimmt und dadurch die organisatorische Einbindung in den Betrieb begründet wird.[386] Weiter dann, wenn der Arbeitgeber den Ort außerhalb des Betriebs zuweist oder gestattet. Gleiches gilt, wenn er direkt oder indirekt feste Vorgaben zum Arbeitsort oder er aus Gründen des Arbeitsschutzes, der Datensicherheit oder des Datenschutzes macht, die in der Konsequenz zu einer Festlegung des Arbeitsortes führen.[387]

Dies soll nach WEDDE der Fall sein, wenn der Arbeitgeber aus Sicherheitsgründen ein sogenanntes *Automatic-Callback-System*[388] zwischenschaltet, mit dem der Beschäftigte zu seiner Identifizierung unter einer

---

[380] D+A CONSULTING/WEDDE, Entwicklungen, S. 12.

[381] Vgl. COLLARDIN, S. 27.

[382] D+A CONSULTING/WEDDE, Entwicklungen, S. 12.

[383] Vgl. BAG vom 21.1.1966, AP Nr.2 zu § 92 HGB.

[384] D+A CONSULTING/WEDDE, Entwicklungen, S. 12.

[385] D+A CONSULTING/WEDDE, Entwicklungen, S. 19.

[386] MÜNCHARBR-HEENEN, § 232 Rn. 8.

[387] D+A CONSULTING/WEDDE, Entwicklungen, S. 19.

[388] Beim *Automatic-Callback-System* handelt es sich um eine technische Einrichtung zur Sicherung des Datenzugriffs auf den zentralen Server. Nach Kontaktaufnahme durch den Zugreifer wird die Verbindung zunächst unterbrochen. Der Anrufer wird unter einer vorab festgelegten Telephonnummer zurückgerufen, um seine Identität zu verifizieren.

vorab festgelegten Telephonnummer angerufen wird, um ihn zu identifizieren. Denn hierbei lege der Arbeitgeber den Ort faktisch fest.[389] Doch trotz der Einrichtung eines solchen Systems muß eine örtliche Festlegung nicht zwangsläufig vorliegen. Denn aufgrund technischer Möglichkeiten können Anrufe über die festgelegte Telephonnummer an eine beliebige andere Nummer weitergeschaltet werden, so daß das Automatic-Callback-System zwar funktioniert, die Arbeitskraft aber dennoch außerhalb des 'festgelegten' Ortes tätig ist. Wenn dies nach der vertraglichen bzw. tatsächlichen Gestaltung des vertraglichen Verhältnisses möglich ist, ist eine örtliche Festlegung jedenfalls nicht erfolgt. Dies entspricht auch der zutreffenden Auffassung von WEDDE, daß es gegen das Vorliegen einer örtlichen Bestimmung durch den Arbeitgeber spricht, wenn die Möglichkeit besteht, sich von jedem Ort in ein Datennetz einzuwählen.[390]

Zeitliche Weisungsgebundenheit ist bei der *Telearbeit* anzunehmen, wenn feste Öffnungs- oder Anwesenheitszeiten gelten, auch wenn sich die Arbeitskräfte an sogenannte Arbeitszeitfenster halten müssen oder sie lediglich in flexible Arbeitszeitmodelle wie Gleitzeit eingebunden sind; letztere, sofern sie nur begrenzte individuelle Gestaltungsmodelle beinhalten. Dagegen spricht es gegen eine entsprechende Weisungsgebundenheit, wenn die Arbeitsplätze jederzeit zugänglich und flexibel eingerichtet sind, was häufig bei sogenannten *desksharing*-Arbeitsplätzen mit Notebooks anzunehmen ist.[391]

Bei Telearbeitern, die unter arbeitgeberseitigen Vorgaben innerhalb kurzer Erledigungs- und Ankündigungsfristen bei aufeinanderfolgenden Aufträgen *Abrufarbeit* leisten, kann andauernde Dienstbereitschaft vorliegen, die bei gleichzeitiger zeitlicher Gebundenheit zur persönlichen Abhängigkeit des Beschäftigten und damit zur Annahme eines Arbeitsverhältnisses führen muß.[392] Gleiches soll gelten, wenn Beschäftigte Aufträge annehmen, weil sie befürchten, im Fall der Ablehnung künftig nicht mehr eingesetzt zu werden.[393]

Verpflichtungen zu *Bereitschaftsdiensten*, zur *Rufbereitschaft* sowie zur *Arbeitsbereitschaft* sprechen für eine zeitliche Bindung.[394]

Auch im Falle *organisatorischer Vorgaben* kann eine zeitliche Bindung vorliegen. Beispielsweise, sofern die Arbeitskraft verpflichtet ist, sich mehrfach

---

389 D+A CONSULTING/WEDDE, Entwicklungen, S. 19 f.

390 D+A CONSULTING/WEDDE, Entwicklungen, S. 20

391 D+A CONSULTING/WEDDE, Entwicklungen, S. 19 f.; bei den sogenannten desksharing-Arbeitsplätzen handelt es sich um solche, die von verschiedenen Arbeitskräften benutzt werden.

392 SALLER, NJW-CoR 5/96, S. 303; MÜNCHARBR-HEENEN, § 232 Rn. 9.

393 D+A CONSULTING/WEDDE, Entwicklungen, S. 13.

394 Zu den Begriffen Arbeitsbereitschaft, Bereitschaftsdienst und Rufbereitschaft s.o., Kap. D.I.1.a.aa.; D+A CONSULTING/WEDDE, Entwicklungen, S. 20.

in das Firmennetz einzuloggen, um digitale Informationen abzurufen oder wenn im Falle alternierender Telearbeit die Anwesenheit des Beschäftigten zu bestimmten Zeiten an bestimmten Orten erwartet wird, ohne daß er sie selbst bestimmen kann.[395] Dagegen wird eine zetliche Bindung fehlen, wenn der Arbeitskraft zur Arbeitserledigung ein größerer Zeitrahmen zur Verfügung steht, über den sie autonom verfügen können. Gleiches gilt auch, wenn der Beschäftigte *jederzeit* im Betrieb oder an beliebigen Orten tätig werden kann, da hierbei sowohl die zeitliche als auch die örtliche Bindung fehlt.[396]

(c.) *Informationelle Weisungsgebundenheit*

Im Rahmen der *Telearbeit* und sonstiger computergestützter Tätigkeiten können die herkömmlichen persönlichen und fachlichen Weisungsmodii durch einen neueren und erweiterten Weisungsmodus ergänzt werden. Er soll vorliegend neu als ***informationelle Weisungsgebundenheit*** bezeichnet werden, und wird je nach Ausgestaltung der persönlichen oder fachlichen Weisungsgebundenheit zugeordnet. Kennzeichnend ist hieran, daß der Computer in Verbindung mit den entsprechenden *Datenverabeitungsprogrammen als Mittler für die Direktionsbefugnis* des Arbeitgebers fungiert. Die Bezeichnung bezieht sich konkret auf die neuere Form der Weisungsmethoden, die bei Nutzung von IuK-Mitteln angewendet werden.

Im Gegensatz zu herkömmlichen Beschäftigungsverhältnissen treten bei der *Telearbeit* -gegebenenfalls zusätzlich- andere Formen der Kommunikation auf. Zu der außerhalb der Telearbeit üblichen Form des persönlichen Gesprächs können vermehrt Telephongespräche treten. Persönliche und fachliche Arbeitsanweisungen können darüber hinaus in digitalisierter Form über Datennetze oder unter Nutzung von Datenträgern erfolgen. Das E-Mail nimmt hierbei eine besondere Stellung ein. Doch auch ein Einloggen in das firmeneigene Datensystem kann Ansatz für entsprechende personelle oder fachliche Weisungen sein.

Sofern die Arbeit durch die genutzten Programme in einzelne Arbeitsschritte aufgeteilt wird, die sich an dem vom Datenverarbeitungs-System des Arbeitgebers vorstrukturierten Vorgaben ausrichten, ist persönliche Abhängigkeit anzunehmen.[397] In diesem Zusammenhang kommt der neu zu besetzende Begriff der *informationellen Weisungsgebundenheit* zur Anwendung. Für die persönliche Abhängigkeit reicht hingegen eine nur

---

395 D+A CONSULTING/WEDDE, Entwicklungen, S. 21.

396 D+A CONSULTING/WEDDE, Entwicklungen, S. 21.

397 WEDDE, Telearbeit, S. 57 f.; MÜNCHARBR-HEENEN, § 232 Rn. 10; D+A CONSULTING/WEDDE, Entwicklungen, S. 17.

technisch mögliche, gleichwohl vom Zweck der Tätigkeit her nicht erforderliche und auch nicht ausgeübte Übermittlung von Weisungen nicht aus.[398]

Sofern alternierend tätige Vertriebs- und Servicemitarbeiter keine Möglichkeit haben, von Vorgaben der elektronischen Systeme abzuweichen, spricht dies für ihre (*informationelle*) Weisungsgebundenheit. Beispielsweise kann dies die Reihenfolge der zu besuchenden Kunden betreffen. Gleiches gilt für Telephonverkäufer oder Mitarbeiter in Call-Centern, sofern sie an Vorgaben von Bildschirmmenüs gebunden sind und hiervon nicht mittels individueller Programme abweichen können.[399] Neben der fachlichen Weisungsgebundenheit tritt auch die persönliche, wenn die Tätigkeit über die Anbindung an ACD-Systeme erfolgt,[400] die in einem bestimmten Rhythmus Anrufe durchstellen. Denn hierbei drängt sich der Vergleich mit Fließbandarbeit auf.

Neben persönlichen und fachlichen Weisungen kann der Arbeitgeber den Arbeitnehmer über die IuK-Mittel ebenfalls auf örtliche und zeitliche Fragen bezogene Weisungen erteilen; dann ist ebenso von *informationeller Weisungsgebundenheit* zu sprechen.

Im Rahmen der Erörterungen zur *Telearbeit* wurde hinsichtlich der Weisungsgebundenheit anfangs zwischen *online- und offline-Betrieb* unterschieden.[401] Diese Unterscheidung hat an Bedeutung verloren.[402] Denn es genügt hinsichtlich der kommunikativen Anbindung nach herrschender Meinung die jedenfalls zeitweise Anbindung per Telephon. Ähnlich wie in einem großen Betrieb, in dem der persönliche Kontakt zu den Vorgesetzten reduziert ist, kann sich die Weisungengebundenheit über das Telephon manifestieren; Vorgaben verschiedener Art können so vermittelt werden.[403] Andererseits läßt sich das Maß der Weisungsgebundenheit auch am Grad der Bindung an die Software ablesen. Sofern die Arbeit des Telearbeiters vom Arbeitgeber über die Software inhaltlich vorstrukturiert wird, ist hierin ein Indiz für technisch vermittelte Weisungsgebundenheit zu sehen.[404] Auch hier ist dann von *informationeller Weisungsgebundenheit* auszugehen.

---

[398] MÜNCHARBR-HEENEN, § 232 Rn. 10.

[399] Vgl. D+A CONSULTING/WEDDE, Entwicklungen, S. 17.

[400] Automatic Call Distribution Systeme.

[401] Vgl. KILIAN/BORSUM/HOFFMEISTER, NZA 1987, S. 404.

[402] WANK bspw. bezeichnet die Abhängigkeit der Weisungsgebundenheit von der Frage, ob ein Offline- oder ein Online-Verfahren vorliegt, zu recht als ans Skurile grenzend (WANK, Telearbeit, Rn. 378).

[403] anders HEENEN (MÜNCHARBR-HEENEN, § 232 Rn. 12), der fälschlicherweise davon ausgeht, daß direkte Weisungsmöglichkeiten mittels Kommunikationstechnik nicht bestehen.

[404] D+A CONSULTING/WEDDE, Entwicklungen, S. 17 f.

Dagegen kann persönliche Weisungsgebundenheit fehlen, wenn der Beschäftigte auf die betrieblichen Ressourcen nicht angewiesen ist und er auf direkte Zugriffe verzichtet oder er selbst in der Lage ist, Art und Umfang der Zugriffe nach eigenen Zielsetzungen zu bestimmen.[405]

Auch im Bereich der *Intranet-Arbeitsplätze* wird von einer vergleichbar umfassenden Vorstrukturierung der Arbeit ausgegangen, denn hierbei entsteht eine Anbindung an den zentralen Server, die dem Arbeitgeber ermöglicht, einerseits die Software und damit den Arbeitsmodus zu bestimmen und andererseits den Telearbeiter wie im Betrieb zu überwachen.[406]

Dagegen ist nicht von einer Weisungsgebundenheit auszugehen, wenn die Software bloßes Hilfsmittel ist, während die eigentliche Arbeit am Intranet-Arbeitsplatz im Wissen des Telearbeiters wurzelt und dieser dabei über eine weitgehende zeitliche Freiheit bei der Erbringung verfügt und nur an einen festen Abgabetermin gebunden ist.[407]

Ferner liegt eine derartige Weisungsgebundenheit ebenfalls dann nicht vor, wenn eigenständige Aufgaben erledigt werden, wozu lediglich Standardwerkzeuge genutzt werden, es den Telearbeitern ansonsten bezüglich Ort, Art und Zeit freisteht, wie sie die Aufgabenstellung lösen, und wenn sich die Vorgaben des Arbeitgebers auf die Festschreibung technischer Spezifikationen beschränkt.[408]

(2.) Eingliederung / *informationelle Eingliederung*

Für das Merkmal persönliche Abhängigkeit spielt nach herrschender Auffassung in Rechtsprechung und Lehre die *Eingliederung in den Betrieb bzw. in die vom Arbeitgeber geschaffene Organisation* im Rahmen der Einordnung der Arbeitskraft als Arbeitnehmer neben der Weisungsgebundenheit eine herausragende Rolle.[409] Der Betrieb im genannten Sinne ist nicht räumlich zu verstehen, sondern als organisatorische Einheit, in der alle Beschäftigten an der Erstellung der Gesamtleistung gemeinschaftlich mitwirken.[410] Eine Eingliederung fehlt bei arbeitnehmerähnlichen Personen.[411]

---

[405] D+A CONSULTING/WEDDE, Entwicklungen, S. 18.

[406] Vgl. D+A CONSULTING/WEDDE, Entwicklungen, S. 18.

[407] D+A CONSULTING/WEDDE, Entwicklungen, S. 18 f.

[408] D+A CONSULTING/WEDDE, Entwicklungen, S. 19.

[409] Vgl. BAG vom 15.3.1978, 23.4.1980 und 13.8.1980, AP Nrn. 26, 34 und 37 zu § 611 BGB Abhängigkeit; BSG vom 21.4.1993, AP Nr. 67 zu § 611 BGB Abhängigkeit; MÜNCHARBR-RICHARDI, § 23 Rn. 16 ff.; KASSELER HANDBUCH-WORZALLA, 1.1, Rn. 163 ff.; SCHAUB, § 8 II 3e.

[410] HUECK/NIPPERDEY, Arbeitsrecht, Bd.I, § 9 IV 5 S. 49; KILIAN/BORSUM/HOFFMEISTER, Telearbeit, S. 92 ff.

[411] BAG NJW 1997, S. 3262.

Das Merkmal überschneidet sich teilweise mit der bereits behandelten Weisungsbefugnis. Zu dem Merkmal *Eingliederung* lassen sich die für einen störungsfreien Dienstablauf unverzichtbare und eingeplante Dienstbereitschaft des Dienstpflichtigen, die erforderliche Zusammenarbeit mit anderen Dienstpflichtigen, die sachlich gebotene Eingliederung in den Betriebsablauf und die Unterordnung unter einen fremden Produktionsplan nennen.[412] Eingliederung liegt ferner besonders dann vor, wenn Beschäftigte bei ihrer Arbeit auf den technischen Apparat des Auftraggebers bzw. auf die Nutzung vorhandener Einrichtungen oder Geräte angewiesen sind.[413]

Je geringer die Bedeutung des Direktionsrechts des Arbeitgebers, je stärker der Arbeitnehmer also auf sich gestellt ist, umso mehr verfeinert sich die Weisungsgebundenheit zur funktionsgerecht dienenden Teilhabe am Arbeitsprozeß. Dies trifft insbesondere bei Diensten höherer Art zu.[414]

Unwägbarkeiten in der Rechtsprechung des BAG wurden bereits häufig kritisiert; die Einordnung in der Betrieb ist *kein unverzichtbares Kriterium*; sie kann selbst bei einem Arbeitnehmer bereits dann fehlen, wenn keine arbeitsteilige Organisation geschaffen wird (z.B. bei einer Privatsekretärin), und sie kann auch dann vorliegen, selbst wenn jemand kraft Gesetzes als Handelsvertreter und damit als Selbständiger einzuordnen ist, § 84 I S. 2 HGB.[415]

Bei Ausübung von *Telearbeit* entfällt eine räumliche Eingliederung in den Betrieb im klassischen Sinne grundsätzlich, es sei denn, es handelt sich um einen Fall der alternierenden Telearbeit. Dennoch besteht die Möglichkeit der Eingliederung, teils auf klassische Art und Weise, teils in Form der ***informationellen Eingliederung***. Der neu zu prägende Begriff umschreibt die Einbindung des Beschäftigten in den Betrieb über IuK-Mittel, wobei sowohl die Hardware- als auch die Software-Komponenten ausschlaggebend sein können.

Im Fall der *alternierenden Telearbeit* verbringen die Beschäftigten einen Teil der Arbeitszeit im Betrieb, was für eine starke Indizwirkung zugunsten der Eingliederung in den Betrieb als auch der betrieblichen Organisation steht.[416] Hier werden die für normale Arbeitskräfte geltenden Voraussetzung für die Eingliederung in der Regel vorliegen. Die Indizwirkung greift dagegen nicht, wenn die Beschäftigten die Arbeit im Betrieb inhaltlich und zeitlich völlig frei gestalten können.[417]

---

[412] SCHAUB, § 8 II 3e.

[413] D+A CONSULTING/WEDDE, Entwicklungen, S. 13.

[414] WANK, Telearbeit, Rn. 305.

[415] Für viele vgl. MÜNCHARBR-RICHARDI, § 23 Rn. 18.

[416] WEDDE, Telearbeit, S. 60.

[417] D+A CONSULTING/WEDDE, Entwicklungen, S. 24.

Bei Telearbeit in *Satelliten-* oder *Nachbarschaftsbüros* wird teilweise von einer Eingliederung in den Betrieb ausgegangen.[418] Dies kann jedoch nur dann gelten, wenn der Arbeitgeber die DV-Ausstattung zur Verfügung stellt oder, wenn er deren Spezifikationen vorgibt. In *Satellitenbüros*, die nach der dieser Arbeit zugrundegelegten Definition Arbeitsstätten sind, die vom Unternehmen als Betriebsfiliale betrieben werden und dabei auch nach außen in Erscheinung treten, ist davon auszugehen, daß der Arbeitgeber die Ausstattung zur Verfügung stellt.

Für *Nachbarschaftsbüros* im beschriebenen Sinne trifft dies nicht notwendigerweise zu. Denn diese können auch von den Telearbeitern betrieben werden. Hier ist also zu prüfen, wer die DV-Ausstattung zur Verfügung stellt oder deren Spezifikationen vorgibt. Ist es der Telearbeiter, dann gilt es nicht als Indiz für die Eingliederung in den Betrieb; sofern der Arbeit- bzw. Auftraggeber die Hard- und Software-Ausstattung zur Verfügung stellt, kann als Indiz für die Eingliederung angesehen werden.

Sowohl bei Telearbeit in *Satelliten-* als auch in *Nachbarschaftsbüros* spricht es für die Einordnung der Arbeit als Arbeitnehmertätigkeit, wenn ein leitender Angestellter die Arbeit organisiert sowie aufeinander abstimmt und dadurch die organisatorische Einbindung in den Betrieb begründet wird.[419] Der Anweisung und Kontrolle der Erledigung durch den örtlichen anwesenden leitenden Angestellten kommt eine stärkere indizelle Wirkung zu als der Kontrolle über das Netz, etwa per Video- oder Telephonkonferenz, da die persönliche Kommunikation mit dem Mitarbeiter vor Ort grundsätzlich und auch im Informationszeitalter häufiger, intensiver und tiefgreifender ist.[420] Die stärkere Indizwirkung ändert nichts daran, daß bei sämtlichen Kontrollformen anhand der gängigen Kriterien zu prüfen ist, ob eine Eingliederung in den Betrieb vorliegt.

Sofern die Arbeitskraft *zu Hause tätig* ist, kann sich die Einbindung in die betriebliche Organisation daraus ergeben, daß der Rückgriff auf den betrieblichen Apparat und auf betriebliche DV-Systeme sowie die Hilfe betrieblicher Dritter erforderlich ist, um eigenständige Ergebnisse erarbeiten zu können. Gleiches gilt, sofern der Arbeitgeber Soft- und Hardware wie auch Telekommunikationsmöglichkeiten zur Verfügung stellt oder deren Kosten erstattet. Dagegen spricht es für die fehlende Eingliederung, wenn diesbezüglich

---

[418] D+A CONSULTING/WEDDE, Entwicklungen, S. 22.

[419] MÜNCHARBR-HEENEN, § 232 Rn. 8; nach HEENEN ist die *örtliche Anwesenheit* eines leitenden Angestellten in den entsprechenden Büros nicht ein besonderes Indiz für die Frage nach der Einordnung; zur Problematik, von wo aus er die Arbeit organisiert sowie aufeinander abstimmt, nimmt er nicht Stellung (vgl. ders., a.a.O), insoweit mißversteht WEDDE seine Ausführungen (D+A CONSULTING/WEDDE, Entwicklungen, S. 22).

[420] A.A.: WEDDE (D+A CONSULTING/WEDDE, Entwicklungen, S. 22).

echte Unabhängigkeit besteht, etwa weil die Tätigkeit völlig frei und ohne Nutzung betrieblicher Ressourcen erfolgt.[421]

Selbst wenn der Telearbeiter bei der Auswahl der benutzten Hard- und Software völlig frei ist, liegt ein weiteres Indiz für die Eingliederung in den Betrieb in der Pflicht zur Nutzung von Schnittstellen zu betrieblichen Systemen und Anwendungen, sofern ein *verwertbares oder sinnvolles (Gesamt-) Arbeitsergebnis erst durch die Verbindung mit Hard- oder Software des Arbeitgebers entsteht.* So beispielsweise, wenn der Telearbeiter Daten oder Informationen in das betriebliche Gesamtsystem überspielen muß. Dagegen kann es gegen eine unmittelbare Eingliederung in die betriebliche Organisation sprechen, wenn jede Vorgabe bezüglich der zu nutzenden Hard- oder Software fehlt.[422] Die Eingliederung in den Betrieb kann über einen *Intranet-Arbeitsplatz* erfolgen.

Eine *mittelbare Einbindung* kann vorliegen, wenn der Telearbeiter auf beliebige eigene DV-Arbeitsmittel zurückgreifen und das Arbeitszwischenergebnis erst durch die Weiterverarbeitung beim Auftraggeber ein sinnvolles und nutzbares Arbeitsergebnis entsteht.[423] Doch eine solche mittelbare Einbindung allein wird sich, wenn daneben nicht noch andere Merkmale erfüllt sind, keine persönliche Abhängigkeit begründen lassen.[424]

Werden unselbständige Teilaufgaben online in *Teamarbeit* erbracht und von einem Teamarbeiter koordiniert, kann die Eingliederung in den Betrieb gegeben sein.[425] Insofern besteht persönliche Abhängigkeit und Eingliederung in die Betriebsorganisation, wenn die vom Telearbeiter zu verrichtende Tätigkeit nur ein *Teil eines Gesamtprojektes* ist, an dem mehrere Mitarbeiter und Instanzen des Betriebes beteiligt sind, ohne daß ein Teil davon einen eigenständigen Nutzwert hätte.[426] Eine Eingliederung des Telearbeiters in die Betriebsorganisation liegt vor, wenn er selbst innerhalb des Projekts Leitungsfunktionen innehat.[427] Dagegen fehlt die Eingliederung, wenn ein Programmierer dezentral ohne terminliche Verzahnung einzelner Schritte eine *inhaltlich eigenständige Aufgabe* erledigt.[428]

---

421 D+A CONSULTING/WEDDE, Entwicklungen, S. 22.

422 D+A CONSULTING/WEDDE, Entwicklungen, S. 23.

423 D+A CONSULTING/WEDDE, Entwicklungen, S. 24.

424 WEDDE, Telearbeit, S. 60.

425 Vgl. MÜNCHARBR-RICHARDI, § 23 Rn. 18.

426 AWV, S. 20.

427 D+A CONSULTING/WEDDE, Entwicklungen, S. 23.

428 MÜNCHARBR-HEENEN, § 232 Rn. 11.

(3.) Bindung an einen festen Arbeitgeber

Für das Vorliegen persönlicher Abhängigkeit spricht die *ausschließliche Tätigkeit für einen Arbeitgeber*, die die Arbeitskraft eines Beschäftigten ganz oder überwiegend in Anspruch nimmt.[429] Die Inanspruchnahme der gesamten beruflichen Arbeitskraft durch einen einzigen Vertragspartner gilt insofern als Indiz zur Abgrenzung der Arbeitnehmer von Selbstständigen. Für eine *feste Bindung* und damit für die Einordnung als Arbeitnehmer spricht auch, wenn der geforderte zeitliche Umfang das Maß, welches bei einer Vollzeittätigkeit besteht, überschreitet. Fälle, in denen Selbständige nur einem Auftraggeber gegenüberstehen, sind ebenfalls denkbar. Zu erwähnen ist, daß auch im Rahmen von nebenberuflichen Tätigkeiten oder aus Teilzeittätigkeiten eine entsprechende feste Bindung erwachsen kann.

Daneben sprechen ein Verbot von Nebentätigkeiten sowie die Tatsache, daß der Arbeitgeber die vom Beschäftigten zu erbringende Leistung fest eingeplant hat oder daß er mit ihr rechnet oder rechnen kann, für eine persönliche Abhängigkeit.[430] Dagegen sind die Berechtigung, für mehrere Auftraggeber tätig zu werden oder uneingeschränkte Nebentätigkeiten aufzunehmen, Indizien, die auf einen freien Dienstvertrag hinweisen. Auch die Befugnis, Aufträge ablehnen zu können, ohne sich dabei der Gefahr auszusetzen, zukünftig nicht mehr berücksichtigt zu werden, oder die Befugnis, die Vertretung von anderen Berechtigten ablehnen zu können, ohne daß dies Konsequenzen für zukünftige Aufträge hat, spricht für einen freien Dienstvertrag.[431]

Der Inanspruchnahme der gesamten Arbeitskraft der *Telearbeiter* durch einen einzigen Vertragspartner kommt Indizwirkung für eine persönliche Abhängigkeit zu.[432] Die langfristige und ausschließliche Bindung an den Arbeitgeber sowie Einbeziehung in betriebliche Organisations- oder Gesamtkonzepte (z.B. bei *Call-Centern* und bei *Abrufarbeit*) weisen auf persönliche Abhängigkeit hin. Für die Bindung an einen festen Arbeitgeber spricht auch die fehlende Möglichkeit, Aufträge ablehnen zu können, ohne Folgen für die künftige Auftragserteilung befürchten zu müssen. Die Einordnung der Fälle *gelegentlicher Telearbeit* für einen Auftraggeber kann problematisch sein. WEDDE schlägt vor, darauf abzustellen, ob die Tätigkeit im Organisationskonzept des Arbeitgebers - etwa zur Bewältigung von Arbeitsspitzen oder betrieblichen Personalausfällen - fest eingeplant ist.[433] Dem ist grundsätzlich zuzustimmen. Ergänzend sollte dabei neben sonstigen

---

[429] Vgl. ALBRECHT, NZA 1996, S. 1241.

[430] D+A CONSULTING/WEDDE, Entwicklungen, S. 13.

[431] D+A CONSULTING/WEDDE, Entwicklungen, S. 13.

[432] COLLARDIN, S. 27.

[433] D+A CONSULTING/WEDDE, Entwicklungen, S. 25.

genannten und noch zu nennenden Kriterien untersucht werden, inwieweit der Telearbeiter hinsichtlich der Aufgabenübernahme frei ist. Im Hinblick auf die Frage nach seiner Übernahmefreiheit sind jedoch etwaige finanzielle Zwänge nicht ausschlaggebend.

(4.) Weitere Kriterien

Zu den im allgemeinen weniger bedeutenden Kriterien für die Einordnung als Arbeitnehmer gehört fehlendes Unternehmerrisiko bzw. Fremdnützigkeit, betriebliche Gleichbehandlung und Berichterstattungspflichten sowie Meldungspflichten bei Erkrankungen. Daß diesen Kriterien eine geringere Bedeutung beigemessen wird, bedeutet jedoch nicht, daß sie zuweilen für die Einordnung ausschlaggebend sein können.

(a.) Fehlendes Unternehmerrisiko / Fremdnützigkeit

Sofern ein Beschäftigter seine Arbeitskraft nicht ähnlich einem Unternehmer nach selbst gesetzten Zielen unter eigener Verantwortung und mit eigenem Risiko am Markt verwerten kann, weil er darauf angewiesen ist, seine *Arbeitsleistung fremdnützig* einem Auftraggeber zur Verfügung zu stellen und sofern er diesem den Mehrwert seiner Tätigkeit zukommen lassen muß, deutet dies auf das *Fehlen von Unternehmerrisiko* hin, was für das Vorliegen der persönlichen Abhängigkeit spricht.[434]

In Anlehnung an LIEB, der den Arbeitnehmerbegriff aus dem Verlust der Dispositionsmöglichkeiten über die eigene, fremdnützig eingesetzte Arbeitskraft ableitet,[435] hat das BAG damit das Merkmal der persönlichen Abhängigkeit durch wirtschaftliche Elemente ergänzt.[436] Sofern unternehmerisches Risiko und Gewinnmöglichkeiten fehlen, spricht es für das Vorliegen eines Arbeitsverhältnisses.[437]

Die Fremdnützigkeit der Arbeit von *Telearbeitern* ist abstrakt schwer zu bestimmen. Sie wird dann vorliegen, wenn kein eigenständiges unternehmerisch verwertbares Arbeitsergebnis geschaffen wird.[438] Im Vergleich mit klassischen Arbeitskräften ergeben sich diesbezüglich keine Besonderheiten.

(b.) Betriebliche Gleichbehandlung

Der *Vergleich mit anderen Beschäftigten* kann ebenfalls der Einordnung der Arbeitskräfte dienen. Es spricht insofern für ein Arbeitnehmer-Verhältnis, wenn

---

[434] D+A CONSULTING/WEDDE, Entwicklungen, S. 14.

[435] LIEB, Arbeitsrecht, Rn. 11.

[436] Vgl. BAG vom 2.6.1976 und 15.3.1974, AP Nrn. 20 und 26 zu § 611 BGB Abhängigkeit.

[437] COLLARDIN, S. 27.

[438] D+A CONSULTING/WEDDE, Entwicklungen, S. 26.

die fraglichen Mitarbeiter ebenso eingesetzt und behandelt werden, wie Arbeitnehmer in entsprechenden Positionen oder mit vergleichbaren Tätigkeiten.[439] Dies gilt beispielsweise, wenn gleiche Aufträge von anderen verrichtet werden, die in einem festen Arbeitsverhältnis stehen.[440]

Für die notwendige Gleichbehandlung sind Einzelaspekte wie die unterschiedslose Einteilung in Dienst- oder Auftragslisten, die Verpflichtung, bestimmte Aufträge oder Aufgaben übernehmen zu müssen, die unterschiedslose Überwachung von Arbeitsergebnissen oder die Verfügung über die Arbeitsleistung ausschlaggebend.[441]

Für *Telearbeiter* kann nicht nur der Vergleich der Tätigkeit mit der von örtlich festangestellten Mitarbeitern relevant sein, sondern auch der mit anderen Telearbeitern, die sich in einem Arbeitsverhältnis befinden.

Sofern *Telearbeiter* die gleichen Aufgaben und Arbeiten verrichten wie Arbeitnehmer im Betrieb, wird ihnen aufgrund des Grundsatzes der betrieblichen Gleichbehandlung der gleiche Status zuzuerkennen sein. Dies muß auch gelten, wenn der in Telearbeit Beschäftigte die gleichen Arbeiten und Aufgaben erledigt wie Telearbeiter, bei denen feststeht, daß sie Arbeitnehmer sind. Das Kriterium greift allerdings nicht, wenn ganze Arbeitsbereiche auf Telearbeit umgestellt worden sind und keiner als Arbeitnehmer qualifiziert und behandelt wird.[442]

(c.) Berichterstattung und Meldung von Erkrankungen

Die Notwendigkeit der Berichterstattung und Meldung von Erkrankungen ist ebenfalls anerkanntes Indiz für ein Arbeitsverhältnis.[443] Diesbezüglich ergeben sich bei *Telearbeitern* keine zusätzlichen Besonderheiten.

(5.) *Informationelle Subordination*

Die beschriebene persönliche Abhängigkeit verändert sich beim Telearbeiter aufgrund der Ferne und der Nutzung von IuK-Mitteln. Diese Verschiebung, die sich in der beschriebenen ***informationellen Weisungsgebundenheit*** und in der ***informationellen Eingliederung*** äußert, kann als ***informationelle Subordination*** bezeichnet werden.[444]

---

[439] D+A CONSULTING/WEDDE, Entwicklungen, S. 14.

[440] SCHAUB, § 8 II 3e.

[441] D+A CONSULTING/WEDDE, Entwicklungen, S. 14.

[442] D+A CONSULTING/WEDDE, Entwicklungen, S. 25.

[443] Vgl. COLLARDIN, S. 27.

[444] RHEINHEIMER, Subordinación informática: El teletrabajo en Alemania, S. 6 f.

dd. Formale Merkmale

Neben den besprochenen materiellen Merkmalen kann ergänzend auf formale zurückgegriffen werden, wenn materielle Kriterien keine eindeutigen Schlußfolgerungen bezüglich der persönlichen Abhängigkeit zulassen. Insbesondere wenn Personalakten geführt werden, Steuern oder Sozialabgaben abgeführt werden, Sonderzahlungen für Urlaub oder zu Weihnachten gewährt wird oder Entgeltfortzahlung erfolgt, läßt dies auf einen Arbeitnehmerstatus schließen. Ähnliches gilt für die Begründung oder das Fehlen von Wettbewerbsverboten oder für die Vornahme registerlicher Anmeldungen.[445] Auch die Bezeichnung des Rechtsverhältnisses kann Hinweise für die Einordnung des Vertragsverhältnisses geben. Die Vertragsparteien müssen sich über den Bedeutungsgehalt der gewählten Rechtsformbezeichnung jedoch im klaren sein.[446]

Ausweislich der Rechtsprechung des BAG soll der Schwerpunkt der Bewertung von Beschäftigungsverhältnissen jedoch in den Umständen der Dienstleistung und nicht in den Modalitäten der Entgeltzahlung oder bei anderen Merkmalen liegen. Keine Bedeutung für die rechtliche Bewertung wird hingegen tatsächlichen Gegebenheiten wie dem Vorhandensein eines eigenen Schreibtischs oder Postfachs im Betrieb sowie der Aufnahme in ein betriebliches Telephonverzeichnis beigemessen.[447]

Die *Telearbeiter* betreffend ergeben sich darüber hinaus keine Besonderheiten.[448] Insoweit gilt das bereits für allgemeine Arbeitsverhältnisse Festgestellte.

ee. Neuer Arbeitnehmerbegriff nach § 7 IV SGB IV?

(1.) Regelung mit Wirkung zum 1. Januar 1999

Mit dem "Gesetz zu Korrekturen in der Sozialversicherung und zur Sicherung der Arbeitnehmerrechte" vom 19. Dezember 1998 sind erstmalig eigene gesetzliche Kriterien geschaffen und in das SGB IV eingefügt worden, die der Abgrenzung der (abhängig beschäftigten) Arbeitnehmer von den (frei tätigen) Selbständigen dienen.[449] Es gilt ab dem 1. Januar 1999 und wird seitdem lebhaft diskutiert. Da nicht absehbar ist, ob Bundestag und Bundesrat den im Hinblick auf diese Änderung sehr heftigen Angriffen von Verbänden, Industrie

---

[445] Vgl. D+A CONSULTING/WEDDE, Entwicklungen, S. 14 f.

[446] Vgl. COLLARDIN, S. 27.

[447] Vgl. BAG vom 14.2.1974, 9.3.1977 und 24.6.1992, AP Nrn. 12, 21 und 61 zu § 611 BGB Abhängigkeit.

[448] D+A CONSULTING/WEDDE, Entwicklungen, S. 26.

[449] BGBl. 1998 I S. 3843.

und Presse standhalten und von einer Neuregelung Abstand nehmen, werden nachfolgend die neuen Kriterien von denen der bisherigen Meinung mit Absicht getrennt aufgeführt. Es bleibt abzuwarten, ob der neuen Norm langfristig politischer Bestand zukommen wird.

Zwar ist nach herrschender Auffassung mit der gesetzlichen Neuregelung des § 7 IV SGB IV weder eine Neudefinition des bisherigen Arbeitnehmerbegriffs noch eine Anwendung arbeitsrechtlicher Vorschriften auf den von der Neuregelung betroffenen Adressatenkreis verbunden. Die Vorschrift gilt vielmehr ausschließlich für den Bereich des Sozialversicherungsrechts.[450] Es ist jedoch nicht ausgeschlossen, daß sich auch die Gerichte für Arbeitssachen letztlich nicht des Einflusses werden entziehen können, der "vom Sozialversicherungsrecht in Richtung Neubestimmung des Arbeitnehmerbegriffes ausgeht, und daß es ... zu einer schleichenden Erosion des herrschenden Abgrenzungsmerkmales der persönlichen Abhängigkeit kommen könnte." Doch von einer kurz- oder mittelfristigen Abkehr vom Leitkriterium der persönlichen Abhängigkeit dürfte nicht auszugehen sein.[451] Vor dem Hintergrund der Unsicherheiten, welche die Neuregelung bewirkt hat, ist es angebracht, kurz auf sie einzugehen:

Vier Kriterien werden nach dem durch die Gesetzesänderung neu eingefügten § 7 IV SGB IV definiert. Sind mindestens zwei von ihnen erfüllt, so wird *vermutet*, daß die betreffende Person "gegen Arbeitsentgelt beschäftigt ist" und damit der Sozialversicherungspflicht unterliegt. Im einzelnen handelt es sich um folgende:

1. Der Erwerbstätige beschäftigt abgesehen von Familienangehörigen keinen versicherungspflichtigen Arbeitnehmer.

2. Er ist regelmäßig und im wesentlichen nur für einen Auftraggeber tätig.

3. Er erbringt Arbeitsleistungen, die für Beschäftigte typisch sind, was insbesondere der Fall ist, wenn er Weisungen des Auftraggebers unterliegt und in dessen Arbeitsorganisation eingegliedert ist.

4. Er tritt nicht selbst aufgrund unternehmerischer Tätigkeit am Markt auf.

Die Vermutungsregel gilt nicht für Handelsvertreter, die im wesentlichen ihre Tätigkeit frei gestalten und über ihre Arbeitszeit bestimmen können, § 7 IV S.2 SGB IV. Familienangehörige im Sinne dieser Norm sind der Ehegatte, Verwandte und Verschwägerte bis zum zweiten Grade sowie Pflegekinder des Versicherten oder seines Ehegatten, § 7 IV S.3 SGB IV.

---

[450] BAUER/DILLER/LORENZEN, NZA 4/1999, S. 169; HOHMEISTER, NZA 7/1999, S. 338 m.w.N.; a.A. SCHMIDT-RÖGNITZ, Mit voller Kraft zurück!, Tagesspiegel v. 15.1.1999, S.32.
[451] HOHMEISTER, NZA 7/1999, S. 338.

Weniger problematisch sind im Allgemeinen und im Hinblick auf die *Telearbeit* auch im Besonderen die Kriterien "mit Ausnahme von Familienmitgliedern", "keine versicherungspflichtigen Arbeitnehmer beschäftigen" und "regelmäßig und im wesentlich nur für einen Auftraggeber tätig" sein.

Das neue Kriterium "für Beschäftigte typische Arbeitsleistungen" hingegen ist nicht nur neu, sondern derzeit nur ungenau zu umreißen. Welches sind die für Beschäftigte typischen Arbeitsleistungen? Wo sind die Grenzen? Die Fragen können noch nicht genau beantwortet werden. Es bedarf noch einer umfangreichen juristischen Diskussion, um zu belastbaren Ergebnissen zu gelangen. Problematisch ist, daß das Kriterium Wertungen große Spielräume eröffnet und daß das Tatbestandsmerkmal dazu neigt, sich aus sich selbst zu erklären.

Die Vermutung, es liege ein Beschäftigungsverhältnis vor, ist nicht endgültig, sondern sie kann vom Erwerbstätigen oder seinem Auftraggeber widerlegt werden. Sämtliche Tatsachen können aufgeführt werden, die die Selbständigkeit der Tätigkeit belegen, beispielsweise die weitgehende Weisungsfreiheit gegenüber dem Auftraggeber.

Nach der Gesetzesbegründung ist der Katalog nicht als abschließende Regelung gedacht; § 7 IV lasse Raum für weitere Gesichtspunkte, die im Einzelfall für ein Beschäftigungsverhältnis oder für eine selbständige Tätigkeit sprechen könnten. Die endgültige Beurteilung könne sich wie bisher auch erst aus einer Gesamtschau und Gewichtung aller Umstände ergeben.[452] Im Vergleich zur aktuell herrschenden Aufassung haben sich also die wesentlichen Kriterien Weisungsunterlegenheit und -gebundenheit und Einbindung in der Arbeitsorganisation des "Auftraggebers"[453] gehalten.

Im Hinblick auf *Telearbeit* bedeutet dies, daß selbst, wenn entgegen der heute herrschenden Auffassung die in der Neuregelung formierten Voraussetzungen auch im Arbeitsrecht anwendbar sein sollen, den Grundsätzen, die oben mit **informationelle Weisungsgebundenheit** und mit **informationelle Eingliederung** bezeichnet wurden, weiterhin Gültigkeit zukäme. Auch die anderen genannten Kriterien wären weiterhin anwendbar.

(2.) Kommission zur Überprüfung des § 7 IV SGB IV

Im Juni 1999 tagte die von der Bundesregierung eingesetzte Kommission zur Überprüfung des § 7 IV SGB IV und legte Eckpunkte für eine Neuregelung fest,

---

[452]Zit. nach N.N., Scheinselbständige sollen künftig besser erfaßt werden, FAZ v. 15.1.1999, S. 21.

[453]Problematisch ist die Bezeichnung desjenigen, für den die Tätigkeiten verrichtet werden als "Auftraggeber", da der Begriff des Auftrages bereits in §§ 662 ff. BGB rechtlich belegt ist und die Tätigkeit der Auftragnehmer i.d.R. nicht entgolten wird.

die Herbst 1999 verabschiedet werden soll. Nach dieser soll die Beweislast dafür, ob jemand als scheinselbständig zu gelten hat oder nicht, wieder von den Betroffenen auf die Sozialversicherungsträger zurückverlagert werden. Eine Ausnahme davon solle nur noch gemacht werden, wenn offensichtlicher Mißbrauch bei den Betroffenen vorliegt. Ferner soll künftig nur noch derjenige als scheinselbständig gelten, der drei der Kriterien erfüllt. Außerdem soll die Ausnahme 'Familienangehörige' entfallen; ein Scheinselbständiger müsse folglich nur seinen Partner, seine Kinder oder Eltern als Beschäftigte angeben, um dieses Kriterium auszuschließen.[454]

Nach derzeitigem Stand ändert dies nichts daran, daß es sich bei der Regelung um eine aus dem SGB handelt, die nur sozialversicherungsrechtlichen Fragen eine Klärung verschaffen will. Im Hinblick auf die *Telearbeit* ergibt sich das zur aktuellen Rechtslage Aufgeführte; im Bereich des Arbeitsrechts ist kurzfristig keine Änderung zu erwarten.

ff. Alternativer Arbeitnehmerbegriff nach WANK

WANK stellt den herrschenden Begriff des Arbeitnehmers in Frage. Nach ihm soll dem Kriterium 'persönliche Abhängigkeit' nicht die ihm üblicherweise zugesprochene Bedeutung zukommen. Da das Merkmal nicht teleologisch fundiert sei, komme es allenfalls zu zufällig richtigen Ergebnissen. Entscheidender für die Abgrenzung sei die 'wirtschaftliche Abhängigkeit', die als Untermerkmal jedoch nicht allein den Ausschlag geben könne. Entscheidend sei die Feststellung, daß der Telearbeiter allein, ohne Mitarbeiter und ohne eigene Organisation sowie ohne eigenes Kapital arbeitet, daß er von einem Auftraggeber wirtschaftlich abhängig ist und nicht selbständig am Markt auftritt, sondern eine Arbeitsleistung erbringt, die nur gerade für dieses Unternehmen sinnvoll ist.[455] Daraus ergebe sich, daß Telearbeiter *Arbeitnehmer* seien.[456]

Die Anwendung des *HAG* auf den Telearbeiter schließt er selbst in den Fällen aus, in denen der Wortlaut auf Telearbeiter zutrifft. Denn Heimarbeiter sind in systematischer Hinsicht eine Unterkategorie der Selbständigen, und da er zu dem Ergebnis gelangt, daß es sich bei den Telearbeitern nicht um solche, sondern um Arbeitnehmer handelt, könnten sie nicht Heimarbeiter sein. Auch in

---

454 N.N., Gesetz zur Scheinselbständigkeit soll geändert werden, SZ v. 17.6.99; N.N., Schlauch: Neue Regelungen für Scheinselbständige, Der Tagesspiegel v. 17.6.99.

455 Vgl. WANK, Telearbeit, Rn. 379 ff.; ähnlich der Arbeitnehmerbegriff des LAG Köln - 4 Sa 63/95-, LAGE § 611 BGB Arbeitnehmerbegriff Nr. 29, der darauf abstellt, ob eine Erwerbsperson selbständig mit allen Chancen und Risiken eines Unternehmers am Markt auftritt. Danach sei Arbeitnehmer, wer auf Dauer angelegt, nur für einen Auftraggeber, in eigener Person, ohne Mitarbeiter, im wesentlichen ohne eigenes Kapital und im wesentlichen ohne eigene Organisation tätig wird (vgl. AWV, S. 21).

456 WANK, Telearbeit, Rn. 383 u. 389.

teleologischer Hinsicht könne es sich bei ihnen nicht um Heimarbeiter handeln, da Zweck des HAG der Schutz einer schutzbedürftigen Gruppe ist, und Arbeitnehmer gesetzlich bereits stärkerem Schutz unterliegen; die Anwendung des HAG würde diese Position schwächen.[457]

Im Rahmen der vorliegenden Arbeit wird sich am herrschenden Arbeitnehmerbegriff orientiert.[458] WANK kommt jedoch nicht bloß aufgrund seines Arbeitnehmerbegriffs, sondern bereits aufgrund seines Telearbeitsbegriffs[459] zu einem anderen Ergebnis. Denn als entscheidendes Merkmal für die Telearbeitereigenschaft bezeichnet er die fremdbestimmte Arbeit. Diese schränkt allein bereits den Anwendungsbereich deutlich ein.

Wendet man den dieser Arbeit zugrundeliegenden Begriff des Telearbeiters auf den von WANK vertretenen Arbeitnehmerbegriff an, so kann ein Telearbeiter auch *selbständig* und damit auch *Heimarbeiter* sein. Denn nach dem herrschenden Telearbeitsbegriff sind beim Telearbeiter eben nicht ex definitionem beispielsweise eine eigene Organisation und sowie eigenes Kapital ausgeschlossen.

gg. Telearbeiter i.e.S. / Telearbeiter i.w.S.

Für die *häusliche Telearbeit eines Arbeitnehmers* prägt COLLARDIN den Begriff Telearbeit i.e.S.; dagegen umfassen nach seiner Definition Telearbeit i.w.S. die sonstigen Status- und Organisationsformen der Telearbeit.[460] Dieser Einteilung wird aus praktischen Gesichtspunkten gefolgt, da die Bezeichnung handlicher ist.

hh. Bezeichnung als Telearbeitnehmer?

In der Literatur zur Telearbeit ist teilweise die Bezeichnung *Telearbeitnehmer* gebräuchlich. Gegen eine solche Unterteilung der Telearbeiter in die verschiedenen Kategorien spricht grundsätzlich die Gefahr, daß die Begriffe von Rechtslaien in unzutreffender Weise auf andere Status angewendet werden. Dennoch wird im Rahmen der vorliegenden Arbeit auf die genannte

---

457 WANK, Telearbeit, Rn. 386 ff.

458 Die Diskussion über die Gründe hierfür muß aus Zweckmäßigkeitserwägungen außer acht gelassen werden. Insoweit sei stellvertretend für die umfangreiche Literatur verwiesen auf: WANK, Arbeitnehmer; sowie HROMADKA, NZA 1997, S. 569.

459 Nach WANK kann man Telearbeit als Tätigkeit "an einem externen Arbeitsplatz, der mit informationstechnischen Endgeräten ausgestattet, betriebsorganisatorisch dezentral eingerichtet und mit dem Auftraggeber durch elektronische Kommunikationsmedien verbunden" ist, bezeichnen. Die Merkmale "fremdbestimmte Arbeit", "am Computer" und "dezentral" sind demnach die entscheidenden Merkmale, vgl. WANK, Telearbeit, Rn. 13 u. 15; WANK, Arbeitnehmer, S. 291; ähnlich PREUß (Der Betriebsrat 6/1997, S. 89).

460 COLLARDIN, S. 11 u. 19.

statusbezogene Differenzierung des Begriffes zurückgegriffen, da so eine kurze und treffende Bezeichnung der Telearbeiter möglich ist.

b. Arbeitnehmerähnliche?

Ein wesentlicher Unterschied zwischen dem Arbeitsrecht der im Rahmen der vorliegenden Arbeit zu untersuchenden Staaten manifestiert sich darin, daß in Literatur und Rechtsprechung Deutschlands die sogenannten Arbeitnehmerähnlichen als eigene Gruppe herausgestellt werden, während das spanische Arbeitsrecht eine solche nicht kennt. Auf die Rechtslage in Spanien wird an anderer Stelle noch genauer einzugehen sein.

In Deutschland zählen zu den Arbeitnehmerähnlichen *freie Mitarbeiter* und *in Heimarbeit Beschäftigte*. Letztere werden kraft Gesetzes in Heimarbeiter und Hausgewerbebetreibende unterteilt. Unter bestimmten Voraussetzungen werden auch *Handelsvertreter* den arbeitnehmerähnlichen Personen zugerechnet.[461]

Sie nehmen hinsichtlich der rechtlichen Einordnung und der Rechte und Pflichten eine *Zwitterstellung* ein. Arbeitnehmerähnliche Personen sind zwar persönlich unabhängig, doch wirtschaftlich an den Auftraggeber gebunden, so daß die dem Arbeitnehmer angenäherte Rechtsstellung zur teilweise analogen Anwendung des Arbeitsrechts führt.[462] Die aus der wirtschaftlichen Abhängigkeit resultierende Schutzbedürftigkeit hat zur Folge, daß die Gesetzgeber sich mit der besonderen Zwitterstellung befaßt hat, was sich in verschiedenen Gesetzen manifestiert hat (vgl. bspw. § 12a I Nr. 1 TVG;[463] § 5 ArbGG und §§ 2 u. 12 BUrlG sowie der jüngst im Sozialrecht gültige § 2 Nr.9 SGB VI).[464] Es sei in diesem Zusammenhang darauf hingewiesen, daß die Anwendung arbeitsrechtlicher Vorschriften auf Arbeitnehmerähnliche im Einzelfall gesondert festgestellt werden muß.[465]

Sofern der Status einer Arbeitskraft untersucht wird, empfiehlt es sich, zunächst zu prüfen, ob die bereits behandelten Kriterien des Arbeitnehmerstatus erfüllt werden. Erst wenn feststeht, daß es sich nicht um einen Arbeitnehmer handelt, sind die Kriterien der Arbeitnehmerähnlichen einer Untersuchung zu unterziehen.

---

[461] MÜNCHARBR-RICHARDI, § 28 Rn. 1 ff. u. 7.

[462] SALLER, NJW-CoR 5/96, S. 303.

[463] Nach § 12a Nr.1 TVG sind freie Mitarbeiter und die unter HAG fallenden Personen Arbeitnehmerähnliche.

[464] Im Gegensatz zu § 12a Nr.1 TVG ist Arbeitnehmerähnlicher nach § 2 Nr.9 SGB VI, wer im Zusammenhang mit seiner selbständigen Tätigkeit mit Ausnahme von Familienangehörigen keinen versicherungspflichtigen Arbeitnehmer beschäftigt und regelmäßig und im wesentlichen nur für einen Auftraggeber tätig ist.

[465] COLLARDIN, S. 31, m.w.N.

aa. In Heimarbeit Beschäftigte

Die sogenannten *in Heimarbeit Beschäftigten* nehmen in der Deutschen und in anderen europäischen Rechtsordnungen vor allem aus historischen Gründen eine besondere Stellung ein. Sie unterscheiden sich von den anderen Arbeitskräften dadurch, daß sie für einen anderen zu Hause tätig sind und diesem die Verwertung der Arbeitsergebnisse überlassen. Die arbeitsbedingte Vereinzelung der Heimarbeiter hatte früher mittelbar deren rechtliche Isolierung zur Folge, deren Beseitigung mit der Einführung spezieller Gesetze Rechnung zu tragen versucht wird.[466] Während Heimarbeit ursprünglich insbesondere in Ländern, die vor der Industrialisierung standen und stehen, eine bedeutende Rolle spielte bzw. spielt, gewinnt sie in hochentwickelten Volkswirtschaften durch Nutzung der neuen TK-Mittel zunehmend an Bedeutung.

(1.) Historisches zur Heimarbeit

Die Heimarbeit, die zu Anfang diesen Jahrhunderts in Deutschland amtlich noch als 'Hausindustrie' bezeichnet wurde, reicht bis ins 15. und 16. Jahrhundert zurück. Insbesondere die Textilproduzenten nutzten diese Arbeitsform, um die Erzeugnisse herstellen zu lassen. Sie überließen die Auswertung einem Unternehmer, dem sogenannten Verleger.[467]

Dem Schutz der Heimarbeit aufgrund ihrer eigenartigen Struktur und ihrer starken Abhängigkeit von Konjunkturschwankungen durch Festlegung von Mindestarbeitsbedingungen dient auch heute noch das HAG aus dem Jahr 1951.[468] Als es verfaßt und normiert wurde, konnte die *Telearbeit* nicht berücksichtigt werden. Auch bei der Novellierung des HAG im Jahre 1974 wurde die Telearbeit außer Acht gelassen.[469] Daher ist zu prüfen, ob die neuere Arbeitsform mit den Mitteln des HAG zu erfassen ist.

(2.) Zu den in der Heimarbeit Beschäftigten gemäß HAG

Da die besondere rechtliche Stellung der Heimarbeit nicht allgemeinhin bekannt ist, muß zunächst auf die allgemeine Rechtslage nach dem HAG ausführlicher

---

[466] Zur sozialen Isolierung vgl. KARPF, Heimarbeit, S. 24 ff.

[467] Auch heute werden die Heimarbeiter beschäftigenden Unternehmer noch Verleger genannt, MÜNCHARBR-RICHARDI, § 28 Rn. 4; zur Stellung der Heimarbeiter in der Geschichte vgl. bspw. KARPF, Heimarbeit; zu neuzeitlichen rechtshistorischen Fragen vgl. HROMADKA, NZA 1997, S. 1249 ff. Die Entlohnung der Arbeitskräfte war häufig sehr gering und die Arbeitsumstände oft ungünstig (vgl. KARPF, Heimarbeit, S. 13 ff.).

[468] SCHMIDT/KOBERSKI/TIEMANN/WASCHER, Teil B, Rn. 6 ff.; OTTEN, Heim- und Telearbeit, vor § 1 Rn. 8; zur rechtlichen Entwicklung im Bereich der Heimarbeit vgl. SCHMIDT/KOBERSKI/TIEMANN/WASCHER, Teil B, Einleitung.

[469] Zur Novellierung vgl. SCHMIDT/KOBERSKI/TIEMANN/WASCHER, Teil B, Einleitung, Rn. 9 ff.

eingegangen werden, bevor auf die besonderen die *Telearbeit* betreffenden Fragen eingegangen wird:

Heimarbeit ist nach der überwiegend vertretenen Meinung ein Dauerrechtsverhältnis eigener Art,[470] das nicht nur werkvertraglichen sondern auch arbeitsvertraglichen Charakter aufweist.[471] Der wesentliche Unterschied zu den Arbeitnehmern besteht darin, daß sie nicht persönlich unabhängig sind. Insoweit unterliegen sie nicht der Direktionsbefugnis eines Arbeitgebers. Ferner sind sie weder in den Betrieb oder den Betriebsablauf eingegliedert, so daß sie einer Kontrolle und Aufsicht bei der Durchführung der Arbeit unterworfen wären, noch unterliegen sie einer betrieblichen Ordnung, durch die insbesondere die Dauer und der Zeitpunkt der Arbeitstätigkeit und damit im Ergebnis der vorausbestimmte Arbeitserfolg festgelegt sind.[472]

Die Legaldefinition für die *in der Heimarbeit Beschäftigten* ist im Heimarbeitsgesetz festgelegt; sie sind demnach in *Heimarbeiter* und *Hausgewerbebetreibende* zu unterteilen, § 1 I HAG. In besonderen Fällen können ihnen auch andere Personen teilweise[473] gleichgestellt werden (sogenannte *gleichstellbare Personen*).[474] Diese sind jedoch im Rahmen der Telearbeit kaum relevant; eine Gleichstellung von Telearbeitern ist nicht erfolgt und die sogenannten gleichstellbaren Personen im Sinne des HAG können daher im Rahmen dieser Arbeit unberücksichtigt bleiben.

(a.) Heimarbeiter gemäß § 2 I HAG

Heimarbeiter ist danach, wer in selbstgewählter Arbeitsstätte - also in der eigenen Wohnung oder in selbstgewählter Betriebsstätte - allein oder mit seinen Familienangehörigen im Auftrag von Gewerbebetreibenden oder Zwischenmeistern[475] erwerbsmäßig arbeitet, jedoch die Verwertung der Arbeitsergebnissse dem unmittelbar oder mittelbar auftraggebenden Gewerbebetreibenden überläßt (§ 2 I HAG). Ob dem Heimarbeiter die Rohstoffbeschaffung obliegt oder nicht, ist nicht ausschlaggebend. Heimarbeit ist also reine Lohnarbeit, der Heimarbeiter trägt kein Absatzrisiko, und er nimmt nicht am Unternehmensgewinn teil.[476]

Vom *Gewerbebetreibenden* unterscheidet sich der Heimarbeiter dadurch, daß er keinerlei Risiko seiner gewerblichen Tätigkeit trägt; vom *Arbeitnehmer*

---

[470] Str., hM., vgl. OTTEN, NZA 1995, S. 289 u. 292 ff. m.w.N.

[471] SCHMIDT/KOBERSKI/TIEMANN/WASCHER, § 19 Rn. 11.

[472] SCHMIDT/KOBERSKI/TIEMANN/WASCHER, nach § 19 Rn. 3.

[473] Die Gleichstellung erfolgt allenfalls teilweise, vgl. § 1 III HAG.

[474] Zur gleichgestellten Gruppe vgl. § 1 II HAG.

[475] *Zwischenmeister* ist, wer, ohne Arbeitnehmer zu sein, die ihm von Gewerbebetreibenden übertragene Arbeit an Heimarbeiter oder Hausgewerbebetreibende weitergibt, § 2 III HAG.

[476] SCHMIDT/KOBERSKI/TIEMANN/WASCHER, § 2 Rn. 5.

dagegen, daß er sich die Arbeitsstätte selbst wählt und er nicht im Betrieb eines Arbeitgebers tätig wird. Sein Verhältnis zum Arbeitsbeschaffer im Hinblick auf die Art und Weise der Arbeitserledigung, der Arbeitsleistung und der Nutzung der Arbeitszeit ist durch *persönliche Selbständigkeit* geprägt.[477]

Anders als bei *Arbeitsverhältnisverhältnissen* ist für die Heimarbeiter ferner charakteristisch, daß sie *nicht vom Heimarbeiter ausgeführt werden muß*; denn kraft gesetzlicher Gestattung ist er befugt, 'allein oder mit seinen Familienangehörigen' zu arbeiten.[478] Die Angehörigen können dabei zur unbegrenzten Mitarbeit herangezogen werden, so daß diese zu einer Vollzeitkraft werden könnten.[479]

Nach ALBRECHT sprechen folgende Indizien für ein *Heimarbeitsverhältnis*:

- keine Weisungsbefugnis des Arbeitgebers hinsichtlich Arbeitszeit, Arbeitsort und Arbeitsgestaltung,
- keine Eingliederung in den Betrieb, sondern organisatorische Anbindung ähnlich einem Fremdfirmenarbeiter,
- Tätigwerden für mehrere Auftraggeber,
- die Arbeit kann auch mit Hilfe von Familienangehörigen des Außenarbeiters erbracht werden.[480]

(b.) Hausgewerbebetreibender gemäß § 2 II HAG

Im Gegensatz zum Heimarbeiter ist *Hausgewerbebetreibender* nach § 2 II HAG derjenige, der in eigener Arbeitsstätte (eigene Wohnung oder Betriebsstätte) mit nicht mehr als zwei fremden Hilfskräften oder Heimarbeitern im Auftrag von Gewerbebetreibenden oder Zwischenmeistern[481] Waren herstellt, bearbeitet oder verpackt, wobei er selbst wesentlich am Stück mitarbeitet, jedoch die Verwertung der Arbeitsergebnisse dem unmittelbar oder mittelbar auftraggebenden Gewerbebetreibenden überläßt. Waren in diesem Sinne sind bewegliche Sachen.[482] Besonderes Stigma des Hausgewerbebetreibenden ist

---

[477] SCHMIDT/KOBERSKI/TIEMANN/WASCHER, § 2 Rn. 7.

[478] Vgl. § 2 I HAG.

[479] Vgl. §§ 2 V, 11 III 2 HAG; OTTEN, NZA, S. 290.

[480] ALBRECHT, NZA 1996, S. 1241.

[481] Zur Definition s.o. od. § 2 III HAG.

[482] OTTEN, Heim- und Telearbeit, § 2 Rn. 61.

die *Unternehmereigenschaft*; dagegen kommt es weder auf die Kaufmannseigenschaft noch auf die formale Anmeldung eines Gewerbes an.[483]

Der entscheidende Unterschied zum Heimarbeiter besteht darin, daß der Hausgewerbebetreibende *selbständiger Gewerbebetreibender* ist. Dabei ist nicht erforderlich, daß er mit menschlichen Hilfskräften arbeitet; dem Erfordernis aus § 2 II HAG wird bereits genüge getan, wenn er beispielsweise allein mit Maschinen arbeitet.[484] Der Hausgewerbebetreitende muß jedoch selbst mitarbeiten, und seine Tätigkeit darf sich nicht auf bloße kaufmännische und unternehmerische Arbeiten wie Auftragsbeschaffung, Buchhaltung, Auftragsablieferung u.a. beschränken.[485]

Von *Gewerbebetreibenden*, die zwar ebenfalls Waren herstellen, bearbeiten oder verpacken, aber nicht unter das HAG fallen, unterscheidet sich der Hausgewerbebetreibende dadurch, daß letzterer nach dem Gesamtbild zu den Personen gehören muß, die durch das HAG geschützt werden sollen. Insoweit will das Gesetz Unternehmer kleinen und kleinsten Ausmaßes auch dann schützen, wenn sie zwar in rechtlicher und persönlicher Selbständigkeit eine Gewerbetätigkeit oder ein Handwerk ausüben, jedoch in tatsächlicher und wirtschaftlicher Abhängigkeit von ihren Auftraggebern diesen die Erzeugnisse ihrer gewerblichen Arbeit zur Verwertung überlassen.[486] Für die Abgrenzung eines Hausgewerbebetreibenden nach dem HAG von einem sonstigen Gewerbebetreibenden ist also allein wesentlich, ob der zu beurteilende Gewerbebetreibende nach seinem sozialen und wirtschaftlichen Status einem Heimarbeiter nahesteht.[487]

(c.) Gemeinsamkeiten der Heimarbeiter und Hausgewerbebetreibenden

Es bleibt festzustellen, daß die *in der Heimarbeit Beschäftigten* nach herrschender Auffassung *keine Arbeitnehmer* sind, denn sie sind anders als diese nur wirtschaftlich und nicht persönlich abhängig. Sie unterliegen nicht dem Direktionsrecht des Arbeitgebers, und können vielmehr die verwendeten Hilfsmittel, Werkzeuge und Geräte, sowie das Ob und Ausmaß ihrer Nutzung selbst bestimmen; diesbezüglich sind sie *weisungsfrei*, also *selbständig*.[488] Die

---

[483] D+A CONSULTING/WEDDE, Entwicklungen, S. 30; die Frage, ob das formale Kriterium der Gewerbeanmeldung erfüllt sein muß, ist umstritten; zu den Diskussionen vgl. KAPPUS, S. 171 ff.

[484] SCHMIDT/KOBERSKI/TIEMANN/WASCHER, § 2 Rn. 27.

[485] BRECHT, § 2 Rn. 32.

[486] SCHMIDT/KOBERSKI/TIEMANN/WASCHER, § 2 Rn. 28.

[487] SCHMIDT/KOBERSKI/TIEMANN/WASCHER, § 2 Rn. 30.

[488] Vgl. MÜNCHARBR-RICHARDI, § 28 Rn. 4 m.w.N.; st. Rspr., von BAG, AP Nr. 12 zu § 242 BGB (Gleichbehandlung) zu BAG Urt. v. 25.3.1992, NZA 1992, 900.

Kontrollbefugnis des Auftraggebers beschränkt sich auf die Abnahme des Produktes, und damit auf die Frage, ob auftragsgemäß gearbeitet wurde.[489]

Die selbständige und gerade nicht weisungsgebundene Stellung des in Heimarbeit Beschäftigten zeigt sich auch darin, daß aus der Übereinkunft allein, ein Heimarbeitsverhältnis zu begründen, *noch keine Rechtspflicht* ergibt, anstehende Aufträge zu übernehmen. Erst mit der Aus- bzw. Weitergabe und Entgegennahme einer Heimarbeit werden weitergehende Pflichten der Vertragsparteien begründet. Es obliegt der freien Entscheidung des Heimarbeiters selbst, ob er einen Auftrag entgegennimmt. Das konkrete Auftragsverhältnis ist in der Regel in Form eines Werk- oder Werklieferungsvertrages im Sinne der §§ 631 bzw. 651 I und II BGB ausgestaltet.[490] Im Rahmen der Abgrenzung des im Sinne des HAG Beschäftigten von dem Arbeitnehmer sind die für die Arbeitnehmer bereits dargelegten Grundsätze und Indizien anzuwenden.

Die *Arbeitsstätte* muß *selbstgewählt* sein. Sie kann sich in der Wohnung der Arbeitskraft oder an anderer Stelle befinden. Sie muß jedoch räumlich und tatsächlich von der Stätte des Auftraggebers getrennt befinden, und darf nicht dessen Kontrolle unterliegen.[491]

Der in Heimarbeit Beschäftigte muß das volle *Verfügungsrecht* über die Wohnung haben. Dieses besteht auch dann, wenn der Auftraggeber Aufwandersatz für die Räume, die Energiekosten oder andere arbeitstättenbezogene Aufwendungen trägt. Dagegen können Zweifel an der erforderlichen persönlichen Unabhängigkeit bestehen, wenn durch die Zahlung die persönliche Unabhängigkeit des Beschäftigten beeinträchtigt würde. Das könnte dann der Fall sein, wenn der im Heim Tätige bezüglich der Einteilung der Arbeitszeit und der Mitarbeit seiner Familienangehörigen nicht frei ist und einer Kontrolle und Weisungen des Auftraggebers untersteht.[492] Dann käme ein Arbeitsverhältnis in Betracht.

Weiter schadet es nicht, wenn der Auftraggeber Eigentümer oder Vermieter der Wohnung ist, sofern die Nutzung der Räume in des Beschäftigten Belieben gestellt ist, und es darf dem Beschäftigten nicht lediglich 'erlaubt' sein, in den Räumen auch zu wohnen.[493]

---

[489] BRECHT, Heimarbeitsgesetz, § 2 Rn. 17.

[490] OTTEN, NZA 1995, S. 291.

[491] Vgl. für viele OTTEN, Heim- und Telearbeit, § 2 Rn. 14; BRECHT, Heimarbeitsgesetz, § 2 Rn. 7.

[492] Vgl. BRECHT, Heimarbeitsgesetz, § 2 Rn. 7; D+A CONSULTING/WEDDE, Entwicklungen, S. 35.

[493] OTTEN, Heim- und Telearbeit, § 2 Rn. 13; D+A CONSULTING/WEDDE, Entwicklungen, S. 35.

Bei Tätigkeiten in *Satellitenbüros*, also in Arbeitsstätten, die vom Unternehmen als Betriebsfiliale betrieben werden und dabei auch nach außen, z.B. gegenüber Kunden, in Erscheinung treten, ist entscheidend, ob die Arbeitskraft von einer Kontrolle und den Weisungen des Auftraggebers frei ist. Gleiches gilt für Nachbarschaftsbüros, die von den Satellitenbüros dadurch unterschieden werden, daß sie an Stelle eines häuslichen Arbeitsplatzes auf eigene Initiative der Beschäftigten, der Kommune oder durch den Arbeitgeber eingerichtet werden, sich dabei aber auf die Stellung der reinen Infrastruktur für Büroarbeit beschränken und nach außen nicht in Erscheinung treten.[494]

Von *freien Mitarbeitern* unterscheiden sich die in Heimarbeit Beschäftigten dadurch, daß sie kein eigenes kaufmännisches Risiko tragen und nicht überwiegend für den Absatzmarkt tätig sein dürfen.[495]

(3.) Telearbeiter als Heimarbeiter?

Hinsichtlich der Frage, ob und inwieweit das HAG auch auf Telearbeiter anwendbar ist, muß differenziert werden:

(a.) Telearbeiter als Heimarbeiter und heimarbeiterähnliche Personen

Nach allgemeiner Auffassung kommen *Telearbeiter* als *Heimarbeiter* und *heimarbeiterähnliche* Personen in Betracht.[496] Entscheidend ist, daß die bereits zuvor genannten Kriterien des § 2 I beziehungsweise des § 1 II a HAG vorliegen.

Nach inzwischen herrschender Auffassung fallen sämtliche Formen von Büroheimarbeit unter § 2 I HAG; hinsichtlich der Frage, ob es sich um *einfache oder qualifizierte Angestelltentätigkeiten* handelt, muß demnach also nicht mehr unterschieden werden. Hinsichtlich des Tatbestandsmerkmals 'erwerbsmäßig' aus § 2 I HAG war ein intensiver Streit über die Qualität der Tätigkeiten, die unter Heimarbeit im Sinne des § 2 I HAG fallen sollten, entbrannt:

Nach einer bis dato stark vertretenen Meinung sollte mit der Neufassung zwar auch Büroheimarbeit am heimischen Arbeitsplatz dem Heimarbeitsgesetz unterstellt werden, es kämen jedoch nur Büroarbeiten minderer Qualität, nicht dagegen höherqualifizierte Tätigkeiten in Betracht.[497] Die Auffassung basierte auf ein Urteil des BSG vom 22.10.1971,[498] nach dem nur solche Tätigkeiten

---

[494] Vgl. WEDDE, Telearbeit, S. 25 u. D+A CONSULTING/WEDDE, Entwicklungen, S. 36.

[495] D+A CONSULTING/WEDDE, Entwicklungen, S. 32.

[496] OTTEN, Heim- und Telearbeit, C. Rn. 70; SCHAUB, § 163 B II 1; MÜNCHARBR-HEENEN, § 232 Rn. 16; SCHMIDT/KOBERSKI/TIEMANN/WASCHER, § 2 Rn. 94.

[497] SALLER, NJW-CoR 5/96, S. 302 f.

[498] BSG AP Nr. 7 zu § 2 HAG.

unter § 2 I a.F. HAG zu subsumieren seien, die nach gefestigter Verkehrsanschauung als typische Heimarbeit anzusehen waren.[499]

Dieser Meinung hatte sich KAPPUS entgegengestellt, der eine solche Beschränkung weder mit dem Gesetzeswortlaut noch mit der Intention des Gesetzgebers für vereinbar hält. Die gefestigte Verkehrsanschauung sei auch nach der Neufassung des Heimarbeitsgesetzes im Jahr 1974 durch die Rechtsprechung fortgeführt worden.[500] Mit der Neufassung des HAG war die Bezeichnung 'erwerbsmäßig' an Stelle des ursprünglichen Merkmals 'gewerbsmäßig' getreten.[501]

Die Ansicht von KAPPUS hat sich in der *Literatur zur Telearbeit* als inzwischen herrschende durchgesetzt;[502] auch die reine Telearbeit am häuslichen Arbeitsplatz fällt nach ihr unter das Heimarbeitsgesetz. Der Auffassung ist unter anderem zuzustimmen, da das ungeschriebene Tatbestandsmerkmal der Verkehrsanschauung nach der Gesetzesänderung und Einfügung des Begriffes 'erwerbsmäßig' funktionslos geworden ist.[503] Im Hinblick auf die *Telearbeit* durch Heimarbeiter ist also nicht mehr zu unterscheiden, ob es sich um höherqualifizierte oder um einfachere Tätigkeiten handelt.

(b.) Telearbeiter als Hausgewerbebetreibende und Gleichgestellte

Heftig umstritten ist dagegen, ob Telearbeiter auch als *Hausgewerbebetreibende* und *ihnen Gleichgestellte* in Betracht kommen. Es wird in diesem Zusammenhang darüber diskutiert, ob Hausgewerbebetreibende *Angestelltentätigkeiten* jeglichen Qualifikationsniveaus im Rahmen der Rechtsform ausführen können sollen, und ob insoweit auch die Anwendung des HAG auf Telearbeit ausgeschlossen bleiben muß.[504]

Nach dem Gesetzeswortlaut ist Hausgewerbebetreiber, wer "...Waren herstellt, bearbeitet oder verpackt, wobei er selbst wesentlich am Stück mitarbeitet..."

---

499 SCHMIDT/KOBERSKI/TIEMANN/WASCHER, § 2 Rn. 94. Vertreten wird die Meinung unter anderem von BRECHT, § 2 Rn. 9; urspr. ferner MAUS/SCHMIDT, § 2 Rn. 63 f.; vgl. auch WLOTZKE; DB 1974, S. 2253.

500 KAPPUS, 166 ff.

501 SCHMIDT/KOBERSKI/TIEMANN/WASCHER, § 2 Rn. 94.

502 SCHMIDT/KOBERSKI/TIEMANN/WASCHER (§ 2 Rn. 94, m.w.N.) haben sich der Meinung von KAPPUS angeschlossen, obwohl in der 3. Aufl. noch BRECHT gefolgt wurde; vgl. ferner SALLER, NJW-CoR 5/96, S. 303; ; WEDDE, Telearbeit, S. 73 ff.; D+A CONSULTING/WEDDE, Entwicklungen, S. 33; COLLARDIN, S. 28 f.; MÜLLNER, Privatisierung, S. 99; KILIAN/BORSUM/HOFFMEISTER, Telearbeit, S. 153 ff.; insoweit ist die Aussage von BESGEN (b+p 1995, S. 406) veraltet. Unverständlich und entgegen der h.M.: OTTEN, Heim- und Telearbeit, C. Rn. 22 u. 77, nach dem es sich um eine *heimarbeitstypische Arbeit* handeln muß.

503 SCHMIDT/KOBERSKI/TIEMANN/WASCHER, § 2 Rn. 94.

504 D+A CONSULTING/WEDDE, Entwicklungen, S. 33.

(§ 2 II HAG). Der Streit entzündet sich zuweilen am Begriff *Waren*. Dieser ist nicht gleichbedeutend mit marktfähiger Ware; insoweit können auch Einzelteile, die für sich genommen keine marktfähige Ware sind, sondern erst im Zusammenbau oder durch Einbau in größere Einheiten zur marktfähigen Ware im engeren Sinne werden.[505]

Nach überwiegender Auffassung sind Waren im Sinne des HAG bewegliche Sachen, was an der Legaldefinition der alten Fassung des § 1 II HGB festgemacht wird.[506] Im Unterschied zum Heimarbeiter arbeitet der Hausgewerbebetreibende nicht 'erwerbsmäßig', sondern er stellt Waren her. Daher seien Büroarbeiten, die von Hausgewerbebetreibenden verrichtet werden, von § 2 II HAG nicht erfaßt.[507]

Vertreten wird die Auffassung, daß Hausgewerbebetreibende neben reinen Arbeitertätigkeiten auch Angestelltentätigkeiten verrichten können;[508] insofern könne Telearbeitern der Rechtsschutz des HAG für Hausgewerbebetreibende im Sinne des § 2 II HAG zukommen. Stelle man Hausgewerbebetreibende den Heimarbeitern hinsichtlich der Art der Tätigkeiten nicht gleich, dann würde dies zu Rechtsverlusten führen. Erstere würden beispielsweise nicht dem Regelungsbereich des BetrVG unterfallen. Doch derartige Rechts*verluste* können unter logischen Gesichtspunkten nur vorliegen, wenn die Betroffenen zuvor die rechtliche Position inne hatten; das Argument geht also ins Leere.

Ferner würden Auftraggeber zur Umgehung des Schutzzwecks des HAG Angestelltentätigkeiten durch entsprechende Ausgestaltungen der Vertragsbeziehungen nicht an Heimarbeiter nach § 2 I HAG, sondern an Gleichgestellte gemäß § 1 II HAG vergeben, die nur formal selbständig sind.[509] Gegen dieses Argument spricht die Möglichkeit der Gleichstellung nach § 1 II b HAG. Im übrigen sei festgestellt, daß nach herrschender Auffassung die bloße Anmeldung eines Gewerbes noch nicht den Status eines Hausgewerbebetreibenden begründet.[510] Weiter wird darauf hingewiesen, daß eine bewußte Umgehung der Heimarbeitereigenschaft auf diesem Weg nach § 242 BGB zur Einbeziehung in § 2 I HAG führen kann.[511]

Gegen eine derartige Differenzierung sprächen nach der genannten Auffassung ferner bereits Gleichbehandlungserwägungen. Ein hinreichender sachlicher

---

[505] BRECHT, § 2 Rn. 27.
[506] OTTEN, Heim- und Telearbeit, § 2 Rn. 61; SCHMIDT/KOBERSKI/TIEMANN/WASCHER, § 2 Rn. 35.
[507] MÜNCHARBR-HEENEN, § 231 Rn. 17.
[508] KAPPUS, S. 174; D+A CONSULTING/WEDDE, Entwicklungen, S. 33; BRECHT, § 2 Rn. 26.
[509] D+A CONSULTING/WEDDE, Entwicklungen, S. 33.
[510] Vgl. für viele mit der entsprechenden Begründung: KAPPUS, S. 171 ff.
[511] D+A CONSULTING/WEDDE, Entwicklungen, S. 33.

Grund für die Ungleichbehandlung läge nicht vor; die Hausgewerbebetreibenden seien gleichen Umfangs sozial schutzbedürftig. Die Ungleichbehandlung stünde ferner im Widerspruch zur gleichen Behandlung der Gruppen in anderen Gesetzen.[512]

Weiter sprächen für die Zulässigkeit von Angestelltentätigkeiten der Hausgewerbebeteibenden die Grundsätze, die von der Rechtsprechung zur Auslegung des § 2 I HAG a.F. entwickelt wurden. Daß der Gesetzgeber als Folge der sich wandelnden Verkehrsanschauung im Rahmen der Änderung des HAG 1974[513] nur § 2 I HAG, nicht hingegen § 2 II HAG entsprechend für Angestelltentätigkeiten geöffnet habe, läge daran, daß es mangels praktischer Beispiele keine entsprechende Verkehrsanschauung gegeben habe. Insoweit sei die gesetzgeberische Entscheidung eher zufällig.[514] Hiergegen steht jedoch, daß durch die Gesetzesänderung bewußt nur § 2 I HAG, nicht jedoch § 2 II HAG geregelt wurde.

Gesetzgeberisches Handeln sei zur Klärung dieser sachlich nicht zu begründenden Differenzierung sinnvoll, indem die Formulierung "*Waren herstellt, bearbeitet oder verpackt*" durch "*erwerbsmäßig arbeitet*" zu ersetzen sei.[515]

Gegen diese Auffassung steht die überwiegende Meinung. Nach der herrschenden Auffassung sollen Bürotätigkeiten und damit Telearbeittätigkeiten nicht im Rahmen der Rechtsform als *Hausgewerbebetreibende* auszuüben sein.[516] Dieser Auffassung ist zu folgen, da sie sich eindeutig aus der Auslegung resultiert:

Sie ergibt sich bereits aus der am klaren und eindeutigen Wortlaut ausgerichteten grammatischen Auslegung. Denn nach § 2 II HAG ist Hausgewerbebetreibender derjenige, der "*Waren herstellt, bearbeitet oder verpackt*". Bei Waren handelt es sich nach allgemeinem Sprachgebrauch um bewegliche Sachen. Dem steht auch nicht entgegen, daß der Begriff zuweilen in der Metapher 'Ware Mensch' verwendet wird. Denn im Rahmen einer solchen bildlichen Darstellung soll eben der Mensch als Sache dargestellt werden. Weiter wird der Begriff in der juristischen Fachsprache für bewegliche Sachen verwendet (vgl. § 1 II HGB a.F.).

---

[512] D+A CONSULTING/WEDDE, Entwicklungen, S. 34.

[513] Heimänderungsgesetz vom 29.10.1974, BGBl. I S. 2879; 1975 I S. 1010.

[514] D+A CONSULTING/WEDDE, Entwicklungen, S. 34.

[515] D+A CONSULTING/WEDDE, Entwicklungen, S. 35.

[516] Vgl. für viele m.w.N. SCHMIDT/KOBERSKI/TIEMANN/WASCHER, § 2 Rn. 35; OTTEN, Heim- und Telearbeit, C. Rn. 70; FENSKI, Rn. 31; MÜNCHARBR-HEENEN, § 232 Rn. 16; BESGEN, b+p 1995, S. 406; GODEHARDT, Telearbeit, S. 221; WANK, Telearbeit, Rn. 325 ff.

Auch die systematische Auslegung läßt keinen anderen Schluß zu. Denn die Legaldefinition des Hausgewerbebetreibenden in § 2 II HAG steht bezüglich der Begriffsgruppe 'Waren herstellt, bearbeitet oder verpackt' im Gegensatz zur Bezeichnung 'erwerbsmäßig arbeitet' aus § 2 I HAG. Dies deutet darauf hin, daß mit den unterschiedlichen Begriffen unterschiedliche Sachverhalte erfaßt werden sollten. Der Gegensatz bestand im übrigen bereits vor der Ersetzung der Bezeichnung 'gewerblich arbeitet'.

Auch die Möglichkeit, Gewerbebetreibende, die infolge ihrer wirtschaftlichen Abhängigkeit eine ähnliche Stellung wie Hausgewerbebetreibende einnehmen, gemäß § 1 II b HAG Hausgewerbebetreibenden gleichzustellen, spricht dafür, daß der Begriff Waren im herkömmlichen Sinne und nicht extensiv auszulegen ist.

Ferner steht einer anderen Auslegung die Entstehungsgeschichte des § 2 I HAG entgegen. Denn als die erwähnte Gesetzesänderung parlamentarisch diskutiert wurde, wurde Absatz II bewußt nicht einer Änderung unterzogen.[517]

Die teleologische Auslegung steht dem nicht entgegen. Denn in subjektiver Hinsicht, also nach den Vorstellungen des Gesetzgebers sowohl 1951 als auch 1974 war Zweck der Regelung der Schutz einer bestimmten klar umrissenen Gruppe von Gewerbebetreibenden, nämlich der kleinen Unternehmer, die Waren herstellen und die Arbeitsergebnisse den auftraggebenden Gewerbebetreibenden überläßt. Dies ergibt sich bereits aus dem Wortlaut. Bereits 1951 war Büroheimarbeit denkbar, wenn auch ungewöhnlich.

In objektiv-teleologischer Hinsicht, also nach den heutigen im Zeitpunkt der Entscheidung mit dem Gesetz zu verbindenden Vorstellungen, spricht die Gleichstellungsmöglichkeit nach § 1 II b HAG gegen eine extensive Auslegung.

Zu berücksichtigen ist beim vorliegenden Meinungsstreit ferner, daß anders als in anderen Bereichen des Arbeitsrechts, in denen es keine ausreichende Kodifikation gibt oder es an einer solchen gar fehlt, vorliegend ein sehr umfangreiches Gesetz vorliegt, das den im Vergleich zum Bereich des Arbeitnehmer-Arbeitgeberverhältnisses eher unbedeutenden Bereich der Heimarbeiter sehr intensiv und datailliert regelt. Insoweit verbleibt Diskussionen zu Detailfragen ein deutlich geringerer Raum.

An eine Analogie des § 2 II HAG wird zu recht nicht gedacht.[518] Sie scheitert vorliegend schon aufgrund von § 1 II b HAG daran, daß es an einer Regelungslücke mangelt. Im übrigen wäre eine Lücke aus den oben beschreibenen gesetzeshistorischen Gründen nicht planwidrig.

---

[517] SCHMIDT/KOBERSKI/TIEMANN/WASCHER, § 2 Rn. 35 u. 65; m.w.N.; vgl. auch a.a.O., Rn. 56 ff. u. 65 f.

[518] Vgl. bspw. D+A CONSULTING/WEDDE, Entwicklungen, S. 33 ff.

(c.) Büroheimarbeit bei Auftraggebern i.S. von § 2 IV HAG

Nach § 2 IV HAG ist die Eigenschaft als Heimarbeiter, Hausgewerbebetreibender oder Zwischenmeister auch dann gegeben, wenn Personen, Personenvereinigungen oder Körperschaften des privaten oder öffentlichen Rechts, welche die Herstellung, Bearbeitung oder Verpackung von Waren nicht zum Zwecke der Gewinnerzielung betreiben, Auftraggeber sind.

Demnach wird vertreten, daß auch Büroheimarbeiter, die für Auftraggeber der in § 2 IV HAG genannten Art Arbeiten durchführen, dem Schutz des HAG untergestellt seien.[519] Dem kann nicht gefolgt werden. Zwar ist richtig, daß sich die Tatbestandsmerkmalsgruppe 'Herstellung, Bearbeitung oder Verpackung von Waren' in Absatz IV nicht auf den in Heimarbeit Beschäftigten, sondern auf den Arbeitsbesorger bezieht, und zwar entsteht bei einer rein grammatikalischen Auslegung der Eindruck, daß die Art der Tätigkeit des im Heim Beschäftigten jedwede Art von Arbeiten ausführen kann. Doch bei Hausgewerbebetreibenden muß es auf die bereits oben erörterte Frage ankommen, ob sie 'Waren herstellen, bearbeiten oder verpacken'. Denn eine derart einseitige wörtliche Auslegung wird insofern nicht der Gesetzessystematik gerecht, als Absatz IV aufgrund seiner Stellung innerhalb des § 2 HAG Bezug nimmt auf die bereits zuvor in § 2 I, II und III HAG formulierten Kriterien für Heimarbeiter, Hausgewerbebetreibende und Zwischenmeister.

Einigkeit besteht dagegen darüber, daß *nichtgewerbliche Auftraggeber* nach dem eindeutigen Wortlaut des § 2 IV HAG nicht Auftraggeber der Heimarbeiter oder Hausgewerbebetreibende werden. Insoweit steht u.a. Ärzten, Rechtsanwälten, Notaren, Steuerberatern, Wirtschaftsprüfern, wissenschaftlichen Instituten, Schriftstellern die Begründung von Rechtsverhältnissen nach dem HAG nicht offen.[520]

(d.) Zwischenergebnis

Aufgrund der Charakteristika der in der Heimarbeit Beschäftigten im Sinne des HAG kommen aus diesem Bereich Telearbeiter nur als *Heimarbeiter* oder als *heimarbeiterähnliche* Personen und nicht als Hausgewerbebetreibende und ihnen Gleichgestellte in Betracht.[521]

(e.) Besonderheit: alternative Telearbeit sowie Abrufarbeit und HAG

Im Falle der *alternierenden Telearbeit* sind einige Besonderheiten zu beachten. Der Unterschied zwischen dem Heimarbeiter am außerbetrieblichen

---

[519] Vgl. bspw. SCHMIDT/KOBERSKI/TIEMANN/WASCHER, § 2 Rn. 67 u. 95.

[520] D+A CONSULTING /WEDDE, Entwicklungen, S. 36; WEDDE sieht hier gesetzesgeberischen Handlungsbedarf.

[521] OTTEN, Heim- und Telearbeit, C. Rn. 70.

Arbeitsplatz und dem Arbeitnehmer am alternierenden Arbeitsplatz manifestiert sich im wesentlichen im geschuldeten Erfolg. Denn der Heimarbeiter schuldet ein konkretes Arbeitsergebnis, der Arbeitnehmer dagegen nur generelle Dienstbereitschaft und die ordnungsgemäße Durchführung der ihm aufgetragenen Arbeit.[522] Daher ist zu differenzieren:

Der alternierende Telearbeiter ist als *Arbeitnehmer* einzustufen, sofern er aufgrund eines privatrechtlichen Vertrages zur Leistung fremdbestimmter Arbeit verpflichtet ist. Wie auch bei der Einordnung anderer Formen der Telearbeit sind hier ebenfalls die für die Unterscheidung zwischen Arbeitnehmerstatus und sonstigen Status entwickelten Kriterien maßgeblich. Der Umfang der *Weisungsgebundenheit* des Beschäftigten bezüglich Arbeitszeit, Arbeitsort und der Arbeitsausführung sowie die *Eingliederung* in den Betrieb und in die Betriebsabläufe sowie *wirtschaftliche Abhängigkeit* und *soziale Schutzbedürftigkeit* stellen auch hier die Grundlage für eine Einzelfallprüfung.[523]

Sofern der Telearbeiter nach Vorgaben des Aufgabenvergebers innerhalb kurzer Erledigungsfristen *Abrufarbeit* leistet, kann andauernde Dienstbereitschaft vorliegen, die bei gleichzeitiger zeitlicher Gebundenheit die persönliche Abhängigkeit begründet, mit der Folge, daß ein Arbeitsverhältnis vorliegt.[524] In diesem Fall wäre die Anwendung des HAG ausgeschlossen.

(f.) Bezeichnung als Teleheimarbeiter?

In der Literatur werden teilweise die Bezeichnungen *Teleheimarbeiter* bzw. *Tele-Heimarbeiter* verwendet. Gegen eine solche Unterteilung der Telearbeiter in die verschiedenen Kategorien spricht die Gefahr, daß die Begriffe von Rechtslaien fälschlicherweise auf andere Status angewendet werden.[525] Dennoch wird im Rahmen der vorliegenden Arbeit auf die statusbezogene Differenzierungen des Begriffes zurückgegriffen, da so eine genauer abgrenzbare Bezeichnung der Telearbeiter möglich ist.

bb. Freie Mitarbeiter

Auch die *freien Mitarbeiter* zählen zu den Arbeitnehmerähnlichen. Der Begriff ist gesetzlich nicht normiert. Daher und weil bei der Abgrenzung zu anderen

---

[522] SALLER, NJW-CoR 5/96, S. 303.

[523] SALLER, NJW-CoR 5/96, S. 303.

[524] SALLER, NJW-CoR 5/96, S. 303; zur Abrufarbeit siehe auch oben, Kap. D.I.2.a.cc.(1.).(b.).

[525] Auch ist nicht ausgeschlossen, daß Rechtskundigen derartige Fehler unterlaufen. WAHSNER (AiB 7/84, S. 107) sieht in der Bezeichnung als *Heimarbeiter* die Gefahr, daß die Vorstellung geweckt werden könne, daß damit die juristische Frage, ob es sich bei der Telearbeit tatsächlich um Heimarbeit handele, bereits entschieden sei.

Begriffen Mißverständnisse entstehen, wird teilweise gefordert, in der juristischen Diskussion ganz auf ihn zu verzichten.[526] Dennoch findet er sich in Entscheidungen des BAG wieder, der ihn insbesondere im Rundfunk- und Fernsehbereich und im Bildungssektor statusrechtlich zu bewerten hatte.[527] Eine positive Begriffsbestimmung des sogenannten freien Mitarbeiters im Rundfunkbereich ist jedoch nicht getroffen worden.[528]

Nach der Rechtsprechung ist der Grad der *persönlichen Abhängigkeit* für die Unterscheidung zwischen Arbeitnehmer von freien Mitarbeitern entscheidend.[529] Insoweit kann auf die oben aufgeführten Kriterien verwiesen werden. Ist eine persönliche Abhängigkeit im Einzelfall nicht zu bejahen, dann handelt es sich möglicherweise um einen freien Mitarbeiter. Freie Mitarbeiter können ihre Tätigkeit im wesentlichen frei gestalten und Arbeitszeit und -ort frei festlegen. Die freien Mitarbeiter können selbstbestimmt und persönlich unabhängig arbeiten und sind keiner fremdgerichteten Arbeitsorganisation unterstellt. Es ist ihnen möglich, ihre Arbeitskraft nach selbstgestellten Zielen, unter eigener Verantwortung und mit eigenem Risiko zu verwerten. Im Unterschied zum Arbeitnehmer fehlt eine persönliche und wirtschaftliche Abhängigkeit.[530]

Telearbeiter können auch als freie Mitarbeiter tätig werden. Dies ist insbesondere im Bereich der Presse denkbar, wo beispielsweise fern von dem Auftraggeber tätige Journalisten die Daten und Informationen per IuK-Mittel wie etwa per E-Mail weiterleiten. So kann wertvolle Zeit vor Redaktionsschluß gewonnen werden und die Aktualität von Nachrichten optimiert werden.

cc. Handelsvertreter

Nach der *Legaldefinition* des § 84 I HGB ist Handelsvertreter, wer als selbständiger Gewerbebetreibender ständig damit betraut ist, für einen anderen (Unternehmer) Geschäfte zu vermitteln oder in dessen Namen abzuschließen. Selbständig ist, wer im wesentlichen frei seine Tätigkeit gestalten und seine Arbeitszeit bestimmen kann. Nach Absatz II gilt als Angestellter wer, ohne selbständig im Sinne des Absatzes I zu sein, ständig damit betraut ist, für einen Unternehmer Geschäfte zu vermitteln oder in dessen Namen abzuschließen. Insoweit trifft § 84 HGB in den beiden ersten Absätzen die Unterscheidung zwischen selbständigen Handelsvertretern und "unselbständigen Handelsvertretern". Nach der gesetzlichen Definition ist der Handelsvertreter

---

[526] Vgl. bspw. WANK, Telearbeit, Rn. 335.

[527] D+A CONSULTING/WEDDE, Entwicklungen, S. 44.

[528] BREVES, S. 77.

[529] BAG vom 26.7.1995, AP Nr. 79 zu § 611 Abhängigkeit.

[530] D+A CONSULTING/WEDDE, Entwicklungen, S. 44.

stets selbständig.[531] Der "unselbständige Handelsvertreter" ist dagegen keiner, sondern er unterfällt dem Recht des Handlungsgehilfen bzw. dem allgemeinen Arbeitsrecht.[532]

Obwohl Handelsvertreter nicht Arbeitnehmer, sondern selbständige Unternehmer sind, kann trotz Selbständigkeit ein *Sozialschutz* sachlich gerechtfertigt sein. Dies gilt etwa im Falle des § 92a HGB, der vorsieht, daß für das Vertragsverhältnis eines Handelsvertreters, der vertraglich nicht für weitere Unternehmer tätig werden darf oder dem dies nach Art und Umfang der von ihm verlangten Tätigkeit nicht möglich ist (Einzelfirmenvertreter), durch Rechtsverordnung die untere Grenze der vertraglichen Leistungen des Unternehmers festgesetzt werden kann, um die notwendigen sozialen und wirtschaftlichen Bedürfnisse dieser Handelsvertreter sicherzustellen.[533]

Wie ausgeführt ist der Handelsvertreter vom *Handlungsgehilfen* zu unterscheiden, der Arbeitnehmer ist. Dieser ist ständig damit betraut, für einen anderen Unternehmer Geschäfte zu vermitteln oder in dessen Namen abzuschließen, § 84 I S.1 HGB. Die Arbeitnehmereigenschaft beim Handlungsgehilfen wird aufgrund der ständigen Betrauung durch die Einbeziehung in die arbeitstechnische Organisation des Unternehmers begründet.[534]

Auch *Telearbeiter* können Handelsvertreter sein; insbesondere kommen *mobile Telearbeiter* in Betracht.[535] Insoweit ergeben sich keine wesentlichen rechtlichen Besonderheiten. Zu prüfen ist auch hier, ob ihnen im Einzelfall ein besonderer *Sozialschutz* zukommt, vgl. § 92a HGB. Beispielsweise kann nach § 5 III ArbGG das Arbeitsgericht zuständig sein, wenn sie zu dem genannten Personenkreis gehören, für den nach § 92a HGB die untere Grenze der vertraglichen Leistungen des Unternehmers festgesetzt werden kann, und wenn sie während der letzten sechs Monate des Vertragsverhältnisses an Vergütung einschließlich Provision und Ersatz für im regelmäßigen Geschäftsbetrieb entstandene Aufwendungen bezogen haben.[536] Insoweit können über § 5 III ArbGG auch bei selbständigen Handelsvertretern die Arbeitsgerichte zuständig sein.[537]

---

531 MÜNCHKOMMHGB-V. HOYNINGEN-HUENE, § 84 Rn. 23.

532 MÜNCHKOMMHGB-V. HOYNINGEN-HUENE, § 84 Rn. 24.

533 MÜNCHARBR-RICHARDI, § 28 Rn. 7; zum Handelsvertreterrecht wird auf die einschlägige Literatur und insbes. auf die Kommentierung des HGB verwiesen.

534 MÜNCHARBR-RICHARDI, § 23 Rn. 109.

535 Zu den *mobilen Telearbeitern* s.o., Kap. B.

536 Insoweit wird auf die einschlägige Kommentierung verwiesen; vgl. bspw. HAUCK, § 5 Rn. 16 f. u. MÜNCHKOMMHGB-V. HOYNINGEN-HUENE, § 92 a Rn. 1 ff.

537 MÜNCHKOMMHGB-V. HOYNINGEN-HUENE, § 92 a Rn. 5.

dd. Exkurs: Außen- und Außendienstmitarbeiter

Die *mobile Telearbeit* bietet im Bereich der Außenarbeit wesentliche neue arbeitsorganisatorische Optimierungsmöglichkeiten. Die Arbeit kann durch den direkten Zugriff auf die Zentrale über IuK-Mittel zum Abruf von Informationen aber auch zur Weiterleitung von Aufträgen erheblich beschleunigt und damit effizienter gestaltet werden. Auch hierauf sind die bereits entwickelten Kriterien anzuwenden. Die mobilen Telearbeiter sind regelmäßig Arbeitnehmer; sie können auch als *Handelsvertreter* tätig werden.

c. Selbständige / selbständige Werkunternehmer

Die Übergänge zur selbständigen Arbeit sind fließend, wenn Vorgesetzte immer weniger direkte Weisungen bezüglich der Arbeitsorganisation für den einzelnen erteilen, sondern ihre Schwerpunkte auf übergeordnete Beratungs- und Koordinierungs- sowie Motivationstätigkeiten legen, wobei das Arbeitsergebnis im Gegensatz zu direkten persönlichen, arbeitnehmerbezogenen Weisungen für die Errichtung der Vorgaben zunehmend an Bedeutung verliert.[538]

Selbständig ist, wer persönlich und wirtschaftlich unabhängig über seine Arbeitskraft frei verfügen kann und nicht unter das HAG fällt. Es kann sich dabei um freie Mitarbeiter oder um Unternehmer handeln. Selbständig ist weiter, wer seine Tätigkeit frei gestaltet und die Arbeitszeit und den Arbeitsort frei wählen kann. Indizien für die Abgrenzung des *Selbständigen* (Telearbeiters) vom (Tele-) *Arbeitnehmer* sind:

- Tätigwerden für mehrere Auftraggeber;
- Arbeit für den Absatzmarkt mit weitgehend freier und selbstgesteuerter Vermarktung der Arbeitsergebnisse;
- echtes unternehmerisches Risiko und entsprechende Gewinnmöglichkeiten und
- technisch-kommunikative Unabhängigkeit von einzelnen Auftraggebern.[539]

Die Abgrenzung der *selbständigen Telearbeit* von der *Teleheimarbeit* erscheint zunächst schwierig. Doch auch hierbei sind die Abgrenzungskriterien der Rechtsprechung heranzuziehen. Selbständig ist die Arbeit, wenn:

- Arbeit in wechselndem Umfang für unterschiedliche Auftraggeber verrichtet wird;

---

[538] LINNENKOHL, BB 1996, S. 51.

[539] Vgl. ALBRECHT, NZA 1996, S. 1242 m.w.N.

- das Arbeitsergebnis zu mehr als 10% frei vermarktet wird;
- eigene Werbung und Akquisition eingesetzt wird;
- eigene unternehmerische Chancen ausgenutzt werden;
- eigenes Unternehmerrisiko besteht und
- Arbeit gegen Werkunternehmer-Entgelt an Stelle von Arbeitslohn geleistet wird.[540]

d. Scheinselbständige und ähnliche

Es wird die Befürchtung geäußert, daß einige Arbeit- bzw. Auftraggeber die Telearbeiter aus unterschiedlichen Gründen in die Selbständigkeit drängen; sie bezeichnen sie in den Verträgen als Selbständige.[541] Unter Umständen handelt es sich nicht um echte Selbständige, sondern um *Scheinselbständige*,[542] um "*abhängige Selbständige*" oder um "*neue Selbständige*".[543] Doch die Bezeichnung der Tätigkeit[544] oder das Wollen der Vertragsparteien ist nicht immer für die statusrechtliche Einordnung ausschlaggebend; insoweit steht ihnen nach fortdauernder Rechtsprechung des BAG keine freie Rechtswahl zu.[545] Maßgeblich sind vielmehr die tatsächlichen Gegebenheiten.[546] Insoweit wird auf die oben bereits beschriebenen Unterscheidungskriterien verwiesen.

Der Vorstoß der Bundesregierung zur schnelleren und einfacheren Erfassung von Scheinselbständigen durch die *Sozialversicherungsträger* manifestiert sich in dem neu eingefügten § 7 IV SGB IV.

3. Ergebnis: technisch-rechtliche Definition der Telearbeit

In Deutschland folgt der Begriff Telearbeit nicht juristischen Kriterien sondern praktischen Zweckmäßigkeitserwägungen.

Telearbeit im Sinne der vorliegenden Arbeit ist:

> jede auf Informations- und Kommunikationstechniken gestützte Tätigkeit eines Arbeitnehmers, Arbeitnehmerähnlichen oder Selbständigen für einen Arbeit- oder Auftraggeber, die unter Einsatz dieser Mittel erbracht wird und

---

[540] SALLER, NJW-CoR 5/96, S. 303.

[541] Vgl. KRAMER, Scheinselbständigkeit, S. 99 f.

[542] Die genannten *Scheinselbständigen* sind solche des Arbeitsrechts und zu unterscheiden von denen des Sozialrechts, vgl. § 7 IV SGB IV.

[543] Zu den Begriffen vgl. KRAMER, Scheinselbständigkeit, S. 2 f.

[544] HANAU/ADOMEIT, Arbeitsrecht, E. 2.

[545] BAG, NZA 1994, S. 169, n.w.N.

[546] St. Rspr., vgl. Hromadka, NZA 1997, S. 570.

mit einer gewissen Regelmäßigkeit ausschließlich oder alternierend an einem außerhalb des eigentlichen Betriebes liegenden Arbeitsplatz von einer natürlichen Person verrichtet wird. Dabei ist der Arbeitsplatz mit der zentralen Betriebsstätte durch elektronische Kommunikationsmittel verbunden, über die das Arbeitsergebnis transportiert wird.

Die Anbindung des Telearbeitsplatzes an den Betrieb kann entweder im online-Betrieb mit unmittelbarer Dialogmöglichkeit geschehen oder im offline-Betrieb mit einer Leitungsverbindung, die nur die Informationsübermittlung in eine Richtung gestattet. Wenn Arbeitsaufgaben bloß durch Boten oder in ähnlicher Form transportiert werden, fällt die Tätigkeit selbst dann unter die Definition, wenn der in seiner Wohnung Beschäftigte an einem Personalcomputer mit Bildschirm arbeitet, sofern eine sonstige kommunikative Anbindung besteht.

Telearbeit beschreibt insoweit als *Oberbegriff* eine *Form der Arbeitsorganisation*. Je nach Ausprägung dieser räumlichen Aspekte ergeben sich unterschiedliche Unterformen der Telearbeit. Sie können mitunter kombiniert werden: Telearbeit ist in der Wohnung des Arbeitnehmers, im Nachbarschaftsbüro, im Satellitenbüro, in Telezentren, Teleservicezentren, Telehäusern und in Form der mobilen Telearbeit möglich. Auch nationale Schranken begrenzen die Telearbeit nicht notwendigerweise.

II. Individualrechtliche Fragen

1. Planungsphase

Bei der Planung der Einführung von Telearbeit ergeben sich vor allem zwei wichtige Fragestellungen. Muß die Arbeitskraft gegen ihren Willen per Telearbeit arbeiten bzw. muß der Arbeitgeber gegen seinen eigenen Willen auf Wunsch der Arbeitskraft einen Telearbeitsplatz einrichten? Und wie steht es um Informationspflichten des Arbeit- bzw. Auftraggebers?

a. Prinzip der Freiwilligkeit?

Zu unterscheiden sind die Umstände bei der Einrichtung des Telearbeitsplatzes von denen bei Beendigung bzw. Unterbrechung der Telearbeit unter Fortführung des jeweiligen Vertragsverhältnisses. Nur kurz sei im Zusammenhang mit dem Prinzip der Freiwilligkeit darauf hingewiesen, daß dem *Betriebsrat* bei Einrichtung von Telearbeitsplätzen unter bestimmmten Umständen Mitbestimmungsrechte bzw. -pflichten zustehen können, die neben den nachfolgend zu erläuternden Rechtsfragen ebenfalls zu beachten wären (vgl. § 99 I BetrVG).[547] Vergleichbare Rechte der Betriebsräte könnten entstehen, wenn die Beendigung oder Unterbrechung der Telearbeit beabsichtigt wird.

aa. Freiwilligkeit bei Einrichtung

Zu unterscheiden ist die Rechtslage bei Arbeitnehmern von derjenigen bei Heimarbeitern und sonstigen Selbständigen. Bei einer *einvernehmlichen Regelung* zwischen Auftrag- bzw. Arbeitgeber über die Einrichtung eines Telearbeitsplatzes ergeben sich im Hinblick auf das Arbeitsvertragsrecht keine Probleme. Dies gilt sowohl für bereits in dem bzw. für den Betrieb tätige als auch für neu einzustellende bzw. neu beauftragte Personen.[548] Anderes gilt, wenn es zu keiner einvernehmlichen Regelung kommt.

Bei *Telearbeitnehmern* wird die Arbeitsortbestimmung inzwischen immer häufiger schriftlich fixiert. In der Regel geschieht dies im Rahmen von Tarifverträgen oder Betriebsvereinbarungen, wobei regelmäßig vereinbart wird, wieviele Tage der Telearbeiter mindestens im Betrieb i.e.S. zu verbringen hat und an welchem Ort die Tätigkeiten andernfalls auszuführen sind.

(1.) Arbeitsverhältnisse

Sofern *Arbeitgeber* die Aufnahme von Telearbeit ohne Einvernehmen mit dem Telearbeiter durchsetzen wollen, müssen sie eine Versetzung oder eine Änderungskündigung durchführen, wofür die allgemeinen arbeitsrechtlichen Grundsätze gelten.[549] Der Begriff der *Versetzung* steht zwar nicht genau fest. Beispielsweise soll diese in Anlehnung an die kollektivrechtliche Definition "die Zuweisung eines anderen Arbeitsbereichs, die voraussichtlich die Dauer von einem Monat überschreitet oder die mit einer erheblichen Änderung der Umstände verbunden ist, unter denen die Arbeit zu leisten ist" bedeuten.[550] Nach anderer Auffassung wird darunter sowohl die Änderung des Arbeitsortes als auch die der Arbeitsart verstanden.[551] Anders als im Betriebsverfassungsrecht ist der Versetzungsbegriff im Arbeitsvertragsrecht dogmatisch entbehrlich.[552] Die definitorischen Differenzen sind ferner bei

---

[547] Voraussetzung ist unter anderem, daß der Betrieb nach § 1 BetrVG der betrieblichen Mitbestimmung unterliegt und ein Betriebsrat besteht. Die sich u.U. ergebenden Rechten oder Pflichten wurden bereits ausführlich erläutert (Vgl. COLLARDIN, S. 149 ff.).

[548] Der Übergang von betrieblicher Tätigkeit zur Telearbeit vollzog sich in etwa *drei Vierteln* aller Fälle, die im Rahmen der vom BMA in Auftrag gegebenen Studie des Fraunhofer-Instituts für Arbeitswirtschaft und Organisation untersucht wurde, auf der Basis einer (freiwilligen) Ergänzung des Arbeitsvertrages (vgl. N.N., AuA 1/1998, S. 24 f.).

[549] D+A CONSULTING/WEDDE, Entwicklungen, S. 72; zur Änderungskündigung vgl. SCHAUB, § 137.

[550] MÜNCHARBR-BLOMEYER, § 46 Rn 41.

[551] Vgl. SCHAUB, § 45 III 2a.

[552] MÜNCHARBR-BLOMEYER, § 46 Rn 41.

Einführung der *Telearbeit* unbeachtlich, da selbst der Fall der Einführung der alternierenden Telearbeit unter die beiden genannten Beschreibungen fällt.

Fest steht, daß der Arbeitnehmer sich im allgemeinen *nicht* an einen anderen Ort versetzen lassen braucht, sofern dies nicht ausdrücklich oder stillschweigend vorgesehen ist,[553] was im Einzelfall festgestellt werden müßte. Zu berücksichtigen ist alternativ, ob der Ortswechsel in Anbetracht des Aufgabenbereiches üblich ist.[554] Da jedoch die Telearbeit sich noch nicht lange und nicht im entsprechenden Maße ausgebreitet hat, lassen sich derzeit noch keine sicheren Rückschlüsse auf die Frage ziehen, ob ein solcher Wechsel üblich ist. Die Tatsache, daß bei der Vielzahl an Pilotprojekten nur Freiwillige mit Telearbeit betraut werden, spräche derzeit gegen die erforderliche Üblichkeit. Doch das letzte Wort ist noch nicht gesprochen worden; mit der stärkeren Ausbreitung und mit zunehmenden informationstechnischen Fähigkeiten kann sich dies in einigen Jahren ändern.

Bei der Frage nach der Versetzungspflicht ist im Zweifel der Arbeitsvertrag dahingehend auszulegen, daß der Arbeitnehmer nur an dem zunächst genannten Ort beschäftigt werden will und soll.[555] Diese Aussage wird im Zusammenhang mit der Telearbeit dadurch verstärkt, daß die Direktionsbefugnis sich nicht auf die Nutzung der Wohnung des Arbeitnehmers erstreckt.[556] Das Argument kann jedoch nicht gelten, wenn die Versetzung in Satellitenbüros ansteht.[557] Denn bei der Versetzung in diese ist nicht die Verfügungsbefugnis des Arbeitnehmers über die Wohnung betroffen.

Zusammenfassend sei festgestellt, daß der Arbeitgeber den Telearbeiter regelmäßig (noch?) nicht gegen seinen Willen in die Telearbeit "versetzen" kann. Eine *einseitige Befugnis des Arbeitgebers*, den Arbeitnehmer in die Telearbeit zu treiben, besteht jedoch nicht; sie ist auch nicht zweckmäßig, da sich gezeigt hat, daß Pilotprojekte zur Einführung von Telearbeit in Unternehmen gescheitert sind, wenn die Arbeitskräfte nicht motiviert waren, auf diese Weise zu arbeiten.

Sofern die Telearbeit nur auf Wunsch des *Arbeitnehmers* erfolgen soll und der Arbeitgeber ihm nicht nachkommt, bleibt ihm keine rechtliche Durchsetzungsmöglichkeit. Nur sofern sich die Ablehnung seitens des Arbeitgebers als Verstoß gegen den arbeitsrechtlichen

---

553 Vgl. SCHAUB, § 45 III 2a, m.w.N.

554 Vgl. MÜNCHARBR-BLOMEYER, § 46 Rn 80.

555 HANAU/ADOMEIT, Arbeitsrecht, G.I.1.

556 KILIAN/BORSUM/HOFFMEISTER, Telearbeit, S. 248.

557 In Abgrenzung zu dem später zu erörternden Begriff *Nachbarschaftsbüro* sind *Satellitenbüros* in Anlehnung an WEDDE für die Zwecke dieser Darstellung Arbeitsstätten, die vom Unternehmen als Betriebsfiliale betrieben werden und dabei auch nach außen, z.B. gegenüber Kunden, in Erscheinung treten.

Gleichbehandlungsgrundsatz darstellt, kann sich ausnahmsweise eine rechtliche Durchsetzungsmöglichkeit ergeben.[558] Telearbeitsspezifische Besonderheiten rechtlicher Art ergeben sich dabei nicht. Zu beachten ist jedoch, daß dem Arbeitgeber aufgrund der Tatsache, daß unter anderem aus Gründen der Selbstdisziplin nicht jede Arbeitskraft zur Telearbeit geeignet sein kann, stärkere *sachliche Gründe* gegen eine Gleichbehandlung zur Hand gegeben sind als bei anderen Arbeitsformen.

Neben dem Gleichbehandlungsgrundsatz bleibt dem Arbeitnehmer unter Umständen das Mittel der Änderungskündigung.[559]

(2.) Beschäftigte nach dem HAG

Für den Auftraggeber gegenüber einem *Teleheimarbeiter* oder einem sonstigen *in Heimarbeit Beschäftigten* gilt erst recht, daß der Auftraggeber sie nicht gegen ihren Willen in die Telearbeit "versetzen" kann, da diese nicht der Weisungsbefugnis eines Arbeitgebers unterliegen.

Bei dieser stellt sich grundsätzlich nicht das Problem der örtlichen Auslagerung, da sie nach der sich aus § 2 I S.1 bzw. II S.1 HAG ergebenden Definition in eigener Wohnung oder selbstgewählter Betriebsstätte tätig werden: Bei *Heimarbeitern* ist Voraussetzung, daß sie die Arbeitsstätte *selbst gewählt* haben. Selbstgewählt ist sie nur, wenn sie von der des Arbeitgebers getrennt ist und seiner Aufsicht nicht unterliegt.[560] Bei *Hausgewerbebetreibenden* hingegen muß es sich um eine *eigene* Arbeitsstätte handeln. Eine solche liegt nicht vor, wenn jemand eine fremde Betriebsstätte im Auftrag eines anderen leitet und der andere das wirtschaftliche Risiko trägt.[561] Beiden steht also zwangsläufig das Recht zu, über den Arbeitsort selbst zu bestimmen.

Dagegen stellt sich die Frage, ob der Auftraggeber einen in Heimarbeit Beschäftigten, der seit einiger Zeit für ihn tätig ist, in die Telearbeit "drängen" kann, indem er ihm vorschreibt, nunmehr per IuK-Mittel zu arbeiten und kommunizieren. Da es sich bei der Vergabe von Aufträgen an in Heimarbeit Beschäftigte jeweils um eigene Werk- oder Werklieferungsverträge handelt und der Heimarbeiter im Gegensatz zum Arbeitnehmer weder der Direktionsbefugnis des Auftraggebers unterliegt, noch in dessen Betrieb eingegliedert ist, kann letzterer ihm nicht vorschreiben, welche Geräte und Arbeitsmethoden er zu nutzen hat. Dagegen können sich die Parteien entsprechend dem Grundsatz der Vertragsfreiheit darüber einigen, daß Telearbeit eingeführt wird.

---

[558] Zum Gleichbehandlungsgrundsatz vgl. SCHAUB, § 112.

[559] Zur Änderungskündigung vgl. SCHAUB, § 137; auch von Arbeitnehmern können u.U. Änderungskündigungen ausgesprochen werden (SÖLLNER, Arbeitsrecht, § 35 I).

[560] SCHMIDT/KOBERSKI/TIEMANN/WASCHER, § 2 Rn. 13.

[561] SCHMIDT/KOBERSKI/TIEMANN/WASCHER, § 2 Rn. 31.

Weigert sich der in Heimarbeit Beschäftigte, dem Ersuchen des Auftraggebers nachzukommen, kann dieser den Heimarbeitsvertrag für künftige Aufträge unter Beachtung der Voraussetzungen der §§ 29 f. HAG kündigen. Insoweit schlägt sich hier der gegenüber Arbeitnehmern geringere soziale Schutz der nach dem HAG Beschäftigten durch.

Auch der *in Heimarbeit Beschäftigte* hat bezüglich der Einrichtung der *Telearbeit* durch Nutzung von IuK-Mitteln grundsätzlich kein Durchsetzungsrecht. Es bleibt nur die Möglichkeit der Kündigung des Heimarbeitsverhältnisses für künftige Aufträge unter Beachtung der Bedingungen aus § 29 f. HAG.

(3.) Selbständige

Für *selbständige Telearbeiter* ist die Wahl des Arbeitsortes grundsätzlich frei. Sie können jedoch aus technischen Gründen, etwa weil die erforderlichen telekommunikativen Voraussetzungen nicht überall disponibel sind, aber auch aus arbeitsorganisatorischen Gründen, beispielsweise weil sich eine Tätigkeit nur bei Zugriff auf spezifische Arbeitsmaterialien ausführen läßt, an bestimmte Orte ganz oder teilweise gebunden sein. Darüber hinaus kann sich ausdrücklich oder konkludent aus dem Vertrag ergeben, daß die Tätigkeit per Telearbeit zu erfolgen hat. Insoweit gelten die allgemeinen vertraglichen Regelungen.

Hier ist im Einzelfall jedoch genau zu prüfen, ob eine örtliche Festlegung nicht doch Ausfluß einer etwaigen Weisungsbefugnis des 'Auftraggebers' ist oder ob sie sich bloß aus den oben genannten Gründen ergibt. Im ersteren Fall kann ein Indiz für ein Arbeitsverhältnis gesehen werden.

Läßt sich die Möglichkeit der Tätigkeit per Telearbeit nicht dem konkreten Vertrag entnehmen, ist eine Einigung für die Zukunft erforderlich. Weder der Auftraggeber noch der Selbständige kann vom Vertragspartner verlangen, daß per Telearbeit gearbeitet werden soll, wenn sich solches nicht aus dem Vertragsverhältnis ergibt.

bb. Freiwilligkeit bei Unterbrechung bzw. Beendigung

Eine einvernehmliche zeitweise oder vollständige Rückkehr des *Telearbeitnehmers* zum Arbeitsplatz erzeugt keine rechtlichen Bedenken. Schwieriger gestaltet es sich, wenn nur einer der Vertragspartner die Telearbeit unter Fortführung des Arbeitsvertragsverhältnisses zu beenden beabsichtigt und eine Vereinbarung zur Rückkehr zum Betrieb nicht getroffen wurde. Dann ist zu differenzieren:

Arbeitgeber können die Beendigung von Telearbeit zugunsten der Rückkehr in den Betrieb mittels Versetzung oder Änderungskündigung durchsetzen, sofern hierzu die entsprechenden Voraussetzungen vorliegen. Zu berücksichtigen ist im Rahmen der Änderungskundigung, daß insbesondere nicht dem § 23 KSchG unterfallende Arbeitgeber sich in einer besseren Position befinden.[562]

Arbeitnehmern verbleibt dagegen nur die Bewerbung auf freie oder frei werdende Stellen, ggf. unter Rückgriff auf betriebliche Auswahlrichtlinien oder anderweitige kollektivrechtliche Regelungen.[563]

Dagegen ist die Rechtslage unproblematisch, sofern die Telearbeit *außerhalb des Arbeitsverhältnisses* erfolgt. Dann gelten die allgemeinen Regelungen zur Aufhebung der Vertragsbeziehung.[564] Erforderlich ist eine einvernehmliche Regelung über die Aufhebung bzw. Änderung der Arbeitsform.

b. Informationspflichten

Informationspflichten ergeben sich in Abhängigkeit des Status. Sie können arbeitsvertraglich oder mittels tarifrechtlicher Regelungen vereinbart worden sein. Sie ergeben sich auch teilweise aus dem Gesetz.

aa. Telearbeitnehmer

Für *Telearbeitnehmer* gibt es nur wenige arbeitsrechtliche Ansprüche, die ihm in der Planungsphase zugute kommen. Im wesentlichen handelt es sich um allgemeine Unterrichtungsrechte. Sie ergeben sich neben § 242 BGB aus einer Reihe von Vorschriften des Betriebsverfassungsgesetzes.[565] Das BetrVG ist nach einhelliger Auffassung über §§ 5 I und 6 BetrVG auf alle Telearbeiter anzuwenden, die sich auf den individualarbeitsrechtlichen Status eines Arbeitnehmers mit der sozialversicherungsrechtlichen Angestelltenversicherungspflicht berufen können.[566] Auch handelt es sich beim Telearbeitsplatz eines Arbeitnehmers regelmäßig um einen "Betrieb" im Sinne des BetrVG.[567] Die Vorschriften §§ 81 ff. BetrVG gelten in betriebsratsfähigen Betrieben, auch wenn ein Betriebsrat nicht installiert wurde.[568]

---

[562] D+A CONSULTING/WEDDE, Entwicklungen, S. 116; Nicht verständlich ist, warum bei gelegentlicher alternierender Telearbeit außer im Falle vertraglicher Vereinbarungen keine Partei sich auf einen gleichwie gearteten Bestandsschutz zugunsten häuslicher Arbeitsanteile berufen können soll (so aber WEDDE, D+A CONSULTING/WEDDE, Entwicklungen, S. 115). Darüber hinaus dürfte eine Abgrenzung der "gelegentlichen" von der nicht-"gelegentlichen" Telearbeit schwerfallen.

[563] D+A CONSULTING/WEDDE, Entwicklungen, S. 116.

[564] D+A CONSULTING/WEDDE, Entwicklungen, S. 116.

[565] Vgl. D+A CONSULTING/WEDDE, Entwicklungen, S. 66.

[566] So bereits KILIAN/BORSUM/HOFFMEISTER, Telearbeit, S. 220; zur sozialversicherungsrechtlichen Angestelltenversicherungspflicht vgl. § 133 II SGB VI.

[567] Vgl. WANK, Telearbeit, Rn. 565, m.w.N.

[568] Vgl. GK-WIESE, vor § 81 Rn. 21 m.w.N.

Nach § 81 I BetrVG hat der Arbeitgeber den Arbeitnehmer über dessen Aufgabe und Verantwortung sowie über die Art seiner Tätigkeit und ihre Einordnung in den Arbeitsablauf des Betriebs zu unterrichten. Insoweit können Arbeitgeber vom Arbeitnehmer die rechtzeitige Unterrichtung über Veränderungen in ihrem Arbeitsbereich verlangen.[569]

Unterrichtungsrechte ergeben sich auch in Betrieben, in denen kein Betriebsrat besteht. Dort hat der Arbeitgeber kraft Gesetzes die Arbeitnehmer zu allen Maßnahmen zu hören, die Auswirkungen auf Sicherheit und Gesundheit der Arbeitnehmer haben können, § 81 III BetrVG.

Über § 82 I BetrVG erhält der Arbeitnehmer das Recht, selbst Initiative zu ergreifen, um in betrieblichen Angelegenheiten, die seine Person betreffen, von den nach Maßgabe des organisatorischen Aufbaus hierfür zuständigen Personen gehört zu werden. Problematisch ist im Zusammenhang mit den Informationsrechten, daß zu deren Durchsetzung keine Sanktionsmittel gegen den Arbeitgeber bestehen.[570]

Über § 12 I ArbSchG hat der Arbeitgeber die Beschäftigten ferner über Sicherheit und Gesundheitsschutz bei der Arbeit während ihrer Arbeitszeit ausreichend und angemessen zu unterweisen.[571]

bb. Arbeitnehmerähnliche Telearbeiter

Die im Zusammenhang mit den Telearbeitnehmern erwähnten Informationspflichten, die sich aus dem BetrVG ergeben, greifen auch bei denjenigen *in Heimarbeit Beschäftigten*, die in der Hauptsache für den Betrieb arbeiten, § 6 I und II BetrVG. Sie gelten damit auch für Gleichgestellte, sofern sie in der Hauptsache für den Betrieb arbeiten. Dies ist dann der Fall, wenn ihre Tätigkeit für den fraglichen Betrieb im Verhältnis zu ihrer etwaigen Tätigkeit für andere Betriebe überwiegt.[572]

Für *freie Mitarbeiter* gelten mangels Anwendbarkeit des BetrVG nicht die daraus resultierenden Informationspflichten. Teilweise wird die Auffassung vertreten, daß sich vergleichbare Pflichten aus den allgemeinen Treue- und Fürsorgepflichten ableiten lassen.[573] Doch auch diese würden Mangels Sanktionsmittel nicht durchsetzbar sein.

---

569 Vgl. D+A CONSULTING/WEDDE, Entwicklungen, S. 67.

570 Vgl. D+A CONSULTING/WEDDE, Entwicklungen, S. 67 f.

571 Vgl. D+A CONSULTING/WEDDE, Entwicklungen, S. 68; zweckdienlich sind etwa die Informationen in der Broschüre der Bundesanstalt für Arbeitsschutz und Arbeitsmedizin, vgl. ERTEL/MAINTZ/ULLSPERGER.

572 BAG 27.9.74, AP Nr.1 zu § 6 BetrVG 1972.

573 Vgl. D+A CONSULTING/WEDDE, Entwicklungen, S. 68.

2. Durchführung von Telearbeit

a. Pflichten

Die Pflichten des Telearbeiters ergeben sich aus dem *Status und den vertraglichen Vereinbarungen.* Insgesamt gelten die gleichen Grundsätze wie für die im Unternehmen selbst tätigen Arbeitnehmer, Arbeitnehmerähnliche bzw. Selbständige.[574] Bei den Betriebsvereinbarungen und Tarifverträgen über die Telearbeit finden sich neben zeitlichen und örtlichen Rahmenvereinbarungen häufig auch Hinweise auf einzelne Pflichten der Arbeitskräfte.

b. Nebentätigkeiten, Wettbewerbs- und Konkurrenzschutz

Die Telearbeiter, die einen Teilzeit-Stunden-Vertrag mit einem Hauptarbeit- bzw. Hauptauftraggeber haben, werden früher oder später ihre Multimedia-Kenntnisse und -Kompetenzen als 'Teilzeit-Selbständige' zusätzlich auf dem freien Markt verkaufen wollen. Sie werden zuweilen als Teilzeit-Telearbeiter im doppelten Sinne bezeichnet.[575] Bei ihnen stellt sich besonders die Frage nach der rechtlichen Einordnung und nach Befugnissen zur Nebenarbeit.

Selbständige können unter rechtlichen Gesichtspunkten mangels persönlicher Abhängigkeit für eine Vielzahl von Auftraggebern tätig werden. Für *selbständige Telearbeiter* gelten diesbezüglich keine Besonderheiten; auch ihnen ist es rechtlich möglich, für mehrere Auftraggeber zu arbeiten.

Die Frage stellt sich, ob dies auch dem *in Heimarbeit Beschäftigten* Telearbeiter sowie dem Telearbeiter, der im *Arbeitsverhältnis* steht, möglich ist. Denn beide sind häufig nicht im Betrieb i.e.S. anwesend und es ist ihnen daher in tatsächlicher Hinsicht grundsätzlich möglich, auch für Dritte tätig zu werden.

Telearbeit im Rahmen des Status von *in Heimarbeit Beschäftigten* schließt grundsätzlich nicht Tätigkeiten für mehrere Auftraggeber aus. Dies gilt jedoch nur dann, wenn mehrere *Teilzeit-Heimarbeitsverhältnisse* abgeschlossen werden. Es bleibt also zu prüfen, ob durch die Tätigkeit für verschiedene Auftraggeber nicht bereits eine direkte Tätigkeit für den Absatzmarkt begründet wird. Dann wäre die Anwendung des HAG ausgeschlossen.[576] Entscheidend ist, wer das kaufmännische Risiko trägt, also das Arbeitsergebnis verwertet.[577]

---

[574] Insoweit kann auf die für Nicht-Telearbeiter einschlägige Literatur verwiesen werden.

[575] SCHRÖTER, Veränderungen in Arbeitswelt und Betrieb, Internet-Recherche vom 21.10.98, 15.52 Uhr, http://www.telewisa.de/te_wi_t.html.

[576] Vgl. D+A CONSULTING/WEDDE, Entwicklungen, S. 40.

[577] SCHMIDT/KOBERSKI/TIEMANN/WASCHER, § 2 Rn. 22.

Liegt das Verwertungsrisiko bei den Auftraggebern, dann handelt es sich trotz der verschiedenen Auftraggeber beim Telearbeiter um einen Heimarbeiter.[578]

Ist der Telearbeiter bei verschiedenen Arbeitgebern Teilzeitbeschäftigter, dann kann er jeweils Arbeitnehmer sein. Entscheidend ist, ob er die einzelnen Kriterien bzw. Indizien erfüllt. Denkbar sind jedoch auch Konstellationen, in denen verschiedene Formen nebeneinander bestehen. So kann jemand, der zwei Tage in der Woche für einen Arbeitgeber tätig wird, daneben zeitweise oder über einen längeren Zeitraum als Heimarbeiter für einen anderen arbeiten und beispielsweise Einzelaufträge als Selbständiger übernehmen.

Nebentätigkeiten sind grundsätzlich erlaubt. Dies gilt nicht nur für *Selbständige* und *Arbeitnehmerähnliche*, sondern auch für *Arbeitnehmer*.[579] Sofern jedoch im Rahmen einer Teilzeit-Tätigkeit ausdrücklich oder konkludent eine Nebenarbeits- bzw. Nebentätigkeitssperre vereinbart wird, der Telearbeiter also nicht befugt ist, auch für andere zu arbeiten, deutet es darauf hin, daß es sich um einen *Arbeitnehmer* handelt. Zu beachten ist in diesem Zusammenhang, daß Nebentätigkeitsverbote selbst im Rahmen eines Arbeitsverhältnisses nur insoweit wirksam sind, als der Arbeitgeber daran ein berechtigtes Interesse hat. Das wird nur der Fall sein, wenn:

- der Arbeitnehmer seine Pflichten aus dem Arbeitsverhältnis nicht mehr erfüllen kann,
- die Gesamtarbeitszeit die zulässigen Arbeitsgrenzen überschreitet,
- während des Urlaubs eine Nebentätigkeit ausgeübt wird (§ 8 BUrlG) bzw.
- die Nebentätigkeit zugleich Konkurrenztätigkeit ist.[580]

Im allgemeinen ist eine Nebenbeschäftigung während einer Erkrankung des Arbeitnehmers untersagt.[581]

Nur der Vollständigkeit halber sei erwähnt, daß der Telearbeitnehmer der bei Arbeitnehmerverhältnissen üblichen *Verschwiegenheitspflicht* unterliegt. Weiterführende Verschwiegenheitspflichten können grundsätzlich vereinbart werden.[582] *Verschwiegenheitspflichten* bei Selbständigen und Heimarbeitern hängen von der jeweiligen vertraglichen Konstellation ab. Grundsätzlich besteht

---

[578] Vgl. WANK, Telearbeit, Rn. 322.

[579] Zu den Nebentätigkeiten bei Arbeitnehmern vgl. bspw. SCHAUB, § 53 II 6.

[580] SCHAUB, § 53 II 6.

[581] SCHAUB, § 43 II 3; vgl. zu den Fällen, in denen eine Nebenbeschäftigung nicht möglich ist, SCHAUB, § 43 II 4 - 7.

[582] Auch hierbei kann bei Telearbeitnehmern nichts anderes als bei den sonstigen Arbeitnehmern gelten. Näheres zur *Verschwiegenheitspflicht* vgl. bspw. SCHAUB, § 54 1b.

keine Pflicht des 'Auftrag'-nehmers, Verschwiegenheit zu wahren. Sofern sie ausdrücklich vereinbart wurde oder wenn sie wie im Falle von bestimmten Freiberuflern ausdrücklich gesetzlich geregelt ist,[583] besteht eine derartige Pflicht. Unter besonderen Umständen kann eine Pflicht zur Verschwiegenheit konkludent bestehen, etwa wenn die Sensibilität der Daten und Vertragsinhalt auf eine solche hinweisen.

Im Hinblick auf *Wettbewerbsverstöße* müssen bei Telearbeitnehmern die gleichen Grundsätze gelten wie bei sonstigen Arbeitnehmern[584] Gleiches gilt für *Heimarbeiter* und sonstige *Selbständige*.

3. Zusammenfassung

Grundsätzlich bedarf es zur Einrichtung eines Telearbeitsplatzes und bei Unterbrechung bzw. Beendigung der Telearbeit einer einvernehmlichen Vereinbarung zwischen den Vertragspartnern; unabhängig davon, ob die Arbeitskraft Arbeitnehmer oder Selbständiger (und damit auch z.B. in Heimarbeit Beschäftigter) ist. Es gilt das Prinzip der Freiwilligkeit. Bei den Selbständigen (und Arbeitnehmerähnlichen) ist bei Weigerung der Arbeitskraft per Telearbeit tätig zu werden, eine Kündigung durch den Arbeitgeber denkbar. Dem Arbeitnehmer gegenüber steht dem Arbeitgeber gegebenenfalls eine Änderungskündigung zur Disposition.

Dem Arbeitnehmer und dem in Heimarbeit Beschäftigten gegenüber bestehen Informationspflichten seitens des Arbeit- oder Auftraggebers. Nebentätigkeiten sind für Selbständige (auch in Heimarbeit Beschäftigte) Telearbeiter sowie in bestimmten Grenzen für Telearbeitnehmer zulässig. Verschwiegenheitspflichten sind bei Arbeitnehmern und gegebenenfalls auch bei Selbständigen (auch in Heimarbeit Beschäftigten) möglich.

III. Kontrollbefugnisse

Nach den Erfahrungen, die Großbetriebe wie IBM oder Siemens in Deutschland mit der Telearbeit gemacht haben, sind nicht Kontrollmechanismen, sondern vielmehr die gegenseitigen Absprachen für gute Leistungen und damit für die Effektivität ausschlaggebend.[585] Es bedarf nach Einführung von Telearbeitsplätzen einer neuen Führungskultur, weil die Arbeitskraft nicht mehr ständig vor Ort ist. Dieser entspricht das sogenannte *management by objectives*, bei dem die Führung über Zielvorgaben die Tätigkeiten des Telearbeiters steuert. Die Arbeit muß anders als früher überwiegend an den Ergebnissen gemessen werden, was den Führungskräften neue Fähigkeiten abverlangt.

---

[583] Gesetzliche Verschwiegenheitspflichten ergeben sich etwa bei Rechtsanwälten, Steuerberatern, Wirtschaftsprüfern und Ärzten.

[584] Vgl. diesbezüglich bspw. SCHAUB, §§ 56, 57 u. 58.

[585] Vgl. VON RADETZKY, teleworx 1/97, S. 55.

Doch selbst wenn im Rahmen der Einführung des management by objectives der Grundsatz *fides facit fidem* stärker zur Geltung kommen soll als bei anderen Auftrags- oder Arbeitsverhältnissen, wird Kontrolle - jedenfalls für Einzelfälle - nicht aus dem Arbeitsleben wegzudenken sein. Besonders dann, wenn die Unternehmensführung Zweifel an der effektiven Arbeitsweise des Telearbeiters hegt. Insoweit kommt der Frage nach den Kontrollbefugnissen eine nicht unerhebliche Bedeutung zu, auch wenn sie in der Praxis eine nicht so große Rolle spielt, wie im Rahmen juristischer Untersuchungen häufig erwartet wurde.[586]

Art und Ausmaß der Kontrollbefugnisse sind abhängig von den vertraglichen Verhältnissen zwischen den Telearbeitern und deren Auftrag- bzw. Arbeitgebern. Insoweit muß also zwischen den Kontrollbefugnissen der Auftraggeber und denen der Arbeitgeber unterschieden werden:

1. Kontrollbefugnisse des Auftraggebers

Selbständige und arbeitnehmerähnliche Telearbeiter können für einen oder für mehrere Auftraggeber tätig werden. Bei *Selbständigen* stellt sich die rechtliche Lage am einfachsten dar. Ein Selbständiger ist nicht persönlich abhängig. Dem Aufraggeber kommt daher grundsätzlich keine Kontrollbefugnis zu. Die einzige Form der Überprüfung, die ihm zustehen kann, ist die, ob die Arbeit in der entsprechend vereinbarten Art und Weise und zu dem vereinbarten Zeitpunkt fertiggestellt wurde.

Daher hat der Auftraggeber zu den Räumen des *selbständigen Telearbeiters* keine *Zugangsbefugnisse*, es sei denn, diese werden ausdrücklich vereinbart. Werden jedoch zugunsten des Auftraggebers intensivere Kontrollmöglichkeiten eingeräumt, können Zweifel an der Selbständigkeit des Telearbeiters angebracht sein. Entsprechend den oben bereits erwähnten Kriterien ist anhand einer Gesamtwürdigung zu ermitteln, ob er dann noch der Gruppe der Selbständigen zugerechnet werden kann.

Bei Telearbeit durch einen *Selbständigen* gilt das Erwähnte im Hinblick auf die Kontrolle *mittels technischer Mittel* ebenfalls; die Kontrolle soll sich grundsätzlich auf das Arbeitsergebnis beschränken. Das bedeutet jedoch nicht, daß ein Auftraggeber nicht befugt wäre, nach Absprache mit dem Telearbeiter Teilbereiche unfertiger Arbeiten zu überprüfen, um Sorge dafür zu tragen, daß das beabsichtigte Endergebnis auch erzielt wird. Hierzu muß das Einverständis des Selbständigen vorliegen. Eine ständige Kontrolle seitens des Auftraggebers darf nicht vorliegen, da dies sonst als Indiz für ein Arbeitgeber-Arbeitnehmerverhältnis bewertet werden könnte.

---

[586]Der vermutlich zu unrecht Lenin zugeschriebene Ausspruch "Vertrauen ist gut, Kontrolle ist besser" gilt insoweit auch bei Einführung von Telearbeit als Grundsatz der Betriebsführungen.

Bei *in Heimarbeit Beschäftigten* gestaltet sich die Lage ähnlich. Auch hier beschränkt sich die Kontrollbefugnis grundsätzlich auf die Abnahme des Produktes, und damit auf die Frage, ob auftragsgemäß gearbeitet wurde.[587] Sie erfolgt bei Ablieferung des Arbeitsergebnisses.[588] Dementsprechend sind die Kontrollbefugnisse gegenüber Arbeitskräften nach dem HAG im Verhältnis zu denen gegenüber Arbeitnehmern sehr gering. Zutritts- und Kontrollrechte sind mit Blick auf § 16 II HAG nur denkbar, wenn der Auftraggeber Räume oder Betriebseinrichtungen zur Verfügung stellt und die alleinige Unterhaltung der Anlagen übernimmt. Eine derartige Gestaltung dürfte eher die Ausnahme darstellen, da der Heimarbeiter per definitionem persönlich unabhängig sein muß.[589] Werden zugunsten des Auftraggebers eines in Heimarbeit Beschäftigten tiefgreifendere Kontrollmöglichkeiten eingeräumt, kann dies als Indiz für die Einordnung des Telearbeiters als Arbeitnehmer sprechen.

Die Kontrollbefugnisse *mittels technischer Mittel* sind bei *in Heimarbeit Beschäftigten* aufgrund ihrer persönlichen Unabhängigkeit stark beschränkt. Insoweit dürfen gundsätzlich keine direkten oder elektronischen Überwachungsmöglichkeiten bestehen.[590] Anderes muß dann gelten, wenn es um die Kontrolle der Abnahme des Produktes und damit um die Frage geht, ob auftragsgemäß gearbeitet wurde. Hier lassen sich technische Kontrollmöglichkeiten denken, die keinen Einfluß auf die persönliche Unabhängigkeit haben.

Ähnliches wie für Selbständige gilt grundsätzlich auch für *sonstige Arbeitnehmerähnliche (freie Mitarbeiter u.a.)*. Die Kontrollbefugnisse beschränken sich regelmäßig auf das Arbeitsergebnis. Die Frage nach Zutrittsrechten stellt sich nur, wenn sich in den privaten Räumen Geräte des Auftraggebers befinden, die von diesem etwa unter Sicherheitsaspekten zu kontrollieren sind.[591] Zwar sind bei arbeitnehmerähnlichen Personen im Sinne des § 5 I ArbGG, der die in Heimarbeit Beschäftigten und die ihnen Gleichgestellten nicht erfaßt, unter Umständen auch die Auftraggeber verpflichtet, Maßnahmen des Arbeitsschutzes durchzuführen (§ 2 II Nr. 3 ArbSchG), doch dies bedeutet nicht, daß dem Auftraggeber automatisch eine Zugangs- oder Kontrollbefugnis zusteht. Denn einerseits ist eine solche nicht gesetzlich geregelt und andererseits lassen sich etwaige Verpflichtungen dieser Art anders durchsetzen. Auch ist nicht davon auszugehen, daß mit der Vereinbarung eines freien Mitarbeiter-Verhältnisses in Form der Telearbeit konkludent ein Zutrittsrecht des Auftraggebers gewährt

---

[587] BRECHT, Heimarbeitsgesetz, § 2 Rn. 18.

[588] SCHMIDT/KOBERSKI/TIEMANN/WASCHER, nach § 19 Rn. 3.

[589] D+A CONSULTING/WEDDE, Entwicklungen, S. 131; insofern dürfte die Diskussion hierüber zu vernachlässigen sein.

[590] D+A CONSULTING/WEDDE, Entwicklungen, S. 37.

[591] Vgl. D+A CONSULTING/WEDDE, Entwicklungen, S. 131 f.

wird. So hat etwa eine Redaktion bei einem Journalisten, der nicht Telearbeiter ist, durch die vertraglichen Vereinbarungen kein Zutrittsrecht zu seiner Wohnung, selbst wenn er dort beruflich tätig ist. Gleiches muß auch bei einem telearbeitenden freien Mitarbeiter gelten.

2. Kontrollbefugnisse des Arbeitgebers

Schwieriger stellt sich die Frage nach den Kontrollbefugnissen gegenüber *Telearbeitnehmern*. Die Problematik ist noch nicht abschließend geklärt und bedarf noch erheblicher juristischer Erörterung. Um rechtliche Unwägbarkeiten zu vermeiden, empfiehlt es sich, Art und Umfang vertraglich zu regeln, sofern die Materie nicht bereits tarifvertraglich oder per Betriebsverfassung geregelt ist. Der Übersichtlichkeit halber werden nachstehend verschiedene Formen der Kontrolle untersucht.

a. Mittels Zugangs zur Arbeitsstätte

Die Fragen nach den Zugangsbefugnissen sind strikt von denen zu trennen, die die Arbeitssicherheit betreffen.[592] Zugangsbefugnisse sind zivilrechtlich geregelt. Die Vorschriften der Arbeitssicherheit enthalten regelmäßig keine Befugnisse zum Betreten der Wohnungen der Telearbeiter. Nach der vorliegend vertretenen Auffassung dürfen Zugangsbefugnisse weder zugunsten noch zuungunsten von Arbeitsschutzmaßnahmen ausgeweitet oder beschränkt werden.

Wenn zwischen einem Arbeitgeber und dem *Telearbeitnehmer* eine *Vereinbarung* hinsichtlich der Kontrolle des Arbeitsplatzes getroffen wurde, wird sie allgemein als wirksam angesehen;[593] nach teilweise vertretener Auffassung jedoch nur, sofern sie sich innerhalb der Grenzen der §§ 138 I, 242 BGB bewegt.[594] Allgemein ausgeschlossen wird dagegen die Vereinbarung einer *jederzeitigen* Kontrolle des häuslichen Arbeitsplatzes.[595] Vielmehr wird angenommen, daß sich das Zugangsrecht zeitlich auf die vereinbarte bzw. übliche Arbeitszeit der Telearbeitnehmer beschränkt.[596] Eine Vereinbarung, über Kontrollbefugnisse, hat bereits in verschiedene Betriebs- und Tarifvereinbarungen Eingang gefunden. Es empfiehlt sich daher, im Rahmen des Arbeitsvertrages oder im Rahmen eines Zusatzvertrages Art und Tragweite der Kontrollbefugnisse zu regeln.

---

[592] Anders: WANK, Rn. 454.

[593] WEDDE (D+A CONSULTING/WEDDE, Entwicklungen, S. 135) befürwortet eine Vereinbarung des Zutrittsrechts. Auch SCHUPPERT ist der Auffassung, daß Zutrittsrechte für betriebliche Vertreter grundsätzlich verfassungskonform sind (SCHUPPERT, S. 57).

[594] COLLARDIN, S. 73 f.

[595] WEDDE, Telearbeit, S. 121.

[596] COLLARDIN, S. 73 f.; WEDDE, Telearbeit, S. 122.

Ob dagegen eine Kontrollbefugnis des Arbeitgebers bestehen soll, wenn sie *nicht ausdrücklich vereinbart* wurde, ist heftig umstritten. Zur Frage telearbeitsspezifischer Zutrittsrechte liegen derzeit drei grundlegende Untersuchungen vor, die im wesentlichen durch zwei entgegengesetzte Positionen geprägt sind. Während COLLARDIN den häuslichen Telearbeitsplatz voll dem Schutz der Unverletzlichkeit der Wohnung unterstellt, setzt sich nach Auffassung von WEDDE der Betriebsaspekt gegen die Privatsphäre des häuslichen Telearbeitsplatzes durch.[597] SCHUPPERT prüft dagegen die Frage nach Möglichkeit und Umfang der Einwilligungsfähigkeit betreffend der Zugangerlaubnis zur Wohnung.

aa. Unverletzlichkeit der Wohnung nach COLLARDIN

COLLARDIN hält Zutrittsrechte des Arbeitgebers nur im Ausnahmefall für gegeben, es sei denn, sie wurden ausdrücklich vereinbart. Er weist darauf hin, daß die allgemeinen Regeln des Sachenrechts (§§ 903, 859 ff. BGB) gelten und der Telearbeiter als Eigentümer bzw. Besitzer im Rahmen seiner Verfügungsbefugnis über seine Wohnung frei verfügen kann. Ein Zugangsrecht aus § 677 ff. BGB scheitere in der Regel am Mangel eines wirklichen oder mutmaßlichen Interesses des Geschäftsherrn (des Telearbeiters) oder daran, daß der entgegenstehende Wille nach § 679 BGB nicht unbeachtlich ist. Das Kriterium der Beachtlichkeit sei an der auch im Rahmen von privaten Rechtsverhältnissen zu respektierenden Drittwirkung des Art. 13 GG zu messen. Insoweit sei ein erhebliches öffentliches Interesse an der Geschäftsführung zu fordern. Ein solches liegt beispielsweise bei einem Brand der Wohnung oder in ähnlichen Fällen vor. Ferner könne § 904 S.1 BGB einen Zugang zum Telearbeitsplatz rechtfertigen. Doch hierfür muß eine gegenwärtige Gefahr vorliegen und der eintretende Schaden unverhältnismäßig groß sein.[598] Insoweit verneint er eine allgemeine konkludente Zugangsbefugnis des Arbeitgebers zur Wohnung des *Telearbeitnehmer* aus Kontrollgründen; der Arbeitgeber könne nur vertraglich ein derart weites Zugangsrecht zur Wohnung des Telearbeiters erlangen.[599]

bb. Verlust der Privatheit durch Umwidmung nach WEDDE

WEDDE spricht sich gegen ein derart beschränktes Zutrittsrecht des Arbeitgebers aus.[600] Zwar könne sich der Telearbeitnehmer auf die zivilrechtlichen Besitzschutznormen (§ 854 ff. BGB) stützen. Doch ein Zutrittsrecht könne zwischen Arbeitgeber und Telearbeiter vereinbart werden. Bereits aus der Aufnahme der Telearbeit werde der Telearbeitsplatz zu einem

---

[597] D+A CONSULTING/WEDDE, Entwicklungen, S. 133 f.

[598] COLLARDIN, S. 70 f.

[599] COLLARDIN, S. 91.

[600] WEDDE, Telearbeit, S. 121 f.; D+A CONSULTING/WEDDE, Entwicklungen, S. 133 f.

'betrieblichen' und insoweit folge daraus konkludent ein arbeitsschutzbezogenes Zugangsrecht für betriebliche Vertreter. Die Kontrollen sollen jedoch zeitlich auf die vereinbarten bzw. üblichen Arbeitszeiten beschränkt sein. Der Verlust an Privatheit solle Folge der organisatorischen Einbindung des heimischen Telearbeitsplatzes in den Betrieb sein. Der Telearbeitnehmer könne jedoch die konkludent erteilte Zustimmung widerrufen und den Zutritt verweigern. Empfohlen werde daher, aus Gründen der Rechtssicherheit und zur Festlegung des 'Wie' der Kontrolle dennoch eine eindeutige vertragliche Regelung der Zutrittsrechte durch die Betroffenen.[601]

Nach WEDDE soll ausschließlich für die wenigen Telearbeitsplätze, die aufgrund fehlender Einbindung in die betriebliche Organisation kein 'Teil des Betriebs' seien, aber nicht außerhalb eines Arbeitsverhältnisses bestehen, nicht von einer stillschweigenden Einwilligung in arbeitsschutzbezogene Kontrollen ausgegangen werden.[602]

cc. Ausprägung des Nutzungsprofils nach SCHUPPERT

SCHUPPERT untersucht dagegen die Frage, ob und inwieweit die *ausdrückliche* Vereinbarung einer Kontrollbefugnis zwischen Arbeitgeber und Telearbeitnehmer möglich ist. Er erwähnt nicht, daß die nach seiner Auffassung rechtlich zulässige Vereinbarung zwischen Arbeitgeber und Telearbeitnehmer auch *konkludent* erfolgen könne.

Nach ihm sollen bei der Telearbeit Betrieb und Wohnung nicht im Sinne eines Entweder-Oder-Schemas als 'dichotomische Gegensätze' verstanden werden, sondern es gehe um eine gewandelte Zuordnung von betrieblicher und privater Sphäre durch ein "funktionales Ergänzungsverhältnis von betrieblicher und häuslicher Arbeitsstätte". Die Telearbeit sei durch zwei aufeinander bezogene selbstbestimmte Nutzungsprofile gekennzeichnet, nämlich durch ein Nutzungsprofil des Arbeitnehmers hinsichtlich der Nutzung der Wohnung für die dort zu erbringenden Arbeitsleistungen und durch ein Nutzungsprofil des Arbeitgebers hinsichtlich der teilweisen Dezentralisierung der bisher ausschließlich im Betrieb erbrachten Arbeitsleistung.[603] SCHUPPERT lehnt sich dabei an das Modell der abgestuften Schutzintensität unterschiedlich genutzten Wohnraums, das in der Rechtsprechung des Bundesverfassungsgerichts entwickelt worden ist, an. Es läßt sich nach seiner Auffassung in zwei je-desto-Sätzen zusammenfassen: Je mehr es um die Wohnung als räumlichen Hort der Intimsphäre geht, desto intensiver muß der verfassungsrechtliche Schutz sein; je mehr der Geschäfts- oder Betriebscharakter der Wohnung im Vordergrund steht,

---

601 D+A CONSULTING/WEDDE, Entwicklungen, S. 134 f.

602 D+A CONSULTING/WEDDE, Entwicklungen, S. 135. Zur genaueren Beschreibung dieser nach seiner Auffassung wenigen Telearbeitsplätzen vgl. WEDDE, Telearbeit, S. 191 ff.

603 SCHUPPERT, S. 56.

desto weniger dominiert der Aspekt des Rechts, in Ruhe gelassen zu werden und muß es möglich sein, aus berechtigten Gründen an das Verhältnismäßigkeitsprinzip gebundene Zutrittsrechte einzuräumen.[604] Die Beteiligten nähmen vor dem Hintergrund einer kommunikationstechnisch möglichen und von ihnen gewollten Flexibilisierung der Arbeitsorganisation durch ihr Sozialverhalten Begrenzungen der ihnen jeweils eigenen Dispositionsfreiheit hin, die sich aus dem genannten wechselseitigen Funktionszusammenhang ihrer Nutzungsprofile ergäben. Sofern diese Beschränkungen der Dispositionsfreiheit sich in diesem engen Rahmen der Funktionserfordernisse der Telearbeit hielten, seien sie keine "Eingriffe und Beschränkungen" im Sinne des Art. 13 GG und daher verfassungsrechtlich unbedenklich.[605] Der Rahmen der Funktionserfordernisse innerhalb der beiden Nutzungsprofile werde durch die aus Grundrechtskollisionen bekannte Optimierungsaufgabe, dem Verfahren der Herstellung praktischer Konkordanz, ermittelt.[606]

Zutrittsrechte könnten nach SCHUPPERT sowohl für den Arbeitgeber als auch für den Betriebsrat gesetzlich vorgesehen werden. Sofern bereits gesetzliche Regelungen für Zutrittsrechte zu betrieblichen Arbeitsplätzen bestehen (z.B. für den Arbeitgeber aus den sachenrechtlichen Regelungen des BGB oder für den Betriebsrat aus den Bestimmungen des Betriebsverfassungsgesetzes), seien diese verfassungsrechtlich unbedenklich auf Telearbeitsplätze anzuwenden, "soweit ihr Anwendungsbereich auf den Umfang des Erforderlichen im Sinne einer Wahrung des Funktionszusammenhangs der wechselbezüglichen Nutzungsprofile reduziert" werde ("Methode der für die verfassungskonforme Auslegung geläufigen verfassungskonformen Reduktion"). Im selben Sinne wären auch vertragliche Regelungen des Zutrittsrechts zwischen Arbeitgebern und Arbeitnehmern sowie betriebliche oder tarifrechtliche Vereinbarungen von Zutrittsrechten für den Betriebsrat wie Gewerkschaftsvertretern möglich.[607]

dd. Eigene Position

Der allgemein vertretenen Auffassung, daß ein Telearbeitnehmer wirksam ein Zugangsrecht des Arbeitgebers in die Wohnung *vereinbaren kann*, wird zugestimmt. Vieles spricht auch dafür, daß sich das Zugangsrecht zeitlich auf die vereinbarte bzw. übliche Arbeitszeit der Telearbeitnehmer beschränkt. Insoweit kann grundsätzlich auf die oben gelieferte Argumentation verwiesen werden. Entsprechend dem Rechtsverständnis der überwiegend vertretenen Auffassung wird einer unmittelbaren Drittwirkung von Art. 13 GG zwischen

---

[604] Vgl. hierzu die Ausführungen bei SCHUPPERT, S. 55 u. 26 ff.

[605] SCHUPPERT, S. 57.

[606] D+A CONSULTING/WEDDE, Entwicklungen, S. 137 f.SCHUPPERT, S. 52 f.

[607] SCHUPPERT, S. 57.

Privaten im Bereich des Arbeitsrechts nicht gefolgt.[608] Die Norm ist nicht ausschlaggebend für die Befugnis des Telearbeiters, den Arbeitgeber nicht in die Wohnung zu lassen, da es sich um Rechtsverhältnisse zwischen Privaten handelt. Dagegen sind die aus dem Eigentum an der Wohnung direkt oder im Falle der Miete sich indirekt ergebenden Rechte für die Frage ausschlaggebend, ob der Telearbeiter dem Arbeitgeber zur Wohnung Zugang verschaffen will oder nicht.

Entgegen der Auffassung von WEDDE liegt jedoch eine *konkludente Vereinbarung* des Zugangs zur Wohnung durch die bloße Einigung über die Aufnahme der Telearbeit seitens des Arbeitnehmers *nicht vor.* Zunächst sei festgestellt, daß die Antwort auf die Frage, ob eine konkludente Vereinbarung vorliegt, von den Umständen des Einzelfalls abhängt. Jeder einzelne ist mit den juristischen Mitteln der Auslegung zu messen. Doch die Grundsätze der ergänzenden Auslegung von Willenserklärungen greifen regelmäßig nicht zugunsten einer solchen Annahme: Nach diesen Grundsätzen wird der Inhalt des Vertrags um eine nicht ausdrücklich vereinbarte Bestimmung ergänzt, welche im Wege der Auslegung aus dem Gesamtinhalt des Vertrages gewonnen wird. Die ergänzende Auslegung darf jedoch nicht zu einem Ergebnis führen, das dem erkennbaren Willen der Vertragsteile widerspricht. Es kommt bei unterschiedlichen Auffassungen der Parteien auf das im Einzelfall objektiv nach den Umständen, den Verhältnissen der Parteien und ihren Erklärungen als angemessen Gewollte an.

Ferner ergibt sich eine konkludente Vereinbarung nicht aus § 133 BGB. Demnach ist bei der Auslegung einer Willenserklärung nicht am buchstäblichen Sinn eines Ausdrucks zu haften, sondern der wirkliche Wille zu erforschen. Eine derart weite Auslegung geht zu weit, da die Vertragspartner sich bei Einrichtung des Telearbeitsplatzes regelmäßig keine Gedanken darüber gemacht haben werden, ob - geschweige denn inwieweit und unter welchen Voraussetzungen - ein Zugang für den Arbeitgeber möglich sein soll. Im Verhältnis zu anderen Fragen, über die sich die Parteien stillschweigend einig geworden sein können, ist dies eine eher nachrangige Frage, insoweit wird die Einrichtung eines Zugangsrechts regelmäßig weder dem erkennbaren Willen noch dem als angemessen Gewollten entsprechen. Das gilt besonders dann, wenn Telearbeit ad hoc eingeführt wird, die Vertragspartner sich also keine Gedanken zu den Einzelheiten der Umstände gemacht haben. Gerade, wenn ein eigener telearbeitsbezogener Vertrag nicht schriftlich geschlossen worden ist, dürften sich die Parteien gedanklich nicht mit einem Zugangsrecht beschäftigt haben. Im Zweifel ist davon auszugehen, daß der Arbeitgeber eher auf seine

---

[608] Außer im Fall des Art. 9 III GG, dem unbestritten unmittelbare Drittwirkung zugesprochen wird (zur Diskussion über die Drittwirkung vgl. bspw. VON MÜNCH/KUNIG, Vorb. Art. 1-19 Rn. 28 ff.).

Kontrollmöglichkeiten verzichtet als der Telearbeiter auf das Recht in seiner Wohnung nicht gestört zu werden. Ein solcher Verzicht wäre auch wirksam.

Als Gegenfragen seien die folgenden aufgeworfen: Wie gestaltet sich die Rechtslage, wenn zwar ein schriftlicher telearbeitsbezogener Vertrag abgeschlossen, die Zugangsfrage jedoch nicht ausdrücklich vereinbart wurde? Besteht dann ein Zugangsrecht? Folgte man der Auffassung von WEDDE, dann müßte in einem derartigen Fall das Zugangsrecht ausdrücklich ausgeschlossen werden, wenn der Telearbeitnehmer - aus welchen Gründen auch immer - vermeiden möchte, daß der Arbeitgeber in die Wohnung eintritt. Dies erschiene lebensfremd. Weiter stellt sich die Frage, ob eine derartige konkludente Vereinbarung auch dann als geschlossen gilt, wenn der Telearbeiter, beispielsweise in Heidelberg wohnt und für eine in Berlin ansässige Firma arbeitet. Eine solche konkludente Vereinbarung dürfte nicht vorliegen. Erst recht kann dies nicht gelten, wenn der Telearbeiter beispielsweise in Spanien wohnt und für eine in Deutschland ansässige Firma tätig wird.

Zusammenfassend sei festgestellt, daß in Anlehnung an COLLARDIN eine ausdrückliche Vereinbarung vorliegen muß, um den Arbeitgeber einen Zugang unter Beachtung der §§ 242, 138 BGB zu ermöglichen. Eine schriftliche Fixierung ist sinnvoll.[609]

b. Mittels IuK-Mittel

Bei online-Zugriff besteht in *technischer Hinsicht* für den Arbeit- bzw. Auftraggeber einerseits die Möglichkeit aktiver Kontrolle durch gezieltes Erfassen und Lesen der arbeitstechnischen und inhaltlichen Vorgänge innerhalb des Computers. Andererseits ist auch die passive Kontrolle beispielsweise durch bloßes automatisches Regristrieren der online-Verbindungen möglich. Denkbar sind ferner *Teleüberwachung* bzw. *Teleaufsicht* in den verschiedensten Formen. Erwähnt seien in diesem Zusammenhang ferner Begriffe wie *Stimmkontrollen* und *Augenscanning*.[610]

Der Vollständigkeit halber sei vorab festgestellt, daß die Einführung und Anwendung von technischen Einrichtungen, die dazu bestimmt sind, das

---

[609] Das bedeutet jedoch nicht, daß der Telearbeitnehmer nicht im Einzelfall den Arbeitgeber in die Wohnung lassen könne. Relevant werden die Fragen nur, wenn der Arbeitnehmer sich gegen eine Besichtigung verwahrt.

[610] Im Rahmen der *Stimmkontrolle* prüft der Zentralcomputer anhand eines Vergleichs mit in Datenform gespeicherten Stimmaufzeichnungen die Berechtigung desjenigen, der sich eingeloggt hat. Im Falle des *Augenscannings* gilt das gleiche Prinzip mit dem Unterschied, daß eine Kamera die äußerliche Übereinstimmung der Pupille mit den hierüber gespeicherten Daten vergleicht.

Verhalten oder die Leistung der Arbeitnehmer zu überwachen, ein Mitbestimmungsrecht Betriebsrats auslösen kann, § 87 I Nr. 6 BetrVG.[611]

Im Rahmen der Kontrolle des Telearbeitnehmers über *IuK-Mittel* gelten andere Maßstäbe als im Zusammenhang mit der Kontrolle durch Zugang zu seiner Wohnung; denn die Besitzschutzrechte greifen hierbei nicht. Auch kann Art. 13 GG grundsätzlich[612] nicht Maßstab sein. Im Hinblick auf technische Kontrollen ist die Zulässigkeit der Überwachung des Telearbeiters ausschließlich am Persönlichkeitsrecht zu messen.[613] Art. 2 I GG gilt jedoch im Verhältnis zwischen Arbeitnehmer und Arbeitgeber nur mittelbar; außer im Falle von staatlichen Kontrollen.[614] Unter das allgemeine Persönlichkeitsrecht fällt insbesondere auch das Recht auf informationelle Selbstbestimmung, d.h. das Recht des Betroffenen auf Schutz aller persönlichen Daten.[615]

Der Arbeitgeber hat das Recht, die E-Mail-Nutzung seines Arbeitnehmers im Hinblick darauf zu kontrollieren, ob sie tatsächlich nur betrieblichen Zwecken dient und nicht für private oder gar rechtswidrige Zwecke mißbraucht wird. Er kann dies auch tun, um die Leistung seiner Mitarbeiter sowie die betriebliche Kostenentwicklung zu überwachen. Hierfür ist es ihm möglich, die Verbindungsdaten einschließlich der Empfänger- und Adressatendaten der Mitarbeiter-E-Mails aufzuzeichnen und auszuwerten. Es ist aber sicherzustellen, daß dort eine bereichsspezifische Kontrolle nur durch bestimmte Personen auf Betriebsführungsebene erfolgt, wo solche Daten Gegenstand von E-Mails sein können, welche den sensiblen Gehalt von Personalakten betreffen. Kontrollfreie Räume bestehen gegenüber solchen Arbeitnehmern, die aus gesetzlichen Gründen Geheimhaltungsschutz genießen, etwa bei den durch § 203 StGB geschützten Personen, wie auch bei Journalisten, geistlichem und wissenschaftlich tätigem Personal.[616]

Im Zusammenhang mit Telephongesprächen im Betrieb sind bereits eine Reihe von Grundsätzen aufgestellt worden. Diese können häufig auf die Kontrolle von E-Mails und auf sonstige Kontrollen mittels IuK-Technologien angewendet werden, da in funktioneller Hinsicht regelmäßig nur geringe Unterschiede

---

611 Vgl. etwa: SOERGEL, § 235 II 6 und telearbeitsspezifisch: COLLARDIN, S. 103; Voraussetzung ist, daß der Betrieb nach § 1 BetrVG der betrieblichen Mitbestimmung unterliegt und ein Betriebsrat besteht.

612 Etwas anderes kann gelten, wenn eine regelmäßige Sichtkontrolle erfolgt. Hier wäre daran zu denken, daß neben dem allgemeinen Persönlichkeitsrecht ausnahmsweise auch der Schutzbereich des Art. 13 GG berührt sein kann, obwohl ein körperlicher Zugang zum Wohnraum nicht erfolgt ist. Hier besteht noch erheblicher Klärungsbedarf.

613 COLLARDIN, S. 103.

614 COLLARDIN, S. 99.

615 BALKE/MÜLLER, DB 1997, S. 327.

616 RAFFLER/HELLICH, NZA 1997, S. 867 f. (vgl. auch den Artikel in: AiB 1995, S. 149 ff.).

bestehen.[617] Gelegentliche persönliche Kontrollen des Telearbeiters beispielsweise durch Telephonanrufe werden als zulässig angesehen. Auch spricht nichts gegen eine Zugangskontrolle mittels eines Kennworts beim Einloggen des Arbeitnehmers in den Zentralcomputer. Anderes kann im Falle einer intermitierenden Berechtigungskontrolle gelten, bei der sie automatisiert wird und periodisch erfolgt. Hierbei wird auf die Erforderlichkeit abgestellt, nach der zu untersuchen ist, ob eine Überprüfung in ähnlich wirksamer Weise möglich ist. Andererseits ist das Maß der Kontrolle abhängig von der Datensensibilität der entsprechenden Aufgaben. Bei einer ständigen Überwachung optischer und akustischer Art entsteht ein nicht zu rechtfertigender Überwachungsdruck, der das zulässige Maß an Eingriffen in das Persönlichkeitsrecht überschreiten kann. Zusammenfassend bleibt festzuhalten, daß der Kontrollumfang bei einem Telearbeitnehmer zwar umfassender als gewöhnlich, jedoch nicht lückenlos sein kann.[618]

Im Hinblick auf die Kontrolle der tatsächlichen Arbeitszeit ist festzustellen, daß eine Selbstkontrolle des Arbeitnehmers durch ein Arbeitstagebuch möglich ist. Zur Führung eines solchen Tagebuchs kann der Arbeitgeber den Arbeitnehmer aufgrund seiner Weisungsbefugnis verpflichten.

Der Arbeitgeber kann weiterhin, sofern er die Kosten für eine konkrete Telephonleitung des Arbeitnehmers übernimmt, aufgrund seiner Direktionsbefugnis von diesem die Herausgabe der Einzelverbindungsnachweise verlangen. Das gilt nicht, wenn der Arbeitnehmer aufgrund einer Vereinbarung berechtigt ist, auf der Leitung auch privat zu telephonieren und der Arbeitgeber die Telephonkosten nur pauschal oder gar nicht übernimmt.

Kontrollbefugnisse zur Nutzung von IuK-Mittel wurden im Tarifvertrag der DEUTSCHEN TELEKOM als "Maschinelle Leistungs- und Verhaltenskontrolle" bezeichnet und geregelt. Dies ist möglich, sofern eine entsprechende Vereinbarung zwischen Arbeitgeber und Betriebsrat dies ausdrücklich zuläßt. In der Betriebsvereinbarung bei IBM und im Tarifvertrag der SIEMENS AG wurde dagegen die Nutzung von IuK-Mitteln nicht geregelt.[619]

Anschließend sei erwähnt, daß Überschreitungen der Kontrollbefugnisse bei Arbeitsverhältnissen unter Umständen Folgeansprüche zugunsten des (Tele-) Arbeitnehmers auslösen können.[620]

---

617 Vgl. etwa BALKE/MÜLLER, die zu recht Telephonate mit E-Mails vergleichen (DB 1997, S. 326).

618 Vgl. COLLARDIN, S. 101 f.

619 Vgl. VON RADETZKY, teleworx 1/97, S. 54.

620 Zu den Folgeansprüchen vgl. COLLARDIN, S. 99 f.

3. Ergebnis

Kontrollbefugnisse können gegebenenfalls Mitbestimmungsrechte des Betriebsrates auslösen.

Auftraggeber können selbständigen und arbeitnehmerähnlichen Telearbeitern gegenüber nur die Arbeitsergebnisse kontrollieren. Eine Ausnahme gilt, sofern dies vertraglich vereinbart wurde.

Arbeitgeber erhalten nur bei vertragliche Vereinbarung mit dem Telearbeitnehmer Zugangsbefugnisse zu dessen Wohnung. Eine konkludente Vereinbarung durch bloße Zustimmung zur Ausübung von Telearbeit durch den Telearbeiter liegt jedoch regelmäßig nicht vor. Vielmehr muß eine ausdrückliche oder konkludente Zugangsvereinbarung vorliegen.

Arbeitgebern stehen auch ohne vertraglicher Vereinbarung Kontrollbefugnisse des Telearbeitnehmers über IuK-Mittel zu. Sie sind jedoch durch das allgemeine Persönlichkeitsrecht der Arbeitskraft begrenzt. Die Grundsätze, die im Zusammenhang mit Telephongesprächen von Arbeitnehmern aufgestellt worden sind, lassen sich regelmäßig auf die Kontrolle von E-Mails anwenden.

IV. Sonstige Rechtsfragen

1. Exkurs: Betriebsrat: aktives und passives Wahlrecht

a. Aktives Wahlrecht

Nach § 7 BetrVG sind alle Arbeitnehmer, die das 18. Lebensjahr vollendet haben, wahlberechtigt. In Heimarbeit Beschäftigte gelten auch als Arbeiter im Sinne des § 6 I BetrVG und damit auch als Arbeitnehmer im Sinne des Gesetzes, sofern sie in der Hauptsache für den Betrieb arbeiten, § 6 I S.2 BetrVG. Voraussetzung ist ferner, daß sie den Kriterien aus § 5 I BetrVG (und nicht den aus § 5 II BetrVG) unterliegen. Das bedeutet, daß sie dem Betrieb angehören, also in die Betriebsorganisation eingegliedert sind.[621] Hierfür genügt es, wenn die Arbeitskraft in die Arbeitsorganisation des Betriebsinhabers eingegliedert wird und damit zu ihm in ein arbeitsrechtliches Weisungsverhältnis tritt.[622] Das ist bei *Telearbeitern*, die Arbeitnehmer sind, regelmäßig der Fall, selbst wenn die *Eingliederung* stärker zugunsten einer *informationellen* verlagert ist.

Dementsprechend sind *Telearbeiter*, die als Arbeitnehmer einzustufen sind und solche in Heimarbeit Beschäftigte, die in der Hauptsache für den Betrieb

---

[621] RICHARDI, BetrVG, § 7 Rn. 3.

[622] RICHARDI, BetrVG, § 5 Rn. 77.

arbeiten, wahlberechtigt, sofern sie volljährig sind. Telearbeiter, die häufig außerhalb des Unternehmens sind, erhalten zwar seltener Gelegenheit, persönlich mit dem Betriebsrat oder mit Kandidaten zur Betriebsratswahl in Kontakt zu kommen. Insofern könnte ihnen die (Aus-) Wahl zwar schwerer fallen als herkömmlichen Arbeitnehmern. Doch dies darf kein Grund dafür sein, den Telearbeitern die Wahlberechtigung zu entziehen; neben dem Gesetzeswortlauf sprechen weitere Gründe für ein gleiches Wahlrecht für Telearbeiter:

Die Betriebsräte werden gewählt, um die Interessen der Belegschaft zu vertreten. Treten Probleme in Zusammenhang mit Telearbeitern auf, dann können sie auch diese vertreten. Sie sind berechtigt, mit den Arbeitgebern Betriebsvereinbarungen abzuschließen, die die Belange der Telearbeiter regeln.[623] Daher spricht vieles dafür, die Telearbeiter bei der auch für sie relevanten Wahl des Betriebsrats zu beteiligen.

Ferner unterscheiden sich Telearbeiter im Hinblick auf ihre Anwesenheit im Betrieb i.e.S. nur unwesentlich von Außendienstmitarbeitern wie Verkaufsfahrern, Service-Personal, Monteure, Zeitungsausträger, Fahrleher u.a., die in unterschiedlichem Maße ebenfalls fern vom Betrieb i.e.S. und dennoch wahlberechtigt sind;[624] Telearbeiter ungleich zu behandeln würde, gegen den Grundsatz der Gleichbehandlung verstoßen.

Darüber hinaus besteht wegen des bei Telearbeitern eingeschränkten persönlichen Kontakts auch die Möglichkeit, die Kandidaten zur Betriebsratswahl sowie deren Vorstellungen über die künftige Tätigkeit per Telephon, E-Mail und ggfs. per Videokonferenz den Betriebsrat bzw. kennenzulernen. Von Diskussionplattformen am firmeneigenen Schwarzen Brett (im Intranet) wird stärker Gebrauch gemacht werden; die klassische - persönliche - Kommunikationsebene wird zugunsten einer neuartigen iuk-gestützen reduziert.[625]

Telearbeiter sind also selbst dann aktiv wahlberechtigt, wenn sie ständig außerhalb des Betriebes i.e.S. tätig werden. Im Hinblick auf den Modus der Wahl steht den Wahlberechtigten zu, die Stimme wegen Abwesenheit vom Betrieb per Briefwahl abzugeben, §§ 26 - 28 WOBetrVG .

---

[623] Vgl. bspw. die Betriebsvereinbarung der IBM Deutschland GmbH über außerbetriebliche Arbeitsstätten vom 12.10.1992 (BVaA; s. COLLARDIN, S. 222 ff.)

[624] GK-KREUTZ, § 7 Rn. 32; vgl. ferner RICHARDI, BetrVG, § 6 Rn. 23.

[625] Vgl. zu Betriebsratsinformationen mittels elektronischer Informationssysteme LAG Köln, Beschluß vom 10.1.1992 - 12 TaBV 52/91, in Der Betriebsrat 3/1992, S. 68 ff.

b. Passives Wahlrecht

Die Wählbarkeit von Arbeitnehmern und in Heimarbeit Beschäftigten zu Mitgliedern des Betriebsrats ist in § 8 I BetrVG geregelt. Demnach sind alle Wahlberechtigten, die sechs Monate dem Betrieb angehören oder als in Heimarbeit Beschäftigte in der Hauptsache für den Betrieb gearbeitet haben, wählbar.[626] Darüber hinaus bestehen keine weiteren Wahlvoraussetzungen.[627]

Zwei Fragestellungen sind im Hinblick auf Telearbeit und passive Wahlberechtigung denkbar: kann jemand, der Telearbeiter ist, zum Betriebsrat gewählt werden und kann ein gewählter Betriebsrat ohne Verlust seines Amtes Telearbeiter werden?

Gegen die Wahl eines Telearbeiters zum Betriebsrat könnte sprechen, daß dieser nur selten oder unter Umständen gar nicht im Betrieb ist und daher mit einem Großteil der anderen Arbeitnehmer sowie mit dem Arbeitgeber nur selten persönlichen Kontakt hat. Dies könnte sich zuungunsten einer angemessenen Vertretung der Arbeitnehmer beim Arbeitgeber auswirken.

Dennoch muß auch ein Telearbeiter als Betriebsrat wählbar sein. Hierfür spricht einerseits die Tatsache, daß das BetrVG in § 8 I die Wählbarkeit von Heimarbeitern als Betriebsräte ausdrücklich vorsieht. Diese sind im Hinblick auf die Tatsache, daß sie fern vom Unternehmen arbeiten, den Telearbeitern vergleichbar (sofern es sich bei den Telearbeitern nicht um Heimarbeiter handelt).

Ferner bestehen die bereits erwähnten neuen Kommunikationsformen, die sich im Betrieb zunehmend durchsetzen werden und den telearbeitenden Betriebsrat die Kommunikation mit dem Arbeitgeber erleichtern. Zwar räumt dies nicht die Probleme beiseite, die entstehen, wenn im Unternehmen die unmittelbare und persönliche Anwesenheit kurzfristig erforderlich wird. Doch in solchen Fällen läßt sich einerseits an eine Vertretung denken und andererseits müssen die Arbeitnehmer bei der Wahl von telearbeitenden Betriebsräten sich über derartige Probleme bewußt sein. Auch die Wahl eines im Unternehmen tätigen Arbeitnehmers als Betriebsrat garantiert nicht eine einwandfreie Vertretung; keiner kann vor einer Wahl sicher sein, daß der zu Wählende sich auch tatsächlich für die Belange der Belegschaft einsetzt und daß dies in effektiver Form geschieht. Weiter verlangt das BetrVG für die Wählbarkeit nicht wie § 14 II S.1 BPersVG eine Mindestdauer der wöchentlichen Beschäftigung im

---

[626] Auf diese sechsmonatige Betriebszugehörigkeit werden Zeiten angerechnet, in denen der Arbeitnehmer unmittelbar vorher einem anderen Betrieb desselben Unternehmens oder Konzerns angehört hat. Nicht wählbar ist, wer infolge strafgerichtlicher Verurteilung die Fähigkeit, Rechte aus öffentlichen Wahlen zu erlangen, nicht besitzt, § 8 I S.2 BetrVG.

[627] RICHARDI, BetrVG, § 8 Rn. 40; GK-KREUTZ, § 8 Rn. 56-58.

Betrieb;[628] auch Außenmitarbeiter sind als Betriebsrat wählbar. Ferner wäre im Zusammenhang mit der Wählbarkeit der Heimarbeiter der betriebliche Gleichbehandlungsgrundsatz berührt, wenn ein in vergleichbarer Art und Weise tätiger Telearbeiter nicht gleich behandelt werden würde.

Ebenso ist die Frage zu lösen, ob ein Betriebsrat sein Amt behalten kann, wenn er Telearbeiter wird. Zunächst sei festgestellt, daß Arbeitnehmer nicht gegen ihren Willen 'in die Telearbeit' versetzt werden können. Damit wird als Nebeneffekt vermieden, daß der Arbeitgeber unliebsame Betriebsräte aus dem Betrieb i.e.S. entfernt. Es bleibt also dem Willen des Betriebsrats überlassen, ob er (auch) fern des Betriebes i.e.S. tätig werden möchte (sofern der Arbeitgeber zustimmt). Er wird abschätzen können, inwieweit sich die neue Arbeitsform mit seinem Amt verträgt. Ähnlich kann er nach seiner Wahl entscheiden, ob und wie er tätig wird. Auch er wird mit den IuK-Mitteln kommunizieren können. Eine grobe Verletzung gesetzlicher Pflichten i.S.d. § 23 I BetrVG durch Aufnahme von Telearbeit liegt bereits deshalb nicht vor, da nach der hier vertretenen Auffassung auch ein 'telearbeitender' Betriebsrat wählbar ist. Dafür, daß Betriebsräte auch nach der Wahl 'telearbeiten' können, spricht ferner, daß bisher Betriebsräte auch in den Außendienst wechseln können.

c. Zwischenergebnis

Telearbeiter können Betriebsräte wählen, sofern sie Arbeitnehmer sind oder als in Heimarbeit Beschäftigte in der Hauptsache für den Betrieb gearbeitet haben. Vorsaussetzung ist jedoch, daß sie über 18 Jahre alt sind. Telearbeiter in den genannten Status sind ferner passiv wahlberechtigt, sofern sie sechs Monate dem Betrieb angehören. Betriebsräte können ferner in die Telearbeit wechseln, ohne ihr Amt aufgeben zu müssen.

2. Telearbeit und Mietrecht

Im Hinblick auf die Nutzung von Wohnraum ist die privatrechtliche von der öffentlich-rechtlichen Nutzungzungsbefugnis zu unterscheiden.

a. Zivilrechtliches Mietrecht

In privatrechtlicher Hinsicht stellt sich die Nutzung von Mieträumen für die Ausübung von *Telearbeit* im Ergebnis grundsätzlich als unproblematisch dar, selbst wenn die gewerbliche Nutzung vertraglich vereinbart wurde. Das gilt auch, sofern ein Genehmigungsvorbehalt für die gewerbliche Nutzung vereinbart wurde.

---

[628] RICHARDI, BetrVG, § 8 Rn. 7.

Wohn- und dazugehörende Nebenräume dürfen *grundsätzlich nicht zu Geschäftszwecken* benutzt werden.[629] Im Falle eines *vertragswidrigen Gebrauchs* räumt der § 550 BGB dem Vermieter ein Abmahnungsrecht ein und unter Umständen ist der Vermieter befugt, eine Unterlassungsklage gegen die vertragswidrige Nutzung der Wohnung zu erheben. Der vertragsgemäße Gebrauch ist aus Vertragsinhalt und -zweck zu ermitteln; alles was nicht vertragsgemäß ist, gilt als vertragswidrig.[630]

Bei der Ausübung von Telearbeit in der Wohnung liegt regelmäßig kein vertragswidriger Gebrauch vor. Denn von dem Grundsatz, daß Wohnräume nicht zu Geschäftszwecken genutzt werden können, sind gewisse berufliche und kleingewerbliche Tätigkeiten, die nach ihrer Art und Intensität noch in den Rahmen des Wohngebrauchs fallen, ausgenommen; z.B. gelegentliche Büro- und Heimarbeiten, Nachhilfeunterricht usw., nicht aber eine gewerbliche Tätigkeit mit Laufkundschaft, die Eröffnung einer freiberuflichen Praxis oder die Beschäftigung von Angestellten zu gewerblichen Zwecken in den Mieträumen.[631] In einer zu Wohnzwecken vermieteten Wohnung ist die Ausübung eines Gewerbes dann vertragswidrig, wenn eine Gefährdung der Wohnung insbesondere durch übermäßige Beanspruchung und Abnutzung zu besorgen ist, der Charakter des Mietobjekts als Wohnraum verändert wurde oder mit der gewerblichen Betätigung eine *unzumutbare Störung* für den Vermieter oder andere Mitmieter etwa durch Publikumsverkehr einhergeht. So liegt beispielsweise im Falle von Mandanten- oder Kundenbesuchen in nicht unerheblichem Umfang eine vertragswidrige Nutzung vor. Unzulässig ist auch die kommerzielle Tätigkeit mit Außenwirkung, was beispielsweise für eine Großpflegestelle in der Mietwohnung, in der werktäglich fünf Kinder gegen Entgelt betreut werden, bejaht worden.[632] Zulässig ist dagegen eine berufliche Tätigkeit in der Wohnung, die nach ihrer Art nicht ins Gewicht fällt (z.B. durch Schriftsteller) oder die nur gelegentlich ausgeübt wird.[633]

Der Grundsatz, daß in als Wohnraum vermieteten Räumen gewerbliche Tätigkeiten nicht ausgeübt werden dürfen, läßt selbst für *Heimarbeit* Ausnahmen zu. Voraussetzung ist jedoch, daß mit der Tätigkeit im Sinne des HAG weder eine stärkere Beanspruchung der Mieträume und der mitvermieteten Gegenstände noch Beeinträchtigungen von anderen Bewohnern oder Nachbarn einhergehen, wie etwa durch stärkeren Publikumsverkehr.[634] Sofern jedoch mit der Heimarbeit eine Änderung der Beschaffenheit verbunden

---

[629] Vgl. für viele: MÜNCHKOMM-VOELSKOW, § 548 Rn. 2.

[630] PALANDT-PUTZO, § 550, Rn. 6.

[631] BUB/TREIER-KRAEMER, III Rn. 1229.

[632] STERNEL, Mietrecht aktuell, Rn. 233.

[633] STERNEL, Mietrecht aktuell, Rn. 232.

[634] MÜNCHKOMM-VOELSKOW, § 548 Rn. 2.

ist, wird der vertragswidrige Gebrauch bejaht; dann liegt eine nicht zulässige gewerbliche Tätigkeit vor.[635]

Die Ausübung von *Telearbeit* führt regelmäßig nicht zu einer unzumutbaren Störung im Sinne des Ausgeführten. Der Charakter des Mietobjekts als Wohnraum wird in der Regel dann nicht verändert, wenn lediglich einer von vielen Räumen oder nur ein Teil der Räume zu Zwecken der Tätigkeit verwendet werden. Ferner dürfte eine Gefährdung der Wohnung durch die Telearbeit selbst ausgeschlossen sein.

Nach einem Urteil des Landgerichts Berlin ist *Heimarbeit* selbst bei *vertraglicher Vereinbarung eines generellen Verbots* gewerblicher Nutzung nur dann eine vertragswidrige Nutzung der Wohnung im Sinne des § 550 BGB, wenn sich hierdurch unzumutbare Nachteile oder Belästigungen für den Vermieter oder die übrigen Mieter ergeben, durch die Arbeiten eine Veränderung des Charakters oder der Beschaffenheit der Wohnung eintritt oder die Gefahr der Beschädigung der Wohnung oder der Zugänge sich unzumutbar erhöht. Sofern der Mietvertrag einen *Genehmigungsvorbehalt* für die gewerbliche Nutzung enthält, muß der Vermieter seine Zustimmung erteilen, wenn er sich nicht auf eine der vorgenannten Einschränkungen berufen kann.[636]

Die seitens des Landgerichts Berlin für Heimarbeiter im Sinne des HAG entwickelten Grundsätze greifen auch bei sonstigen beruflichen Tätigkeiten in der Wohnung und damit auch für die *Telearbeit*. Denn Ausgangspunkt für die Entscheidung war nicht das HAG, sondern das allgemeine Mietrecht entsprechend der §§ 535 ff. BGB und insbesondere der §§ 536 und 550 BGB, die Maßstab für sämtliche Mietverhältnisse sind. Daher erwähnt das Urteil ausdrücklich, daß nicht jede Tätigkeit gewerblicher Art dem Mieter verboten ist oder verboten werden kann, wobei es explizit auf die Rechtslage bei Architekten und Rechtsanwälten eingeht, die üblicherweise nicht als Heimarbeiter tätig sind.[637]

Auch nach WEDDE soll selbst ein vermieterseitiges *ausdrückliches Verbot beruflicher Nutzung* die Aufnahme von Telearbeit durch den Mieter nicht verhindern; wenn auch mit anderer Begründung.[638]

---

[635]PALANDT-PUTZO, § 550, Rn. 6.

[636]LG BLN WuM 1974, S. 258 u. 260.

[637]Vgl. LG BLN WuM 1974, S. 259.

[638]D+A CONSULTING/WEDDE, Entwicklungen, S. 121. Nach WEDDE soll ein Mietvertrag, der ein ausdrückliches Verbot beruflicher Nutzung enthält, dem aus Art. 14 GG resultierenden Eigentumsschutz des Mieters entgegenstehen und die Aufnahme von Telearbeit nicht verhindern können. Er beruft sich auf BVERFG vom 26.5.1993, NJW 1993, S. 2035 ff. Dieser Begründung ist nicht zuzustimmen. Zwar hat das BVERFG entschieden, daß das Besitzrecht des Mieters an der Wohnung als Eigentum i.S. des Art. 14 I S.1 GG zu qualifizieren ist. Doch das Urteil behandelt nicht die Wirksamkeit eines ausdrücklichen Verbots beruflicher Nutzung. Erst recht geht es nicht auf telearbeitsspezifische Fragen ein.

b. Wohnraumzweckentfremdung

Es ist zu beachten, daß die Zweckentfremdung von Wohnraum in manchen Gebieten öffentlich-rechtlich verboten sein kann. Eine bundeseinheitliche Regelung zum Verbot der Zweckraumentfremdung von Wohnraum besteht lediglich in Art. 6 MietRVerbG, der sich nur darauf beschränkt, Rahmenbedingungen festzulegen und die nähere Ausgestaltung des Zweckentfremdungsverbots den Landesregierungen überläßt.[639] Insoweit sind also neben den Bundesvorschriften die entsprechenden ländereigenen Zweckentfremdungsverordnungen einschlägig. Sie müßten bei Einrichtung eines Telearbeitsplatzes berücksichtigt werden.

Neben den allgemeinen landesrechtlichen Verordnungen über die Zweckentfremdung gelten unter Umständen besondere Regeln über den öffentlich geförderten Wohnraum. Auch diese müssen in Einzelfall beachtet werden.[640]

Bei den allgemeinen und besonderen Vorschriften zur Entfremdung von Wohnraum ist jedoch zu beachten, daß sich unterschiedliche Ergebnisse ergeben, je nachdem ob ein häuslicher Telearbeitsplatz oder ein Nachbarschafts- oder Satellitenbüro eingerichtet wird. Die Zweckentfremdungsvorschriften dürften bei letzteren greifen, da der Wohncharakter durch die Einrichtung mehrere Telearbeitsplätze erheblich verändert - wenn nicht sogar aufgehoben wird.[641] Bei häuslicher Telearbeit wird hingegen in der Regel keine Zweckentfremdung stattfinden, da durch die berufliche oder gewerbliche Mitbenutzung von Wohnräumen der Wohnzweck unangetastet bleibt.[642]

c. Zwischenergebnis

Telearbeit kann in Wohnungen ausgeübt werden, ohne daß der Vermieter sich dagegen wehren kann, außer wenn eine unzumutbare Störung des Vermieters oder anderer Mieter etwa durch häufigen Kundenbesuch vorliegt.

Maßstab für die Frage, ob die Nutzung erlaubt sein muß, sind vielmehr die §§ 535 ff., insbes. § 536 u. 550 BGB.
Im Ergebnis ist WEDDE jedoch insoweit zuzustimmen, als nichtstörende Tätigkeiten erlaubt sein müssen, sofern sie sich an die bereits erwähnten, durch das LG Bln zur Heimarbeit festgelegten Kriterien hält (vgl. LG BLN WuM 1974, S. 258 ff.).

[639] BUB/TREIER-KRAEMER, II Rn. 5.

[640] SOERGEL, §§ 535, 536, Rn. 226. Auch auf diese Vorschriften kann im einzelnen nicht eingegangen werden. Es wird jedoch vor einer zu engen Interpretation etwaiger Verbote von der Telearbeit ähnlichen Tätigkeiten gewarnt. Denn Sinn der Förderung der Wohnungen ist i.d.R. die Schaffung von Wohnungen für 'sozial schwache' Personen. Diesen die finanzielle Existenzgrundlage durch ein Verbot von Telearbeit zu nehmen, dürfte gerade nicht dem Sinn und Zweck der Förderungsvorschriften entsprechen. Hier besteht noch erheblicher Klärungsbedarf.

[641] Letztendlich bleibt auch dies eine Frage des Einzelfalls.

[642] So auch WEDDE (D+A CONSULTING/WEDDE, Entwicklungen, S. 121 ff.).

Gegebenenfalls stehen öffentlich-rechtliche Wohnraumzweckentfremdungsvorschriften der Nutzung der Wohnung zur Telearbeit entgegen.

V. Ergebnis

Telearbeiter können als Arbeitnehmer, Arbeitnehmerähnliche und Selbständige tätig werden. Regelmäßig sind die für klassische Arbeitskräfte eingreifende Unterscheidungskriterien anwendbar. Im Hinblick auf die Weisungsbefugnis und auf die Eingliederung in den Betrieb ergeben sich aufgrund der Ferne vom Betrieb i.e.S. Besonderheiten, die zum Teil mit den neuen Instrumentarien *informationelle Weisungsgebundenheit* und *informationelle Eingliederung* zu lösen sind.

Im Hinblick auf die Telearbeit gilt grundsätzlich das Prinzip der Freiwilligkeit. Sowohl Auftrag- bzw. Arbeitgeber als auch der Selbständige bzw. Arbeitnehmer müssen mit der Einführung der Telearbeit einverstanden sein. Auftrag- bzw. Arbeitgeber stehen jedoch vertragsändernde Mittel zur Verfügung.

Im Hinblick auf allgemeine Pflichten, auf Nebentätigkeiten und Wettbewerbsschutzfragen ergeben sich gegenüber den klassischen Arbeitskräften keine Besonderheiten.

Kontrollbefugnisse stehen den Arbeit- und Auftraggebern vor allem im Hinblick auf das Arbeitsergebnis zu. Dagegen ist die persönliche Kontrolle der Wohnung des Telearbeiters durch den Arbeit- oder Auftraggeber bzw. deren Vertreter ausgeschlossen, sofern anderweitiges nicht vertraglich vereinbart wurde. In der bloßen Vereinbarung, daß der Telearbeitsplatz eingerichtet wird, ist keine konkludente zu sehen, die den Arbeit- oder Auftraggeber dazu ermächtigt, eine persönliche Kontrolle der Wohnung des Telearbeiters vorzunehmen oder sich bei dieser vertreten zu lassen. Die Frage, ob eine derartige Vereinbarung vorliegt, hängt von den Umständen des Einzelfalls ab. Kontrollen über IuK-Mittel sind am allgemeinen Persönlichkeitsrecht des Arbeitnehmers zu messen; unter Umständen ergeben sich hierbei Beschränkungen.

Telearbeiter sind zur Betriebsvertretung aktiv und passiv wahlberechtigt.

Sofern im Einzelfall keine Wohnraumzweckentfremdungs-Vorschriften entgegenstehen, können Telearbeiter grundsätzlich in der gemieteten Wohnung tätig werden, ohne daß der Vermieter dagegen einschreiten kann.

E. Rechtsfragen der Telearbeit in Spanien

Wie in den meisten europäischen Staaten existieren auch in Spanien keine Vorschriften, die die Telearbeit regeln.[643] Daher sind die für klassische Arbeitskräfte geltenden Vorschriften, die in der Regel auf den Rechtsquellen des Arbeitsrechts basieren, auf die Telearbeiter anzuwenden.[644] Das als Arbeitnehmerstatut zu übersetzende *Ley de Etatuto de los Trabajadores* vom Jahre 1980 ist Grundlage der arbeitsrechtlichen Beziehungen in Spanien.[645]

I. Arbeitsrechtliche Einordnung des Telearbeiters

Die Statusfrage wird inzwischen auch in Spanien verhältnismäßig intensiv diskutiert, weil auch dort die statusspezifische Einordnung für die Rechte und Pflichten der Arbeitskraft zunehmend von Bedeutung ist.

1. Einführung zu Vertragsmodalitäten und Statusfragen

Auch in Spanien ist aufgrund der begrifflichen Weite der Telearbeit grundsätzlich eine Vielzahl an rechtlichen Konstellationen denkbar, unter denen sie ausgeübt werden kann.

a. Telearbeit als feststehender Rechtsbegriff?

Wie bereits erwähnt, ist auch in Spanien nach herrschender Auffassung Telearbeit insoweit nicht per Definition an rechtliche Grenzen gebunden, als den am Arbeitsleben Beteiligten grundsätzlich verschiedene Vertragsformen zwischen dem Telearbeiter und dem Auftrag- bzw. Arbeitgeber zur Disposition stehen. Die allgemein verwendeten Definitionen beschränken auch in Spanien die Telearbeit nicht von vornherein auf einen bestimmten Beschäftigungsstatus wie beispielsweise auf den des Arbeitnehmers oder der Selbständigen.

Es wurde bereits erwähnt, daß eine ex ante Begrenzung des Begriffs Telearbeit nicht sinvoll ist. Insoweit sei auf die bereits gelieferten Erörterungen verwiesen. Im Hinblick auf vertragsbezogene *Unterbegriffe* sei ebenfalls auf die bereits erfolgten Ausführungen verwiesen.[646]

---

[643] ORTIZ CHAPARRO, Teletrabajo, S. 99 und 107; SELLAS I BENVINGUT, TS Nº 92-93, agosto-septiembre 1998, S. 23.

[644] Zu den Rechtsquellen des Arbeitsrechts in Spanien vgl. bspw. ALONSO OLEA/CASAS BAAMONDE, Kap. 26, 27 u. 28.

[645] Vgl. die Kurzüberblicke zum spanischen Arbeitnehmerstatut bzw. Arbeitsrecht in MENDOZA NAVAS/ZACHERT, AuA 3/1994, S. 77 ff.; IBÁN, S. 243 ff.

[646] S.o., Kap. D.I.1.a.

b. Formen der Vertragsgestaltung

In Spanien sind im Hinblick auf die Telearbeit grundsätzlich verschiedene Formen der Vertragsgestaltung denkbar. Für die Einordnung einer Tätigkeit als Arbeitsverhältnis ist auch dort der Inhalt und nicht die Bezeichung maßgebend;[647] insoweit decken sich die Rechtsordnungen Deutschlands und Spaniens. Für die Einordnung als sonstiges vertragliches Verhältnis gilt ebenfalls, daß der Inhalt und nicht die Bezeichnung maßgebend ist.

Telearbeit kann in Spanien im Rahmen eines *Dienstvertrages* geleistet werden. Zu den Dienstverträgen gehören sowohl die einfachen Dienstverträge als auch Arbeitsverträge. *Teletrabajo* kann im Rahmen beider ausgeübt werden. Wird die Tätigkeit in Rahmen eines *Arbeitsverhältnisses* geleistet, so kann dies in der Unterform des *trabajo a domicilio*[648] erfolgen. Ferner ist Telearbeit in Spanien im Rahmen sowohl eines *Werkvertrages* als auch eines Auftragsverhältnisses (*mandato*) möglich. Letzteres kann anders als in Deutschland entgeltlich ausgestaltet sein.[649]

aa. Zum *arrendamiento* (Beschaffungsvertrag)

Der *arrendamiento* ist ein Oberbegriff, der als Beschaffungsvertrag[650] bezeichnet werden kann und die Miet–, Pacht-, Dienst- und Werkverträge im Sinne des spanischen Rechts umfaßt, Art. 1.542 CC.[651] Für Telearbeit kommen unter den Beschaffungsverträgen nur Dienst- und Werkverträge in Betracht, so daß die anderen Vertragsformen nicht zu behandeln sind.

Im spanischen Recht unterscheidet sich der Werkvertrag vom Dienstvertrag - und damit auch vom Arbeitsvertrag - dadurch, daß Ursache vom Objekt des Vertrages bei letzterem getrennt wird, während sie bei ersterem unlösbar miteinander verbunden sind. Geschuldet wird also auch im spanischen Werkvertragsrecht ein Ergebnis; es handelt sich dabei um ein vertragliches Verhältnis, bei dem versprochen wird, ein fertiges, vollendetes und "gut"

---

[647] ADOMEIT/FRÜHBECK, S. 126; BFAI, S. 15.

[648] 'Arbeit in der Wohnung bzw. im Haus'; teilweise wird es auch mit 'Heimarbeiter' übersetzt (vgl. DÄUBLER, Arbeitsbeziehungen, S. 238 u. 248), doch diese Übersetzung ist angesichts der Tatsache, daß es sich bei den *trabajadores a domicilio* im Sinne des ET um Arbeitnehmer und nicht wie in Deutschland um Arbeitnehmerähnliche handelt, wenig glücklich.

[649] Zur Entgeltlichkeit des *mandato* in Spanien vgl. ADOMEIT/FRÜHBECK, S. 71.

[650] Vgl. PEUSTER, S. 25.

[651] Art. 1.542 CC: El arrendamiento puede ser de cosas, o de obras o servicios.
(Art. 1.542 CC: Der Beschaffungsvertrag kann ein Miet- oder ein Pacht-, ein Werk- oder ein Dienstvertrag sein).

erstelltes Werk zu erstellen. Während bei einem Dienstvertrag bloß ein Tätigwerden, eine Aktivität gewährt wird.[652]

Ähnlich wie im deutschen Recht ist der Arbeitsvertrag eine Sonder- bzw. Unterform des Dienstvertrages. Liegt ein Werkvertragsverhältnis vor, kann es sich nicht um ein Arbeitsvertragsverhältnis handeln. Die Unterscheidung des Werkvertrages vom Dienst- bzw. Arbeitsvertrag stellt auch die Justiz in Spanien vor erhebliche Probleme. Eine Art Legaldefinition der Werk- und des Dienstverträge ist in Art. 1.544 CC niedergelegt, der aufgrund der gemeinsamen Beschreibung von Dienst- und Werkvertrag häufig für Verwirrung gesorgt hat:[653]

> Beim Werk- oder Dienstvertrag verpflichtet sich eine der Parteien, für einen bestimmten Preis ein Werk zu erstellen oder der anderen Partei einen Dienst zu leisten.[654]

(1.) *Contrato de arrendamiento de servicios* (Dienstvertrag)

Nach Art. 1.542 CC verpflichtet sich eine der Parteien, der anderen für einen bestimmten Preis eine Dienstleistung zu erbringen. Neben den Art. 1.542 und 1.544 CC gestalten die Art. 1.583 ff. CC die Dienstverträge für *servicio de criados* und *trabajadores asalariados* näher aus. Verwirrend ist jedoch, daß diese Vorschriften nach dem Wortlaut auf Diener (*servicio de criados*) und auf Lohnarbeiter (*trabajadores asalariados*) anwendbar sein sollen. Denn Arbeitnehmer und damit auch Lohnarbeiter sind dem Anwendungsbereich des spanischen Zivilgesetzbuches entzogen, da für sie die spezielleren Regelungen des Arbeitnehmerstatuts gelten.[655] Ferner findet das Arbeitnehmerstatut und nicht der *Código Civil* Anwendung auf Bedienstete (*criados*)).[656] Und darüber hinaus finden die Dienste der *freiberuflich Tätigen* wie unter anderem Ärzte und Rechtsanwälte ihre Ausgestaltung durch ständige Rechtsprechung des *Tribunal Supremo* (des Obersteren Gerichtshofs).[657]

Der Arbeitsvertrag ist auch in Spanien eine Sonderform des Dienstvertrages. Zu den Abgrenzungskriterien zur Unterscheidung des Arbeitsverhältnisses von sonstigen Dienstverhältnissen wird an anderer Stelle einzugehen sein. Durch die spezielle und ausschließliche Regulierung der Arbeitsverhältnisse ist der größte

---

[652] ALONSO OLEA/CASAS BAAMONDE, S. 63 f.

[653] ALONSO OLEA/CASAS BAAMONDE, S. 63.

[654] Art. 1.544 CC: En el arrendamiento de obras o servicios, una de las partes se obliga a prestar a la otra un servicio por precio cierto.

[655] Vgl. ADOMEIT/FRÜHBECK, S. 69.

[656] DÍEZ-PICAZO/GULLÓN, S. 452; vgl. auch Art. 2.1.b ET.

[657] DÍEZ-PICAZO/GULLÓN, S. 449.

Teil der Rechtsbeziehungen, die im Sinne des Zivilgesetzbuches als Dienstvertrag zu qualifizieren sind, nicht dessen Vorschriften unterworfen.[658]

Schwierigkeiten bereitet das spanische Dienstvertragsrecht ferner auch dadurch, daß das sogenannte *mandato* (Auftrag) vom Dienstvertrag zu unterscheiden ist und die Kriterien des *mandato* sich nicht aus dem Gesetz ergeben.

Der Dienstvertrag im Sinne des spanischen Rechts umfaßt diejenigen Verträge, "die im Zivilgesetzbuch (oder in anderen Gesetzestexten) nicht Gegenstand einer Sondermaterie sind, auch wenn der Gesetzgeber des Zivilgesetzbuchs nur die Dienste von Dienern oder Lohnarbeitern in einigen wenigen Vorschriften geregelt hat, die heute nicht mehr gültig oder nur noch sehr begrenzt anwendbar sind".[659] Zu berücksichtigen ist dabei, daß auch im spanischen Recht im Rahmen eines Dienstvertrages eine bloße Tätigkeit geschuldet wird, die unabhängig vom Ergebnis (der Qualität des Werks oder der Aufgabe) ist, das durch die Arbeit erreicht wurde.[660]

Telearbeit ist auch in Form des *arrendamiento de servicios* möglich, jedoch nur dann, wenn nicht ein Arbeitsverhältnis vorliegt, sondern ein Selbständiger tätig wird und nur ein Tätigwerden, nicht hingegen ein Erfolg geschuldet wird. Dies kann beispielsweise im Falle von (nichtjuristischer) Beratungstätigkeit per IuK-Mittel der Fall sein.

(2.) *Contrato de arrendamiento de obras* (Werkvertrag)

In Spanien erfährt der Werkvertrag neben den Art. 1.542 ff. durch Art. 1.588 ff. CC seine rechtliche Ausgestaltung. Eine gesetzlich festgelegte Bezeichnung kennt das spanische Recht nicht; zwar wird er teilweise ebenfalls als *contrato de arrendamiento* bezeichnet, doch hierzu zählen wie besprochen neben Werkverträgen ebenfalls Dienst- und Mietverträge. Gesprochen wird vom Werkvertragsunternehmer als *el que contrató la obra* oder als *contratista*.[661] Auch die Bezeichnung *contrato de obra* ist geläufig.[662]

Wie im deutschen Recht wird bei dem *contrato de obra* ein Ergebnis einer Tätigkeit geschuldet, die mit einem Entgelt bezahlt wird.[663] Das Ergebnis der Tätigkeit ist unabhängig von der Arbeit, die zu seiner Errichtung erforderlich

---

[658] IBÁN, S. 191.

[659] IBÁN, S. 191.

[660] DÍEZ-PICAZO/GULLÓN, S. 449; IBÁN, S. 19.

[661] Gesprochen wird also vom Werkvertragsunternehmer als demjenigen, der den Vertrag über das Werk abgeschlossen hat oder als Vertragsunternehmer; vgl. ADOMEIT/FRÜHBECK, S. 70.

[662] Vgl. bspw. DÍEZ-PICAZO/GULLÓN, S. 433.

[663] DÍEZ-PICAZO/GULLÓN, S. 433 u. 435 f.

ist.[664] Es kann wie auch im deutschen Recht unterschiedlicher Form sein. Dem steht nicht entgegen, daß der *Código Civil* insbesondere auf die Erstellung von Bauwerken abzustellen scheint.[665]

Auch *Telearbeit* kann auf Grundlage eines *arrendamiento de obras* durchgeführt werden, etwa wenn ein selbständiger Telearbeiter sich dazu verpflichtet, Übersetzungsdienste per Telearbeit zu erledigen und sofern er nicht Arbeitnehmer ist. Gleiches gilt, wenn ein Selbständiger Programmierer zu Hause tätig wird und über Kommunikationsmittel aus der Ferne den Zentralcomputer eines Unternehmens wartet.

bb. *Mandato*

Nach der Legaldefinition aus Art. 1.709 CC verpflichtet sich eine Person durch den Auftragsvertrag, für Rechnung oder auf Bestellung eines anderen einen Dienst zu erbringen oder etwas zu tun.[666] Schwierigkeit bereitet im Zusammenhang mit dieser Definition die Tatsache, daß die Verpflichtung zur Leistung von Diensten oder Erstellung eines Werkes bereits Gegenstand von Dienst- bzw. Werkverträgen ist. Ferner wird der Auftrag leicht mit der Vertretungsmacht verwechselt.

Nach der Lehre ist die Vornahme von Rechtsakten Gegenstand des *mandato*, obwohl es sich nach den allgemeinen Kriterien üblicherweise um einen Dienst- oder Werkvertrag handelt, wenn der Auftrag aus der Vornahme einer Arbeit oder aus der Herstellung eines Werkes besteht.[667] Begründet wird dies damit, daß der Gesetzgeber sich im Rahmen der Regelungen zum *mandato* immer auf juristische Akte oder Geschäfte bezieht (Verpflichtungen eingehen, Verwalten, Verfügungen treffen, Vergleiche und Verträge schließen, u.a.).[668]

Die Abgrenzung des *mandato* zur Vertretungsmacht bereitet Schwierigkeiten. Als Unterscheidungskriterium hat ALBADALEJO folgendes vorgeschlagen: "Der Auftrag (ein bindender Vertrag für diejenigen, die ihn abschließen, durch den sich der Beauftragte verpflichtet, etwas auf Rechnung des Auftraggebers zu tun, womit er die Fähigkeit erwirbt, die Sache zu tun, allerdings nicht im Namen des Auftraggebers) ist von der Vertretungsmacht (ein einseitiger Akt des Vollmachtgebers, der den Bevollmächtigten zu nichts verpflichtet, der ihm aber die Befugnis erteilt, auf Rechnung und im Namen des Vollmachtgebers zu handeln) zu unterscheiden. Wenn bloß ein Auftrag vorliegt, führt der Beauftragte den Auftrag auf Rechnung des Auftraggebers, aber nicht im

---

[664] IBÁN, S. 190.

[665] DÍEZ-PICAZO/GULLÓN, S. 433. Vgl. Art. 1.589 ff. CC.

[666] Art. 1.709 CC: Por el contrato de mandato se obliga una persona a prestar algún servicio o hacer alguna cosa, por cuenta o encargo de obras.

[667] IBÁN, S. 192.

[668] DÍEZ-PICAZO/GULLÓN, S. 475.

eigenem Namen aus. Hat er jedoch zusätzlich noch Vertretungsmacht, so handelt er in Erfüllung des Auftrags auf Rechnung und im Namen des Auftraggebers."[669]

Anders als im römischen und im deutschen Recht muß der Auftrag (*mandato*) nach spanischem Recht nicht regelmäßig unentgeltlich sein.[670] Sofern der Beauftragte (*mandatario*) berufsmäßig Dienste übernimmt, die Inhalt eines Auftrags sind, spricht nach Art. 1.711 CC sogar eine Vermutung für deren Entgeltlichkeit.[671]

Auch *Telearbeit* kann im Rahmen eines *mandato* ausgeübt werden. Dies ist etwa der Fall, wenn ein Rechtsanwalt per Internet mit seinem Mandanten kommuniziert und etwa Vertragsentwürfe u.ä. übersendet.[672]

cc. Unterscheidungskriterien

Zusammenfassend sei dargelegt, daß der Unterschied des Werkvertrages zum Dienstvertrag in Spanien darin liegt, daß im Rahmen des Werkvertrages ein nützliches Ergebnis aufgestellt wird. Im Zweifel liegt dann ein Dienstvertrag vor, wenn das Ergebnis nicht in der Hand desjenigen liegt, der aufgrund des Vertrages tätig wird.[673]

Ähnlich wie im deutschen Recht ist auch in Spanien die Abgrenzung zwischen Werkvertrag - Arbeitsvertrag - (einfacher) Dienstvertrag porblematisch. Der Versuch einer Einteilung kann erst gelingen, wenn zuvor näher auf die Kriterien für die Arbeitnehmereigenschaft eingegangen wird.

c. Statusbezogene Differenzierung

Im spanischen Recht besteht ebenfalls keine volle Übereinstimmung hinsichtlich der Frage, ob ausschließlich Arbeitnehmer (*trabajadores por cuenta ajena*) als Telearbeiter bezeichnet werden oder ob Selbständige (*trabajadores*

---

[669] Zit. nach IBÁN, S. 192.

[670] Vgl. IBÁN, S. 192 u. ADOMEIT/FRÜHBECK, S. 71

[671] Art. 1.711 CC: In Ermangelung einer gegenteiligen Abrede gilt der Auftrag als unentgeltlich.
Dessenungeachtet wird eine Pflicht, den Beauftragten zu vergüten, angenommen, wenn er die Ausübung von Diensten derjenigen Art zum Beruf hat, auf die sich der Auftrag bezieht.
(Art. 1.711 CC: A falta de pacto en contrario, el mandato se supone gratuito.
Esto, no obstante, si el mandatario tiene por ocupación el desempeño de servicios de la especie a que se refiera el mandato, se presume la obligación de retribuirlo.); weiteres zum *mandato* vgl. ALONSO OLEA/CASAS BAAMONDE, S. 55.; DÍEZ-PICAZO/GULLÓN, S. 475 ff.

[672] Es ist zu erwarten, daß Schriftsätze künftig über IuK-Mittel auch an Gericht und Behörden und von diesen an Mandanten weitergeleitet werden. Doch hierzu bedarf es noch besserer Sicherungsmethoden und der entsprechenden Ausrüstung der Beteiligten.

[673] DÍEZ-PICAZO/GULLÓN, S. 449.

por cuenta propria) ebenfalls dieser Kategorie zugeordnet werden können. Zwei differierende Auffassungen bestimmen die Diskussion in Spanien.[674]

Nach der einen, teilweise etwa von MARTÍN FLOREZ vertretenen Meinung, sollen Arbeitskräfte, die für 'fremde Rechnung Dienste leisten' (*prestación de servicios por cuenta ajena*) Telearbeiter sein.[675] Es sei hier vorweggenommen, daß das Kriterium *por cuenta ajena* dem Art. 1.1 ET entstammt, der ihn als Voraussetzung der Arbeitnehmereigenschaft statuiert.[676] Damit ist nach MARTIN FLOREZ der Telearbeiter-Begriff auf Arbeitnehmer beschränkt. Zweifelhaft ist, ob dabei berücksichtigt wird, daß eine sehr große Zahl an Arbeitskräften, die sich äußerlich in nur geringer Weise von den angestellten Telearbeitern unterscheiden, von dieser Definition ausgeschlossen werden, ohne daß für diese eine neue eigene Kategorie geschaffen wird.

Die von MARTÍN FLOREZ vertretene Aufassung läßt sich auch aus der Definition ableiten, die ORTIZ CHAPARRO geprägt hat.[677] Letztere wurde von verschiedenen anderen Autoren übernommen.[678] Doch anders als die Einschränkung auf *cuenta ajena* zunächst impliziert, sollen nach dem Verständnis von ORTIZ CHAPARRO und CARRASCO GUTIÉRREZ auch Selbständige im Rahmen der neuen Tätigkeit arbeiten können und insofern vom Begriff *teletrabajo* erfaßt werden.[679] Den Hinweis darauf, daß auch Selbständige per Telearbeit tätig sein können, führt ORTIZ CHAPARRO in seinem Werk erst zwei Seiten nach der Definition auf. Vermutlich daher wurde die Erweiterung auf Seltbständige von diversen Autoren übersehen und die Bezeichnung *cuenta ajena* übernommen, obwohl ein Arbeitsverhältnis nach der Auffassung von ORTIZ CHAPARRO nicht unbedingte Voraussetzung für Telearbeit ist.[680]

Nach der wohl überwiegend vertretenen Auffassung kann es sich bei Telearbeitern sowohl um Arbeitnehmer (*asalariado*) als auch um Selbständige (*trabajador autónomo*) handeln.[681] Nach älterer Auffassung sollen Telearbeiter auch nach Art. 13 ET beschäftigt sein können.[682]

---

674 GIL CASADO, Teletrabajo, S. 170.

675 MARTÍN FLOREZ, REDT 1995, Nº 71, S. 413.

676 Vgl. die Ausführungen zu Art. 1.1 ET in Kap. E.I.2.a.aa.

677 ORTIZ CHAPARRO, Teletrabajo, S. 38.

678 Bspw. von CARRASCO GUTIÉRREZ, Estudios Financieros Nº 177, 1997, S. 125 f.

679 ORTIZ CHAPARRO, Teletrabajo, S. 38 u. 40; CARRASCO GUTIÉRREZ, Estudios Financieros Nº 177, 1997, S. 125 f.

680 ORTIZ CHAPARRO, Teletrabajo, S. 38 u. 40.

681 Vgl. für viele: RODRÍGUEZ-PIÑERO, Economía y Sociología del TRABAJO Nº 29/30, 1995, S. 104.

682 Vgl. u.a.: MONTOYA MELGAR, Derecho, S. 521; MONTOYA MELGAR, u.a., Art. 13 ET, S. 66.

2. Zur Abgrenzung der Status im einzelnen

Bei der Diskussion zur statusrechtlichen Einordnung der Telearbeiter im deutschen Recht hat sich gezeigt, daß diese Arbeitsform nicht notwendigerweise nur einer Kategorie zugeordnet werden kann. Daher empfiehlt es sich auch hier zunächst anhand der oben bereits festgelegten Definition die einzelnen Status darzustellen, um anschließend zu prüfen, ob die als Telearbeit bezeichneten Tätigkeiten unter diese subsumiert werden können oder nicht. Erst anschließend läßt sich ermitteln, welche Statusform die größte Verbreitung gefunden hat.

In Spanien bereitet die Abgrenzung der Status voneinander weniger Probleme als im deutschen Recht, da das spanische Arbeitsgesetzbuch Ley de Estatuto de los Trabajadores (ET oder auch LET), welches für den Bereich des Arbeitsrechts dem Código Civil vorgeht,[683] Kriterien festgelegt hat, die zur Unterscheidung maßgeblich sind. Eine derartige Kodifikation könnte dem Gesetzgeber in Deutschland Vorbild sein, da hierdurch Meinungsverschiedenheiten und daraus resultierende Rechtsunsicherheiten erheblich reduziert oder sogar verhindert werden können.[684]

Nachfolgend seien die Kriterien aufgeführt, die eine Einordnung des Tätigen als Arbeitnehmer oder Selbständiger ermöglichen. Im Einzelfall ist zu prüfen, ob diese auch bei dem Telearbeiter vorliegen.

a. *Empleado* (Arbeitnehmer)

Der *empleado* im spanischen Recht ist im Hinblick auf die Grundvoraussetzungen vergleichbar mit dem Arbeitnehmer der internationalen Arbeitsrechtslehre und damit mit dem aus dem deutschen Rechtskreis, auf den ebenfalls näher eingegangen wird.[685]

aa. Legaldefinition des *Empleado* (Arbeitnehmers)

Der *empleado* wird in spanischen Normen synonym auch als *trabajador* bezeichnet. Er wird insoweit in Art. 1.1 ET legaldefiniert, als die Norm den Anwendungsbereich der Ley de Estatuto de los Trabajadores festlegt:

> "... für die Beschäftigten, die freiwillig und auf fremde Rechnung Dienste gegen Entgelt leisten und zwar im Rahmen der Organisation und Leitung

---

[683] ADOMEIT/FRÜHBECK, S. 69.

[684] Die Bemühungen um ein Arbeitsvertragsgesetz sind in Deutschland bislang jedoch alle gescheitert, obwohl die Forderungen nach einer Kodifikation ständig wiederholt werden (vgl. zu den Bemühungen ADOMEIT, NJW 1996, S. 1713 f.; zur neuesten Forderung vgl. ADOMEIT / SODAN, S. 7).

[685] Vgl. ADOMEIT/FRÜHBECK, S. 69.

durch eine andere natürliche oder juristische Person, die Arbeitgeber oder Unternehmer genannt wird...".[686]

Die Unterscheidung zwischen *Arbeiter* (*trabajadores manuales*, *operarios* bzw. *obreros*) und *Angestellte* (*trabajadores intelectuales*) spielt im spanischen Recht eine nur untergeordnete und damit vernachlässigenswerte Rolle, da die juristische Situation beider fast identisch ist und an ihr insoweit regelmäßig keine Rechtsfolgen erheblichen Ausmaßes geknüpft sind.[687] Obwohl in der Lehre noch die Unterschiede zwischen Arbeitern und Angestellten diskutiert werden,[688] verliert die Differenzierung weiter an Bedeutung:[689] Der Estatuto de los Trabajadores ist auf beide anwendbar, und allenfalls bei der Wahl der Betriebskomitees nach Art. 71 ET[690] und bei der Festlegung der Mindestlöhne sowie weiterer für die vorliegende Untersuchung nicht relevante Bereiche kommt der Unterschied zur Geltung.[691] Es sei nur kurz angemerkt, daß *Telearbeiter*, die Arbeitnehmer sind, nach den herrschenden Definitionen den Angestellten zuzurechnen sind.[692]

Auf die wesentliche Substanz reduziert, lassen sich die Kriterien für die Grundlage des Arbeitsverhältnisses wie folgt beschreiben: der *Arbeitsvertrag* ist, was eine Arbeitskraft bindet, die ihre Dienste einem Dritten zur Verfügung stellt, welcher sie bezahlt, organisiert und dirigiert.[693] Laut *Gesetz* und *herrschender Lehre* handelt es sich also bei den Arbeitnehmern um Werktätige, die freiwillig und auf fremde Rechnung Dienste gegen Entgelt leisten und zwar im Rahmen der Organisation und Leitung durch eine andere natürliche oder juristische Person, die Arbeitgeber oder Unternehmer genannt wird. Nicht zu den Arbeitnehmern zählen die in Art. 1.3 ET gesondert aufgeführten

---

686 Art. 1.1 ET: ... a los trabajadores que voluntariamente presten sus servicios retribuidos por cuenta ajena y dentro del ámbito de organización y dirección de otra persona, física o jurídica, denominada empleador o empresario.

687 TEIJEIRA MARTINEZ, S. 9; in Deutschland gibt es Bestrebungen, die die Gleichstellung der Arbeiter und Angestellten zum Ziel haben. Zu kodifikatorischen Maßnahmen vgl. bspw. ADOMEIT, NJW 1994, S. 11 ff. (betrifft die Vereinheitlichung der Kündigungsfristen).

688 Vgl. etwa ALONSO OLEA/CASAS BAAMONDE, S. 38 f.

689 ALONSO OLEA/CASAS BAAMONDE, S. 70.

690 Sog. *elección de comité de empresas*.

691 Im Rahmen der Festlegung der Mindestlöhne kommt der Unterscheidung durch das DSM, der Verordnung über den Mindestlohn, eine eigene Bedeutung zu. Daneben werden die *técnicos* in Art. 1 LAS besonders erwähnt.

692 Zu den Definitionen vgl. etwa ALONSO OLEA/CASAS BAAMONDE, S. 38 f. u. 70 f.

693 So ALONSO OLEA/CASAS BAAMONDE, S. 55: Contrato de trabajo es el que liga a una persona (trabajador) que presta sus servicios a otra (empresario), que los retribuye, organiza y dirige.

Personengruppen.[694] Den Arbeitnehmern teilweise gleichgestellt sind die besonderen Arbeitsverhältnisse nach Art. 2.1 ET.[695]

Unproblematisch ist im Hinblick auf Art. 1.1 ET bei der *Telearbeit* das Kriterium *trabajadores*, das mit der Bezeichnung Beschäftigte, Werktätige oder Arbeitskräfte übersetzt werden kann. Es besagt, daß eine Person Vertragspartner sein und tätig werden muß. Keine größeren Schwierigkeiten wirft weiter das Merkmal *trabajo voluntario* (freiwillige Arbeit) auf, denn dieses Normelement dient der Abgrenzung der Arbeitsverhältnisse von Zwangsarbeitsverhältnissen wie der Sklaverei, Knechtschaft, Leibeigenschaft oder ähnlichen.[696] Auch sei hier nur angedeutet, daß als gesetzliche Voraussetzung des Arbeitsverhältnisses die Arbeit bezahlt wird (sog. *remuneración*, Bezahlung).[697] Weiterhin, daß die Arbeit für eine andere natürliche oder juristische Person (*otra persona, física o jurídica*) geleistet und daß der Arbeitnehmer für einen *empleador* (Arbeitgeber) oder *empresario* (Unternehmer) tätig wird. Der Begriff *empleadores* wird in Art. 1.2 ET legaldefiniert, wonach alle natürlichen oder juristischen Personen und Vermögensgemeinschaften Arbeitgeber sind, die die Dienstleistungen der im vorherigen Absatz genannten Personen sowie auch derjenigen erhalten, die von legal gegründeten Zeitarbeitsfimen zum Zwecke der Leiharbeit unter Vertrag genommen wurden.[698]

Auf diese kurz skizzierten Kriterien muß im Rahmen einer mit *Telearbeit* befaßten Arbeit nicht weiter eingegangen werden, da sich hierbei keine *telearbeitsspezifischen* Besonderheiten ergeben. Die anderen Merkmale bedürfen dagegen einer eingehenderen Behandlung:

(1.) *Trabajo por cuenta ajena* (Arbeit 'für fremde Rechnung')

Trabajo por cuenta ajena bedeutet insoweit Arbeit für 'fremde Rechnung', als die 'Früchte' der Arbeit von vornherein und in direkter Form - also originär[699] - einer anderen Person zuerkannt bzw. zugeschrieben werden.[700] Das Wort *ajeno* bezieht sich dabei auf den Nutzen des Vermögens, das geschaffen wird. 'Früchte' sind in diesem Sinne in weitem Sinne zu verstehen. Dazu gehört

---

694 Auf diese wird unter E.I.2.a.bb. eingegangen.

695 Vgl. hierzu die Ausführungen zu E.I.2.a.cc.

696 Dabei ist der Begriff *ajeno* insoweit Anknüpfungspunkt, als die originäre Zuweisung der 'Früchte' auf einem freiwilligen Beschluß basiert (ALONSO OLEA/CASAS BAAMONDE, S. 42 f.).

697 ALONSO OLEA/CASAS BAAMONDE, S. 44.

698 Art. 1.2 ET: A los efectos de esta Ley, serán empresarios todas las personas, físicas o jurídicas, o comunidades de bienes que reciban la prestación de servicios de las personas referidas en el apartado anterior, así como de las personas contratadas para ser cedidas a empresas usuarias por empresas de trabajo temporal legalmente constituidas.

699 Bzw. *ab initio*.

700 ALONSO OLEA/CASAS BAAMONDE, S. 41 f. u. 58.

jegliches Resultat produktiver Arbeit, sei es intellektueller oder handwerklicher Art, denen ein eigener oder von anderen abgeleiteter Wert zukommt, sei es ferner eine Sache oder eine Dienstleistung.[701]

Das Merkmal *trabajo por cuenta ajena* generiert den Gegensatz zum *trabajo autónomo* (selbständige Arbeit), auch genannt *trabajo por cuenta propia* (Arbeit auf eigene Rechnung); mit diesem Merkmal sollen Tätigkeiten für einen Arbeitgeber von denen für einen Auftraggeber abgrenzbar werden.[702]

Selbständige übertragen die 'Früchte' im Gegensatz zu Arbeitnehmern nicht originär auf den 'Auftraggeber'.[703] Letztere erhalten dementsprechend nicht *ex tunc* die Rechtsinhaberschaft an den Werken und Diensten der Selbständigen. Es bedarf zur Übertragung der 'Früchte' auf den Auftraggeber eines weiteren Rechtsaktes, der von der Arbeit unabhängig ist. Hierzu gehören beispielsweise Kaufverträge[704] aber auch andere, etwa atypische Verträge, können der Übertragung dienen.[705]

Berechtigte Zweifel können daraus entstehen, ob das Kriterium *por cuenta ajena* im Einzelfall einer klaren Einordnung der Arbeitskraft dient. Denn in einigen Bereichen, in denen üblicherweise Selbständige arbeiten, ist auch die Tätigkeit als Angestellter möglich. Zu diesen gehören auch die *profesionales libres* (freien Berufe) wie etwa Rechtsanwälte und Mediziner, obwohl sie ursprünglich in der Regel als Selbständige ausgeübt wurden.[706] Das Kriterium für fremde Rechnung kann jedoch die Einordnung der Arbeitskräfte erleichtern, jedenfalls in Zusammenhang mit anderen noch zu besprechenden Kriterien.

Nur am Rande sei erwähnt, daß in Spanien Arbeit für die Familie unter Umständen nicht der *trabajo por cuenta ajena* unterfällt (Art. 1.3.e ET); es handelt sich dabei um *trabajo por cuenta propia*, also um Arbeit, die den Eigenen (*propios*) zugutekommen soll. Ein Arbeitsverhältnis im Sinne des Arbeitsrechts ist in einem derart gestalteten Fall ausgeschlossen.[707]

---

[701] ALONSO OLEA/CASAS BAAMONDE, S. 42.

[702] Vgl. ALONSO OLEA/CASAS BAAMONDE, S. 42.

[703] ALONSO OLEA/CASAS BAAMONDE, S. 148.

[704] Zu bedenken ist, daß das im deutschen Recht bekannte Abstraktionsprinzip dem spanischen fremd ist.

[705] Seit längerer Zeit hat sich bspw. zwischen Ärzten und Patienten die *iguala* durchgesetzt, die als Pauschalhonorarvereinbarung zu übersetzen ist. Wird die *iguala* von einer Organisation, die zwischen dem Patienten bzw. Kunden und der tätigen Person zwischengeschaltet ist, an Letztere bezahlt, dann liegt keine echte *iguala* vor, sondern ein Arbeitslohn und insofern ein Arbeitsvertrag. Der Arzt wird dann für (fremde) Rechnung der Organisation tätig (ALONSO OLEA/CASAS BAAMONDE, S. 148 f.).

[706] Vgl. ALONSO OLEA/CASAS BAAMONDE, S. 149 f.

[707] Vgl. ALONSO OLEA/CASAS BAAMONDE, S. 42.

Telearbeit kann als Arbeit für fremde oder für eigene Rechnung geleistet werden: Die eingangs erörterte Definition der Arbeitsform untergliedert sie nicht zwangsläufig in eine der beiden Gruppen, da dezentralisierte IuK-gestützte Tätigkeiten sowohl für fremde als auch für eigene Rechnung erbracht werden können. Zwar ließe sich der Telearbeitsbegriff auf Arbeit für fremde Rechnung eingrenzen, doch dies würde dem allgemein bekannten Charakter der Arbeitsform nicht gerecht werden. Insoweit ist nicht nachvollziehbar, daß Stimmen in der Literatur das Kriterium *cuenta ajena* als Voraussetzung statuiert.[708]

Im Hinblick auf das Kriterium *trabajo por cuenta ajena* ergeben sich im Rahmen der *Telearbeit* grundsätzlich keine Besonderheiten gegenüber normalen Arbeitskräften.[709] Doch aufgrund der Tatsache, daß die klassischen Kriterien der Subordination nicht immer auf Telearbeiter anwendbar sind, kommt dem Kriterium *trabajo por cuenta ajena* eine stärkere Bedeutung zu.[710]

(2.) *Prestación de servicios* (Dienste leisten)

Zum Inhalt des allgemeinen Dienstvertrages nach Art. 1.542 CC wurde bereits Stellung genommen. Voraussetzung für die Arbeitnehmereigenschaft ist die Leistung *seiner* (eigenen) persönlichen Dienste. Sofern es der Arbeitskraft vertraglich möglich ist, sich ohne Kenntnis oder Zustimmung des Arbeitgebers vertreten zu lassen, spricht dies gegen ein Arbeitsverhältnis.[711] Kann der Vertragspartner dagegen andere mit der Aufgabe betrauen, spricht dies für einen Werk- oder einfachen Dienstvertrag.

Gleiches gilt im Rahmen der *Telearbeit*. Ergibt sich ausdrücklich oder konkludent aus den Vereinbarungen der Vertragspartner, daß es unschädlich ist, wenn ein Dritter tätig wird, dann spricht alles dafür, daß kein Arbeitsvertrag vorliegt. Im Hinblick auf die *prestación de servicios* ergeben sich bei der Telearbeit ebenfalls keinerlei Besonderheiten.[712]

(3.) *Ambito de organización y dirección* (Rahmen der Organisation und Leitung)

Die Dienste werden im Rahmen der Organisation und Leitung des Arbeitgebers geleistet, Art. 1.1 ET. Die Begriffsgruppe *dentro del ámbito de organisación y dirección* steht an Stelle der früher verwendeten Bezeichnungen *subordinación* y *dependencia del trabajador al empresario* (Subordination und Abhängigkeit

---

[708] Vgl. etwa CARRASCO GUTIÉRREZ, Estudios Financieros Nº 177, 1997, S. 125 f.; ORTIZ CHAPARRO, Teletrabajo, S. 38; MARTÍN FLOREZ, REDT 1995, Nº 71, S. 413.

[709] Es sei daher auf die allgemeine Literatur verwiesen.

[710] THIBAULT ARANDA, RMTAS - Economía y sociología, Nº 11, 1998, S. 96.

[711] Vgl. ALONSO OLEA/CASAS BAAMONDE, S. 55.

[712] Insoweit ist auch hierbei auf die allgemeine Literatur zu verweisen.

des Arbeitnehmers gegenüber dem Arbeitgeber).[713] Mit der Reform des Arbeitnehmerstatuts im Jahre 1994 wurden die Befugnisse der Arbeitgeber, die Arbeit zu dirigieren und zu organisieren, aus wirtschaftspolitischen Gründen erweitert.[714]

Die Bezeichnung *ámbito de organización y dirección* deckt sich mit der älteren *círculo rector y organicista* (Leitungsbereich und organisatorischer Bereich), die sich in der spanischen Justiz durchgesetzt hat. Beide weisen auf den unternehmerischen Kontext und Rahmen hin, innerhalb dessen die Arbeit ausgeübt wird.[715] Unterschieden werden muß zwischen dem *ámbito de organización* und dem *ámbito de dirección*.

Im Hinblick auf Rechtsfragen der *Telearbeit* spricht PÉREZ DE LOS COBOS ORIHUEL von einer Krise der klassischen Identifikationskriterien der Subordination (insbesondere im Hinblick auf das zeitliche Element und auf die Eingliederung der Arbeitskraft in die betriebliche Einheit). Eine Neugestaltung des Indiziensystems sei erforderlich, aber auch genügend.[716]

Im Rahmen des spanischen Rechts kann ebenfalls der Begriff ***informationelle Subordination*** in der spanischen Übersetzung, ***subordination informática***, geprägt werden.[717] Er bezeichnet die veränderte Unterordnung des Arbeitnehmers geenüber dem Arbeitgeber, die sich aus der räumlichen Entfernung zum Arbeitgeber und aus der Nutzung von IuK-Mitteln ergibt.[718]

Schwierigkeiten bei der Ermittlung des Vertragsverhältnisses wirft das Problem auf, daß bei Telearbeit sich eine eher ergebnisorientierte im Gegensatz zu einer tätigkeitsorientierten Kontrolle durchsetzt. Ausschließlich ergebnisorientierte Kontrollen sind jedoch bislang überwiegend im Rahmen von selbständigen Tätigkeiten bekannt.

(aa.) *Ambito de dirección* (Direktionsbefugnis)

In Spanien steht dem Arbeitgeber gegenüber dem Arbeitnehmer ebenfalls ein Direktionsrecht (*poder de dirección*) zu, das ihm erlaubt, Anweisungen bzw.

---

[713]Vgl. ALONSO OLEA/CASAS BAAMONDE, S. 57; Die neuere Bezeichnung wird zum Teil kritisiert, da sie einer Verwässerung *(dilución)* des Abhängigkeitsverhältnisses Vorschub leiste, vgl. a.a.O., S. 145.

[714]Die Gesetzesänderung erfolgte über die Ley 11/1994, de 19 de mayo.

[715]ALONSO OLEA/CASAS BAAMONDE, S. 58.

[716]PÉREZ DE LOS COBOS ORIHUEL, S. 40.

[717]Zur neuen Terminologie vgl. RHEINHEIMER, Subordinación informática: El teletrabajo en Alemania, S. 6 f.

[718]Zum Begriff *informationelle Subordination* s.o., Kap. D.I.2.cc.(5.). Der Begriff *telesubordinación*, ist dagegen weniger geeignet, da er auf die sich aus den Informationsmitteln ergebenden vielfältigen Möglichkeiten nicht hinweist (zum Begriff vgl. GONZÁLEZ MOLINA / LÓPEZ AHUMADA, El teletrabajo y privacidad del trabajador, S. 7 f.).

Anordnungen über Ort, Zeit und Art der Produktion und über Art und Menge der ihm zustehenden 'Früchte' zu erteilen; er kann also für die Ausführung der Arbeit Anweisungen und Instruktionen erteilen. Das im Hinblick auf das Erforderliche der Arbeit des Angestellten beschränkte Direktionsrecht korreliert mit dessen Subordination bzw. Abhängigkeit.[719] Auch in Spanien prägen generelle und einzelne Anordnungen das Weisungsrecht des Arbeitgebers. Zu den generellen Weisungen zählen etwa Anordnungen in Form von Anschlägen am betrieblichen Schwarzen Brett oder in Rundschreiben. Einzelne Anordnungen können sich auf einzelne Personen oder Personengruppen beziehen.[720] Die Pflicht des Arbeitnehmers, generelle und einzelne Weisungen zu befolgen, ist in Art. 5.c ET sowie in Art. 20.2 und 20.1 ET festgelegt. Die Direktionsbefugnisse des Arbeitgebers werden also in dem mit 'Leitung und Kontrolle der Arbeit'[721] betitelten Art. 20 ET weiter präzisiert:

20.1 Der Arbeitnehmer ist verpflichtet, die vereinbarte Arbeit unter der Leitung des Arbeitgebers oder der von diesem bestimmten Person zu erbringen.[722]

20.2 Bei der Erfüllung der vertraglich übernommenen Arbeit schuldet der Arbeitnehmer dem Arbeitgeber das Maß an Fleiß bzw. Sorgfalt und Kooperationsbereitschaft in der Arbeit, das durch die gesetzlichen Vorschriften, die Kollektivverträge und die Ordnungen oder Einzelweisungen des Arbeitgebers im Rahmen der rechtmäßigen Ausübung seines Direktionsrechts und gegebenenfalls durch die Übungen und Gewohnheiten festgelegt ist. Auf jeden Fall sind der Arbeitnehmer und der Arbeitgeber bei ihren wechselseitigen Leistungen den Anforderungen von Treu und Glauben unterworfen.[723]

Unter der Überschrift 'Leitung und Kontrolle der Arbeit' werden einige der Ausdrucksformen der Leitung und Organisation des Arbeitgebers reguliert.[724] Dem Arbeitgeber stehen verschiedene Formen der Direktionsbefugnis zur Verfügung, wozu unter anderem die Befugnis, Anordnungen und Anweisungen zur Ausführung der Arbeit zu geben, die Befugnis die Arbeitsbedingungen im

---

[719] ALONSO OLEA/CASAS BAAMONDE, S. 45 u. 358.

[720] ALONSO OLEA/CASAS BAAMONDE, S. 358 f.

[721] *Dirección y control de la actividad laboral.*

[722] Art. 20.1: El trabajador estará obligado a realizar el trabajo convenido bajo la dirección del empresario o persona en quien éste delegue.

[723] Art. 20.2 ET: En el cumplimiento de la obligación de trabajar asumida en el contrato, el trabajador debe al empresario la diligencia y la colaboración en el trabajo que marquen las disposiciones legales, los convenios colectivos y las órdenes o instrucciones adoptadas por aquél en el ejercicio regular de sus facultades de dirección y, en su defecto, por los usos y costumbres. En cualquier caso, el trabajador y el empresario se someterán en sus prestaciones recíprocas a las exigencias de la buena fe.

[724] Vgl. MONEREO PÉREZ/RIVERO LAMAS, Art. 2, S. 305.

Hinblick auf Arbeitsinhalt, Arbeitszeit, Arbeitsort und Form der Bezahlung genau zu bestimmen, die Befugnis die Arbeitsaktivitäten zu kontrollieren und beaufsichtigen, die Befugnis den Arbeitnehmer zu belohnen und die Befugnis disziplinarisch vorzugehen, gehören.[725]

Um die Dienste der Arbeitskraft an die sich etwa durch strukturelle, organisatorische und technische Änderungen oder an die zur Veränderung oder Verbeserung der Ausbildung des Personals sich ergebenden Erfordernissen des Unternehmens anzupassen, kann der Arbeitgeber die Ausführung der Arbeitsweise der Arbeitnehmer modifizieren. In diesem Zusammenhang steht ihm das als *ius variandi* bezeichnete unternehmerische Wahlrecht bzw. Ermessen zu, das beispielsweise Art. 39.1 ET zur sogenanten *funktionellen Mobilität* behandelt.[726] Im Rahmen der sogenannten *geographischen Mobilität* regelt dagegen der Art. 40 ET in den Absätzen 1 und 4 die Voraussetzungen. Art. 41.1 ET erkennt das unternehmerische Wahlrecht in vollem Umfang an, sofern die Arbeitsbedingungen *nicht hierdurch substantiell modifiziert* werden; die Direktionsbefugnisse aus Art. 39 und 40 ET sowie die allgemeinen Direktionsbefugnisse finden also ihre Grenzen dort, wo die Voraussetzungen des Art. 41 ET überschritten werden.[727] Die Befugnisse bzw. Beschränkungen, die sich aus den Art. 39 ff. ET ergeben, werden an anderer Stelle noch genauer zu behandeln sein. Das Direktionsrecht des Arbeitgebers unterliegt ferner auch in Spanien Beschränkungen wie dem Gleichheitsgrundsatz oder das Diskriminierungsverbot, die die Handlungsherrschaft der Unternehmen einengen.[728]

Angestellten Telearbeitern gegenüber können ebenfalls Anordnungen und Anweisungen zur Ausführung der Arbeit gegeben werden. Auch ihnen gegenüber besteht die Möglichkeit, Arbeitsbedingungen im Hinblick auf Arbeitsinhalt, Arbeitszeit und auf die Form der Bezahlung genau zu bestimmen. In Bezug auf die Arbeitszeit stellt sich die Kontrolle als schwieriger dar, doch sie ist nicht ausgeschlossen. Dem Arbeitgeber bleibt trotz der Ferne der Arbeit die Möglichkeit, per Telephon den Telearbeiter zu kontrollieren und überwachen; auch die Kontrolle über IuK-Mittel ist denkbar. Der Kontrollschwerpunkt wird sich stärker zugunsten einer nachgeschalteten, ergebnisorientierten verschieben.

Im Zusammenhang mit *Telearbeit* und Direktionsbefugnis sind verschiedene Begriffe geprägt worden. PÉREZ DE LOS COBOS ORIHUEL etwa spricht im Zusammenhang mit der Telearbeit von *teledirigido*, was so viel bedeutet, wie

---

725 Vgl. MONEREO PÉREZ/RIVERO LAMAS, Art. 2, S. 307.
726 ALONSO OLEA/CASAS BAAMONDE, S. 360.
727 MONEREO PÉREZ/RIVERO LAMAS, Art. 2, S. 308; Art. 41 betrifft die wesentlichen Veränderungen des Arbeitsverhältnisses (sog. *modificaciones substanciales*).
728 ALONSO OLEA/CASAS BAAMONDE, S. 361.

per Telekommunikationsmittel dirigiert.[729] Ferner gebraucht er die die Bezeichnung *dependencia tecnológica* ('technikbedingte Abhängigkeit') für die neue Form der Abhängigkeit.[730] THIBAULT ARANDA spricht im Zusammenhang mit der Telearbeit von einer neuen Form der Abhängigkeit, nämlich der *teledependencia*, die mit 'Teleabhängigkeit' zu übersetzen wäre.[731] Weiter wird von der *teledisponibilidad* gesprochen, also von der Möglichkeit des Unternehmers, über eine bestimmte "freie" Arbeitszeit des Arbeitnehmers zu verfügen, wobei dem Arbeitgeber Sanktionsmittel zustehen, wenn der Telearbeiter nicht tätig wird.[732] Doch für den Zweck erscheinen andere Begriffe als besser geeignet. Bereits im Zusammenhang mit den Erörterungen zum deutschen Recht wurde der Begriff ***informationelle Weisungsgebundenheit*** geprägt; übersetzen ließe er sich als ***dirección informática***. Im spanischen Recht ist der Begriff ebenfalls noch nicht belegt. Er kann ebenso wie im Rahmen der Untersuchungen zum deutschen Recht verwendet werden, um das Neuartige dieser neuen Arbeitsform hervorzuheben. Die klassische Direktionsbefugnis des Arbeitgebers wird dabei in doppelter Hinsicht ergänzt, und zwar dadurch, daß sie einerseits die Erteilung von Weisungen durch Informations- und Kommunikationsmittel etwa in Form von 'Aufträgen', Anordnungen und Anweisungen über die Tätigkeit, die Art ihrer Ausführung, Erledigungszeitpunkt usw. beinhaltet, wie sie auch bei klassischen, nicht telearbeitsbezogenen Tätigkeiten in größeren Unternehmen anzutreffen sind, wo sie (noch relativ selten) angewendet werden, um Entfernungen zwischen den Abteilungen schnell zu überwinden. Andererseits die *dirección informática*, durch die der Arbeitnehmer über die Bindung an besondere Informationsprogramme bestimmte Vorgaben erhält, welche als mittelbare Weisungen zu verstehen sind.

Die Arbeitskraft wird also der Direktion des Arbeitgebers dadurch unterworfen, daß die Computerprogramme, auf deren Grundlage der Arbeitgeber tätig wird, die Arbeit der Arbeitskraft bestimmt, lenkt und kontrolliert.[733] Dies wird etwa der Fall sein, wenn jemand zu Hause für ein Unternehmen Überweisungsträger bearbeitet, die vom Arbeitgeber 'eingescannt' wurden, und wenn das Programm, auf dessen Grundlage der Telearbeiter tätig wird, ihm genaue Vorgaben im Hinblick auf Art und Weise der Ausführung gibt.

Der Begriff ***informationelle Weisungsbefugnis*** (***dirección informática***) eignet sich besser als die genannten (*teledirigido* und *teledependencia*). Denn letztere weisen über die Bezeichnung '*tele*' nicht notwendigerweise auf den Gebrauch

---

[729] PÉREZ DE LOS COBOS ORIHUEL, S. 35.

[730] PÉREZ DE LOS COBOS ORIHUEL, S. 41.

[731] THIBAULT ARANDA, RMTAS - Economía y sociología, Nº 11, 1998, S. 95.

[732] THIBAULT ARANDA, Teletrabajo y teledisponibilidad, S. 2; dgl., RMTAS - Economía y sociología, Nº 11, 1998, S. 96.

[733] PÉREZ DE LOS COBOS ORIHUEL, S. 41.

von IuK-Mitteln und auf die Unterwerfung unter Informationsprozessen hin, sondern stehen nach allgemeinem Sprachgebrauch in einem begrifflichen Zusammenhang mit Telephon und Television, die eben nicht schwerpunktmäßig auf Rechenoperationen basieren. Die Bezeichnung *dependencia tecnológica* läßt ebensowenig auf die besondere Verbindung mit der Informationstechnik schließen; sie deutet vielmehr auf eine Abhängigkeit von Maschinen im klassischen Sinne hin, da der Begriff Technologie im Verhältnis zum Begriff Informationstechnologie ein Oberbegriff ist und auch diese umfaßt.

Dementsprechend ist auch im Zusammenhang mit der sich aus der Einbindung in den Rahmen der Organisation und Leitung (*ámbito de organización y dirección*) ergebenden persönlichen Abhängigkeit von ***subordinación informática*** (***informationelle Subordination***) zu sprechen.[734]

(bb.) *Ambito de organización* (Eingliederung in den Betrieb)

Die Nichtintegration in den Rahmen der Organisation und Leitung soll das einzige Kriterium sein, das wirksam den Arbeitsvertrag von dem *arrendamiento civil de servicios*, also dem (bloßen) Dienstverhältnis unterscheidet. Letzteres besteht dann, wenn ein Minimum an Kontrolle oder "Richtlinien" des Unternehmers und damit ein Minimum an *Einfügung*, *Eingliederung* und *Integration* der Arbeitskraft fehlt.[735]

Bereits im Zusammenhang mit den Erörterungen zum deutschen Recht wurde geäußert, daß die räumliche Eingliederung in den Betrieb zugunsten einer ***informationelle Eingebundenheit*** zurückgedrängt wird. In diesem Zusammenhang sei von der ***inserción informática*** gesprochen.[736]

Im Falle der *Telearbeit* wird das bisherige Kriterium 'materielle Eingliederung' der Arbeitskraft auf die Fälle erweitert werden, in denen die Arbeit in das Informations- und Telematik-System des Unternehmens eingegliedert ist. Die Reduzierung der Anwesenheit der Arbeitskraft wird kompensiert durch die intensivere Rolle des Arbeitgebers bei der Ermittlung der Art und Weise, in der die Arbeitskraft sich in das technisch innovierte Unternehmen einfügt.[737]

---

734 Zur neuen Terminologie vgl. RHEINHEIMER, Subordinación informática: El teletrabajo en Alemania, S. 6 f.

735 Vgl. ALONSO OLEA/CASAS BAAMONDE, S. 57 f.

736 Der Begriff ist dem spanischen Recht noch fremd.

737 PÉREZ DE LOS COBOS ORIHUEL ist der Auffassung, daß die bisherige Rolle des Eigentums an Produktionsmitteln der klassischen Arbeitskraft sich zugunsten der technologischen Abhängigkeit (*dependencia technológica*) zurückentwickeln wird. Bei der technologischen Abhängigkeit mangele es an eigenem 'Know-how' (PÉREZ DE LOS COBOS ORIHUEL, S. 41).

bb. Ausgrenzungen nach Art. 1.3 ET

In Spanien werden anders als im deutschen Arbeitsrecht verschiedene Tätigkeitsbereiche bereits kraft Gesetzes aus dem Anwendungsbereich des Estatuto de los Trabajadores ausgeschlossen, Art. 1.3 ET. Hierzu gehören:

a) Das Beamtenverhältnis, dessen Inhalt sich nach dem Statut für den öffentlichen Dienst bestimmt, sowie das Arbeitsverhältnis der sonstigen Beschäftigten des Staates, seiner territorialen Untergliederungen und der mit Autonomie ausgestatteten juristischen Personen des öffentlichen Rechts, sofern sich dieses aufgrund eines Gesetzes durch Verwaltungsverordnungen oder Statuten bestimmt.

b) Die Leistung von Pflicht- und Zwangsarbeit.

c) Die reine Tätigkeit als Berater oder Mitglied in den Verwaltungsorganen der Unternehmen, die die Rechtsform einer Gesellschaft besitzen, wobei immer vorausgesetzt ist, daß die Arbeit im Unternehmen ausschließlich in der Erfüllung der mit dem Amt verbundenen Aufgaben besteht.

d) Arbeiten aus Freundschaft, aus Gefälligkeit oder aufgrund guter Nachbarschaft.

e) Arbeit im Rahmen der Familie, es sei denn, es lasse sich belegen, daß diejenigen, die sie ausführen, unter Bedingungen von Lohnempfängern tätig sind. Als Familienangehörige in diesem Sinne werden der Ehegatte, die Abkömmlinge, Eltern und Voreltern sowie sonstige Verwandte bis zum zweiten Grad einschließlich der durch Adoption vermittelten Verwandtschaft verstanden, sofern sie mit dem Unternehmer in häuslicher Gemeinschaft leben.

f) Die Tätigkeit von Personen, die kaufmännische Geschäfte für Rechnung eines oder mehrerer Unternehmer betreiben, sofern sie persönlich für den Erfolg einstehen müssen und so die Risiken der Geschäfte tragen, aber auch Vorteile erlangen.

g) Im allgemeinen jegliche Arbeit, die in Ausübung einer Tätigkeit ausgeführt wird, die nicht unter Absatz 1 dieses Artikels fällt.[738]

---

[738] Art. 1.3 ET: Se excluyen del ámbito regulado por la presente Ley:
a) La relación de servicio de los funcionarios públicos, que se regulará por el Estatuto de la Función Pública, así como la del personal al servicio del Estado, las Corporaciones Locales y las Entidades públicas autónomas, cuando, al amparo de una Ley, dicha relación se regule por normas administrativas o estatuarias.
b) Las prestaciones personales obligatorias.
c) La actividad que se limite, pura y simplemente, al mero desempeño del cargo de consejero o miembro de los órganos de administración en las empresas que revistan la forma jurídica de

Darüber hinaus fallen verschiedene Formen von Transportdiensten ebenfalls nicht in den Anwendungsbereich des Arbeitnehmerstatuts.[739]

Ein Großteil der in Art. 1.3 ET genannten Ausnahmen werden als bloß deklaratorische bezeichnet, da bereits die direkte Anwendung des Art. 1.1 ET sie vom Anwendungsbereich des Estatuto de los Trabajadores ausschließt. Dagegen sind einige der Ausnahmen solche konstitutiver Art. Betont sei an dieser Stelle der Sinn des Art. 1.3.g ET, der jegliche nicht von der Definition in Art. 1.1 ET umfaßte Tätigkeitsverhältnisse dem Zugriff des Arbeitnehmerstatuts entzieht. Zu erwähnen bleibt darüber hinaus, daß es sich bei Art. 1.3 ET um eine bloß exemplarische Aufzählung handelt und mit ihr nicht alle Nichtarbeitnehmer erfaßt werden sollen.[740]

Im Hinblick auf die *Telearbeit* und auf die vorliegende Untersuchung kommt Art. 1.3 ET grundsätzlich keine große Bedeutung zu. Denn Telearbeit wird regelmäßig nicht in persönlichen, obligatorischen Pflicht- oder Zwangsdiensten (wie bspw. Wehrpflicht, Zivildienst Beteiligung an Wahlvorständen), aus Freundschaft, Gefälligkeit oder Nachbarschaft und nicht im Rahmen der Familie oder in Transportdiensten geleistet. Wie bereits einleitend festgestellt wurde, kann Telearbeit im Rahmen von Beamtenverhältnissen vorliegen, die keiner besonderen Prüfung unterzogen werden müssen.

Art. 1.3.c ET behandelt die "reine Tätigkeit als Berater oder Mitglied in den Verwaltungsorganen der Unternehmen, die die Rechtsform einer Gesellschaft besitzen, wobei immer vorausgesetzt wird, daß die Arbeit im Unternehmen ausschließlich in der Erfüllung der mit dem Amt verbundenen Aufgaben

---

sociedad y siempre que su actividad en la empresa sólo comporte la realización de cometidos inherentes a tal cargo.
d) Los trabajos realizados a título de amistad, benevolencia o buena vecindad.
e) Los trabajos familiares, salvo que se demuestre la condición de asalariados de quienes los llevan a cabo. Se considerarán familiares, a estos efectos, siempre que convivan con el empresario, el cónyuge, los descendientes, ascendientes y demás parientes por consanguinidad o afinidad, hasta el segundo grado inclusive y, en su caso, por adopción.
f) La actividad de las personas que intervengan en operaciones mercantiles por cuenta de uno o más empresarios, siempre que queden personalmente obligados a responder del buen fin de la operación, asumiendo el riesgo y ventura de la misma.
g) En general, todo trabajo que se efectúe en desarollo de relación distinta de la que define el apartado 1 de este artículo.
A tales efectos se entenderá excluida del ámbito laboral la actividad de las personas prestadoras del servicio de transporte al amparo de autorizaciones administrativas de las que sean titulares, realizada, mediante el correspondiente precio, con vehículos comerciales de servicio público cuya propiedad o poder directo de disposición ostenten, aun cuando dichos servicios se realicen de forma continuada para un mismo cargador o comercializador.

739 Vgl. Art. 1.3 ET a.E.; eine Übersetzung erübrigt sich hier, da Personen, die Transportdienste leisten, i.d.R. nicht Telearbeiter sind. Zwar arbeiten sie vom Blickpunkt des Unternehmens aus betrachtet dezentral, doch diese dezentrale Arbeit wird nicht erst per IuK-Mittel, sondern durch Einsatz von Transportmitteln ermöglicht.

740 MONEREO PÉREZ/GORELLI HERNANDEZ, Art. 1.3, S. 42 f.

besteht". Dabei handelt es sich um Tätigkeiten von Geschäftsführern von Gesellschaften.[741] *Telearbeit* kann zwar auch im Rahmen einer derartigen Tätigkeit ausgeübt werden, doch im Rahmen der vorliegenden Arbeit wird der von Art. 1.3.c ET umfaßte Personenkreis nicht behandelt.

cc. *Relaciones laborales de carácter especial* nach Art. 2.1 ET

Das spanische Arbeitsrecht kennt sogenannte besondere Arbeitsverhältnisse (*relaciones laborales de carácter especial*). Sie werden in Art. 2.1 ET umschrieben, um eine definitive Einordnung in die Gruppe der Arbeitnehmer zu gewähren und sie so dem beabsichtigten sozialen und wirtschaftlichen Schutz zu unterstellen. Die dogmatische Einordnung der besonderen Arbeitsverhältnisse bereitet der Rechtswissenschaft Probleme.[742] Als besondere Arbeitsverhältnisse gelten:

a) Die der leitenden Angestellten, soweit sie nicht schon von Art. 1.3.c ET erfaßt sind.

b) Die der Hausangestellten.

c) Die der Strafgefangenen in den Vollzugsanstalten.

d) Die der Berufssportler.

e) Die der öffentlich auftretenden Künstler.

f) Die der Personen, die kaufmännische Geschäfte für Rechte eines oder mehrerer Unternehmer betreiben, ohne das Risiko zu übernehmen und die Vorteile zu genießen.

g) Die der behinderten Arbeitskräfte, die in speziellen Beschäftigungszentren tätig sind.

h) Die der Hafenstauer, die ihre Dienste über Staatsgesellschaften oder über Rechtssubjekte, die die gleichen Aufgaben wie die Staatsgesellschaften in den von den Autonomen Gemeinschaften verwalteten Häfen ausüben, leisten.

i) Jede andere Arbeit, die durch ein Gesetz ausdrücklich zu einem besonderen Arbeitsverhältnis erklärt wurde.[743]

---

[741] IBÁN, S. 247.

[742] Vgl. MONEREO PÉREZ/MORENO VIDA, Art. 2, S. 69 ff.; die rechtsdogmatische Einordnungsschwierigkeiten werden an diesem Ort außer acht zu lassen sein, da letztendlich hier nur entscheidend ist, ob und welche der Kategorien für die Telearbeit von Relevanz sind und welche Auswirkungen dies für die Arbeitsform hat.

[743] Art. 2.1: Se considerarán relaciones laborales de carácter especial:

Die Regelung zu den besonderen Arbeitsverhältnissen kann im Zusammenhang mit der *Telearbeit* grundsätzlich unberücksichtigt bleiben, da Hafenarbeiter, Strafgefangene in Vollzugsanstalten, öffentlich auftretende Künstler und Berufssportler in der Regel nicht als Telearbeiter tätig werden.[744] Unberücksichtigt bleiben kann auch die Regelung die *servicios del hogar familiar* (Hausangestellte) betrifft.[745] Zwar handelt es sich dabei um in einem Haus oder in einer Wohnung arbeitende Personen. Doch der Aufgabenbereich des Personenkreises aus Art. 2.1.b) ET umfaßt häusliche Tätigkeiten wie Reinigen, Putzen und Waschen sowie sonstige Aufgabenbereiche einer klassischen Haushaltshilfe;[746] *Telearbeit* zählt nicht hierzu.

Erwähnt seien kurz die behinderten Arbeitskräfte im Sinne des Art. 2.1.g ET, da Telearbeit als Chance für Behinderte gilt.[747]

Auch die in Art. 2.1.a ET genannten *leitenden Angestellten* können *Telearbeit* ausüben. Problematisch ist hierbei, daß sie die Leitung und Überwachung der anderen Arbeitskräfte und damit den Kernbereich ihrer Tätigkeit optimaler im Betrieb ausüben können. Dies gilt jedenfalls dann, wenn im Betrieb alternierende Telearbeit ausgeübt wird, was der Regelfall ist.[748]

Die Personen, die von Art. 2.1.f ET erfaßt werden, die also kaufmännische Geschäfte für Rechte eines oder mehrerer Unternehmer betreiben, ohne das Risiko zu übernehmen und die Vorteile zu genießen, werden *representantes de comercio* genannt. Sie sollen später eigens behandelt werden.

---

a) La del personal de alta dirección no incluido en el art. 1.3.c.
b) La del servicio del hogar familiar.
c) La de los penados en las instituciones penitenciarias.
d) La de los deportistas profesionales.
e) La de los artistas en espectáculos públicos.
f) La de las personas que intervengan en operaciones mercantiles por cuenta de uno o más empresarios sin asumir el riesgo y ventura de aquéllas.
g) La de los trabajadores minusválidos que presten sus servicios en los centros especiales de empleo.
h) La de los estibadores portuarios que presten servicios a través de sociedades estatales o de los sujetos que desempeñen las mismas funciones que éstas en los puertos gestionados por las Comunidades Autónomas.
i) Cualquier otro trabajo que sea expresamente declarado como relación laboral de carácter especial por una Ley.

744 Insoweit scheiden hier die Beispiele nach Art. 2.1.c, d, e und h ET aus.

745 Art.2.1.b ET.

746 Vgl. ALONSO OLEA/CASAS BAAMONDE, S. 72.

747 Zu den nichtjuristischen Fragen zur Telearbeit für Behinderte vgl. BMA, Telearbeit für behinderte Menschen, S. 1 ff.

748 Die Rechtsfragen der leitenden Angestellten sollen daher und weil sie kraft ihrer Stellung dem Arbeitgeber gegenüber Wünsche leichter durchsetzen können, an diesem Ort außer Betracht bleiben.

dd. Formale Kriterien

In Spanien unterliegen Arbeitsverhältnisse ebenfalls 'grundsätzlich' keinem Formerfordernis. Die sogenannten 'Ausnahmen' und die Formbedingungen werden in Art. 8 ET reguliert:

8.1 Der Arbeitsvertrag kann schriftlich oder mündlich abgeschlossen werden. Seine Existenz wird vermutet, wenn jemand auf Rechnung und im Rahmen der Organisation und Leitung eines anderen Dienste leistet und zum Ausgleich dafür von jenem eine Vergütung erhält.[749]

8.2 Der Arbeitsvertrag muß schriftlich abgeschlossen werden, wenn dies eine gesetzliche Vorschrift bestimmt. In jedem Fall gilt die Schriftform für Praktikantenverträge, für Ausbildungsverträge, unstetige Dauerverträge oder vertretungsbedingte Teilzeitarbeitsverträge, für Heimarbeitsverträge,[750] für Arbeitsverträge zur Erfüllung einer bestimmten Aufgabe sowie die von spanischen Unternehmen in Spanien zu Leistung eines Dienstes im Ausland abgeschlossene Verträge. Ebenfalls müssen die Arbeitsverträge, die für einen bestimmten Zeitraum vereinbart werden, schriftlich abgeschlossen werden, sofern deren Dauer vier Wochen überschreitet. Wird diese Voraussetzung nicht erfüllt, so wird vermutet, daß der Vertrag auf unbestimmte Zeit abgeschlossen wurde, es sei denn, es kann der Gegenbeweis einer zeitlichen Befristung oder des Teilzeitcharakters geführt werden.[751]

Die sonstigen Verträge, deren Schriftformerfordernis gesetzlich fixiert ist, werden häufig in Literatur sowie in Gesetzessammlungen aufgeführt.[752] Sie müssen hier nicht gesondert dargelegt werden, da sie die Telearbeit nicht betreffen.

Fehlt ein schriftlicher Vertrag, obwohl dies gesetzlich vorgeschrieben ist, bedeutet dies jedoch nicht dessen Unwirksamkeit; die Rechtsfolgen müssen im

---

[749]Art. 8.1 ET: El contrato de trabajo se podrá celebrar por escrito o de palabra. Se presumirá existente entre todo el que presta un servicio por cuenta ajena y dentro del ámbito de organización y dirección de otro y el que lo recibe a cambio de una retribución a aquél.

[750]Gemeint sind Verträge für *trabajadores a domicilio* i.S.d. 13 ET und nicht solche i.S.d. HAG.

[751]Art. 8.2 ET: Deberán constar por escrito los contratos de trabajo cuando así lo exija una disposición legal y, en todo caso, los de prácticas y para la formación, los contratos a tiempo parcial, fijo-discontinuo y de relevo, los contratos de trabajo a domicilio, los contratos para la realización de una obra o servicio determinado así como los de los trabajadores contratados en España al servicio de empresas españolas en el extranjero. Igualmente constarán por escrito los contratos por tiempo determinado cuya duración sea superior a cuatro semanas. De no observarse tal exigencia, el contrato se presumirá celebrado a jornada completa y por tiempo indefinido, salvo prueba en contrario que acredite su naturaleza temporal o el carácter a tiempo parcial de servicios.

[752]Vgl. etwa die Beispiele in: GALIANA MORENO/SEMPERE NAVARRO, § 2, S. 74.

Einzelfall und gesondert untersucht werden.[753] Das Formerfordernis soll den Arbeitnehmer schützen und ihm nicht zum Nachteil gereichen. Die Rechtsfolgen, die eintreten, wenn dem Schriftformerfordernis nicht Genüge getan wird, sind in Art. 8.2 S.5 ET normiert. Es wird dann vermutet, daß der Vertrag auf unbestimmte Zeit und ganztägig abgeschlossen wurde, es sei denn, es kann der Gegenbeweis einer zeitlichen Befristung oder des Teilzeitcharakters geführt werden. Hervorgehoben sei an dieser Stelle das *Indiz* aus Art. 8.1 S.2 ET: Es besteht eine gesetzliche Vermutung für das Vorliegen eines Arbeitsvertrages, sofern eine Partei im Organisationsbereich einer anderen Leistungen erbringt und ihr dafür ein Entgelt gezahlt wird, Art. 8.1 S.2 ET.[754] Es kann die Unterscheidung der Arbeitnehmer von Selbständigen erleichtern.

Jede der Arbeitsvertragspartner kann verlangen, daß der Arbeitsvertrag in schriftlicher Form niedergelegt wird.[755]

Weitere Formvoraussetzungen werden in Art. 8.5 ET statuiert:

> Sofern das Arbeitsverhältnis länger als vier Wochen dauert, muß der Unternehmer den Arbeitnehmer insoweit schriftlich über die wesentlichen Elemente des Vertrages und über die Hauptbedingungen der Ausübung der Tätigkeiten informieren, als es reglementiert wird; jedoch nur insoweit, als es nicht bereits im Arbeitsvertrag festgelegt wurde.[756]

In der dazugehörigen Ausführungsvorschrift wird unter anderem festgelegt, daß der Sitz des Unternehmens angegeben werden muß. Sofern der Arbeitnehmer die Tätigkeiten üblicherweise an verschiedenen Arbeitszentren oder an mobilen oder an Wander-Arbeitszentren ausführt, dann sind diese Gegebenheiten anzugeben. Weiter ist die Kategorie oder die Berufsgruppe der Arbeitskraft insoweit anzugeben, als daraus mit der genügenden Präzision der spezifische Arbeitsinhalt der Tätigkeit deutlich wird. Ferner muß eine schriftliche Benachrichtigung folgen, wenn die Arbeitsumstände geändert werden.[757] Bei

---

[753] ALONSO OLEA/CASAS BAAMONDE, S. 209.

[754] BFAI, S. 14.

[755] Art. 8.4 ET: Cualquiera de las partes podrá exigir que el contrato se realice por escrito, incluso durante el transcurso de la relación laboral.
(Art. 8.4 ET: Jede der beiden Vertragspartner kann verlangen, daß der Arbeitsvertrag in schriftlicher Form niedergelegt wird und zwar auch während der Dauer des Arbeitsverhältnisses).

[756] Art. 8.5 ET: Cuando la relación laboral sea de duración superior a cuatro semanas, el empresario deberá informar por escrito al trabajador, en los términos y plazos que se establezcan reglamentariamente, sobre los elementos esenciales del contrato y los principales condiciones de ejecución de la prestación laboral, siempre que tales elementos y condiciones no figuren en el contrato de trabajo formalizado por escrito.

[757] Vgl. Art. 2.2.c und d der Ausführungsvorschrift: Real Decreto 1659/1998, de 24 de julio, por el que se desarrolla el artículo 8, apartado 5, de la Ley del Estatuto de los Trabajadores en materia de información al trabajador sobre elementos esenciales del contrato de trabajo (BOE

Ausübung von *Telearbeit* muß also die besondere Arbeitsform, die Art und Weise und, sofern sie an einem festen Ort außerhalb des Unternehmens ausgeübt wird, muß dieser Ort schriftlich fixiert werden. Die Bedingungen sind keine konstitutiver Art; der Vertrag ist auch ohne sie gültig.[758] Wird diesen Voraussetzungen nicht genüge getan, handelt es sich um einen sogenannten leichten Verstoß (*infracción leve*) im Sinne des Art. 94.5 ET.[759]

Im Hinblick auf die *Telearbeit* sei hier besonders hervorgehoben, daß die Arbeitsverträge, die mit den *trabajadores a domicilio*[760] abgeschlossen werden, der Schriftform bedürfen. Die Frage, welche Telearbeiter im Einzelnen hierzu zu zählen sind, bedarf noch näherer Erörterung. Auch bedürfen Teilzeit-Arbeitsverträge sowie befristete Arbeitsverträge mit Telearbeitern der schriftlichen Form. Insoweit gilt jedoch nichts anderes als bei den anderen Arbeitskräften.

ee. Sonstige Kriterien

Der Vollständigkeit halber ist zu erwähnen, daß im Bereich des spanischen Rechts der Mangel an finanziellem Risiko (*ajenidad de los riesgos*) die Arbeitnehmer von den Gesellschaftern unterscheidet,[761] was in ebensolchem Maße für Telearbeiter gilt.

ff. Telearbeiter i.e.S. / Telearbeiter i.w.S.?

Sinnvoll ist, die Telearbeitnehmer, die in der Wohnung arbeiten, besonders zu bezeichnen, sofern die rechtlichen Bedingungen im Einzelfall mit der erforderlichen Sorgfalt geprüft werden. Im Spanischen gibt es keine Abkürzung, die den in Deutschland bekannten i.e.S. und i.w.S. gleichkommt. Der Begriff 'im engeren Sinn' läßt sich mit *en el sentido estricto* übersetzen; 'im weiteren Sinn' dagegen mit *en el sentido amplio.* Dementsprechend wird nachfolgend Telearbeit i.e.S. mit *teletrabajo en el sentido estricto* und Telearbeit i.w.S. mit *teletrabajo en el sentido amplio* übersetzt.

---

núm. 192, de 12 agosto). Sofern der Beschäftigte im Ausland tätig wird, müssen gegebenenfalls weitere Ausführungen folgen, vgl. Art. 3.1. Zur Änderung der Bedingungen vgl. Art. 4.

[758] ALONSO OLEA/CASAS BAAMONDE, S. 210.

[759] Zum Sanktionsrecht des spanischen Arbeitsrechts vgl. die entsprechende Kommentierung der Art. 93 - 97 ET bei MONEREO PÉREZ/GORELLI HERNANDEZ; vgl. bspw. auch ALONSO OLEA/CASAS BAAMONDE, S. 1077.

[760] Zum Personenkreis der *trabajadores a domicilio* wird nachfolgend einzugehen sein.

[761] ALONSO OLEA/CASAS BAAMONDE, S. 57 u. 339.

gg. Bezeichnung als *teleempleado*?

Der Telearbeiter, der den Arbeitnehmerstatus erfüllt, kann als *teleempleado* bezeichnet werden, doch dies empfiehlt sich nur, wenn mit diesem Begriff restriktiv umgegangen wird.

hh. Zu den Arbeitnehmer-Definitionen in Deutschland und Spanien

Sowohl in Deutschland als auch in Spanien bestehen definitorische Unsicherheiten im Hinblick auf die Einordnung der Arbeitnehmer. Im spanischen Recht wird durch Art. 1 ET sowie durch die Vermutungsregel aus Art. 8.1 S.2 ET die Einordnung gegenüber dem deutschen Recht geringfügig erleichtert. Erforderlich ist, daß jemand im Organisationsbereich einer anderen Person Leistungen erbringt und von dieser ein Entgelt erhält.

Im übrigen decken sich die Kriterien weitgehend; in beiden wird auf die persönliche Abhängigkeit bzw. auf die Subordination Wert gelegt. Mangelndes eigenes Auftreten sowie Einbindung in die Organisation des Arbeitgebers sind Indizien. Auch bedarf es der Weisungsunterworfenheit.

Im Hinblick auf die *Telearbeit* stimmen Bedingungen wie auch Problematiken ebenfalls weigehend überein. In beiden Rechtssystemen stellen die Kriterien Eingliederung in den Betrieb und Direktionsbefugnis die Rechtsanwender vor erhebliche Schwierigkeiten. Die Herkunft beider Rechtssysteme aus der internationalen Arbeitsrechtslehre wird im Rahmen des Rechtsvergleichs deutlich, was sich ebenso im Hinblick auf Fragen der Telearbeit Auswirkung auswirkt.

b. Arbeitnehmerähnliche in Spanien?

In Spanien werden Arbeitnehmerähnliche als *trabajadores parasubordinados* bezeichnet.[762] Der Begriff entstammt jedoch nicht originär dem spanischen Recht, sondern wurde aus dem italienischen Rechtskreis übernommen,[763] da die Kategorie der Arbeitnehmerähnlichen dem spanischen Arbeitsrecht nicht bekannt ist, so daß die *trabajadores a domicilio* kraft Gesetz als Untergruppe den Arbeitnehmern zugeordnet werden.[764] Freie Mitarbeiter als rechtlich eigenständige Gruppe kennt das spanische Recht nicht. Die Stellung der *parasubordinados* ist nicht normiert; auch die spanische Literatur hat keine entsprechende Begriffsgruppe geschaffen. Die dem deutschen Arbeitsrecht bekannte Kategorie zwischen den Arbeitnehmern und den Selbständigen ist im

---

[762] SÁNCHEZ-RODAS NAVARRO, Teletrabajo y poder de dirección, S. 10 f.

[763] Vgl. MELLA MÉNDEZ, AS, Nº 11, octubre 1998, S. 47 f.; SAGARDOY DE SIMÓN, RMTAS - Economía y sociología, Nº 11, 1998, S. 30 f.

[764] Vgl. MONEREO PÉREZ/QUESADA SEGURA, Art. 13, S. 232.

spanischen Arbeitsrecht nicht erforderlich. Gleichwohl sollen nachfolgend die Gruppen aufgeführt werden, die nach deutschem Arbeitsrecht den Arbeitnehmerähnlichen zugeordnet werden, um die Vergleichbarkeit bzw. die Unterschiede der Rechtssysteme herausarbeiten zu können.

aa. *Trabajadores a domicilio*

Bei den *trabajadores a domicilio* handelt es sich um atypische Arbeitnehmer;[765] sie nehmen im Rahmen des spanischen Arbeitsrechts wie im deutschen eine besondere Stellung im Hinblick auf arbeitsschutzrechtliche, lohnbezogene, formelle und andere Fragestellungen ein. Sie werden im Rahmen von Übersetzungen häufig als *Heimarbeiter* bezeichnet.[766] Auf diesen Begriff wird vorliegend bewußt nicht zurückgegriffen, obwohl er handlicher ist als die direkte Übersetzung mit *Arbeitnehmer in der Wohnung* und obwohl zwei verschiedene Rechtssysteme analysiert werden, die nur alternativ anwendbar sind. Denn die Übersetzung mit der Bezeichnung *Heimarbeiter* führt zu Mißverständnissen, da der Begriff in Deutschland bereits rechtlich belegt ist und die terminologische Gleichstellung eine rechtliche unterstellen könnte. Letzteres soll vorliegend vermieden werden, da nach dem deutschen Recht viele der (auch) zu Hause arbeitenden Arbeitskräfte nicht Heimarbeiter sind, und - wie noch im einzelnen dargelegt werden wird - der spanischen Rechtsbezeichnung *trabajadores a domicilio* ein anderer Inhalt zugrundeliegt als der deutschen Bezeichnung Heimarbeiter. Vor diesem Hintergrund wird die Bezeichung *Arbeitnehmer in der Wohnung* für die *trabajadores a domicilio* verwendet.[767]

(1.) Historisches zum *trabajador a domicilio*

Im Hinblick auf die historische Herkunft der *trabajadores a domicilio* kann auf die Ausführungen zur Geschichte in Deutschland verwiesen werden.[768] Auch in Spanien wurde der *trabajo a domicilio* ursprünglich unter ungünstigen räumlichen, zeitlichen und sonstigen Bedingungen ausgeführt, die mit den nun bestehenden Regelungen überwunden werden sollen. Insbesondere im Bereich der spanischen Textilproduktion bestanden diese Probleme auch in Spanien.[769] Zum Schutz der Personen, die zu Hause tätig werden, wurde der Art. 13 ET statuiert; allerdings zu einem Zeitpunkt, zu dem die Telearbeit noch nicht

---

[765] SAGARDOY DE SIMÓN, RMTAS - Economía y sociología, Nº 11, 1998, S. 30.

[766] Vgl. etwa DÄUBLER, Arbeitsbeziehungen, S. 248; BFAI, S. 15 f.; besser dagegen: KÖBLER, Rechtsspanisch, S. 62 und ARCHE/GALINER, S. 204, die Heimarbeiter jedenfalls auch mit *trabajador doméstico* bzw. *trabajo a domicilio* und damit jedenfalls auch mit Hausarbeit übersetzen.

[767] Dementsprechend sollte der Begriff *Heimarbeit* im Sinne des HAG nicht in *trabajo a domicilio*, sondern in *trabajo doméstico* übersetzt werden.

[768] S.o., Kap. D.I.2.b.aa.(1.).

[769] ALONSO OLEA/CASAS BAAMONDE, S. 147.

bekannt sein konnte. Insoweit ist auch hier zu prüfen, inwieweit telearbeitsspezifische Fragen von ihm umfaßt werden.

(2.) Zu den *trabajadores a domicilio* im Sinne des Art. 13 ET

(aa.) Gesetzesvoraussetzungen

Die Rechtsstellung der *trabajadores a domicilio* wird im wesentlichen in dem sinngemäß mit 'Arbeitsvertrag mit in der Wohnung tätigen Arbeitnehmern' zu übersetzenden Art. 13 ET umschrieben:[770]

13.1 Arbeit in der Wohnung liegt dann vor, wenn der Arbeitnehmer seine Tätigkeit in der Wohnung oder an einem von ihm frei bestimmten Ort erbringt, ohne daß eine Überwachung seitens des Arbeitgebers stattfindet.

13.2 Der Vertrag bedarf der Schriftform entsprechend dem vom Arbeitsamt Beglaubigten, wo ein Exemplar hinterlegt werden muß, aus dem sich der Ort der Arbeitsleistung ergibt, damit die nötigen Maßnahmen des Gesundheitsschutzes und der Arbeitssicherheit getroffen werden können.

13.3 Ohne Rücksicht auf die Form seiner Festlegung muß der Lohn mindestens der Vergütung entsprechen, die ein Arbeitnehmer einer vergleichbaren beruflichen Kategorie in der entsprechenden Branche erhält.

13.4 Jeder Arbeitgeber, der Arbeitnehmer in der Wohnung beschäftigt, muß ihnen eine Arbeitskontrollurkunde zur Verfügung stellen, aus der sich der Name des Arbeitnehmers, die Art und Umfang der Arbeit, der Umfang der ausgehändigten Vorprodukte, die für die Lohnfestsetzung geltenden Tarife, die Aushändigung und der Erhalt der bearbeitenden Stücke und alle anderen für die Beteiligten wichtigen Aspekte des Arbeitsverhältnisses ergeben.

13.5 Die Arbeitnehmer in der Wohnung besitzen das Recht auf kollektive Interessensvertretung entsprechend dem im vorliegenden Gesetz Vorgesehenen, es sei denn, es handelt sich um Arbeit im Rahmen der Familie.[771]

---

[770] Art. 13 ET hat die vorher gültigen Regelungen zum *trabajo a domicilio* aus Art. 114 bis 121 LCT außer Kraft gesetzt (MONTOYA MELGAR, Derecho, S. 522).

[771] Art. 13: *Contrato de trabajo a domicilio*:
13.1 Tendrá la consideración de contrato de trabajo a domicilio aquél en que la prestación de la actividad laboral se realice en el domicilio del trabajador o en el lugar libremente elegido por éste y sin vigilancia del empresario.
13.2 El contrato se formalizará por escrito con el visado de la oficina de empleo, dónde quedará depositado un ejemplar, en el que conste el lugar en el que se realice la prestación laboral, a fin de que puedan exigirse las necesarias medidas de higiene y seguridad que se determinen.
13.3 El salario, cualquiera que sea la forma de fijación, será, como mínimo, igual al de un trabajador de categoría profesional equivalente en el sector económico de que se trate.

(bb.) Besonderheiten des Art. 13 ET

Da die besondere rechtliche Stellung des *trabajo a domicilio* in Spanien nicht allgemeinhin bekannt ist, wird im Rahmen der Untersuchungen zum spanischen Recht ebenfalls zunächst auf die allgemeine Rechtslage nach Art. 13 ET ausführlicher eingegangen werden, bevor auf die besonderen die *Telearbeit* betreffenden Fragen eingegangen wird.

Art. 13 ET enthält eine Kombination von definitorischen und arbeitsschutzrechtlichen Elementen. Anders als *Heimarbeiter* nach dem Heimarbeitsgesetz sind *trabajadores a domicilio* nicht Arbeitnehmerähnliche, sondern *Arbeitnehmer*, die besonderen Regelungen unterliegen, Art. 13.1. In der spanischen Literatur besteht hieran kein Zweifel, denn in einem derartigen Vertrag finden sich die typischen in Art. 1.1 ET definierten Kriterien, wie die Fremdbestimmtheit der Leistung, die Freiwilligkeit, die Entlohnung und die Abhängigkeit. Die Fremdbestimmtheit manifestiert sich darin, daß es der Betrieb ist, der die 'Früchte' der Arbeit einbringt, indem er sie seinen Klienten anbietet, und direkt den Gewinn erhält; der *trabajador a domicilio* leistet seine Dienste gegenüber einem Unternehmer.[772] Ferner äußert sich die Fremdbestimmtheit darin, daß der Tätige nicht Inhaber einer eigenen unternehmerischen Organisation ist, sondern seine Dienste in direkter und persönlicher Form leistet.[773] Die persönliche Ausführung der Arbeit ist unabdingbare Voraussetzung des Art. 13 ET.[774] Die Einordnung der *trabajadores a domicilio* als Arbeitnehmer bedeutet, daß die Voraussetzungen des Arbeitsverhältnisses erfüllt sein müssen, die bereits oben aufgeführt wurden. Ist eine Arbeitskraft selbständig, kann sie bereits per Definition nicht *trabajador a domicilio* sein. Im Gegensatz zum *trabajador a domicilio* des spanischen Arbeitsrechts sind Heimarbeiter im Sinne des deutschen Arbeitsrechts Arbeitnehmerähnliche und nicht Arbeitnehmer; sie sind besonders privilegierte Selbständige. Unabhängig von Fragen international-privatrechtlicher Art deckt sich der Anwendungsbereich des HAG also nicht mit dem des Art. 13 ET, da sich die Arbeitnehmer-Definitionen in Deutschland und Spanien weitgehend decken. Damit kann eine Person, die in Deutschland Heimarbeiter im Sinne des HAG wäre, in Spanien kein *trabajador a domicilio* sein.

13.4 Todo empresario que ocupe trabajadores a domicilio deberá poner a disposición de éstos un documento de control de la actividad laboral que realicen, en el que debe consignarse el nombre del trabajador, la clase y cantidad de trabajo, cantidad de materias primas entregadas, tarifas acordadas para la fijación del salario, entrega y recepción de objetos elaborados y cuantos otros aspectos de la relación laboral interesen a las partes.
13.5 Los trabajadores a domicilio podrán ejercer los derechos de represantación colectiva conforme a lo previsto en la presente Ley, salvo que se trate de un grupo familiar.

[772] Gemeint ist ein Unternehmer im technisch-funktionellen und wirtschaftlichen Sinne, vgl. ALONSO OLEA/CASAS BAAMONDE, S. 146.

[773] MONEREO PÉREZ/QUESADA SEGURA, Art. 13, S. 232.

[774] STS de 12 septiembre de 1988, Ar. 6.870 (zitiert nach: ALBIOL MONTESINOS u.a., S. 193 f.).

Obwohl es sich beim Vertrag des *trabajo a domicilio* um einen Arbeitsvertrag handelt, ist das Abhängigkeitsverhältnis häufig reduziert.[775] In der flexiblen Konzeption der *Abhängigkeit* äußert sich das Besondere dieser Arbeitsform, denn die Ausübung der Tätigkeiten in der Wohnung bzw. an einem von der Arbeitskraft ausgesuchten Ort läßt vermuten, daß deren unmittelbare Kontrolle durch den Unternehmer fehlt. Doch dies impliziert nicht etwa, daß es tatsächlich an einer Abhängigkeit fehlt. Diese äußert sich in definitorischer Hinsicht nicht als eine Subordination im strengen und absoluten Sinn; wenn die Abhängigkeit sich im Leitungsbereich und disziplinarischen Bereich äußert, muß die Arbeitszeit der Arbeitskraft nicht festgelegt sein, sei es im Hinblick auf die Uhrzeiten oder auf die Exklusivität der Tätigkeit. Die Abhängigkeit des *trabajador a domicilio* äußert sich insbesondere darin, daß die Dienstleistung in direkter und persönlicher Form unter direkten Anweisungen des Unternehmens geleistet wird, auch wenn sie außerhalb einer Aufsicht erfolgt.[776]

Es wird teilweise davon ausgegangen, daß der Arbeitgeber beim *trabajo a domicilio* grundsätzlich darauf verzichtet, Anweisungen über die Art und Weise der Arbeitsausführung zu geben, sofern sie nicht Fragen essentieller Art betreffen. Dabei handelt es sich bei den Anweisungen über Art und Weise der Arbeitsausführung nach ALONSO OLEA/CASAS BAAMONDE um die substantielle Grundlage der rechtlich bedingten Abhängigkeit im Rahmen eines Arbeitsverhältnisses; es könnte behauptet werden, daß sie beim *trabajo a domicilio* nicht existiere oder jedenfalls nicht existieren müsse.[777] Dies entspricht nicht der hier zu folgenden allgemeinen Auffassung. Im Rahmen des *trabajo a domicilio* wird die Direktionsbefugnis vielmehr umgestaltet; sie manifestiert sich nicht mehr in konkreten und in alle Einzelheiten gehenden Anordnungen, doch die Ausführung der Arbeit erfolgt in Übereinstimmung mit den Zielen, die unter Produktionsgesichtspunkten bestehen, ohne daß der Arbeitskraft die letztendliche Entscheidungsbefugnis zukommt, und sei die Ausübung der Tätigkeit noch so selbständig.[778]

Häufiges Charakteristikum des *trabajador a domicilio* ist, daß er nur einer geringen Ausrüstung bedarf und im Hinblick auf die Arbeitsorganisation und -ausführung eine große Selbständigkeit hat. Ursprünglich war dies - wie bereits erwähnt - besonders im Bereich der Textilwirtschaft, in Töpfereien und in der Schuhproduktion der Fall, heute sollen nach teilweise vertretener Auffassung intellektuellere Tätigkeiten im Zusammenhang mit neuen Technologien eine der primären Objekte dieser Arbeitsform sein, etwa die *Telearbeit*.[779]

---

[775] ALONSO OLEA/CASAS BAAMONDE, S. 145.

[776] Vgl. MONEREO PÉREZ/QUESADA SEGURA, Art. 13, S. 233.

[777] ALONSO OLEA/CASAS BAAMONDE, S. 145.

[778] SELLAS I BENVINGUT, TS Nº 92-93, agosto-septiembre 1998, S. 31.

[779] MONEREO PÉREZ/QUESADA SEGURA, Art. 13, S. 233.

In semantischer Hinsicht ist die Bezeichnung als *trabajadores a domicilio* nicht gelungen. Denn der Arbeitnehmer muß nicht notwendigerweise am Wohnort (*domicilio*) tätig sein; vielmehr kann er seine Tätigkeit an einem *frei bestimmten Ort* ausüben; die Arbeitskraft ist im Hinblick auf die Wahl des Ortes frei, Art. 13.1 ET.[780]

Ähnlich den Diskussionen zur Anwendbarkeit des HAG in Deutschland wird auch in Spanien darüber diskutiert, ob bloß manuelle Tätigkeiten dem Anwendungsbereich der Norm unterfallen. Auch hier ist die allgemeine Auffassung, daß der Art. 13 ET auch auf nichtmanuelle Tätigkeiten anwendbar sein soll, etwa wenn der Arbeitnehmer sich des Gebrauchs von IuK-Mitteln bedient. Und ebenso erschließt sich der Anwendungsbereich der Norm auch Tätigkeiten, die 'bloß' als intellektuelle zu bezeichnen wären.[781]

Von der Definition nicht umfaßt wird unter anderem die selbständige (unabhängige) Arbeit, handele es sich um eine individueller oder gemeinschaftlicher Art. Auch hierbei stellt sich das Problem der Unterscheidung des Werkvertrages vom Dienstvertrag, die nach den bereits dargelegten Grundsätzen zu lösen ist.[782] Weiter werden von Art. 13 ET nicht Tätigkeiten in der Wohnung der Arbeitskraft umfaßt, wenn diese direkt oder indirekt mit anderen Räumen, in denen Werkstätten, Fabriken und Arbeitszentren eingerichtet sind, verbunden sind. Ferner zählt zum *trabajo a domicilio* nicht die Arbeit, die in Wohnungen von Behinderten ausgeführt wird.[783]

Im Rahmen einer Tätigkeit zu Hause kann die Veräußerung des Produktes über einfache Kaufverträge erfolgen, denen keine vorherige Bestellung zugrundeliegt. Für die Frage, ob ein Arbeitsverhältnis oder ein Werkvertrag vorliegt, ist entscheidend, ob die "Freiheit ... der Annahme oder Nichtannahme von Lieferungen" besteht.[784] Gleiches muß für Arbeiten gelten, die nicht ein körperliches Produkt, sondern ein geistiges zum Gegenstand haben. Besteht seitens desjenigen, der für den anderen tätig wird, in rechtlicher Hinsicht die Wahlfreiheit zwischen Annahme und Ablehnung des Vertrages, so liegt kein Arbeitsvertrag vor. Beachtet werden muß jedoch in diesem Zusammenhang der bereits erwähnte Art. 8.1 S.2 ET, nach dem eine gesetzliche Vermutung für das Vorliegen eines Arbeitsvertrages vorliegt, wenn eine Partei im

---

[780]Vgl. auch ALONSO OLEA/CASAS BAAMONDE, S. 145.

[781]Vgl. etwa SELLAS I BENVINGUT TS Nº 92-93, agosto-septiembre 1998, S. 32; ESCUDERO RODRÍGUEZ, S. 44.

[782]S.o., Kap. E.I.1.b.cc.

[783]ALONSO OLEA/CASAS BAAMONDE, S. 146; gemeint sind nicht etwa Tätigkeiten durch, sondern mit oder an behinderten Menschen.

[784]ALONSO OLEA/CASAS BAAMONDE, S. 146.

Organisationsbereich einer anderen Leistungen erbringt und dafür ein Entgelt gezahlt wird.[785]

Charakteristisch kann für den *trabajo a domicilio* die Übergabe von Materialien sowie von Arbeitsgeräten und Werkzeugen sein, die dieser für die Herstellung oder die Dienstleistung verwendet.[786] Das Estatuto de los Trabajadores setzt diese Übergabe nicht voraus, doch sie wird nicht ausgeschlossen (vgl. Art. 13.4 ET: "...Umfang der ausgehändigten Vorprodukte, die für die Lohnfestsetzung geltenden Tarife, die Aushändigung und der Erhalt der zu bearbeitenden Stücke...").

Der *trabajo a domicilio* ist meldepflichtig; das Arbeitsamt (*Oficina de empleo)* ist hierfür Adressat (Art. 13.4 ET), wobei es für das Rechtsverhältnis zwischen Arbeitgeber und Arbeitnehmer unschädlich ist, wenn eine Anmeldung noch aussteht.[787] Dem Formerfordernis aus Art. 13.4 ET kommt keine konstitutive Wirkung zu, doch die Arbeitskraft kann von dem Arbeitgeber verlangen, daß er die Formvoraussetzungen einhält.[788] Der Arbeitgeber kann nicht dadurch, daß er sie unterläßt, ein Arbeitsverhältnis aussschließen. Ein Zustimmungserfordernis seitens des Arbeitsamtes besteht nicht.

Während die Übergabe von Materialien in Art. 13.4 ET für die Arbeitskontrollurkunde von großer Bedeutung zu sein scheint, kann sie im Falle der *Telearbeit* nicht im Vordergrund stehen. Denn anders als im für die 'Heimarbeit' bislang typischen verarbeitenden Gewerbe, sind nicht Materialien Arbeitsgrundlage, sondern IuK-Mittel in Verbindung mit den Informationen, die die Arbeitskraft seitens des Arbeit- bzw. Auftraggebers zur Verfügung gestellt bekommt oder die sie sich selbst beschafft. Die für die Telearbeit erforderlichen Materialien wie etwa Papier, IuK-Ausrüstung u.a. nehmen den in Art. 13.4 ET dargelegten Stellenwert nicht ein, was jedoch für die Anwendbarkeit unschädlich ist.

Die Bezahlung kann im Rahmen des *trabajo a domicilio* sowohl für Zeiteinheiten als auch als Stücklohn für einzelne Produkte erfolgen.[789] Insoweit scheidet die Form des Entgeldes als Indiz für die Kategorisierung als Vertrag i.S.d. Art. 13.1 ET oder als sonstiger Vertrag aus.

Die Frage, ob ein Telearbeiter als *trabajador a domicilio* einzustufen ist, wird inzwischen zwar intensiv diskutiert; nicht jedoch ihre *praktische Relevanz*. Wirkung entfaltet Art. 13 ET nicht nur aufgrund der durch ihn dem Arbeitgeber

---

[785] Vgl. etwa BFAI, S. 14.

[786] ALONSO OLEA/CASAS BAAMONDE, S. 146.

[787] Vgl. MONEREO PÉREZ/QUESADA SEGURA, Art. 13, S. 234.

[788] ALONSO OLEA/CASAS BAAMONDE, S. 147.

[789] ALONSO OLEA/CASAS BAAMONDE, S. 147.

auferlegten verwaltungstechnischen Pflichten, wie etwa der aus Absatz 2 resultierenden Hinterlegunspflicht oder der in Absatz 4 festgelegten Pflicht zur Erstellung der Arbeitskontrollurkunde. Die Vorschrift äußert sich auch in der in Absatz 3 postulierten Pflicht, mindestens den gleichen Lohn zu zahlen und ferner darin, daß für *trabajadores a domicilio* keine Arbeitszeitregelungen bestehen.[790] Aus diesen Folgen lassen sich Rückschlüsse ziehen für die Frage nach dem Sinn und Zweck der Norm und gegebenenfalls für deren analoge Anwendbarkeit auf die Telearbeit.

Nur der Vollständigkeit halber sei darauf hingewiesen, daß mit *trabajadores a domicilio* abgeschlossene Arbeitsverträge dem Schriftformerfordernis unterliegen, Art. 8.2 ET.

(cc.) Zu den Diskussionen zur Anwendbarkeit des Art. 13 ET auf Telearbeit

Die Auffassungen zur Anwendbarkeit des Art. 13 ET auf die Telearbeit gehen weit auseinander. Es soll und kann nicht Aufgabe der vorliegenden Arbeit sein, die Diskussionen im einzelnen nachzuzeichnen, vielmehr soll ein kurzer Abriß verschiedener Meinungen präsentiert werden. Erst in den nachfolgenden Kapiteln sollen die Tatbestandsvoraussetzungen des Art. 13.1 ET einer Prüfung unterzogen und die Frage der Anwendbarkeit der Norm auf Telearbeit beantwortet werden.

Sowohl in vielen älteren also auch in einigen der aktuelleren Untersuchungen juristischer und nicht-juristischer Art wird angenommen, daß Art. 13 ET auf die rechtliche Stellung des Telearbeiters anwendbar sei.[791] Dabei wird teilweise angenommen, daß die neuere Arbeitsform die Norm wieder aufleben lasse.[792] Gegen die pauschale und undifferenzierte Einordnung der Telearbeiter als *trabajadores a domicilio* wendet sich eine andere weniger stark vertretene Auffassung. Nach dieser sollen nur zwei Unterformen der *Telearbeit*, nämlich die Telearbeit i.e.S. und die in einem Telezentrum als *trabajo a domicilio* zu werten sein.[793]

Im Rahmen der Darstellungen des Status der Telearbeit erfolgte bislang die Einordnung der Telearbeiter regelmäßig ohne, daß die Prüfung der einzelnen Tatbestandsvoraussetzungen dargelegt wird. Diejenigen wenigen Autoren, die dagegen Art. 13 ET einer *genaueren tatbestandsmerkmalbezogenen Prüfung*

---

[790]Zu letzterem vgl. MARTÍN VALVERDE/RODRÍGUEZ-SAÑUDO GUTIÉRREZ/GARCÍA MURCIA, S. 530.

[791]Vgl. MARTÍN FLOREZ, REDT 1995, Nº 71, S. 414; vgl. auch SUÑÉ LLINAS, El Teletrabajo, S. 329 u. 330 f.

[792]ALONSO OLEA/CASAS BAAMONDE, S. 146 f.; PADILLA MELENDEZ, Los flujos, S. 849 f.; ebenfalls auch VIDAL BENEYTO (zitiert nach PADILLA MELENDEZ, Los flujos, S. 851 f.).

[793]DE VAL ARNAL, Acciones e Investigaciones Sociales, Nº 7, marzo 1998, S. 223.

unterziehen, gelangen häufig zu dem Schluß, daß der Art. 13 ET weder ein altbewährtes Mittel zur Lösung neuer Entwicklungen ist, noch undifferenziert auf Telearbeiter anwendbar ist.[794]

Nach einigen der die Tatbestandsmerkmale genauer einer Untersuchung unterziehenden Autoren ist Art. 13 ET nicht auf Telearbeiter anwendbar. Die Begründung fällt unterschiedlich aus.[795] Dabei wird festgestellt, daß weder jeglicher *trabajo a domicilio* Telearbeit, noch jegliche Telearbeit *trabajo a domicilio* ist.[796]

Das Kriterium, welches im Rahmen der Telearbeit die größten Schwierigkeiten bereitet, ist das 'ohne ständige Überwachung'. Im Rahmen der Diskussion wird differenziert zwischen einerseits *offline*-Tätigkeit und *one way line*-Verbindung und andererseits den sonstigen Verbindungsmöglichkeiten. Bei ersteren wird eine Überwachung als ausgeschlossen betrachtet. Damit sei bei diesen eine Arbeitsform im Sinne des Art. 13 ET denkbar, sofern die weiteren Voraussetzungen der Norm vorliegen (Tätigkeit in der Wohnung oder an einem von der Arbeitskraft frei bestimmten Ort). Bei den sonstigen Verbindungsmöglichkeiten hingegen läge *trabajo a domicilio* nicht vor.[797] Doch eine derartige Unterteilung der Telearbeit in zwei Unterformen der abhängigen Arbeit stößt bei THIBAULT ARANDA auf Widerspruch. Denn durch die Informationstechniken sei es heute möglich, eine Kontrolle *a priori* durchzuführen und zwar so umfassend, daß sie weder mit der *online*-Kontrolle noch mit der Kontrolle einer normalen Arbeitskraft vergleichbar ist.[798] Damit werde die für die Einordnung der Arbeitskraft unter die in Art. 13 ET gesetzte Prämisse im Nachhinein ad absurdum geführt; besser sei es, die Telearbeit dem gewöhnlichen Arbeitsverhältnis zuzuordnen.[799]

---

[794] So bereits PÉREZ DE LOS COBOS ORIHUEL, S. 45; vgl. ferner SAGARDOY DE SIMÓN, RMTAS - Economía y sociología, Nº 11, 1998, S. 29; vgl. auch SANTOS FERNÁNDEZ (El poder disciplinario en el teletrabajo, S. 6 m.w.N.), nach der die Kontrolle des Telearbeiters noch intensiver sein kann als die eines klassischen Arbeitnehmers.

[795] Bspw. nach dem vom MINISTERIO DE TRABAJO Y ASUNTOS SOCIALES herausgegebenen Buch liegt der Grund darin, daß Telearbeiter nicht direkt kontrolliert werden können und daß sie nicht manuell tätig seien. Eine analoge Anwendung der Vorschriften zum *trabajador a domicilio* sei jedoch möglicherweise denkbar (MINISTERIO, S. 58). Unabhängig von der Frage, ob eine analoge Anwendung des Art. 13 ET angebracht ist, ist der Hinweis, daß im Rahmen des *trabajo a domicilio* manuelle Tätigkeiten erforderlich seien, nicht gesetzeskonform, da er auf Art. 114 der bereits außer Kraft gesetzten der Ley de Contratos de Trabajo gestützt ist (vgl. zur Gültigkeit des Gesetzes: ALONSO OLEA/CASAS BAAMONDE, S. 54).

[796] THIBAULT ARANDA, RMTAS - Economía y sociología, Nº 11, 1998, S. 97.

[797] Vgl. MONTOYA MELGAR, u.a., Art. 13 ET, S. 65 f.

[798] THIBAULT ARANDA, RMTAS - Economía y sociología, Nº 11, 1998, S. 98.

[799] Vgl. THIBAULT ARANDA, RMTAS - Economía y sociología, Nº 11, 1998, S. 98.

Die Grundzüge des Art. 13 ET sowie die aktuellen Lehrmeinungen wurden dargelegt. Es bedarf nachfolgend einer Subsumtion der einzelnen Formen der Telearbeit unter die genannte Norm: Art. 13 ET greift, wenn der Arbeitnehmer seine Tätigkeit in der Wohnung oder an einem sonst von ihm frei bestimmten Ort erbringt; eine Überwachung seitens des Arbeitgebers darf nicht stattfinden, Art. 13 ET.

(dd.) Arbeitsort i.S.d. Art. 13 ET

Arbeitsort im Sinne der Norm ist die Wohnung oder ein vom Arbeitnehmer frei bestimmter Ort, wobei die Arbeit nicht im Hause des Arbeitnehmers ausgeübt werden muß.[800] Der *trabajador a domicilio* muß also die Arbeitsstätte beliebig aussuchen können, sofern er nicht in der Wohnung tätig wird. Bezogen auf den Arbeitsort bedeutet das, daß Art. 13 ET grundsätzlich auch dann anzuwenden wäre, wenn die Arbeitskraft in Nachbarschafts-, Satellitenbüros oder im Rahmen mobiler Telearbeit tätig würde. Voraussetzung ist jedoch neben den weiteren Voraussetzungen der Norm, daß sie dort freiwillig tätig wird. Die freie Willensbildung darf nicht durch Vorgaben des Arbeitgebers oder durch die Auftraggeber eingeschränkt sein.

Die Möglichkeit der freien Willensbildung bedeutet nicht, daß der Arbeitgeber nicht zustimmungspflichtig wäre; insoweit wird seine Direktionsbefugnis nicht eingeschränkt. Vielmehr muß das Merkmal der Freiwilligkeit derart verstanden werden, daß sofern der Arbeitgeber mit einer auswärtigen Tätigkeit einverstanden ist, der Arbeitnehmer frei entscheiden kann, ob und wo er tätig wird. Schränkt der Arbeitgeber die Wahlfreiheit nur im geringsten Maße ein, etwa indem er dem Arbeitnehmer nur zwei Alternativen zur Disposition stellt, bedeutet dies, daß die nach Art. 13 ET erforderliche Freiheit nicht vorliegt und es sich nicht um einen *trabajador a domicilio* handelt, sofern der Arbeitnehmer an einen dritten Ort tätig werden möchte.

Der Anwendungsbereich des Art. 13 ET im Hinblick auf Tätigkeiten außerhalb der Wohnung ist gering, weil der Arbeitnehmer die Arbeitsleistung in den seltensten Fällen an einem von ihm frei bestimmten Ort erbringt. Denn tatsächlich ist es für Arbeitgeber aus unterschiedlichen Gründen entscheidend, wo der Telearbeiter tätig sein wird. Denn anders als die klassischen *trabajadores a domicilio* arbeiten Telearbeiter regelmäßig mit Informationsmaterialien, die nicht zur Kenntnis Dritter bestimmt sind. Dies ist nicht nur in den Betrieben der Fall, in denen besondere Berufsgeheimnis- oder strafrechtliche Vorschriften (bzgl. Rechtsanwälte, Steuerberater, Ärzte, u.a.) oder Datenschutzvorschriften bestimmen, daß Dritte unter keinen Umständen Zugang erhalten sollen, sondern auch bei den sonstigen Betrieben, etwa weil die Kunden ausdrücklich oder konkludent eine Weitergabe nicht wünschen oder

[800] So etwa SAGARDOY DE SIMÓN, RMTAS - Economía y sociología, Nº 11, 1998, S. 29.

weil Konkurrenten aus den Unterlagen dem Unternehmen schädliche Informationen entnehmen könnten. Der Ort der Tätigkeit ist insoweit für den Arbeitgeber relevant, als ein unzulässiger Datenzugriff seitens Dritter von dem Arbeitsort des Arbeitnehmers abhängen kann.

Problematisch sind darüber hinaus Konstellationen, an denen Telearbeiter *alternierend* tätig werden. Denn die Norm gibt keinen Hinweis darauf, wie häufig die Arbeitskraft in der Wohnung oder an dem von ihr frei bestimmten Ort tätig werden muß. Erfüllt jemand, der alternierend, also in der Wohnung und im Betrieb i.e.S. tätig wird, das Kriterium?

Der Wortlaut läßt eine alternierende Tätigkeit zu. Doch der Anwendungsbereich der Norm muß teleologisch reduziert werden. Denn der aus der Geschichte der 'Heimarbeiter' resultierende Sinn und Zweck des Art. 13 ET ist der Schutz der isolierten Arbeitskräfte nach Maßgabe der Regeln für die fabrikmäßige Arbeit, da deren Schutz besonders aufgrund der Isolation reduziert ist.[801] Wenn jedoch jemand zumindestens einmal in der Woche im Betrieb tätig wird, reduzieren sich die sich aus der Isolation ergebenden Gefahren erheblich und es entfällt somit seine Schutzbedürftigkeit ebenfalls. Daher ist nach der hier vertretenen Auffassung Art. 13 ET im Falle der alternierenden Telearbeit nicht anwendbar.

(ee.) Art. 13 ET und die Überwachung seitens des Arbeitgebers

Die Arbeit als *trabajo a domicilio* soll nach dem Wortlaut des Art. 13.1 ET erfolgen, ohne daß eine Überwachung seitens des Arbeitgebers stattfindet. Der Terminus *vigilancia* im spanischen Sprachgebrauch ist im Sinne einer aktuellen Überwachung zu verstehen; nachträgliche Überwachung ist dagegen nicht von ihm umfaßt. Die Klausel ist unglücklich formuliert. Denn wörtlich ausgelegt bedeutet sie, daß der Arbeitgeber unter keinen Umständen eine Überwachung der Tätigkeiten des Arbeitnehmers vornehmen könnte. Beispielsweise wäre es für den Arbeitgeber nicht möglich, den zu Hause Arbeitenden telephonisch zu fragen, ob ein spezielles Arbeitsergebnis vorliegt oder ob die Arbeitskraft einen bestimmten Brief an einen Kunden geschickt hat.

Wenn Überwachung ausgeschlossen wäre, wäre nicht nur die persönliche und telephonische, sondern auch die über Fax oder IuK-Mittel ausgeschlossen. Art. 13 ET wäre so gut wie nicht anwendbar, da wohl (fast) jeder Haushalt zumindestens telephonisch angeschlossen ist und bereits durch die arbeitgeberseitige Frage, ob ein bestimmtes (Teil-) Ergebnis vorläge, eine aktuelle Überwachung vorläge.

In diesem Zusammenhang stellt sich die Frage, ob nur die unmittelbare und aktuelle *persönliche* Überwachung ausgeschlossen sein soll. Dagegen spricht, daß die Überwachung über IuK-Mittel *effektiver* sein kann, bspw. wenn per

---

[801] Vgl. SAGARDOY DE SIMÓN, RMTAS - Economía y sociología, Nº 11, 1998, S. 29.

Videokonferenzen gearbeitet wird oder Teilergebnisse per IuK-Mittel oder per Telephon abgefordert werden. Unabhängig von der Frage, ob es rechtmäßig wäre, kann eine Überwachung per IuK-Mittel dadurch bedeutend effektiver sein, daß eine automatisierte periodische oder terminorientierte Kontrolle durchgeführt wird. Die bloß telephonische aber häufigere Überwachung kann ebenfalls intensiver sein als die persönliche innerhalb des Betriebes i.e.S.

Es droht nicht nur willkürlich, sondern auch dem Einzelfall nicht gerecht zu werden, wenn bestimmte Überwachungsmodi, die technisch (z.B. per Telephon oder IuK-Mittel) erfolgen, nicht das Tatbestandsmerkmal 'ohne daß eine Überwachung seitens des Arbeitgebers stattfindet' erfüllen sollen, während die persönliche Überwachung das Merkmal erfüllt und zur Unanwendbarkeit des Art. 13 ET führt.

Die Frage, ob eine Überwachung vorliegt, ist nicht von der kommunikativen Anbindung und den daraus resultierenden Möglichkeiten abhängig, sondern von der *tatsächlich erfolgten Überwachung*, worauf der Wortlaut hindeutet ('*sin vigilancia del empresario*'). Hier stellen sich mehrere Fragen: Wie oft darf ein Arbeitgeber einen Arbeitnehmer anrufen, ohne daß eine Überwachung im Sinne der Norm vorliegt? Wie oft darf er per E-Mail Ergebnisse oder Teilergebnisse anfordern, ohne daß das negative Tatbestandsmerkmal erfüllt ist? Ist die Grenze des Art. 13 ET bereits überschritten, wenn er zwei oder drei mal im Monat per Videokonferenz 'überwacht' wird oder bedarf es dazu täglich vier Konferenzen dieser Art?

Versuche, den Art. 13 ET auf die aktuelle Realität anzuwenden, müssen scheitern, wenn er nicht auf die Form klassischer 'Heimarbeit' reduziert wird. Doch auch bei dieser klassischen Form ist die Anwendung fraglich, wenn eine telephonische Anbindung (u.a.) zur Überprüfung des Fortschritts der Tätigkeiten genutzt wird.

Bereits mit Einführung des ET im Jahre 1980 schien der Art. 13 ET veraltet zu sein.[802] Mit der Anwendung im Zusammenhang mit den neuen technischen und multimedialen IuK-Mitteln wird er endgültig noch mehr überfordert, wenn das negative Tatbestandsmerkmal *nicht* wörtlich interpretiert wird. Offen gelassen sei hier, ob er für klassische Arbeitsformen anwendbar ist. Nach der hier vertretenen Auffassung soll er jedenfalls für Arbeitsplätze nicht gelten, die über eine IuK-Anbindung verfügen, d.h. wenn irgendeine Form aktueller Überwachung vorliegt, da sich keine überzeugenden und widerspruchsfreien abstrakten Abgrenzungskriterien aufstellen lassen und da im Einzelfall die Überprüfung der Frage, ob eine Überwachung im Sinne des Art. 13 ET vorliegt, erhebliche Unsicherheiten aufwirft, die vor dem Hintergrund des Grundsatzes der *Rechtssicherheit* für die Vertragspartner nicht akzeptabel sind.

---

[802] ESCUDERO RODRÍGUEZ, S. 48.

Auch andere der Untersuchungen zu den Rechtsfragen des Art. 13 ET im Zusammenhang mit der Telearbeit gelangen ebenfalls zu dem Ergebnis, daß die Norm nicht anwendbar ist.[803]

Aus den genannten Gründen entfälllt auch eine *analoge Anwendung* der Norm auf Tätigkeiten, die an den Arbeitsorten gemäß Art. 13 ET ausgeübt werden und nur bestimmte Überwachungsformen zulassen.

(3.) Kurzvergleich: *Trabajador a domicilio* / Heimarbeiter

Zusammenfassend sei festgestellt, daß das wesentliche Unterscheidungskriterium zwischen Heimarbeitern und *trabajadores a domicilio* der unterschiedliche Status ist. Während letzterer den Arbeitnehmern zuzurechnen ist, bleibt der Heimarbeiter trotz rechtlicher Annäherung an diese Selbständiger, wenn er auch der Zwischenkategorie der Arbeitnehmerähnlichen unterfällt. Dementsprechend stehen dem *trabajador a domicilio* grundsätzlich die Arbeitnehmerschutzvorschriften zur Verfügung, während der Heimarbeiter nur den Schutz des Heimarbeitsgesetzes in Anspruch nehmen kann.

bb. *Colaborador libre* / Freie Mitarbeiter?

Wie bereits erwähnt, wird eine eigene Rechtskategorie 'freie Mitarbeiter' in der deutschen juristischen Literatur von relevanten Meinungen in Frage gestellt. In Spanien existiert keine vergleichbare Kategorie. Nicht zuletzt daher erscheint die Übersetzung mit *colaborador libre* systemfremd; sie entstammt vermutlich einer direkten wörtlichen Übersetzung.[804]

Je nach Ausgestaltung der Tätigkeit derjeniger Personen, die in Deutschland als freie Mitarbeiter bezeichnet werden, sind sie in Spanien Arbeitnehmer oder Selbständige. Eine Einzelfallprüfung wird anhand der gelieferten und noch zu liefernden Kriterien erforderlich.

cc. *Representantes de comercio* / *agentes mercantiles* / Handelsvertreter?

Representantes de comercio müssen von *agentes mercantiles* unterschieden werden, obwohl beide mit der wörtlichen Bezeichnung 'Handelsvertreter' übersetzt werden können. Bevor auf die Details im einzelnen eingegangen werden kann, sei festgestellt, daß sich die Begriffe nicht notwendigerweise mit der aus dem HGB bekannten Bezeichnung decken.

---

803 Vgl. bspw. ESCUDERO RODRÍGUEZ, S. 47 f.

804 Vgl. ARCHE/GALINER, S. 40; nur wenige andere Wörterbücher bemühen sich um eine Übersetzung des im deutschen Arbeitsleben geläufigen Begriffs.

(1.) *Representantes de comercio* / Handelsvertreter?

ALONSO OLEA/CASAS BAAMONDE unterscheiden *representantes de comercio* im weiteren Sinne von denen im engeren Sinne.[805] Die Legaldefinition für die *representantes de comercio* i.e.S. ist in Art. 2.1.f ET festgelegt, der die Einordnung in die Gruppe der Arbeitnehmer gewähren und sie so dem beabsichtigten sozialen und wirtschaftlichen Schutz unterstellen soll.[806] Darunter fallen die Personen, die kaufmännische Geschäfte für Rechte eines oder mehrerer Unternehmer betreiben, ohne das Risiko zu übernehmen und die Vorteile zu genießen. Wesentlicher Unterschied zwischen Handelsvertreter gemäß des deutschen und der i.e.S. des spanischen Rechts ist, daß die *representantes de comercio* der Gruppe der *Arbeitnehmer* zuzuordnen sind, während Handelsvertreter nach deutschem Recht Arbeitnehmerähnliche und damit Selbständige sind. Dagegen sind die (deutschrechtlichen) "unselbständigen Handelsvertreter", die keine Handelsvertreter sind, in der Regel Arbeitnehmer.

Anderes gilt für die *representantes de comercio* i.w.S., die außerhalb des besonderen Arbeitsverhältnisses nach Art. 2.1.f ET stehen. Hierzu gehören die Vertreter, die kaufmännische Geschäfte für Rechnung eines oder mehrerer Unternehmer betreiben, sofern sie persönlich für den Erfolg einstehen müssen und so die Risiken der Geschäfte tragen, aber auch Vorteile erlangen, Art. 1.3.f ET. Diese können, müssen jedoch nicht mit den Handelsvertretern im Sinne des HGB identisch sein.

Hauptunterschied zwischen den Terminologien in beiden Staaten ist, daß in Spanien an die Kriterien Risiko und Vorteil geknüpft wird, während in Deutschland das Kriterium Selbständigkeit ausschlaggebend ist.

Es ist zu erwarten, daß die Verkaufsvertreter, die als *representantes de comercio* tätig sind, aus Effektivitätsgründen künftig zunehmend als Telearbeiter tätig werden.[807]

(2.) *Agentes mercantiles* / Handelsvertreter?

Die Bezeichnung *agente mercantil* wird besser mit Handelsagent als mit Handelsvertreter übersetzt. Rechtsgrundlage für die Bindung an den Unternehmer ist ein Maklervertrag im Sinne des Ley sobre el contrato de agencia (LCA). Demnach kann ein *agente mercantil* eine natürliche oder juristische Person sein (Art. 1 LCA), für sich und seine Representanten handeln (Art. 5 LCA) und, wenn er Verträge vermittelt, das Risiko und die Vorteile des

---

[805] ALONSO OLEA/CASAS BAAMONDE, S. 157.

[806] MONEREO PÉREZ/MORENO VIDA, Art. 2, S. 69.

[807] SUÑÉ LLINAS, El Teletrabajo, S. 322.

Geschäfts übernehmen (Art. 19 LCA). Sofern der *agente mercantil* diese Risiken und Vorteile nicht übernimmt, ist er vom *representante comercial* im Sinne des Art. 2.1.f ET dadurch zu unterscheiden, daß er nicht abhängig beschäftigt ist. Er gilt als beschäftigt, wenn er weder seine beruflichen Aktivitäten noch die dafür verwendete Zeit in Übereinstimmung mit seinen Vorstellungen organisieren kann, Art. 2.1 LCA.

Ein *Telearbeiter* kann auch als *agente mercantil* tätig werden. Ob er im Einzelfall als Arbeitnehmer oder als Selbständiger einzustufen ist, muß an den genannten und noch zu nennenden Kriterien gemessen werden.

c. *Trabajador autónomo* / Selbständiger

Das Interesse für Telearbeit unter den Selbständigen ist innerhalb Spaniens bemerkenswert groß.[808] Diese *trabajadores autónomos* des spanischen Rechts, für die die Bezeichnungen *trabajador por cuenta propia*, *trabajador independiente* oder *trabajador autoempleado* synonym verwendet werden, sind vergleichbar mit den Selbständigen des deutschen Rechts. Der *autónomo* im Sinne des spanischen Arbeitsrechts ist weder eine Person, die auf 'fremde Rechnung' tätig wird, noch handelt es sich um einen Unternehmer (*empresario*). Vielmehr ist er Unternehmer seiner eigenen Arbeit (*empresario de su propio trabajo*).[809]

Die Abgrenzung des Selbständigen vom Arbeitnehmer ist auch in Spanien von Bedeutung und zwar deswegen, weil 'Arbeit auf eigene Rechnung' nur insoweit der Arbeitsgesetzgebung unterliegt, als dies ausdrücklich gesetzlich vorgesehen ist, ET, Schlußbestimmung Nr.1.[810] Die Bestimmung soll gewährleisten, daß der Anwendungsbereich des Arbeitnehmerstatuts nicht Kraft richterlicher Rechtsfortbildung auf Selbständige erweitert wird und sie soll zugleich der Legislative die alleinige Regelungsbefugnis über die sich auf Selbständige beziehende Arbeitsgesetzgebung zusprechen.[811]

Von dieser besonderen Befugnis wurde nur selten Gebrauch gemacht; die Gleichstellung der Selbständigen mit den Arbeitnehmern ist nur in wenigen Bereichen erfolgt. So ist unter besonderen Umständen die Mitgliedschaft eines

---

[808]Nach einer Studie der Generaldirektion für Telekommunikation des MOPTMA (Ministerio de Obras Públicas, Transporte y Medio Ambiente (sinngemäß: Spanisches Ministerium für öffentliche Bauten, Transport und Umwelt) interessieren sich am meisten Selbständige ('trabajadores autónomos') für Telearbeit, nämlich 30% (vgl. VIDEGAIN MURO, Alta Dirección, 1995, Nº 184, S. 397).

[809]ALONSO OLEA/CASAS BAAMONDE, S. 148.

[810]Siehe: ET, disp. final 1.ª: El trabajo por cuenta propia no estará sometido a la legislación laboral, excepto en aquellos aspectos que por precepto legal se disponga expresamente. (ET Schlußbestimmung Nr. 1: Arbeit auf eigene Rechnung unterliegt nur insoweit der Arbeitsgesetzgebung, als dies ausdrücklich gesetzlich vorgesehen ist).

[811]MONEREO PÉREZ/MOLINA NAVARRETE, Disp. final primera, S. 1085.

Selbständigen bei einer Gewerkschaft möglich.[812] Auch erfolgt eine teilweise Gleichstellung im Agrarsektor.[813] Die genannten Ausnahmen sind im Rahmen der vorliegenden Arbeit zu vernachlässigen. Gewerkschaftliche Fragen werden hier nur am Rande erarbeitet; und *Telearbeit* spielt im Agrarbereich eine eher untergeordnete Rolle.

Ferner existieren im Bereich der Sicherheit, Gesundheit und Hygiene Ausnahmen zum beschriebenen Grundsatz, die jedoch im Rahmen der vorliegenden Arbeit grundsätzlich nicht erläutert werden müssen. Das Gesetz zur Verhinderung von Arbeitsrisiken (LPRi)[814] schließt in Art. 3.1 ausdrücklich etwaige spezifische Rechte und Verpflichtungen der *trabajadores autónomos* nicht aus. Hierzu zählen beispielsweise die Rechte von Selbständigen im Bereich des Bauwesens,[815] die im Rahmen der vorliegenden Arbeit ebenfalls unberücksichtigt bleiben können, da sie für die im Rahmen der Telearbeit typischerweise ausgeübten Tätigkeiten nicht in Frage kommen.

Auch im spanischen Recht gilt das Ausschließlichkeitsverhältnis, d.h. im Hinblick auf eine Tätigkeit kann jemand nur Arbeitnehmer oder nur Selbständiger sein. Daher ist im Hinblick auf den Status zu ermitteln, ob die Kriterien eines Arbeitsverhältnisses vorliegen. Ist dies nicht der Fall, dann handelt es sich bei der betreffenden Person um einen Selbständigen. Die wesentlichen Grundlagen für die Abgrenzung zwischen Arbeitnehmern und Selbständigen sind bereits oben diskutiert worden. Zusammengefaßt sind essentielle Kriterien für das Vorliegen von Selbständigkeit, daß die Person nicht auf der Grundlage eines Arbeitsvertrages arbeitet, daß die Arbeit nicht auf fremde Rechnung erfolgt und daß andere nicht für ihn arbeiten (außer im Rahmen der familiären Gemeinschaft oder nur vorrübergehend).[816]

Telearbeiter können nach spanischem Recht ebenfalls selbständig sein. Gelegentlich wird die Bezeichnung *teletrabajo "free-lance"* verwendet.[817] Die Bezeichnung stammt aus dem Englischen und hat sich nicht allzu durchgesetzt, sie soll daher hier nicht verwendet werden. Vorzug wird hier den Begriffen *teletrabajo autónomo* oder *teletrabajo independiente* eingeräumt.

d. *Simulación* / Scheinverträge

Die Scheinselbständigkeit ist auch in Spanien für das Arbeitsleben und die diese regelnden Normen von Relevanz. Damit im Zusammenhang stehende Begriffe

---

812 Eine Eigengründung ist ausgeschlossen, nur der Beitritt ist möglich. Näheres zu den Voraussetzungen im Gesetz zur Gewerkschaftsfreiheit in Art. 3.1 LOLS.

813 Vgl. Art. 108 u. 110 der Ley 83/1980, de 31 diciembre, de Arrendamientos Rústicos.

814 Ley de prevención de riesgos laborales (31/1995, de 8 de noviembre).

815 Vgl. Art. 12 des RD 1627/1007, de 24 octubre.

816 ALONSO OLEA/CASAS BAAMONDE, S. 150.

817 Vgl. etwa SUÑÉ LLINAS, EMILIO, Informática y Derecho, N°s 19-22, S. 588 f.

sind *simulación* (Vorspiegelung / Simulation) und *disimulación* (Verheimlichung / Verstellung / Scheingeschäft). In Spanien gilt ausweislich der ständigen Rechtsprechung wie in Deutschland ebenfalls der Grundsatz, daß die Natur des Vertrages von den Verpflichtungen, die seinen Gegenstand begründen und nicht von seiner Bezeichung abhängt;[818] es gilt der Grundsatz der *primacía de realidad* (Vorrang der Realität). Darüber hinaus greift gegebenenfalls die gesetzliche Vermutung aus Art. 8.1 S.2 ET, nach der die Existenz eines Arbeitsvertrages angenommen wird, wenn jemand auf Rechnung und im Rahmen der Organisation und Leitung eines anderen Dienste leistet und zum Ausgleich dafür von jenem eine Vergütung erhält.

Gleiches gilt auch im Rahmen der *Telearbeit*. Entscheidend ist im Rahmen des spanischen Rechts, daß im Einzelfall die bereits oben aufgeführten Kriterien zur Abgrenzung der Status voneinander untersucht werden. Dabei muß in stärkerem Maße auf die Prüfung des Direktionsrechts Wert gelegt werden als bei anderen Arbeitskräften, weil die Weisungen auf eine lautlose Art und Weise erteilt werden.

3. Ergebnis: Technisch-rechtliche Definition der Telearbeit

In Spanien folgt der Begriff Telearbeit ebensowenig juristischen Kriterien sondern praktischen Zweckmäßigkeitserwägungen wie in Deutschland; auf die Ausführungen zur Situation in Deutschland wird hier hingewiesen. Sie gelten auch im spanischen Recht, mit der Einschränkung, daß dort Telearbeit nicht im Status eines Arbeitnehmerähnlichen möglich ist, da das spanische Rechtssystem eine derartige Kategorie nicht kennt.[819]

II. Individualarbeitsrechtliche Fragen

Bezüglich der individualarbeitsrechtlichen Fragen sei auch im Rahmen der Untersuchungen zum spanischen Recht aus darstellungstechnischen Gründen die Planungsphase von der der Durchführung der Telearbeit unterschieden.

1. Planungsphase

a. Prinzip der Freiwilligkeit?

aa. Freiwilligkeit bei Einrichtung

Nach dem spanischen Arbeitnehmerstatut wird zwischen der Verlegung von Teilen bzw. der ganzen Einrichtung des Betriebes und der Versetzung von einzelnen Arbeitnehmern unterschieden. Die Versetzung des Betriebes findet nur in Art. 64.1.4.b ET Erwähnung, der die Informationsrechte des *comité de*

---

[818] ALONSO OLEA/CASAS BAAMONDE, S. 204, m.w.N.

[819] Zur technisch-rechtlichen Definition s.o., Kap. D.I.3.

empresa behandelt. Die Verlegung von Teilen bzw. des ganzen Betriebes ist im Zusammenhang mit der Telearbeit von keiner besonderen Bedeutung, da sie regelmäßig nicht Vorrausetzung der Einrichtung von Telearbeitsplätzen ist. Ausführlicher behandelt sei dagegen nachfolgend die Versetzung von einzelnen Arbeitskräften, seien sie Arbeitnehmer oder einem sonstigen Status zugehörig.

Auch im spanischen Recht wirft die Versetzung der Arbeitskraft mit ihrer *Einwilligung* grundsätzlich keine Probleme auf.[820] Dies gilt in individualarbeitsrechtlicher Hinsicht auch für Arbeitnehmer.[821] Eine Einwilligung kann etwa bei Abschluß des Arbeitsvertrages bereits dadurch erteilt werden, daß vertraglich vereinbart wird, daß die Tätigkeit (jedenfalls auch) per *Telearbeit* zu leisten ist.

(1.) Arbeitsverhältnisse

Arbeitsort und Arbeitsfunktion können auch im spanischen Recht nicht vom Arbeitgeber nach Belieben festgelegt werden; insoweit stehen dem Arbeitnehmer gewisse Rechte der räumlichen und funktionellen Immobilität (*inmovilidad geográfica y funcional*) zu.[822] Die Veränderung der Funktion und des Ortes der Arbeitnehmer wird durch die Ley de Estatuto de los Trabajadores in Art. 39 und 40 ET behandelt.

(a.) Örtliche Mobilität am Maßstab des Art. 40 ET

Art. 40 ET regelt die örtliche Mobilität (*movilidad geográfica*) der Arbeitnehmer, also die Zuweisung eines neuen Aufgabenbereichs in räumlicher Hinsicht. Der allgemeine Anwendungsbereich der Norm sowie die allgemeinen Bedingungen für die örtliche Versetzung seien zum besseren Verständnis zunächst auszugsweise dargelegt. Erst anschließend werden die Bedingungen einer *telearbeitsspezifischen* Untersuchung unterzogen:

40.1 Sofern der Wohnort gewechselt werden muß, bedarf die Versetzung von Arbeitnehmern, die nicht speziell eingestellt worden sind, um in Unternehmen mit mobilen oder fernen Betrieben Dienste zu leisten, an einen anderen als den eigenen Betrieb wirtschaftlicher, technischer, organisatorischer oder produktionsbedingter Umstände, die die Versetzung mit Belegen nachweisen oder vertragliche Vereinbarungen, die sich auf unternehmerische Aktivitäten beziehen.

---

[820] Zu prüfen bliebe jedoch, ob im Einzelfall das *comité de empresa* (Betriebsrat) oder der *delegado de personal* (Personaldelegierter) zu beteiligen ist. In Betracht kommt jedoch allenfalls eine Beteiligung auf der Grundlage von Informationpflichten.

[821] Vgl. MONEREO PÉREZ/QUESADA SEGURA, Art. 40, S. 492, m.w.N.; ALONSO OLEA/CASAS BAAMONDE, S. 238..

[822] ALONSO OLEA/CASAS BAAMONDE, S. 221.

Die Voraussetzungen liegen vor, wenn die Anwendung der vorgeschlagenen Maßnahmen dazu beiträgt, die Situation des Unternehmens durch eine zweckmäßigere Organisation seiner Ressourcen, die seine Stellung im Wettbewerb im Markt oder eine bessere Befriedigung der Nachfrage fördert, zu verbessern.

Die Entscheidung über die Versetzung muß dem Angestellten sowie seinen Vertretern seitens des Unternehmers mindestens dreißig Tage vor der Versetzung mitgeteilt werden.

Sobald die Versetzung bekannt geworden ist, steht dem Arbeitnehmer das Recht zu, zwischen der Versetzung oder einer Vertragsauflösung zu wählen. Im Falle der Versetzung erhält der Arbeitnehmer für die Ausgaben eine Kompensation. Wählt er die Vertragsauflösung, erhält er eine Entschädigung von zwanzig Tagen Lohn für jedes Jahr im Betrieb, ...

Unbeschadet der Ausführung der Versetzung ... kann der Arbeitnehmer, sofern er nicht für die Aufhebung des Vertrages votiert hat, die Entscheidung über die Versetzung vor dem zuständigen Gericht anfechten. ...[823]

---

[823]Auszüge aus Art. 40 ET: *Movilidad geográfica:*
Art. 40.1 ET: El traslado de trabajadores que no hayan sido contratados específicamente para prestar sus servicios en empresas con centros de trabajo móviles o itinerantes a un centro de trabajo distinto de la misma empresa que exija cambios de residencia requerirá la existencia de razones económicas, técnicas, organizativas o de producción que lo justifiquen, o bien contrataciones referidas a la actividad empresarial.
Se entenderá que concurren las causas a que se refiere este artículo cuando la adopción de las medidas propuestas contribuya a mejorar la situación de la empresa a través de una más adecuada organización de sus recursos, que favorezca su posición competitiva en el mercado o una mejor respuesta a las exigencias de la demanda.
La decisión de traslado deberá ser notificada por el empresario al trabajador, así como a sus representantes legales, con una antelación mínima de treinta días a la fecha de su efectividad.
Notificada la decisión de traslado, el trabajador tendrá derecho a optar entre el traslado, percibiendo una compensación por gastos, o la extinción de su contrato, percibiendo una indemnización de veinte días de salario por año de servicio, prorrateándose por meses los períodos de tiempo inferiores a un año y con un máximo de doce mensualidades. La compensación a que se refiere el primer supuesto comprenderá tanto los gastos propios como los de los familiares a su cargo, en los términos que se convengan entre las partes, que nunca será inferior a los límites mínimos establecidos en los convenios colectivos.
Sin perjuicio de la ejecutividad del traslado en el plazo de incorporación citado, el trabajador que no habiendo optado por la extinción de su contrato se muestre disconforme con la decisión empresarial podrá impugnarla ante la jurisdicción competente. La sentencia declarará el traslado justificado o injustificado y, en este último caso, reconocerá el derecho del trabajador a ser reincorporado al centro de trabajo de origen.
Cuando, con objeto de eludir las previsiones contenidas en el apartado siguiente de este artículo, la empresa realice traslados en períodos sucesivos de noventa días en número inferior a los umbrales allí señalados, sin que concurran causas nuevas que justifiquen tal actuación, dichos nuevos traslados se considerarán efectuados en fraude de ley y serán declarados nulos y sin efecto.

40.2 ... [betrifft die Beteiligung der Arbeitnehmervertreter im Rahmen des Versetzungsverfahrens bei einer größeren Anzahl von Angestellten].

40.3 Sofern durch die Versetzung eine der Ehegatten den Wohnort wechselt, erhält der andere, sofern er in dem gleichen Unternehmen arbeitet, das Recht, an den selben Ort versetzt zu werden, sofern ein Arbeitsplatz vorhanden ist.[824]

40.4 Aus wirtschaftlichen, technischen, organisatorischen und produktionsbedingten Gründen oder aufgrund von vertraglichen Vereinbarungen, die sich auf unternehmerische Aktivitäten beziehen, kann das Unternehmen zeitweilige Versetzungen seiner Arbeitnehmer durchführen, die erfordern, daß sie in einem anderen Ort wohnen als üblich, wobei diese neben dem Lohn mit den Reisekosten und Spesen zu vergüten sind.

...

Gegen die Anordnung der zeitweiligen Versetzung kann der Arbeitnehmer unbeschadet, ob sie bereits ausgeführt ist, mit den gleichen in Absatz 1 dieses Artikels eingeräumten Mitteln vorgehen.

Für Versetzungen, deren Dauer in einem Zeitraum von drei Jahren zwölf Monate überschreitet, gelten die Bedingungen dieses Gesetzes für dauernde Versetzungen.[825]

Im Hinblick auf die Dauer der Versetzung unterscheidet Art. 40 ET in den Absätzen 1 und 4 zwischen der (normalen) und der zeitweiligen Versetzung,

---

[824]Auszüge aus Art. 40 ET:
2. ... [betrifft Beteiligung der Arbeitnehmervertreter].
3. Si por traslado uno de los cónyuges cambia de residencia, el otro, si fuera trabajador de la misma empresa, tendrá derecho al traslado a la misma localidad, si hubiera puesto de trabajo.

[825]Art. 40.4 ET: Por razones económicas, técnicas, organizativas o de producción, o bien por contrataciones referidas a la actividad empresarial, la empresa podrá efectuar desplazamientos temporales de sus trabajadores que exijan que éstos residan en población distinta de la de su domicilio habitual, abonado, además de los salarios, los gastos de viaje y las dietas.

...

Contra la orden de desplazamiento, sin perjuicio de su ejecutividad, podrá recurrir el trabajador en los mismos términos previstos en el apartado 1 de este artículo para los traslados. Los desplazamientos cuya duración en un período de tres años exeda de doce meses tendrán, a todos los efectos, el tratamiento previsto en esta Ley para los traslados.

Art. 40.5 ET ... [betrifft die Versetzung von Arbeitnehmervertretern und kann insofern im Rahmen dieser Arbeit vernachlässigt werden].

also zwischen *traslado* und *desplazamiento*.[826] Beide beziehen sich auf die Versetzung sowohl innerhalb als auch außerhalb Spaniens.[827]

Die Versetzung ist unabhängig von den Voraussetzungen des Art. 40 ET rechtmäßig, wenn der Arbeitnehmer mit ihr einverstanden ist, was sich etwa zeigen kann, wenn er sich nicht bei passender Gelegenheit dagegen oponiert.[828] Gleiches gilt, wenn die Versetzung auf freiwilliger Basis erfolgt.[829]

Zum besseren Verständnis seien *traslado* und *desplazamiento* getrennt aufgeführt:

(aa.) *Traslado* ('normale' Versetzung)

Der traslado ist im Gegensatz zum *desplazamiento temporal* eine Versetzung, deren Dauer in einem Zeitraum von drei Jahren zwölf Monate überschreitet.[830] Art und Weise ergeben sich aus den bereits zitierten Vorschriften Art. 40.1; 40.2 und 40.3 ET; insoweit erübrigt sich eine Wiederholung der Tatbestandsmerkmale. Je nach Unterform der *Telearbeit* kommt dem Anwendungsbereich des Art. 40.1 ET unterschiedliche Wirkung zu:

(aaa.) Versetzung in Satellitenbüros

Die Versetzung in *Satellitenbüros* wirft im Hinblick auf Art. 40.1 ET aus definitorischen Gründen keine neuen Probleme auf. Denn, wie einleitend erörtert wurde, handelt es sich bei ihnen um nichts anderes als um Filialen des Unternehmens. Und für diese wurde die beschriebene Norm konzipiert. Ausschlaggebend ist für die Anwendung also regelmäßig, ob der Arbeitnehmer aufgrund der Versetzung seine *residencia*[831] ändern muß, um seinen Verpflichtungen am neuen Arbeitsort nachkommen zu können. Der Arbeitnehmer 'muß' seinen Wohnort im Sinne dieses Gesetzes dann wechseln, wenn materielle Gründe die tägliche An- und Abfahrt unmöglich machen oder wenn die Fahrten zu beschwerlich, lästig oder kostspielig sind.[832]

Muß der Arbeitnehmer seinen Wohnort nicht wechseln, dann ist Art. 40 ET nicht anwendbar. Ob der Arbeitgeber ihn versetzen kann, hängt dann von der

---

826 S. Art. 40.1 und 40.4 ET und vgl. ALONSO OLEA/CASAS BAAMONDE, S. 241; BFAI, S. 30 f.

827 STS de 1 de julio de 1986, Ar. 3.917 (zitiert nach: ALBIOL MONTESINOS u.a., S. 422 f.).

828 STS de 12 de febrero de 1990, Ar. 903 (zitiert nach: ALBIOL MONTESINOS u.a., S. 423).

829 STS de 1 de diciembre de 1987, Ar. 8.802 (zitiert nach: ALBIOL MONTESINOS u.a., S. 423).

830 Art. 40.1 ET i.V.m. dem Umkehrschluß aus Art. 40.4 a.E.

831 Wohnort.

832 ALONSO OLEA/CASAS BAAMONDE, S. 239 f.

Reichweite der Direktionsbefugnis ab, die wiederum von Art. 41 ET eingeschränkt wird.[833]

Wird ein Wohnortwechsel dagegen erforderlich, so müssen die Voraussetzungen des Art. 40.1 ET vorliegen: Das Satellitenbüro ist als 'ein anderer als der eigene Betrieb' (*centro de trabajo distinto de la empresa*) im Sinne des Art. 40.1 ET zu werten; der Tele-Arbeitsplatz soll nach der vertretenen Auffassung ähnlich wie im deutschen Rechtskreis als Betrieb i.w.S. verstanden werden.[834] Denn wichtige Tätigkeiten des Arbeitslebens werden dorthin verlagert und die Direktionsbefugnis wirkt raumübergreifend.

Die Frage nach der Wirksamkeit der Versetzung lautet dann, ob wirtschaftliche, technische, organisatorische oder produktionsbedingte Umstände die Versetzung begründen oder vertragliche Vereinbarungen vorliegen, die sich auf unternehmerische Aktivitäten beziehen. Dies ist im jeweiligen Einzelfall und kann hier nicht verallgemeinert werden. Heranzuziehen sind dabei die Kriterien aus Art. 40.1 S.2 ET. Denkbar ist jedenfalls, daß in besonderen Fällen Telearbeitsplätze aus wirtschaftlichen oder anderen Gründen eingerichtet werden müssen und eine Versetzung möglich machen.

Der Vollständigkeit halber sei erwähnt, daß sofern der Arbeitnehmer versetzt wird, ihm alle in Art. 40 ET festgelegten Rechte zustehen.

(bbb.) Versetzung in Nachbarschaftsbüros

Die Zulässigkeit der Versetzung in *Nachbarschaftsbüros* ist ähnlich zu bewerten. Muß der Arbeitnehmer durch sie seinen Wohnort nicht ändern, dann steht Art. 40.1 ET einer Versetzung nicht entgegen. Offen bleibt dann nur die Frage, ob die Direktionsbefugnis bzw. Art. 41 ET die Versetzung erlaubt.[835]

Wird durch die Versetzung in Nachbarschaftsbüros ein Umzug nötig, dann gilt das bereits zu den Satellitenbüros Ausgeführte. Doch angesichts der Tatsache, daß Nachbarschaftsbüros regelmäßig in der Nähe der Wohnung des

---

[833] Die Direktionsbefugnis und Art. 41 ET werden in den nachfolgenden Kapiteln zu erörtern sein.

[834] Den eigentlichen Betriebsbegriff des ET regelt Art. 1.5 ET: Betrieb im Sinne des ET ist die Produktionseinheit mit eigenständiger Organisation, die als solche bei der Arbeitsverwaltung angemeldet wird.
(Art. 1.5 ET: A efectos de esta Ley se considera centro de trabajo la unidad productiva con organización específica, que sea dada de alta, como tal, ante la Autoridad Laboral...).

[835] Die Direktionsbefugnis und Art. 41 ET werden in den nachfolgenden Kapiteln zu erörtern sein.

Arbeitnehmers gelegen sind, dürfte ein Umzug grundsätzlich nicht erforderlich und Art. 40.1 ET nicht anwendbar sein.[836]

(ccc.) Versetzung in sonstige Zentren

Das zu den Satelliten- und zu den Nachbarschaftsbüros Festgestellte gilt sinngemäß auch für die *Teleservicecenter*, *elektronische Dienstleistungsbüros*, *Telezentren*, *Telecenter*, bzw. *-häuser*, *Computels*, *Call-Center* und *Telecottages*.

(ddd.) Versetzung bei Telearbeit i.e.S.

Auf *Telearbeit i.e.S*, die in der Wohnung des Arbeitnehmers ausgeübt wird, ist besagte Norm *grundsätzlich* nicht anwendbar; die Versetzung liegt dann im Rahmen der Entscheidungs- und Organisationsbefugnis des Arbeitgebers als Ausdruck des bereits erwähnten unternehmerischen Wahlrechts bzw. Ermessens (*ius variandi empresarial*), sofern damit keine substantiellen Änderungen der Arbeitsbedingungen im Sinne des Art. 41 ET einhergehen.[837] Der Art. 40.1 ET greift nicht, wenn mit der genannten Telearbeitsform begonnen wird, da nur der Arbeitsort und nicht der Wohnort geändert wird. Die geographische Lage des Wohnortes ist dagegen für die Einrichtung eines Telearbeitsplatzes i.e.S. nicht von Bedeutung.[838]

Da es vorliegend an dem Tatbestandsmerkmal Wohnortwechsel scheitert, erübrigt sich zunächst die Diskussion, ob es sich bei der Verlagerung der Tätigkeit in die Wohnung der Arbeitskraft um eine Verlagerung an einen anderen als den eigenen *Betrieb* handelt. Der Art. 40 ET ist hier nicht anwendbar.[839]

Gleiches gilt, wenn eine *alternierende* oder um *nichtalternierende Telearbeit i.e.S.* vorliegt, denn bei keinen dieser Unterformen muß der Wohnort gewechselt werden.

Fraglich ist dagegen, ob eine Ausnahme vom beschriebenen Grundsatz bei der *Telearbeit i.e.S.* dann denkbar ist, wenn der künftige Telearbeiter die Wohnung

---

[836]Regelmäßig werden Telearbeiter in einem Nachbarschaftsbüro tätig, das näher an der Wohnung liegt als der Betrieb, da sie den Betrieben gegenüber keine Vorteile aufzuweisen hätten.

[837]Vgl. MONEREO PÉREZ/QUESADA SEGURA, Art. 40, Anm. 1, S. 492, m.w.N.; zur Frage, ob damit substantielle Änderungen einhergehen, vgl. die Erörterungen zu Art. 41 ET.

[838]Jedenfalls sofern von Telephonkosten abgesehen wird.

[839]Insbes. wird eine *analoge Anwendung* abgelehnt, da die Umstände nicht vergleichbar sind. Während die Arbeitskraft, die umziehen muß, im Privatleben mit erheblichen Nachteilen konfrontiert wird, ist das bei einer Arbeitskraft, die nun zu Hause arbeitet, nicht in dem extremen Maße der Fall. Zwar muß sie den Arbeitsplatz einrichten und die Bedingungen hierfür schaffen, doch sie bleibt von den umzugsspezifischen Problemen verschont.

wechseln muß, um die neuere Arbeitsform auszuüben, dann könnte nämlich der Anwendungsbereich des Art. 40.1 ET zutreffen. Dies kann etwa der (seltenere) Fall sein, wenn die Wohnung des Arbeitnehmers nicht die zur Ausübung der Telearbeit erforderlichen Ausmaße aufweist oder andere für die Tätigkeit im Hause unabdingbare Voraussetzungen nicht gegeben sind.[840] Hierbei wäre er zwar nicht verpflichtet, die *residencia* im Sinne des Wohn*ortes* also der Wohn*gegend* zu ändern, wohl aber die im Sinne des Wohn*sitzes*; er muß also nicht etwa in eine andere Stadt ziehen, dagegen schon in eine andere Wohnung.

Die Auslegung der Norm bereitet diesbezüglich Schwierigkeiten. Für die Bejahung des Tatbestandsmerkmals *residencia* spricht der Wortlaut. Denn es läßt sich mit Wohnsitz übersetzen. Und dieser ist bereits betroffen, wenn die Arbeitskraft bloß ein paar Meter weiter zieht.

Gegen die Anwendung in diesen Fällen könnte jedoch sprechen, daß nach der Vorstellung des Gesetzgebers und der Gerichte der Wohnortwechsel deshalb erforderlich sein muß, weil der andere Betrieb zu weit vom eigenen, ursprünglichen Betrieb und damit zu weit von der eigenen Wohnung entfernt ist, so daß dem Arbeitnehmer etwa die tägliche An- und Abfahrt nicht mehr zuzumuten ist.[841] Dagegen ist bei den vorliegenden Fällen der Umzug 'nur' erforderlich, weil die Wohnungsbedingungen nicht genügen.

Einiges spricht dafür, den wörtlichen Anwendungsbereich des Art. 40.1 ET nicht künstlich einzuengen. Denn Hauptgrund für die Norm ist, den Arbeitnehmer davor zu schützen, aufgrund bloßer und unwiderruflicher Anordnung des Arbeitgebers umziehen zu müssen, da ein Umzug neben finanziellen Folgen auch andere erhebliche Veränderungen des außerberuflichen Lebens hervorrufen kann, die nicht Gegenstand des Arbeitsvertrages sind. Hier würde sonst das für das Arbeitsleben erforderliche und sinnvolle Direktionsrecht überspannt werden. Insoweit soll nach der hier vertretenen Auffassung der *cambio de residencia* (Wohnortwechsel) im Sinne des Art. 40.1 ET bereits vorliegen, wenn der Arbeitnehmer nicht vernünftigerweise in der ehemaligen Wohnung per Telearbeit tätig werden kann und dadurch ein Umzug erforderlich wird. Das vertretene Ergebnis gilt unabhängig von der Frage, ob die Telearbeit *alternierend* oder *nicht alternierend* ausgeübt werden soll.

Insofern müssen bei der Versetzung des *Telearbeiters* in die Wohnung dann die bereits genannten Voraussetzungen des Art. 40 ET vorliegen, wenn aufgrund der Arbeitsbedingungen ein Wohnortwechsel erforderlich wird.

---

[840] Im Hinblick auf die Frage, welche Ausmaße die Wohnung aufweisen muß, und welche sonstigen Voraussetzungen vorliegen müssen, besteht ein erheblicher Klärungsbedarf. Hier werden auch Fragen arbeitsschutzrechtlicher Art eine Bedeutung spielen.

[841] Vgl. hierzu die bei MONEREO PÉREZ/QUESADA SEGURA, Art. 40, S. 493 unter 2.b) aufgeführten richterlichen Begründungen.

(eee.) 'Versetzung' in die mobile Telearbeit

Im Hinblick auf *mobile Telearbeiter* gelten in der Regel die gleichen Grundsätze wie für Telearbeiter in *Satelliten-* und *Nachbarschaftsbüros*, es sei denn, es handelt sich bei ihnen im Einzelfall um Arbeitnehmer, die speziell eingestellt worden sind, um in Unternehmen mit mobilen oder fernen Betrieben Dienste zu leisten, da dann Art. 40 ET nicht anwendbar ist. Bei den anderen stellt sich also zunächst die Frage, ob ein Wohnortwechsel erforderlich sein wird. Dies ist im Einzelfall zu prüfen, wobei dem Arbeitnehmer die in Art. 40.1 ET a.E. und 40.2 ET statuierten Rechte zustehen.

Wenn ein Umzug erforderlich wird, ist zu untersuchen, ob es sich bei dem Telearbeiter um eine Person handelt, die durch die mobile Tätigkeit im Sinne des Art. 40.1 ET an einem 'anderen als den eigenen Betrieb' tätig wird (*a un centro de trabajo distinto de la misma empresa*).

Hierbei ist zu differenzieren zwischen erstens der Tätigkeit in anderen Betrieben, die mit dem arbeitgebenden Unternehmen verbunden sind, sich also als Filialen, Zweigstellen, Tochter- oder Mutterunternehmen bezeichnen lassen, zweitens der Tätigkeit in Unternehmen, für die das arbeitgebende Unternehmen im Rahmen eines Dienst-, oder Werkvertragsverhältnisses oder eines *mandato* tätig wird, die also nicht im beschriebenen Sinne mit dem arbeitgebenden Unternehmen verbunden sind und drittens der Tätigkeit bei Nicht-Betrieben (etwa bei privaten Auftraggebern).

Bei ersteren stellt sich die Subsumtion als unproblematisch dar. Auch zweitere unterfallen dem Tatbestandsmerkmal 'an einen anderen als den eigenen Betrieb'. Bei letzteren Personen generiert die Einordnung Probleme. So kann etwa ein mobiler Telearbeiter auch Versicherungen in privaten Wohnungen verkaufen. Dabei wird er nicht in einem anderen Betrieb tätig. Gegen die Anwendung des Art. 40.1 ET spricht zunächst die wörtliche Auslegung. Doch die Norm deutet über den Ausschluß von Arbeitnehmern, die nicht speziell eingestellt worden sind, um in Unternehmen mit mobilen oder fernen Betrieben Dienste zu leisten, darauf hin, daß sich die Norm auch auf die Personen beziehen muß, die zwar nicht 'an einen anderen als den eigenen Betrieb', jedoch ebenfalls außerhalb des eigenen Betriebs tätig werden. Insoweit läßt die systematische Auslegung die Gleichstellung dieser Gruppe zu.

Gleiches ergeben Sinn und Zweck der Norm. Über sie sollen Arbeitnehmer vor willkürlichen Versetzungen von Arbeitgebern geschützt werden. Während sie die Versetzung, die in der Regel für das Privatleben der Arbeitnehmer mit teils sogar erheblichen Einschnitten verbunden ist, nicht grundsätzlich verbietet, bindet sie sie an strenge und justiziable Bedingungen. Diese sollen den Ausgleich schaffen zwischen den Interessen des Unternehmens am Fortbestand und weiteren Wachstum und den privaten und außerbetrieblichen der

Arbeitskräfte. Im Hinblick auf die persönlichen Nachteile der mobilen Telearbeiter macht es keinen Unterschied, ob sie in einem anderen Betrieb oder in der Privatwohnung der Kunden tätig werden. Und abstrakt betrachtet werden die Interessen des Unternehmens am Fortbestand in diesen beiden Fällen gleichwertig betroffen. Die unterschiedliche Behandlung der besprochenen Gruppen würde der Gleichwertigkeit der Nachteile bzw. Interessen widersprechen. Damit ist auch unter teleologischen Gesichtspunkten Gleichbehandlung gerechtfertigt. Insoweit sprechen gewichtige Gründe dafür, die bei Nicht-Betrieben tätigen mobilen Telearbeiter und sonstige Arbeitskräfte denjenigen gleichzustellen, die in 'einem anderen Betrieb' tätig werden.

Im Hinblick auf die sonstigen Kriterien gilt für *mobile Telearbeiter* das bereits zu Telearbeitern, die in *Satellitenbüros* tätig werden, Beschriebene.

(bb.) *Desplazamiento temporal* (kurzzeitige Versetzung)

Die kurzzeitige Versetzung (*desplazamiento temporal*) unterscheidet sich von der normalen Versetzung (*traslado*) dadurch, daß sie zeitlich beschränkt ist.[842] In den Fällen, in den ihre Dauer in einem Zeitraum von drei Jahren zwölf Monate unterschreitet, werden sie als (normale) Versetzungen behandelt, Art. 40.4 ET a.E. Sofern eine Versetzung erfolgt, der kein Rückkehrdatum zugrundeliegt, ist ebenfalls eine (normale) Versetzung anzunehmen und nicht eine befristete.[843]

Die Ansprüche die der Gesetzgeber an die kurzfristige Versetzung stellt, sind geringer, da nicht erforderlich ist, die wirtschaftlichen, technischen, organisatorischen und produktionsbedingten Gründe 'der Versetzung mit schriftlicher Begründung nachzuweisen' (*que lo justifiquen*).[844]

Der Vollständigkeit halber sei erwähnt, daß die kurzzeitige Versetzung auch aufgrund von vertraglichen Vereinbarungen, die sich auf unternehmerische Aktivitäten beziehen, möglich ist, wobei in diesen Fällen neben dem Lohn Reisekosten und Spesen zu vergüten sind, Art. 40.4 S.1, 2.Alt. ET.

Die Regelungen zum *desplazamiento* greifen grundsätzlich nicht ein, sofern vereinbart wurde, daß der Arbeitnehmer seine Dienste an jedem Ort des spanischen Territoriums oder im Ausland zu leisten hat.[845]

---

[842] MONEREO PÉREZ/QUESADA SEGURA, Art. 40, S. 500.

[843] Vgl. MONEREO PÉREZ/QUESADA SEGURA, Art. 40, S. 492, m.w.N.

[844] Der Wortlaut des Art. 40.1 u. 40.4 ET verlangt eine unterschiedliche Behandlung im Hinblick auf den Nachweis der Versetzungsgründe; a.A. MONEREO PÉREZ/QUESADA SEGURA, der diesbezüglich nicht zwischen Art. 40.1 u. 40.4 ET unterscheidet (MONEREO PÉREZ/QUESADA SEGURA, Art. 40, S. 494 d) u. S. 500).

[845] ALONSO OLEA/CASAS BAAMONDE, S. 242.

Auf befristet zu versetzende *Telearbeiter* kann das bereits zu den (normal) zu versetzenden Telearbeitern Aufgeführte entsprechend angewandt werden. Dabei ist jedoch zu berücksichtigen, daß die Schwelle für die Gründe entsprechend niedriger ist. Aus Art. 40.4 ET läßt sich im Hinblick auf die für Telearbeit erforderlichen IuK-Mittel keine Kostentragungspflicht des Arbeitgebers entnehmen, da sie nicht den Kriterien Reisekosten und Spesen entsprechen.

(b.) Funktionelle Mobilität am Maßstab des Art. 39 ET

Art. 39 ET regelt die funktionelle Mobilität (*movilidad funcional*) der Arbeitnehmer, also die Zuweisung eines neuen Aufgabenbereichs in funktioneller Hinsicht:

1. Die funktionelle Mobilität innerhalb des Unternehmens unterfällt keinen anderen Begrenzungen als denjenigen, die akademische und sonstige Berufsabschlüsse im Hinblick auf die Ausübung einer bestimmten Arbeit und der Zugehörigkeit zu einer Berufsgruppe verlangen. Sofern eine Berufsgruppenbestimmung fehlt, ist die funktionelle Mobilität zwischen gleichartigen professionellen Berufskategorien zulässig.

2. Die funktionelle Mobilität zur Ausübung von Funktionen, die der Berufsgruppe nicht entsprechen, ist nur dann möglich, wenn Gründe technischer oder organisatorischer Art vorliegen, die sie rechtfertigen. Sie ist nur so lange möglich wie erforderlich. Im Falle der Übertragung von untergeordneten Funktionen muß sie durch unaufschiebbare oder unvorhersehbare Notwendigkeiten der produktiven Aktivität gerechtfertigt sein. Der Unternehmer muß die neue Situation den Arbeitnehmervertretern mitteilen.

3. Die funktionelle Mobilität darf die Würde des Arbeitnehmers sowie dessen Berufsausbildung oder -förderung nicht beeinträchtigen, wobei ihm das Recht zusteht, entsprechend der tatsächlich ausgeführten Tätigkeit entlohnt zu werden, außer in den Fällen, in denen untergeordnete Funktionen übertragen werden, in denen er die ursprüngliche Entlohnung erhält. Sofern jemand im Rahmen der funktionalen Mobilität andere als die gewohnten Funktionen übernimmt, kann er sich nicht auf die objektiven Kündigungsgründe der aufgetretenen Unfähigkeit oder des Mangels an Anpassungsfähigkeit berufen.

4. Wenn als Konsequenz der funktionalen Mobilität für einen Zeitraum von mehr als sechs Monaten in einem Jahr oder mehr als acht Monaten in zwei Jahren höherwertige Funktionen als diejenigen der Berufsgruppe oder der vergleichbaren Kategorien ausgeübt werden, kann der Arbeitnehmer die Beförderung verlangen, wenn dem kein Tarifvertrag entgegensteht. Oder er kann in jedem Fall, unbeschadet des Rechts, den entsprechenden

Gehaltsunterschied zu verlangen, die Besetzung der freien Stelle fordern, die der von ihm ausgeführten Funktion entspricht, und zwar gemäß den im Unternehmen geltenden Regelungen. Diese Rechtsansprüche können kumuliert werden. Der Arbeitnehmer kann nach vorheriger Mitteilung des Betriebskomites bzw. der Personaldelegierten gegen die Ablehnung durch das Unternehmen den Rechtsweg bestreiten.

Durch Kollektivvereinbarungen können andere Fristen als die in dieser Norm aufgeführten vereinbart werden.

5. Der Wechsel von nicht vereinbarten Funktionen, die von den Tatbeständen dieses Artikels nicht erfaßt werden, bedarf der Übereinstimmung beider Parteien oder, sofern diese nicht vorliegt, der Unterwerfung unter die für substantielle Veränderungen vorgesehenen Regeln oder unter diejenigen, die kollektivvertraglich vereinbart sind.[846]

Entsprechend Art. 39 ET ist unter *movilidad funcional* grundsätzlich jede Änderung der Ausführung des Arbeitsvertrags zu verstehen, die die Ausführung

---

[846] Art. 39 ET: *Movilidad funcional*:
1. La movilidad funcional en el seno de la empresa no tendrá otras limitaciones que las exigidas por las titulaciones académicas o profesionales precisas para ejercer la prestación laboral y por la pertenencia al grupo profesional. A falta de definición de grupos profesionales, la movilidad funcional podrá efectuarse entre categorías profesionales equivalentes.
2. La movilidad funcional para la realización de funciones no correspondientes al grupo profesional o categorías equivalentes sólo será posible si existiesen razones técnicas u organizativas que la justificasen y por el tiempo imprescindible para su atención. En el caso de encomienda de funciones inferiores ésta deberá estar justificada por necesidades perentorias o imprevisibles de la actividad productiva. El empresario deberá comunicar esta situación a los representantes de los trabajadores.
3. La movilidad funcional se efectuará sin menoscabo de la dignidad del trabajador y sin perjuicio de su formación y promoción profesional, teniendo derecho a la retribución correspondiente a las funciones que efectivamente realice, salvo en los casos de encomienda de funciones inferiores, en los que mantendrá la retribución de origen. No cabrá invocar las causas de despido objetivo de ineptitud sobrevenida o de falta de adaptación en los supuestos de realización de funciones distintas de las habituales como consecuencia de la movilidad funcional.
4. Si como consecuencia de la movilidad funcional se realizasen funciones superiores a las del grupo profesional o a las de categorías equivalentes por un período superior a seis meses durante un año o a ocho durante dos años, el trabajador podrá reclamar el ascenso, si a ello no obsta lo dispuesto en convenio colectivo o, en todo caso, la cobertura de la vacante correspondiente a las funciones por él realizadas conforme a las reglas en materia de ascensos aplicables en la empresa, sin perjuicio de reclamar la diferencia salarial correspondiente. Estas acciones serán acumulables. Contra la negativa de la empresa, y previo informe del comité o, en su caso, de los delegados de personal, el trabajador podrá reclamar ante la jurisdicción competente.
Mediante la negociación colectiva se podrán establecer períodos distintos de los expresados en este artículo a efectos de reclamar la cobertura de las vacantes.

von anderen professionellen Aufgaben als die bisherigen beinhaltet.[847] Mindestens fünf Referenzelemente dienen der Abgrenzung des Begriffs:

Erstens gehört hierzu das objektive Element, das sich nach der Intensität richtet. Unterschieden wird danach, ob die Veränderung von grundlegender oder von nebensächlicher Bedeutung ist. Zweitens das "subjektive Element" entscheidend: hierbei soll es auf die Unterscheidung ankommen, ob mehrere oder nur einzelne durch den Wechsel betroffen sind. An dritter Stelle rangiert das zeitliche Element. Hier ist die Frage aufzuwerfen, ob dem Wechsel eine nur vorrübergehende oder eine langfristige Natur innewohnt. Viertens wird auf die Motivation für die Veränderung abgestellt. Fünftens ist die Art und Weise der Einführung der Änderungen ausschlaggebend.[848]

Bei der *Telearbeit* und ihren Unterformen handelt es sich nicht um eine *Funktion* innerhalb des Gesamtbetriebes. Denn betroffen ist durch deren Einführung regelmäßig nicht eine bestimmte Funktion innerhalb der verschiedenen Professionen und Aufgabenbereiche des Unternehmens, sondern die Art und Weise der Tätigkeitsausführung, die im Rahmen der verschiedenen Professionen ausgeübt werden kann. Damit bleibt den Telearbeitern der Anwendungsbereich des Art. 39 ET grundsätzlich verschlossen.

Eine Ausnahme liegt dann vor, wenn mit der Einrichtung eines Telearbeitsplatzes für einen Arbeitnehmer zugleich ein Funktionswechsel einhergeht, also die Tätigkeit per Telearbeit zugleich die Ausführung von anderen professionellen Aufgaben als die bisherigen beinhaltet. Dann müßten die oben beschriebenen in Art. 39 ET festgelegten Voraussetzungen erfüllt sein.

(c.) *Doble mobilidad* (*doppelte Mobilität*)

Im Rahmen der Einführung der *Telearbeit* kann unter Umständen der seltenere Fall des hier neu zu prägenden Begriffs ***doppelte Mobilität*** (***doble mobilidad***) vorliegen. Dieser liegt dann vor, wenn sowohl die Kriterien des Art. 39 ET als auch diejenigen des Art. 40 ET zutreffen, der Telearbeiter also über die Telearbeit eine neue Funktion ausübt und zugleich etwa bedingt durch die Einrichtung des neuen *Telearbeitsplatzes*, örtlich versetzt wird.

(d.) Mobilität nach dem Maßstab des Direktionsrechts

Ist Art. 40 ET nicht anwendbar, dann ist die Versetzung grundsätzlich rechtmäßig, was sich aus dem Umkehrschluß der betroffenen Norm ergibt. Die

---

5. El cambio de funciones distintas de las pactadas no incluido en los supuestos previstos en este artículo requerirá el acuerdo de las partes o, en su defecto, el sometimiento a las reglas previstas para las modificaciones sustanciales de condiciones de trabajo o a las que a tal fin se hubieran establecido en convenio colectivo.

[847] MONEREO PÉREZ/CRUZ VILLALON, Art. 39, S. 475

[848] MONEREO PÉREZ/CRUZ VILLALON, Art. 39, S. 475 f.

Direktionsbefugnis des Arbeitgebers ist im Falle der örtlichen Mobilität grundsätzlich nicht durch Art. 41 ET begrenzt, was sich aus Art. 41.5 ET ergibt. Dies kann jedoch nur dann gelten, wenn der Anwendungsbereich des Art. 40 ET zutrifft, also ein Wohnortwechsel erforderlich wird. Damit schließt der Art. 40 ET nicht den Anwendungsbereich des Art. 41 ET aus, wenn aufgrund der 'Versetzung' in die Wohnung Art. 40 ET nicht greift.

Im Hinblick auf die funktionelle Mobilität aus Art. 39 ET ist Art. 41 ET Auffangtatbestand (Art. 41.1f) ET). Die Direktionsbefugnis erfährt in verschiedener Hinsicht Konkretisierungen durch Art. 39, 40 und 41 ET; letztere Vorschrift ist nachfolgend noch gesondert zu besprechen.

(e.) Wesentliche Modifikationen der Arbeitsbedingungen nach Art. 41 ET

Das Direktionsrecht greift in Spanien grundsätzlich nicht bei Veränderungen substantieller Art.

(aa.) Gesetzeslage

Art. 41 ET führt die Umstände auf, die als substantielle Modifikation (*modificacion substancial*) der Arbeitsbedingungen gelten und gegebenenfalls besondere Rechtsfolgen hervorrufen. Die Norm sei hier insoweit erläutert, als es telearbeitsspezifische Aspekte erfordern.

Art. 41 ET: Wesentliche Veränderungen der Arbeitsbedingungen

41.1 Die Unternehmensleitung kann wesentliche Veränderungen der Arbeitsbedingungen vornehmen, wenn nachgewiesenermaßen wirtschaftliche, technische, organisatorische oder produktionsbezogene Gründe dies rechtfertigen. Wesentliche Veränderungen der Arbeitsbedingungen liegen dann vor, wenn die folgenden Gegenstände betroffen sind:

a) Dauer der täglichen Arbeitszeit.

b) Beginn und Ende der täglichen Arbeitszeit.

c) Schichtplan.

d) Lohnsystem.

e) Organisation und Arbeitsleistung.

f) Funktionen, sofern die für die funktionale Mobilität in Art. 39 dieses Gesetzes definierten Grenzen überschritten werden, und wenn die Anwendung der vorgeschlagenen Maßnahmen dazu beiträgt, die Situation des Unternehmens durch eine sinnvollere Organisation seiner Ressourcen, die seine Stellung im Wettbewerb im Markt oder eine bessere Befriedigung der Nachfrage fördert, zu verbessern.

41.2 Die wesentlichen Veränderungen der Arbeitsbedingungen können individuellen oder kollektiven Charakters sein.

... [betrifft Fragen kollektivrechtlicher Art].[849]

41.3 ... [regelt Verfahrens- und Rechtsbehelfsfragen].

41.4 ... [betrifft Fragen kollektivrechtlicher Art].

41.5 Im Zusammenhang mit Versetzungen gelten die spezifischen Bedingungen aus Art. 40 dieses Gesetzes.[850]

(bb.) Im einzelnen zu Art. 41 ET

Zunächst sei darauf hingewiesen, daß es sich bei der Aufzählung um Regelbeispiele handelt; sie erhebt insofern keinen Anspruch auf Vollständigkeit. Der Begriff 'wesentlich' bezieht sich ferner auf die Veränderung als solche und nicht auf den veränderten Zustand.[851] Am Rande sei der Vollständigkeit halber darauf hingewiesen, daß Art. 50.1.a ET dem Arbeitnehmer neben den Rechtsbehelfen aus Art. 41.3 ET ein Kündigungsrecht einräumt, wenn

---

[849]Art. 41 ET: *Modificaciones sustanciales de las condiciones de trabajo* [Auszug]
41.1 La dirección de empresa, cuando existan probadas razones económicas, técnicas, organizativas o de producción, podrá acordar modificaciones sustanciales de las condiciones de trabajo. Tendrán la consideración de modificaciones sustanciales de las condiciones de trabajo, entre otras, las que afecten a las siguientes materias:
a) Jornada de trabajo.
b) Horario.
c) Régimen de trabajo a turnos.
d) Sistema de remuneración.
e) Sistema de trabajo y rendimiento.
f) Funciones, cuando excedan de los límites que para la movilidad funcional prevé el artículo 39 de esta Ley.
Se entenderá que concurren las causas a que se refiere este artículo cuando la adopción de las medidas propuestas contribuya a mejorar la situación de la empresa a través de una más adecuada organización de sus recursos, que favorezca su posición competitiva en el mercado o una mejor respuesta de las exigencias de la demanda.
41.2 Las modificaciones sustanciales de las condiciones de trabajo podrán ser de carácter individual o colectivo.
... [betrifft Fragen kollektivrechtlicher Art].

[850]41.3 ... [regelt Verfahrens- und Rechtsbehelfsfragen].
41.4 ... [betrifft Fragen kollektivrechtlicher Art].
41.5 En materia de traslados se estará a lo dispuesto en las normas específicas establecidas en el artículo 40 de esta Ley.

[851]ALONSO OLEA/CASAS BAAMONDE, S. 367.

wesentliche Veränderungen der Arbeitsbedingungen eintreten, wobei ihm eine Abfindung zusteht, Art. 50.2 ET. Im Hinblick auf die Regelbeispiele sei festgestellt, daß sie nicht nur betroffen sein müssen sondern, daß die Einwirkung wesentlichen Ausmaßes sein muß.[852]

Wesentlich ist die Veränderung, die sowohl im Hinblick auf die betroffene Intensität als auch auf die betroffene Materie tatsächlich oder potentiell schädlich für die Arbeitskraft ist. Die Wesentlichkeit muß unter dem Gesichtspunkt des Schutzes des Arbeitnehmers und der Opfer, die er um der Verbesserung der Situation des Betriebes für das Überleben und der Arbeit in diesem Willen erbringt, betrachtet werden; entscheidend ist dabei der Umfang bzw. die Erheblichkeit der Veränderung.[853] *Wesentlich* ist ferner die Veränderung, die von solcher Natur ist, daß sie die grundlegenden Bedingungen der Arbeitsbeziehung verändert und umgestaltet.[854] Sofern eine wesentliche Veränderung vorliegt, muß jedenfalls einer der besonderen in Art. 41.1 ET aufgezählten Gründe vorliegen.

Um eine wesentliche Veränderung im Sinne des Art. 41.1 ET handelt es sich nicht, wenn ein Wechsel des Betriebes nicht ein Wechsel des Wohnortes impliziert.[855]

Wie bereits angedeutet, ist Art. 41 ET auf die Fälle *funktionaler Mobilität* anwendbar, die die in Art. 39 ET definierten Grenzen überschreiten.[856]

Von Art. 41 ET nicht umfaßt sind Fragen der *Versetzung* nach Art. 40 ET, da diese dort gesondert geregelt sind (vgl. Art. 41.5 ET). Insoweit ist Art. 41 ET trotz wesentlicher Veränderung der Arbeitsbedingungen im Falle einer örtlichen Versetzung grundsätzlich nicht anwendbar.[857] Die Ausnahme besteht - wie erwähnt - dann, wenn der Arbeitnehmer in die Telearbeit i.e.S. 'versetzt' werden soll und ein Umzug nicht erforderlich wird; ein derartiger Fall ist trotz Art. 1.5 ET an Art. 41 ET zu messen.

Nach der hier vertretenen Auffassung ist die Direktionsbefugnis im Falle der Einrichtung eines *Telearbeitsplatzes* durch Art. 41 ET eingeschränkt, da es sich um eine wesentliche Veränderung der Arbeitsbedingung handelt. Zwar wird die Veränderung des Arbeitsortes (Versetzung) grundsätzlich nicht von Art. 41 ET umfaßt, doch die Arbeitsform verändert sich auf erhebliche Art und Weise: die grundlegenden Bedingungen der Arbeitsbeziehungen werden verändert und

---

[852] MONTOYA MELGAR, u.a., Art. 41 ET, S. 191.
[853] Vgl. ALONSO OLEA/CASAS BAAMONDE, S. 367.
[854] MONEREO PÉREZ/CRUZ VILLALON, Art. 41, S. 505.
[855] STS de 12 de febrero de 1990, Ar. 903 (zitiert nach: ALBIOL MONTESINOS u.a., S. 435).
[856] Vgl. auch die Anmerkungen bei MONEREO PÉREZ/CRUZ VILLALON, Art. 41, S. 505.
[857] Vgl. MONEREO PÉREZ/CRUZ VILLALON, Art. 41, S. 504.

umgestaltet. Denn der Arbeitsmodus differiert erheblich, da die Tätigkeit stärker auf Informationsmittel basiert. Weiterhin verändert sich die Kommunikationsweise, da unmittelbare persönliche und soziale Kontakte zu den Mitarbeitern stark reduziert, wenn nicht gar ausgeschlossen werden.

(f.) Zwischenergebnis

Anders als der Art. 40 ET aufgrund seines Titels zunächst annehmen läßt, regelt er die Fälle der Einrichtung eines Telearbeitsplazes nur dann, wenn ein Umzug erforderlich wird. Das wird bei der Versetzung in *Satellitenbüros* häufiger der Fall sein als bei der in *Nachbarschaftsbüros*, die regelmäßig nahe am Wohnort des Arbeitnehmers liegen. Im Falle der Versetzung in die *Telearbeit i.e.S.* gilt Art. 40.1 bzw. 40.4 ET hingegen regelmäßig nicht. Maßstab ist vielmehr Art. 41 ET. Art. 40.1 bzw. 4 ET greifen bei der Versetzung an einen Telearbeitsplatz i.e.S. dann, wenn ausnahmsweise ein Wohnortwechsel erforderlich wird. Bei der Versetzung in die *mobile Telearbeit* greift Art. 40.1 bzw. 4 ET grundsätzlich, wenn ein Wohnortwechsel erforderlich wird.

Art. 39 ET entfaltet seine Wirkungskraft grundsätzlich nicht im Falle der Einrichtung eines Telearbeitsplatzes.[858] Das bedeutet jedoch nicht, daß die Norm nicht anwendbar sein kann. Erst dann müssen die dargelegten Voraussetzungen vorliegen.

Richtet der Arbeitgeber einen Telearbeitsplatz ein, dann liegt ein Fall der *novación contractual* vor, der Arbeitsvertrag muß entsprechend ergänzt und damit geändert werden.[859]

Die Einrichtung eines Telearbeitsplatzes ist grundsätzlich eine substantielle Veränderung der Arbeitsbedingungen. Die in Art. 41.1 ET aufgeführten Gründe müssen für eine einseitige 'Versetzung' durch den Arbeitgeber vorliegen, außer ein Wohnortwechsel wird erforderlich. Eine einvernehmliche 'Versetzung' in den Telearbeitsplatz wird dagegen weder durch Art. 39, 41 noch durch 41 ET begrenzt.

Neben den genannten Möglichkeiten der Einrichtung eines Telearbeitsplatzes ist ferner eine Kündigung des Arbeitnehmers in Verbindung mit einer Neueinstellung unter neuen Bedingungen denkbar.[860]

---

[858] Im Ergebnis ebenso VIDAL BENEYTO, er geht davon aus, daß ein Gericht wohl kaum die Voraussetzungen als gegeben ansieht (zitiert nach PADILLA MELENDEZ, Los flujos, S. 852).

[859] Zur *novación contractual* vgl. DE VAL ARNAL, Acciones e Investigaciones Sociales, Nº 7, marzo 1998, S. 219.

[860] Vgl. VIDAL BENEYTO (zitiert nach PADILLA MELENDEZ, Los flujos, S. 852).

(2.) Selbständige

Selbständigen gegenüber besteht kein arbeitsvertragliches Weisungsrecht. Daher kann der Auftraggeber den Selbständigen grundsätzlich nicht zur Telearbeit verpflichten. Etwas anderes gilt, wenn dies von Beginn an oder im Laufe der vertraglichen Beziehungen vereinbart wird. Gleiches gilt, wenn die Tätigkeit sinnvollerweise nicht in anderer Form als Telearbeit ausgeübt werden kann, etwa wenn der Beauftragte die Kommunikations- oder Computeranlagen aus der Ferne warten soll oder wenn es auf eine schnelle Übertragung von Arbeitsergebnissen ankommt. Letzteres kann etwa der Fall sein, wenn jemand einen sich im Ausland befindlichen Übersetzer den Auftrag erteilt, einen Text zu übersetzen, der per E-Mail versendet werden soll.

In den Fällen, in denen der Auftragnehmer verpflichtet wird, per Telearbeit tätig zu werden, sind die bereits besprochenen Kriterien für die Einordnung eines Arbeitnehmers heranzuziehen, d.h. es ist zu prüfen, ob nicht ein verdecktes Arbeitsverhältnis kraft Direktionsbefugnis vorliegt.

bb. Freiwilligkeit bei Unterbrechung bzw. Beendigung

Nach spanischem Recht erzeugt eine einvernehmliche zeitweise oder vollständige Rückkehr des *Telearbeitnehmers* zum Arbeitsplatz keine rechtlichen Bedenken. Schwieriger gestaltet es sich auch nach spanischem Recht, wenn nur einer der Vertragspartner die Telearbeit unter Fortführung des Arbeitsvertragsverhältnisses zu beenden beabsichtigt und eine Vereinbarung zur Rückkehr zum Betrieb nicht getroffen wurde. Dann ist ebenfalls zu differenzieren:

Arbeitgeber können die Beendigung von Telearbeit zugunsten der Rückkehr in den Betrieb mittels Versetzung oder Änderungskündigung durchsetzen, sofern hierzu die entsprechenden Voraussetzungen vorliegen.[861]

Arbeitnehmern nach spanischem Recht verbleiben dagegen aufgrund der Direktionsbefugnis des Arbeitgebers ebenfalls nur eine Bewerbung auf freie oder frei werdende Stellen.

Die Rechtslage ist nach spanischem Recht dagegen ebenfalls unproblematisch, wenn die Telearbeit *außerhalb des Arbeitsverhältnisses* erfolgt. Denn dann gelten die allgemeinen Regelungen zur Aufhebung der Vertragsbeziehung. Erforderlich ist eine einvernehmliche Regelung über die Aufhebung bzw. Änderung der Arbeitsform.

---

[861] Im Hinblick auf die Versetzung vgl. die Bedingungen in Art. 40 ET, sowie u.U. Art. 41 ET; vgl. die bereits erfolgten diesbezüglichen Ausführungen. Zur Möglichkeit der Änderungskündigung vgl. VIDAL BENEYTO (zitiert nach PADILLA MELENDEZ, Los flujos, S. 852).

b. Informationspflichten

Etwaige Informationspflichten zur Telearbeit waren bisher noch nicht Gegenstand der juristischen Diskussion. Der Arbeitgeber ist jedenfalls verpflichtet, die bereits aufgeführten nach Art. 8.5 ET mitteilungspflichtigen Änderungen schriftlich zu fixieren und weiterzuleiten. Es sei vorliegend auf die dortigen Ausführungen verwiesen. Inwieweit weitere Informationspflichten bestehen, bedarf noch der ausführlichen Diskussion.[862]

2. Durchführung von Telearbeit

a. Pflichten

Auch im spanischen Recht sind die Pflichten abhängig vom Status des Telearbeiters und von den vertraglichen Vereinbarungen. Insoweit gilt das bereits zum deutschen Recht erwähnte.

b. Nebentätigkeiten, Wettbewerbs- und Konkurrenzschutz

Zu unterscheiden sind die rechtlichen Verhältnisse bei Arbeitnehmern von denen der Selbständigen.

Die Generalformulierung zum Wettbewerbsverbot für *Arbeitnehmer* im spanischen Arbeitsrecht findet sich in Art. 5.d ET, die nur verpflichtet, innerhalb der in diesem Gesetz festgelegten zeitlichen Grenzen dem Unternehmen keinen Wettbewerb zu machen.[863] Diese gesetzlichen Grenzen des arbeitsrechtlichen Wettbewerbs sind in Art. 21 geregelt, der mit *vertragliches Wettbewerbsverbot und vertragliche Bindung an den Betrieb* tituliert ist:

21.1 Ein Arbeitnehmer darf nicht für verschiedene Arbeitgeber tätig sein, wenn unlauterer Wettbewerb vorliegt oder wenn innerhalb der vereinbarten Grenzen die volle Hingabe der Arbeitskraft gegen eine ausdrücklich vereinbarte Ausgleichszahlung vertraglich festgelegt wurde.

21.2 Ein Wettbewerbsverbot für die Zeit nach dem Erlöschen des Arbeitsvertrags darf bei Technikern eine Höchstdauer von 2 Jahren und bei allen übrigen Arbeitnehmern eine Höchstdauer von 6 Monaten nicht überschreiten und ist nur dann wirksam, wenn die folgenden Voraussetzungen gleichzeitig erfüllt sind:

---

[862] Vgl. hierzu die Ausführungen oben, Kap. E.I.2.a.dd.

[863] Art. 5 *Deberes laborales*
Los trabajadores tienen como deberes básicos:
...
d) No concurrir con la actividad de la empresa, en los términos fijados en esta Ley.
...

a) der Arbeitgeber hat ein effektives betriebliches oder geschäftliches Interesse an einer solchen Abmachung und

b) der Arbeitnehmer erhält eine angemessene geldwerte Entschädigung.

21.3 Ist die volle Zurverfügungstellung der Arbeitskraft gegen eine Entgelt vorgesehen, so kann der Arbeitnehmer diese Abmachung auflösen und die Freiheit zur Verfügung über seine Arbeitskraft wiedererlangen, wenn er innerhalb einer Frist von 30 Tagen eine entsprechende Erklärung dem Arbeitgeber schriftlich und mitteilt. In diesem Fall verliert er die Entschädigung und andere Rechte, die mit der vollen Hingabe verbunden sind.

21.4 ... [betrifft die Fälle, in denen der Arbeitnehmer auf Kosten des Arbeitgebers eine berufliche Spezialisierung erhalten hat].[864]

Unterschieden wird also zwischen dem Wettbewerbsverbot zu Zeiten des Arbeitsvertrags (Art. 21.1 ET) und dem nach Beendigung der Tätigkeiten des Arbeitnehmers (Art. 21.2 ET).

Sofern das *Arbeitsverhältnis noch besteht*, wird die Pflicht des Arbeitnehmers zur vertragsgemäßen Arbeit durch das grundsätzliche Recht zu Nebentätigkeit bei anderen Arbeitgebern ergänzt; der Arbeitnehmer darf grundsätzlich für verschiedene Arbeitgeber tätig werden. Insoweit gilt gleiches wie in Deutschland. Doch die gleichzeitige Ausübung mehrerer Arbeitsplätze ist ausnahmsweise in den Fällen unzulässig, in denen die Parteien eine entsprechende Exklusivitätsvereinbarung getroffen haben oder aber ein unlauteres Wettbewerbsverhalten vorliegt, Art. 21.1 und 21.3 ET.[865] Unter *unlauterem Wettbewerb* wird die Hingabe zu Arbeitstätigkeiten der gleichen Natur oder des gleichen Produktionsgewerbes verstanden, sofern sie den Arbeitgeber tatsächlich oder potentiell schädigen. Der Arbeitnehmer darf also

---

[864] Art. 21 *Pacto de no concurrencia y de permanencia en la empresa*
21.1 No podrá efectuarse la prestación laboral de un trabajador para diversos empresarios cuando se estime concurrencia desleal o cuando se pacte la plena dedicación mediante compensación económica expresa, en los términos que al efecto se convengan.
21.2 El pacto de no competencia para después de extinguido el contrato de trabajo, que no podrá tener una duración superior a dos años para los técnicos y de seis meses para los demás trabajadores, sólo será válido si concurren los requisitos siguientes:
a) Que el empresario tenga un efectivo interés industrial o comercial en ello, y
b) Que satisfaga al trabajador una compensación económica adecuada.
21.3 En el supuesto de compensación económica por la plena dedicación, el trabajador podrá rescindir el acuerdo y recuperar su libertad de trabajo en otro empleo, comunicándolo por escrito al empresario con un preaviso de treinta días, perdiéndose en este caso la compensación económica u otros derechos vinculados a la plena dedicación.
21.4 ... [especialización profesional].

[865] Vgl. BFAI, S. 13.

nicht für andere tätig werden, wenn es sich um eine konkurrierende Tätigkeit handelt.[866]

Der Arbeitnehmer ist *nach Ablauf des Arbeitsverhältnisses* in der Verwendung seiner Arbeitskraft grundsätzlich nicht mehr beschränkt. Nur ausnahmsweise und unter bestimmten Bedingungen kann ein nachvertragliches Wettbewerbsverbot vereinbart werden, vgl. Art. 21.2 ET.[867]

Die genannten Grundsätze gelten ebenfalls für *Telearbeitnehmer*. Sie können ebenfalls grundsätzlich für mehrere Arbeitgeber tätig werden.

Selbständige Telearbeiter können um so mehr für mehrere Auftraggeber tätig werden. Ausnahmen können vereinbart werden. Hierbei ist zu prüfen, ob darin nicht eine versteckte Direktionsbefugnis oder eine versteckte Eingliederung in den Betrieb zu sehen ist. Dann läge gegebenenfalls ein Arbeitsverhältnis vor.

Selbständigen kann es jedoch im Gegensatz zu Arbeitnehmern ohne die in Art. 21.1 ET bezeichneten Beschränkungen erlaubt sein, für mehrere Auftraggeber tätig zu werden, selbst wenn ein Konkurrenzverhältnis entsteht. Die Grenzen sind jedoch im Einzelfall vom Vertrag abhängig. Etwa können Rechtsanwälte in der gleichen Sache nicht für mehrere direkt miteinander streitende Mandanten tätig werden.[868]

3. Zusammenfassung

Im Gegensatz zum deutschen Arbeitsrecht erleichtert das spanische Arbeitsrecht die funktionelle und örtliche Versetzung von Arbeitnehmern. Diesbezüglich sei auf das bereits oben dargestellte Zwischenergebnis verwiesen.[869]

Im Hinblick auf Informationspflichten bedarf es in der spanischen Literatur noch einer intensiven Erörterung der diesbezüglichen Rechtsfragen.

Der spanische Telearbeitnehmer darf in wettbewerblicher Hinsicht grundsätzlich für andere tätig werden, außer es liegt ein Fall des unlauteren Wettbewerbs vor. Ferner kann unter besonderen in Art. 21.2 ET festgelegten Voraussetzungen ein nachträgliches Wettbewerbsverbot vereinbart werden. Selbständige Telearbeiter dürfen unter Wettbewerbsgesichtspunkten für mehrere tätig werden, sofern anderweitiges nicht vereinbart wurde.

---

[866] ALONSO OLEA/CASAS BAAMONDE, S. 306 f.

[867] BFAI, S. 13.

[868] Auf die einzelnen vertraglichen Modalitäten einzugehen, würde jedoch den Rahmen dieser Arbeit sprengen.

[869] S.o., Kap. E.II.1.a.aa.(1.).(f.).

III. Kontrollbefugnisse

Die rechtlichen Erörterungen zur Telearbeit in Spanien sind noch nicht in stärkerem Maße zu den Kontrollbefugnissen vorgedrungen. Deshalb sei vorliegend versucht, eine Diskussion anzustoßen. Wie im deutschen Recht soll zwischen den Kontrollbefugnissen des Auftraggebers und den des Arbeitgebers zu unterschieden werden.

1. Kontrollbefugnisse des Auftraggebers

Der Selbständige befindet sich auch nach spanischem Recht nicht in einem Subordinationsverhältnis. Weder untersteht er Weisungen des Auftraggebers noch ist er in den Betrieb eingegliedert.[870] Der Auftraggeber ist daher grundsätzlich nur befugt, das Arbeitsergebnis zu überprüfen. Die Kontrolle des Arbeitsplatzes sowie die Kontrolle der Arbeitsergebnisse per IuK-Mittel ist dagegen grundsätzlich ausgeschlossen. Eine Kontrollbefugnis kann jedoch vertraglich vereinbart werden. Doch auch hierbei ist zu berücksichtigen, daß ein verdecktes Arbeitsverhältnis vorliegen kann, wenn eine Unterworfenheit unter die Weisungen des Arbeitgebers oder die Eingliederung in den Betrieb resultiert.[871]

2. Kontrollbefugnisse des Arbeitgebers

Anders als im deutschen Recht sind die Kontrollbefugnisse des Arbeitgebers in Spanien geseztlich fixiert; sie werden in Art. 20.3 und 20.4 ET geregelt:

20.3 Der Unternehmer kann diejenigen Überwachungs- und Kontrollmaßnahmen einführen, die ihm am geeignetesten erscheinen, um so die Erfüllung der Arbeitnehmerpflichten zu überprüfen. Bei der Einführung und Anwendung dieser Maßnahmen muß auf die Menschenwürde des Arbeitnehmers und die realen Möglichkeiten leistungsgeminderter Arbeitnehmer die gebotene Rücksicht genommen werden.[872]

20.4 Der Arbeitgeber kann mit Hilfe einer ärztlichen Untersuchung überprüfen lassen, ob der Arbeitnehmer seiner Behauptung entsprechend krank oder von einem Unfall betroffen ist, um so Fälle des unentschuldigten Fernbleibens vom Arbeitsplatz ermitteln zu können. Lehnt der Arbeitnehmer die genannten Untersuchungen ab, so kann der Arbeitgeber die Erfüllung

---

[870] S.o., Kap. E.I.2.a.

[871] Vgl. hierzu die Erörterungen unter Kap. D.III.1.

[872] El empresario podrá adoptar las medidas que estime más oportunas de vigilancia y control para verificar el cumplimiento por el trabajador de sus obligaciones y deberes laborales, guardando en su adopción y aplicación la consideración debida a su dignidad humana y teniendo en cuenta la capacidad real de los trabajadores disminuidos, en su caso. (Art. 20.3 ET).

etwaiger geldwerter Leistungsansprüche verweigern, die er in solchen Situationen zu erfüllen hätte.[873]

Der Vollständigkeit halber sei festgestellt, daß der Arbeitgeber den Betriebsrat bei der Einrichtung oder Revision von Kontrollsystemen nach Art. 64.1.4.d) ET zu beteiligen hat.

Während Art. 20.3 ET die Befugnis des Arbeitgebers zu Überwachungs- und Kontrollmaßnahmen durch die Rücksicht auf die Achtung der Menschenwürde des Arbeitnehmers begrenzt, beschreibt Art. 20.4 ET eine Situation, in der die Gesundheit betreffene Kontrollbefugnisse ausgeübt werden können.[874] Die Achtung der Menschenwürde des Arbeitnehmers, die aus Art. 20.3 ET als Grenze für sämtliche Kontroll- und Überwachungsformen gilt, wird mit dem Recht auf Vertraulichkeit[875] (im sehr engen Sinne) verknüpft.[876] Bei der Telearbeit ergeben sich im Hinblick auf Art. 20.4 ET keine Besonderheiten.

Zu unterscheiden ist weiterhin die Kontrollbefugnis des Arbeitgebers durch Zugang zur Wohnung des Telearbeitnehmers von der Befugnis, den Telearbeiter per IuK-Mittel zu kontrollieren.

a. Mittels Zugangs zur Arbeitsstätte

Nach wohl herrschender Auffassung ist der nicht vorab arbeits- oder tarifvertraglich vereinbarte Zugang des Arbeitgebers nicht zulässig.[877] Selbst im Falle einer ihn erlaubenden Vereinbarung soll nach einer Auffassung eine *Zugangsbefugnis* zur Wohnung des Telearbeiters nur bestehen, wenn eine vorherige Mitteilung des bevorstehenden Besuchs erfolgt ist oder wenn sie nicht zu dem Zweck erfolgt, die Arbeitsbedingungen zu untersuchen.[878] Dieser wird sich hier angeschlossen, weil die Privatsphäre des Arbeitnehmers sonst in unzumutbarer Weise beeinträchtigt wird.

---

[873]El empresario podrá verificar el estado de enfermedad o accidente del trabajador que sea alegado por éste para justificar sus faltas de asistencia al trabajo, mediante reconocimiento a cargo de personal médico. La negativa del trabajador a dichos reconocimientos podrá determinar la suspención de los derechos económicos que pudieran existir a cargo del empresario por dichas situaciones. (Art. 20.4 ET).

[874]MONEREO PÉREZ/RIVERO LAMAS, Art. 2, S. 309.

[875]*Intimidad*.

[876]Vgl. MONEREO PÉREZ/RIVERO LAMAS, Art. 2, S. 310.

[877]Vgl. ESCUDERO RODRÍGUEZ, S. 69; VIDAL BENEYTO (zitiert nach PADILLA MELENDEZ, Los flujos, S. 853); nach FERNÁNDEZ ORRICO (El uso del teletrabajo, S. 10) ist die Kontrolle durch Mitarbeiter der Arbeits-und Gesundheitsbehörden (*inspectores de trabajo* / Arbeitsinspektoren) am Wohnort nicht zulässig; sie bedürfen einer gerichtliche Genehmigung.

[878]So ESCUDERO RODRÍGUEZ, S. 69.

Die Auffassungen in Spanien stehen im Gegensatz zur in Deutschland teilweise vertretenen, die zum Ergebnis gelangen, daß bereits mit der Einführung des Telearbeitsplatzes konkludent eine Zugangsberechtigung vereinbart werde.[879] Nach hier vertretener Auffassung sollen konkludente Zugangsvereinbarungen auch nach spanischem Recht im Einzefall zu prüfen sein und nicht in jedem Falle bei der Einigung über die Einrichtung eines Telearbeitsplatzes vorliegen.

b. Mittels IuK-Mittel

Die Beschränkung der Kontrolle per IuK-Mittel ergibt sich auch aus den in Art. 20.3 ET festgelegten Grundsätzen,[880] und zwar bezüglich der technischen Geräte wie auch der Programme.[881]

Bereits im Betrieb i.e.S. ist die Einrichtung von Überwachungskameras in den Bereichen, in denen vertrauliche (intime) Sphären oder das private Leben der Arbeitnehmer sich entfaltet, verboten. Dies gilt etwa für Umkleidekabinen, Toiletten, Ruheräume und Eßzimmer. Ferner ist auch die Aufnahme von Gesprächen der Arbeitskräfte verboten.[882] Gleiches gilt für *Telearbeitsplätze*.

Nach PÉREZ DE LOS COBOS ORIHUEL ist bereits im Rahmen herkömmlicher Arbeitsplätze die 'Ley de Protección civil del derecho al honor, a la intimidad personal y familiar y a la propia imagen' anwendbar (Gesetz über den zivilrechtlichen Schutz des Rechts auf Ehre, auf persönliche und familiäre Vertraulichkeit und am eigenen Bild). Sie greift ergänzend zu Art. 20.3 ET im Arbeitsrecht und verbietet die Anwendung jedweden Mediums, zur Aufzeichnung der privaten Sphäre von Dritten.[883]

Legitim ist die Kontrolle, die sich ausschließlich auf die Arbeitsausführung bezieht. Problematisch sind dagegen die Kontrollen per IuK-Mittel, die die Ansammlung von Daten ermöglichen, welche Rückschlüsse auf die jeweiligen Tätigkeiten zulassen. Es ist dabei zu unterscheiden, ob es sich um Komponenten handelt, die für die Tätigkeit erforderlich sind oder nicht. Handelt es sich um nicht erforderliche Nebenkomponenten, dann liegt ein Verstoß gegen Art. 20.3 ET vor; die Kontrollmittel sind nicht von der Direktionsbefugnis des Arbeitgebers umfaßt. Ist es dagegen eine für die Tätigkeiten erforderliche Komponente und bestehen Gründe organisatorischer und produktiver Art für ihren Einsatz, dann ist die Anwendung rechtmäßig.[884]

---

[879] S.o., Kap. D.III.2.

[880] Vgl. OLIVER (S. 17), nach dem die Normen den Arbeitnehmer vor Kontrollmechanismen schützt.

[881] ESCUDERO RODRÍGUEZ, S. 70.

[882] MONEREO PÉREZ/RIVERO LAMAS, Art. 2, S. 310.

[883] PÉREZ DE LOS COBOS ORIHUEL, S. 91.

[884] Vgl. PÉREZ DE LOS COBOS ORIHUEL, S. 91 f.

Ferner ist die Sammlung von Daten persönlicher Art, die sich auf die 'rassenmäßige Herkunft', die politische Meinung, die religöse und andere Überzeugungen bezieht, rechtswidrig.[885]

3. Ergebnis

Die Kontrollbefugnisse gegenüber Telearbeitern hängen nach spanischem Recht ebenfalls zunächst vom Status ab. Selbständige können grundsätzlich nicht kontrolliert werden. Die Arbeitgeber haben zu den Wohnungen der Telearbeitnehmer ohne entsprechende vertragliche Vereinbarung keinen Zugang. Eine konkludente Vereinbarung zum Zugang aufgrund der Vereinbarung zur Einrichtung des Telearbeitsplatzes wird nicht angenommen. Selbst im Falle einer den Zugang gestattenden Vereinbarung greift die Befugnis nicht, wenn der Besuch nicht angekündigt wurde oder wenn er nicht dem Zweck dient, die Arbeitsbedingungen zu überprüfen. Weiter sind Kontrollen des Arbeitnehmers per IuK-Mittel begrenzt. Sie sind grundsätzlich nur erlaubt, wenn sich aus den über den Arbeitsproszeß gesammelten Daten keine Rückschlüsse auf die Privatsphäre des Arbeitnehmers ziehen lassen.

IV. Sonstige Rechtsfragen

1. Exkurs: *Comité de empresa* und *delegados de personal*: aktives und passives Wahlrecht

Neben dem *comité de empresa*, der als Betriebsrat zu bezeichnen ist, kennt das spanische Arbeitsrecht auch die sogenannten *delegados de personal*, die ähnliche Funktionen ausüben und als Personaldelegierte zu übersetzen sind. Deren Aufgaben und Tätigkeitsgebiete ergeben sich aus den rechtlichen Bestimmungen des Arbeitnehmerstatuts (ET). Es sei im Hinblick auf diese nur festgestellt, daß die Rechte der Betriebsvertretung kaum über bloße Informationsbefugnisse hinausgehen. So hat das zentrale Arbeitsgericht, der *Tribunal Central de Trabajo*, entschieden, daß es zu den Rechten des Betriebsrates gehört, die von ihm Vertretenen über alle Themen und Rechtsfragen dieser Regelungen zu informieren, sofern sie direkt oder indirekt mit den Arbeitsbeziehungen in Verbindung stehen.[886]

Von Bedeutung sind hier jedoch Fragen des aktiven und passiven Wahlrechts im Hinblick auf die Betriebsvertretungen in Spanien, die sich in Zusammenhang mit der Telearbeit ergeben. Betroffen sind bei den Erörterungen sowohl die Wahlen zum *comité de empresa* als auch die zum *delegado de personal*.

---

[885] PÉREZ DE LOS COBOS ORIHUEL, S. 92.

[886] VGL. A DOMEIT/FRÜHBECK, S. 136 f.; s.a. STCT 4.5. 1987, Ar. 17.732.

a. Aktives Wahlrecht

Aktives Wahlrecht genießen die Arbeitnehmer, die älter als 16 Jahre sind und mindestens ein Monat im Unternehmen beschäftigt sind, Art. 69.2 ET.[887] Festangestellte und Saisonarbeiter dürfen sich an der Wahl beteiligen. Ferner steht mobilen Arbeitskräften unter den genannten Voraussetzungen aktives Wahlrecht zu, denn Art. 69.2 ET bezieht die zeitliche Bedingung nicht etwa auf die Zugehörigkeit zum Betrieb i.e.S. (*centro de trabajo*), sondern auf die zum Unternehmen (*empresa*).[888] Gewählt wird in zwei Kollegien (*colegios*).[889]

Telearbeiternehmer sind ebenfalls aktiv wahlberechtigt. Dies ergibt sich aus der Tatsache, daß es sich bei ihnen um Arbeitnehmer handelt, denen der Wortlaut der Art. 61, 69.1 und 69.2 ET das Recht zur Wahl einräumt. Weiter berechtigt Art. 61 ET die Arbeitnehmer zur Teilnahme am Betrieb über die oben genannten Vertretungsorgane.[890] Sie sind ferner mit den mobilen Arbeitskräften vergleichbar, die ebenfalls wahlberechtigt sind; der arbeitsrechtliche Gleichberechtigungsgrundsatz kommt hier zum tragen.[891]

b. Passives Wahlrecht

Wählbar sind die Arbeitnehmer, die älter als 18 Jahre und zumindestens sechs Monate im Unternehmen sind, sofern sie in dem entsprechend zu wählenden Kollegium aufgestellt sind, Art. 69.2 ET.[892] Auch im Zusammenhang mit dem passiven Wahlrecht knüpft das Gesetz an die Angehörigkeit zum Unternehmen und nicht zum Betrieb i.e.S. an. Das bedeutet, daß auch mobile, außerhalb der

---

[887] Art. 69.2 ET: Serán electores todos los trabajadores de la empresa o centro de trabajo mayores de dieciséis años y con una antigüedad en la empresa de, al menos, un mes, y eligibles los trabajadores que tengan dieciocho años cumplidos y una antigüedad en la empresa de, al menos, seis meses, salvo en aquellas actividades en que, por movilidad de personal, se pacte en convenio colectivo un plazo inferior, con el límite mínimo de tres meses de antigüedad...
(Art. 69.2 ET: Das aktive Wahlrecht steht allen im Unternehmen oder Betrieb seit mindestens einem Monat beschäftigten Arbeitnehmern zu. Wählbar sind alle beschäftigten Arbeitnehmer, die das 18. Lebensjahr vollendet haben und im Unternehmen seit wenigstens 6 Monaten beschäftigt sind. Ausnahmsweise kann in den Aktivitäten mit höherer Mobilität durch Kollektivvertrag eine kürzere Frist vorgesehen werden, die jedoch drei Monate nicht unterschreiten darf...)

[888] MONEREO PÉREZ/RODRÍGUEZ RAMOS, Art. 69, S. 787.

[889] Die Bedeutung der Kollegien kann im Hinblick auf die Telearbeit außer acht gelassen werden.

[890] Art. 61 ET: *Participación*
De conformidad con lo dispuesto en el artículo 4 de esta Ley y sin perjuicio de otras formas de participación, los trabajadores tienen derecho a participar en la empresa a través de los órganos de representación regulados en este Título.

[891] Zur Begründung wird im übrigen auf die zur deutschen Rechtslage getroffenen Aussagen verwiesen, s.o., Kap. D.IV.1.a.

[892] Vgl. ALONSO OLEA/CASAS BAAMONDE, S. 179.

räumlichen Einheit tätige Arbeitnehmer wählbar sein müssen; der arbeitsrechtliche Gleichbehandlungsgrundsatz muß auch hier gelten.[893] *Teleareiter* sind vor diesem Hintergrund ebenfalls wählbar, sofern sie die zuvor genannten Kriterien erfüllen.[894]

Ein Mitglied der Betriebsvertretung muß sein Amt bei Aufnahme von Telearbeitstätigkeiten nicht aufgeben. Zur Vermeidung von Wiederholungen sei auf die soeben sowie auf die zu deutschen Rechtsfragen aufgeführte Argumentation verwiesen.[895] Dennoch sind die bereits gewählten Betriebsvertreter durch Art. 40.5 ET stärker gegen Maßnahmen der örtliche Mobilität geschützt, sofern ein Umzug erforderlich wird.[896] Demnach sind die gesetzlichen Interessenvertreter der Arbeitnehmer vorrangig an den bisherigen Arbeitsplätzen zu beschäftigen.[897]

2. Zwischenergebnis

Auch nach spanischer Rechtslage können *Telearbeiter* an den Wahlen zum *comité de empresa* bzw. zum *delegado de personal* stimmberechtigt teilnehmen, sofern sie die allgemeinen sich aus Art. 69.1 und 69.2 ET ergebenden Voraussetzungen erfüllen. Sie sind ferner - ebenfalls unter den sich daraus ergebenden Vorrassetzungen - für beide Ämter wählbar.

V. Ergebnis

In Spanien können Telearbeiter als Arbeitnehmer und als Selbständige tätig werden; die Kategorie Arbeitnehmerähnliche ist dem spanischen Recht nicht bekannt. Weiter sind auch die für klassische Arbeitskräfte im spanischen Recht eingreifenden Unterscheidungskriterien regelmäßig anwendbar. Im Hinblick auf die Weisungsbefugnis und auf die Eingliederung in den Betrieb ergeben sich aufgrund der Ferne vom Betrieb i.e.S. Besonderheiten, die ebenfalls zum Teil mit den neuen Instrumentarien *informationelle Weisungsgebundenheit* und *informationelle Eingliederung* zu lösen sind; sie sind mit *dirección informática* bzw. mit *integración informática* zu übersetzen.

Auch nach spanischem Recht gilt im Hinblick auf die Telearbeit grundsätzlich das Prinzip der Freiwilligkeit. Sowohl Auftrag- bzw. Arbeitgeber als auch Selbständige bzw. Arbeitnehmer müssen mit der Einführung der Telearbeit

---

[893] Insoweit sei auf die Ausführungen zum aktiven Wahlrecht verwiesen, s.o., Kap. E.IV.1.a.

[894] Zur Begründung wird ferner auf die zur deutschen Rechtslage getroffenen Aussagen verwiesen, s.o., Kap. D.IV.1.b.

[895] S. im vorhergehenden Absatz und vgl. Kap. D.IV.1.b.

[896] Zur geographischen Mobilidad s.o., Kap. E.II.1.a.aa.(1.).(a.).

[897] Art. 40.5 ET: Los representantes legales de los trabajadores tendrán prioridad de permanencia en los puestos de trabajo a que se refiere este artículo.

einverstanden sein. Auftrag- bzw. Arbeitgeber stehen jedoch vertragsändernde Mittel zur Disposition.

Im Hinblick auf Informationspflichten besteht in Spanien noch Diskussionsbedarf. Nebentätigkeiten sind für Telearbeitnehmer sowie für selbständige Telearbeiter grundsätzlich zulässig; bei Arbeitnehmern sofern kein unlauterer Wettbewerb erfolgt. In Wettbewerbsschutzfragen ergeben sich gegenüber den klassischen Arbeitnehmern also keine Besonderheiten.

Kontrollbefugnisse stehen auch nach spanischem Recht den Arbeit- und Auftraggebern vor allem im Hinblick auf das Arbeitsergebnis zu. Dagegen ist die persönliche Kontrolle der Wohnung des Telearbeiters durch den Arbeit- oder Auftraggeber bzw. deren Vertreter ausgeschlossen, sofern anderweitiges nicht vertraglich vereinbart wurde. In Spanien wird die Auffassung vertreten, daß eine Besichtigung der Wohnung nur zu dem Zweck der Überprüfung der Arbeitsbedingungen und nur nach vorheriger Ankündigung erfolgen darf. In der bloßen Vereinbarung, daß der Telearbeitsplatz eingerichtet wird, ist nach einhelliger Auffassung auch nach spanischem Recht keine konkludente zu sehen, die den Arbeit- oder Auftraggeber dazu ermächtigt, eine persönliche Kontrolle der Wohnung des Telearbeiters vorzunehmen oder sich bei dieser vertreten zu lassen. Die Frage, ob eine derartige Vereinbarung vorliegt, hängt auch nach spanischem Recht von den Umständen des Einzelfalls ab. Kontrollen über IuK-Mittel sind begrenzt durch die Menschenwürde des Arbeitnehmers. Aufzeichnungen jeglicher Art sind durch die *intimidad* begrenzt. Daten dürfen dann nicht gespeichert werden, wenn sie sich auf die 'rassenmäßige Herkunft', die politische Meinung sowie die religöse und andere Überzeugungen beziehen. Problematisch sind die IuK-Kontrollen, die sich auf die Arbeitsausführung beziehen. Sie sind dann legitim, wenn sie sich ausschließlich auf die Arbeitsausführung bezieht. Dies gilt jedoch dann nur eingeschränkt, wenn sie die Ansammlung von Daten ermöglicht, welche Rückschlüsse auf die jeweiligen Tätigkeiten zuläßt. Dabei ist zu unterscheiden, ob es sich um Komponenten handelt, die für die Tätigkeit erforderlich sind oder nicht. Handelt es sich um nicht erforderliche Nebenkomponenten, dann sind die Kontrollmittel nicht von der Direktionsbefugnis des Arbeitgebers umfaßt. Ist es dagegen eine für die Tätigkeiten erforderliche Komponente und bestehen Gründe organisatorischer und produktiver Art für ihren Einsatz, dann ist die Anwendung rechtmäßig. In jedem Fall ist die Sammlung von Daten persönlicher Art, die sich auf die 'rassenmäßige Herkunft', die politische Meinung, die religöse und andere Überzeugungen bezieht, rechtswidrig.

Telearbeitnehmer sind unter den allgemeinen Voraussetzungen aktiv und passiv zur Betriebsvertretung wahlberechtigt.

F. Europäische Rechtsaspekte der Telearbeit

Das Arbeitsrecht und die anderen im Rahmen der vorliegenden Arbeit untersuchten Rechtsbereiche unterliegen dem nationalen Recht der jeweils betroffenen Einzelstaaten. Wie bereits mehrfach angedeutet, besteht in den einzelnen Staaten der Europäischen Union wie in der EU in der Regel kein spezifisches Telearbeitsrecht.[898] Vor diesem Hintergrund stellen sich eine Reihe verschiedener Fragen: Wie verhält es sich mit der arbeitsrechtlichen Einordnung der Telearbeiter sowie mit deren Kontrolle in anderen europäischen Staaten? Besteht ein Regulierungserfordernis der innereuropäischen Telearbeit? Der Umfang der Probleme läßt nachfolgend nur eine kurze Skizze zu.

I. Arbeitsrechtliche Einordnung des Telearbeiters

Die Telearbeit wird in Europa überwiegend als Arbeitsform und nicht als besonderer Status angesehen; in den meisten Staaten stellt sich ebenso wie in Deutschland und Spanien primär die Frage nach dem jeweiligen Status des Telearbeiters. Auch dort kann er Arbeitnehmer, und Selbständiger sein; in einigen der Staaten auch 'Heimarbeiter'.[899] Doch trotz der zunehmenden Harmonisierung des Arbeitsrechts der Staaten der Europäischen Union bestehen - teilweise bedeutende - Unterschiede.[900]

Da in den Staaten der Europäischen Union keine spezifischen Regelungen zur Telearbeit vorhanden sind, ist es auch hier erforderlich, das geltende nationale Recht jeweils auszulegen.[901]

Wie besprochen wird auf europäischer Ebene angenommen, daß Telearbeiter in den Mitgliedstaaten sowohl Angestellte als auch Freischaffende[902] oder freie Mitarbeiter sein können.[903] Die für die Rechtstellung der Telearbeiter eminent wichtige Einordnung der Telearbeiter in Europa als Arbeitnehmer oder als Selbständige hängt auch in den anderen Mitgliedstaaten regelmäßig davon ab, ob ein Unterordnungsverhältnis besteht, ob der Tätige wirtschaftlich unabhängig ist, wer die Arbeit und die Arbeitszeit festlegt, wer das unternehmerische Risiko

---

[898] EC/JOHNSTON, S. 42 u. 53; SAGARDOY DE SIMÓN, RMTAS - Economía y sociología, Nº 11, 1998, S. 33. Nur am Rande sei festgestellt, daß Telearbeit in keinem der Mitgliedstaaten und auch nicht aufgrund des EU-Rechts ausdrücklich verboten ist (EC/JOHNSTON, S. 66.).

[899] Vgl. bspw. in *Frankreich*: RAY, DROIT SOCIAL 1996, Nº 2, S. 123 ff.; BALLARIN/BELIËN, Revue du Travail, 1995, Nº 20, S. 8 ff.; RAY, DROIT SOCIAL 1996, Nº 4, S. 351 ff.; RAY, problèmes economiques 1996, Nº 2.477, S. 13 ff.; in *Finnland*: HEIKKILÄ, Labour Legislation, S. 2 f.

[900] EC/JOHNSTON, S. 47.

[901] EC/JOHNSTON, S. 42.

[902] Sog. 'freelance teleworker', vgl. DIETL/MOSS/LORENZ, I, S. 333.

[903] EC/JOHNSTON, S. 21; EC/HUWS, S. 12 ff.

trägt und ob die Übermittlung der Informationen per online- oder per offline-Verbindung erfolgt.[904]

Die Anwendung der einzelnen Kriterien und ihre Gewichtung variiert von Mitgliedsland zu Mitgliedsland.[905] Hierdurch können besonders bei grenzüberschreitender Telearbeit große Unsicherheiten entstehen, denn bei multinational tätigen Unternehmen kann es vorkommen, daß Arbeitskräfte trotz identischer Arbeitsbedingungen und Aufgabenbereiche unterschiedlich einzustufen sind, nur weil sie in einem anderen Staat tätig sind.

Hinsichtlich der Frage, welcher Status vorherrscht, wird häufig in Abhängigkeit von der zugehörigen Unterform differenziert:

- Telearbeiter, die *zu Hause tätig* sind, können (privat und öffentlich-rechtlich) angestellt und selbständig sein. Wie bereits kurz angedeutet, können sie in einigen der europäischen Staaten 'Heimarbeiter' im Sinne eines Heimarbeitgesetzes sein, sofern dies besonders geregelt ist.[906] Innerhalb der Europäischen Union weist das Arbeitsrecht Deutschlands, Spaniens, Frankreichs, Portugals, Italiens und Österreichs eigene Gesetze und Normen für Heimarbeiter auf.[907] Die Rechtsstellung der Heimarbeiter liegt oft zwischen der der Angestellten und der der Selbständigen, sie kann jedoch je nach Rechtsordnung den Arbeitnehmern oder den Selbständigen zugewiesen sein.[908] Doch die Tatsache, daß eine Arbeitskraft nur zu Hause beschäftigt ist, besagt allein noch nicht, daß es sich in rechtlicher Hinsicht um einen Heimarbeiter handelt.[909] Ähnlich wie in Spanien sind in Frankreich und Portugal zu Hause arbeitende Telearbeiter dann Angestellte und nicht Heimarbeiter im Sinne der dortigen Statuten, wenn ein rechtliches Unterordnungsverhältnis besteht.[910] Insoweit sorgt die Bezeichnung des in den oben genannten Staaten vorhandenen Heimarbeitsrecht auch in anderen Mitgliedstaaten für Verwirrung, da es nicht notwendigerweise auf ausschließliche Telearbeit anwendbar sein muß.

- Telearbeiter in *Satellitenbüros* sind nach JOHNSTON in der Europäischen Union Angestellte eines und desselben Unternehmens.[911] Auch nach RODER

---

[904]EC/RODER, S. 84.

[905]EC/RODER, S. 84; bspw. ist wie sich an anderer Stelle gezeigt hat, die Frage, ob eine online- oder eine offline-Verbindung vorliegt, in den Diskussionen zum deutschen Recht nur noch von historischer, in Spanien dagegen (noch) von aktueller Bedeutung.

[906]EC/JOHNSTON, S. 22.

[907]In Deutschland das besprochene HAG; in Spanien Art. 13 ET; vgl. ferner EC/RODER, S. 85; EC/JOHNSTON, S. 39.

[908]EC/JOHNSTON, S. 39.

[909]EC/JOHNSTON, S. 39.

[910]EC/JOHNSTON, S. 39.

[911]EC/JOHNSTON, S. 22.

ist die Arbeit in Satelllitenbüros nach den einzelnen nationalstaatlichen Regelungen in der Regel als die eines Angestellten zu beurteilen.[912]

- Arbeitskräfte in *Telezentren* können dagegen Selbständige ('self-contractors') oder Angestellte sein.[913]

Als problematisch haben sich in den Mitgliedstaaten die Fälle herausgestellt, in denen die Arbeit- bzw. Auftraggeber die Telearbeiter, die nach der Rechtslage als Arbeitnehmer einzustufen wären, im Vertrag als Selbständige bezeichnet wurden, um Arbeitgeberpflichten wie die Entrichtung von Sozialabgaben zu umgehen.[914]

Nebenbei sei angemerkt, daß es in Frankreich, Belgien und Portugal Arbeitskräften des öffentlichen Dienstes noch bis 1994 untersagt war, Telearbeit zu leisten, denn der Geist der Regelungen des öffentlichen Dienstes erlaubte nicht, Arbeit zu Hause zu verrichten.[915]

II. Kontrollbefugnisse

In verschiedenen europäischen Staaten stellt sich die Frage, inwieweit es (staatlichen und sonstigen) Organisationen erlaubt ist, die Wohnung des Telearbeiters zu kontrollieren. In allen Staaten der Europäischen Union wird die Unverletzlichkeit der Wohnung garantiert. Daraus ergeben sich teilweise Kollisionen mit dem Recht des Arbeitgebers bzw. der staatlichen Einrichtungen, die Arbeit bzw. Arbeitsbedingungen der Arbeitskraft zu kontrollieren.[916]

Auch die Reichweite der Kontrollbefugnisse per IuK-Mittel wird in den Mitgliedstaaten teils intensiv diskutiert. Sie sind in unterschiedlichem Maße beschränkt.[917]

III. Zum Regulierungserfordernis der innereuropäischen Telearbeit

In der Literatur wird bemängelt, daß es aufgrund der Komplexität, der Reichweite und der Tiefe der für die Flexibilisierung erforderlichen Änderungen der Arbeitsgesetzgebungen kurzfristig nicht möglich sein wird, eine zufriedenstellende transnationale Gesetzgebung zu schaffen, die dem Telearbeiter ermöglicht, seine Aktivitäten ohne geographische Grenzen

---

912 EC/RODER, S. 85.

913 Vgl. EC/JOHNSTON, S. 22. Zwar erklärt er nicht ausdrücklich, daß die Arbeitskräfte Angestellte sind, dies ergibt sich jedoch aus dem Kontext; vgl. auch EC/RODER, S. 85.

914 EC/RODER, S. 85.

915 EC/JOHNSTON, S. 16 u. 42.

916 EC/JOHNSTON, S. 40.

917 EC/JOHNSTON, S. 40.

auszuüben.[918] Die derzeitige Heterogenität und Komplexität der Gesetze und Regulierungen im Bereich des Arbeitsrechts, des Sozialrechts und des Steuerrechts wirke als großes Hemmnis gegen die Einführung übernationaler Telearbeit. Insoweit wird jedenfalls innerhalb der EU eine Harmonisierung des die Telearbeit betreffenden Rechts mittels Direktiven gefordert.[919] So wird insbesondere angestrebt, Arbeitssicherheitsstandards, die Bestandteil des europäischen Arbeitsrechts geworden sind, zu festigen. Eine solche Harmonisierung würde Grenzen aufrechterhalten, denen ein möglicherweise gesunder protektionistischer Nebeneffekt zukäme, der kurzfristig die Auslagerung von weniger qualifizierten Telearbeitsplätzen außerhalb der Grenzen der EU verhindern würde.[920]

Auch nach RODER soll die Telearbeit reguliert werden. Um unerwünschte soziale Folgen und Unterschiede bei grenzüberschreitender Telearbeit zu vermeiden, sei nach seiner Auffassung eine Regelung zur Schaffung homogener und geeigneter Unterscheidungskriterien in den einzelnen Mitgliedsstaaten der Europäischen Union unerläßlich.[921]

Es ist jedoch zweifelhaft, ob der Nichteinhaltung solcher Normen durch effektive Kontrolle Einhalt geboten werden könnte. Könnte die Tätigkeit von Telearbeit außerhalb Europas entsprechend vom Staat kontrolliert werden? Wer garantiert, daß bei der Vergabe von Aufträgen jenseits der nationalen wie auch der EU-Grenzen die Arbeitssicherheitskriterien eingehalten werden? Diese Fragen sollen und können an dieser Stelle nicht beantwortet werden, sollen jedoch einerseits einen Ausblick geben auf die Komplexität der Materie und andererseits warnen vor einer zu engen innereuropäischen Diskussion, die nicht berücksichtigt, daß im Hinblick auf die Telearbeit kein wesentlicher Unterschied besteht, ob die Arbeitskraft, die für ein deutsches Unternehmen tätig wird, in Spanien also in der EU oder in Venezuela und damit außerhalb des Zugriffs des 'europäischen' Rechts arbeitet.

Ob angesichts der übermäßigen Regulierung inzwischen beinahe aller Lebensbereichen auch im Bereich der Telearbeit neue Normen geschaffen werden sollten, bedarf noch einer intensiven und umfangreichen Diskussion. Festzuhalten ist vorab, daß eine von jeglicher Systematik entkleidete Regelung der besonderen Rechtsverhältnisse der Telearbeit abzulehnen ist. Ohne eine entsprechende systematisch strukturierte und einheitliche Normierung des Arbeitsrechts in der Europäischen Union sollten Rechtsfragen des Telearbeiters

---

[918] Vgl. bspw. ORTIZ CHAPARRO, Sociedad y Utopia - Informática y Sociedad, 1997, № 9, S. 108.

[919] KORTE/WYNNE, Telework, S. 105 f.

[920] Vgl. KORTE/WYNNE, Telework, S. 106.

[921] EC/RODER, S. 86; JOHNSTON, ALFOZ, 1994, № 109, S. 80; dgl. Legal, S. 16 f.; s. auch ORTIZ CHAPARRO, Sociedad y Utopia - Informática y Sociedad, 1997, № 9, S. 108.

nicht geregelt werden. Nur so kann vermieden werden, daß durch die Vermischung des europäischen Rechts mit den jeweiligen Normen eine konfuse und wenig überschaubare und damit uneffektive und wirtschaftshemmende Rechtslage entsteht. Bereits heute treten bei der Umsetzung von Urteilen des EuGH in nationales Recht vergleichbare Probleme auf.

G. Grenzüberschreitende Aspekte der Telearbeit

Wie bereits erwähnt, wird grenzüberschreitende Telearbeit in Spanien häufig als *teletrabajo transfronterizo* oder als *teletrabajo off shore* bezeichnet.[922] Grenzüberschreitende Telearbeit stellt die Beteiligten vor drei wesentliche Fragenkomplexe. Zunächst stellen sich die Fragen der Aufenthaltsbefugnisse und der Zulässigkeit der Tätigkeit von Personen, die in Spanien oder Deutschland nicht der jeweiligen Nationalität angehören. Darf ein Spanier sich in Deutschland aufhalten und dort beruflich tätig werden? Wie gestaltet sich die Rechtslage im umgekehrten Fall? Ferner stellt die grenzüberschreitende Telearbeit die Beteiligten vor die Frage nach der Anwendbarkeit der Rechts. In der Regel bestehen große Unsicherheiten hinsichtlich der Frage, welches Recht bei internationaler Telearbeit anwendbar ist. Dies ergibt sich einerseits aufgrund der Tatsache, daß die jeweiligen arbeitsrechtlichen Normen der Mitgliedstaaten nicht explizit die Telearbeit regeln und insoweit bereits schwer zu ermitteln ist, wie Rechtsfragen bei innernationaler Telearbeit zu bewerten sind. Andererseits potenzieren sich die Unsicherheiten, wenn die Arbeitskraft und der Arbeit- bzw. Auftraggeber sich in unterschiedlichen Staaten befinden.[923] Und zuletzt wird kurz auf die betriebsinterne Befugnis von spanischen bzw. deutschen Unternehmen eingegangen, Mitarbeiter nach Deutschland bzw. Spanien zu versetzen. Im Rahmen der nachfolgenden Erörterungen werden wie bislang regelmäßig nur individualrechtliche Fragen behandelt.[924]

Neben den genannten Rechtsproblemen zwischenstaatlicher Art bestehen noch weitere innerhalb Europas. In einigen Staaten gibt es etwa Hindernisse gegen die Einführung von grenzüberschreitender Telearbeit. Beispielsweise muß ein ausländischer Arbeitgeber, der in Portugal einen portugiesischen Telearbeiter anstellen möchte, mindestens einen Vertreter in Portugal selbst haben.[925]

Im Hinblick auf *Telearbeit* gelten mangels einer spezielleren Regelung die allgemeinen Grundsätze; es muß also nicht gesondert auf telearbeitsspezifische Fragen eingegangen werden. Da Telearbeit grenzüberschreitende Arbeit erleichtert und damit mittelfristig fördern wird, werden die in diesem Kapitel besprochenen Rechtsfragen von größerer Bedeutung sein als bisher.

I. Freizügigkeit und Arbeitsbefugnis

Die Regelungen zur Freizügigkeit und zur Arbeitsbefugnis sind aufgrund von Regelungen der EWG, der EG bzw. der EU in den wesentlichen Grundzügen

---

[922] Vgl. bspw. THIBAULT ARANDA, RMTAS - Economía y sociología, Nº 11, 1998, S. 106.
[923] EC/JOHNSTON, S. 66.
[924] Zu Fragen kollektivrechtlicher Art existieren wenige Abhandlungen. Mit ihnen hat sich etwa COLLARDIN, S. 200 ff. auseinandergesetzt.
[925] EC/JOHNSTON, S. 39.

angeglichen worden. Nachfolgend werden zunächst gemeinsame Vorschriften, später nationale Regelungen kurz skizziert.

Die Rechtsordnungen der zu untersuchenden Staaten variieren im Hinblick auf die Zulässigkeit von Aufenthalt und Arbeit von Personen, die Angehörige von Drittstaaten sind, erheblich; teilweise unterfallen Angehörige bestimmter Nationen besonderen Kriterien. Dies gilt etwa für Bürger von ehemaligen Kolonien Spaniens, die im Hinblick auf die Arbeits- und Aufenthaltsbefugnis besondere Privilegien genießen. Im Rahmen der vorliegenden Arbeit interessieren nur die Fragen, die Deutsche und Spanier betreffen; grundsätzlich werden also nur diese focussiert.

1. Freizügigkeit und Arbeitsbefugnis in Europa

Zu differenzieren ist zwischen den sich im Arbeitsverhältnis befindlichen und den selbständigen erwerbstätigen Personen.

a. Arbeitnehmer

Die Freizügigkeit von *Arbeitnehmern* innerhalb der Europäischen Gemeinschaft ist in einer Vielzahl von europäischen Verträgen, Normen und nationalen Transformationsgesetzen bzw. Ausführungsvorschriften festgelegt worden. Grundlage waren die Art. 48 - 51 des Vertrages zur Gründung der Europäischen Gemeinschaft (EG-Vertrag), in denen vereinbart wurde, daß die Freizügigkeit der Arbeitnehmer innerhalb der bis zum Ende des Jahres 1969 geltenden Übergangszeit herzustellen sei, Art. 48 I.[926] Ferner wurde festgelgt, daß die Freizügigkeit die Abschaffung jeder auf der Staatsangehörigkeit beruhenden Behandlung der Arbeitnehmer der Mitgliedstaaten in Bezug auf Beschäftigung, Entlohnung und sonstige Arbeitsbedingungen umfaßt (sog. Inländergleichbehandlung), Art. 48 II. Der Absatz III des Artikels konkretisiert Nebenrechte des Anspruchs auf Gleichbehandlung am Arbeitsplatz, wie Bewerbung um (tatsächlich angebotene) Stellen, (Ein-) Reisefreiheit (zur Stellenbewerbung), Aufenthaltsrecht (zur Ausübung einer Beschäftigung) und Verbleiberecht nach Beendigung einer Beschäftigung.[927] Die Regelungen des EG-Vertrages sind durch den Vertrag von Amsterdam geändert worden und im Gesetz zu diesem Vertragswerk konsolidiert worden.[928] Den Art. 48 ff. des EG-Vertrages entsprechen die Art. 39 ff. des genannten konsolidierten Gesetzes. Der Art. 48 I des EG-Vertrages wurde insoweit geändert, als nunmehr die Freizügigkeit der Arbeitnehmer gewährleistet wird.

---

[926] VON DER GROEBEN/THIESING/EHLERMANN-WÖLKER, Art. 48, Rn. 2.

[927] EMMERT, § 31, Rn. 12.

[928] Vertrag von Amsterdam zur Änderung des Vertrages über die Europäische Union, der Vertrag zur Gründung der Europäischen Gemeinschaften sowie einiger damit zusammenhängender Rechtsakte vom 2. Oktober 1997; Gesetz zum Vertrag von Amsterdam vom 2. Oktober 1997 - Vom 8. April 1998.

Die aus dem EG-Vertrag resultierende und aus dem Jahre 1968 stammende Ausführungsbestimmung VO 1612/68 über die Freizügigkeit der Arbeitnehmer innerhalb der Gemeinschaft behandelte Fragen der Freizügigkeit und erhob Forderungen, die die "Abschaffung jeder auf der Staatsangehörigkeit beruhenden unterschiedlichen Behandlung der Arbeitnehmer der Mitgliedstaaten in Bezug auf Beschäftigung, Entlohnung und sonstige Arbeitsbedingungen" einschließt "sowie das Recht für diese Arbeitnehmer der Mitgliedstaaten in Bezug auf Beschäftigung, Entlohnung und sonstige Arbeitsbedingungen ... sowie das Recht für diese Arbeitnehmer, sich vorbehaltlich der aus Gründen der öffentlichen Ordnung, Sicherheit und Gesundheit gerechtfertigten Beschränkungen innerhalb der Gemeinschaft zur Ausübung einer Beschäftigung im Lohn- oder Gehaltsverzeichnis frei zu bewegen".[929] Die Richtlinie RL 68/360 zur Aufhebung der Reise- und Aufenthaltsbeschränkungen für Arbeitnehmer der Mitgliedstaaten und ihre Familienangehörigen innerhalb der Gemeinschaft legt fest, daß für längere Tätigkeiten grundsätzlich eine Aufenthaltserlaubnis erforderlich ist, Art. 4-7 der Richtlinie. Der Europäische Gerichtshof hat festgestellt, daß die Arbeitserlaubnis rein deklaratorischer Natur ist; das Aufenthaltsrecht besteht ausschließlich kraft Gemeinschaftsrechts und wird nicht erst durch die nationale Erlaubnis begründet.[930]

Das Recht von Arbeitnehmern, nach Beendigung einer Beschäftigung im Hoheitsgebiet eines Mitgliedstaats zu verbleiben, ist in der VO 1251/70 und in der RL/90/365 geregelt.[931] Als Auffangbestimmung für das Aufenthaltsrecht fungiert die RL/90/364 über das Aufenthaltsrecht.

Die genannten Vorschriften gelten sowohl für Deutschland als Gründungsmitglied als auch für Spanien, das erst später der Europäischen Gemeinschaft beigetreten ist. Die VO 1612/68 gilt in Spanien seit Anfang 1993 (im Hinblick auf Luxemburg seit Anfang 1995).[932] Der Vertrag von Amsterdam wurde von Spanien unterzeichnet.

Das Recht der Freizügigkeit ist heute ein subjektives Recht der Arbeitskräfte der Europäischen Union, das gerichtlich direkt einklagbar ist[933] und damit auch für Spanier in Deutschland bzw. für Deutsche in Spanien unmittelbar gilt. Für Telearbeiter im Arbeitnehmerstatus gelten diesbezüglich keine Besonderheiten.

---

929 Vgl. die Präambel der Verordnung (EWG) Nr. 1612/68 über die Freizügigkeit der Arbeitnehmer innerhalb der Gemeinschaft.

930 EMMERT, § 31, Rn. 23.

931 VO 1251/70 über das Recht von Arbeitnehmern, nach Beendigung einer Beschäftigung im Hoheitsgebiet eines Mitgliedstaats zu verbleiben; RL/90/365 über das Aufenthaltsrecht der aus dem Erwerbsleben ausgeschiedenen Arbeitnehmer und selbständigen Erwerbstätigen.

932 ALONSO OLEA/CASAS BAAMONDE, S. 676.

933 RAMOS QUINTANA, REDT 1997, Nº 86, S. 897.

b. Selbständige

Für Selbständige ist die Niederlassungsfreiheit, die aus den Art. 43 ff. des Gesetzes zum Vertrag von Amsterdam resultiert, von erheblicher Bedeutung. Nach Art. 43 ist die Beschränkung der freien Niederlassung von Staatsangehörigen eines Mitgliedstaates im Hoheitsgebiet eines anderen Mitgliedstaates grundsätzlich verboten. Gleiches gilt für Beschränkungen der Gründung von Agenturen, Zweigniederlassungen oder Tochtergesellschaften. Die Niederlassungsfreiheit umfaßt die Aufnahme und Ausübung selbständiger Erwerbstätigkeiten sowie die Gündung und Leitung von Unternehmen vorbehaltlich der Regelungen über den Kapitalverkehr.[934]

Die auch für Selbständige relevante Dienstleistungsfreiheit ergibt sich aus den Art. 49 ff. des Gesetzes zum Vertrag von Amsterdam sowie deren Ausführungsgesetze.[935] Auch die Beschränkung von Dienstleistungen ist nach Maßgabe dieser Normen verboten. Als Dienstleistungen gelten unter anderem insbesondere gewerbliche, kaufmännische und freiberufliche Tätigkeiten (Art. 50 a), b) und c) des Gesetzes zum Vertrag von Amsterdam) und damit auch solche, die per *Telearbeit* erbracht werden können.

2. Freizügigkeit und Arbeitsbefugnis in Deutschland

In Deutschland ist für Ausländer, die Staatsangehörige eines Mitgliedstaats der *EWG* sind, das AufenthG/EWG seit 1980 in Kraft.[936] Es betrifft Arbeitnehmer, niedergelassene selbständige Erwerbstätige, Erbringer und Empfänger von Dienstleistungen und auch Verbleibeberechtigte sowie deren Familienangehörige. Ihnen wird nach Maßgabe des AufenthG/EWG Freizügigkeit gewährt. Die sogenannte Aufenhaltserlaubnis-EG[937] ist ihnen grundsätzlich zu erteilen. Die Ausnahmen sind im genannten Gesetz kodifiziert. Spanische *Telearbeiter*, die in Deutschland tätig werden, erhalten also grundsätzlich eine Aufenthaltserlaubnis.

Bereits seit der zwischenstaatlichen Vereinbarung vom 29. März 1960 dürfen spanische Arbeitnehmer bei Tätigkeiten in Deutschland im Hinblick auf Vergütung, Arbeitsbedingungen und Arbeitsschutzrecht nicht schlechter gestellt werden als deutsche Arbeitnehmer, sofern sie im gleichen Betrieb sind.[938] Gleiches gilt auch für *Telearbeiter*.

---

[934] Die Regelung des Art. 43 des EG-Vertrages wurde geringfügig modifiziert.

[935] Entspricht im wesentlichen den Art. 59 ff. des EG-Vertrages.

[936] Gesetz über die Einreise und Aufenthalt von Staatsangehörigen der Mitgliedstaaten der Europäischen Wirtschaftsgemeinschaft vom 31. Januar 1980 (AufenthG/EWG).

[937] Aufenthaltserlaubnis für Angehörige eines Mitgliedstaates der Europäischen Gemeinschaften, vgl. § 1 IV AufenthG/EWG.

[938] ALONSO OLEA/CASAS BAAMONDE, S. 527.

3. Freizügigkeit und Arbeitsbefugnis in Spanien

Das ET erlaubt grundsätzlich die Beschäftigung von Ausländern, sofern dies in Übereinstimmung mit den insoweit geltenden Spezialgesetzen geschieht, Art. 7.c. ET.[939] In Spanien wird in diesen im Hinblick auf Arbeitserlaubnisrecht sowie auf das Aufenhaltsrecht zwischen Bürgern, die Mitglieder der EU sind und sonstigen Ausländern unterschieden. Darüber hinaus stellt sich die Rechtslage der Staatsangehörigen einiger der früheren Kolonien Spaniens als besondere dar.[940] Kurz sei festgestellt, daß sich in rechtlicher Hinsicht weder Spaniern, die in Deutschland leben und arbeiten, noch Deutschen, die in Spanien leben und arbeiten wollen, unüberwindbare, wesentliche Hürden in den Weg stellen; gleiches gilt für sämtliche andere Staatsangehörige der Europäischen Union.[941] Deutsche *Telearbeiter*, die in Spanien sind, steht ebenfalls Freizügigkeit zu, d.h. sie sind zur Arbeit befugt.

Maßgeblich für das Arbeitserlaubnisrecht und das Aufenthaltsrecht in Spanien sind insbesondere die DECE, die LOEx und die RELx. Die DECE betrifft die Einreise und den Aufenthalt in Spanien von Mitgliedern der Europäischen Union.[942] Bei der LOEx handelt es sich um das Grundlagengesetz über die Rechte und Freiheiten der Ausländer in Spanien.[943] Die RELx ist die Ausführungsvorschrift zum LOEx;[944] sie gilt für Mitglieder der Europäischen Gemeinschaft nur dann ergänzend neben dem DECE, sofern sie der DECE nicht widerspricht.[945] Die entsprechenden Vorschriften über Arbeits- und Wohnerlaubnisse gelten auch zugunsten von *Telearbeitern*, selbst wenn sie Angehörige der Mitgliedstaaten der EU sind.[946]

---

[939] Art. 7 ET: Podrán contratar la prestación de su trabajo: ... c. Los extranjeros, de acuerdo con lo dispuesto en la legislación específica sobre la materia. (Art. 7 ET: Zur Leistung von Arbeit kann sich vertraglich verpflichten: ... c. Ausländer in Übereinstimmung mit den insoweit geltenden Spezialgesetzen).

[940] Vgl. ALONSO OLEA/CASAS BAAMONDE, S. 132 ff, insbes. S. 135 f.

[941] Zum Arbeitserlaubnis- und Aufenthaltsrecht europäischer Ausländer vgl. etwa ALONSO OLEA/CASAS BAAMONDE, S. 142 ff., zu dem nichteuropäischer Ausländer vgl. dgl., S. 132 ff.

[942] DECE: RD 766/1992, de 26 de junio (modifiziert durch den RD 737/1995, de 5 de mayo).

[943] LOEx: Ley Orgánica sobre derechos y libertades de los extranjeros en España (7/1985, de 1 de julio).

[944] ROEx: Reglamento de ejecución de la LOEx (aprobada por Real Decreto 155/1996, de 2 de febrero).

[945] ALONSO OLEA/CASAS BAAMONDE, S. 142 und 143.

[946] Vgl. ALONSO OLEA/CASAS BAAMONDE, S. 677. Zu den Genehmigungs- und Verfahrensvoraussetzungen vgl. a.a.O., S. 132 ff.

II. Internationales Privatrecht

Grenzüberschreitende Telearbeit ist in verschiedenen Gestaltungsformen denkbar. Ein Arbeitnehmer kann für einen Arbeitgeber tätig werden, der in einem anderen Land seine Niederlassung hat. Wie bereits erörtert wurde, ist sowohl nach deutschem als auch nach spanischem Recht die Tätigkeit eines Arbeitnehmers für mehrere Arbeitgeber möglich. Diese können sich im Extremfall in unterschiedlichen Staaten befinden, so daß die Rechtsordnungen dreier oder mehrer Staaten berührt sind.

Ähnliche Konstellationen sind auch für Selbständige denkbar und der Eintritt dieser Konstellationen wahrscheinlicher als bei Arbeitnehmern. Probleme entstehen dann, wenn ein selbständiger Telearbeiter für eine Vielzahl an Kunden arbeitet, die in einer Vielzahl an Staaten ansässig sind, denn dann wird der Telearbeiter unter Umständen mit verschiedenen Rechtssystemen konfrontiert.[947]

Gilt das Recht des Staates, in dem die Arbeit ausgeübt wird oder dasjenige des Staates, in dem der Adressat der Arbeit seine Niederlassung hat? Der Antwort auf die Frage, welches Recht bei zwischenstaatlichen Tätigkeiten anwendbar ist, widmet sich das internationale Privatrecht (IPR), das anders als der Name indiziert, nicht notwendigerweise internationales (z.B. staatsvertragliches) Recht ist, sondern regelmäßig rein nationales, staatliches Recht.[948]

Wesentliche Grundlage des IPR ist das EG-Übereinkommen über das auf vertragliche Schuldverhältnisse anzuwendende Recht vom 19.6.1980 (EVÜ). Es wurde zunächst von Belgien, der Bundesrepublik Deutschland, Frankreich, Italien, Luxemburg und den Niederlanden, später von Großbritannien und Griechenland unterzeichnet. Spanien und Portugal sind durch einen Staatsvertrag vom 18.5.1992 beigetreten.[949] Die Übernahme in das jeweilige nationale Recht erfolgte in Deutschland 1986 und in Spanien 1993. Der Beitritt Spaniens beruht auf dem Übereinkommen zu Funchal 18.5.1992, das im Verhältnis zu Deutschland seit dem 1.9.1995 gilt.[950] Aufgrund der Tatsache, daß die IPR-Vorschriften Deutschlands und Spaniens gleichen Ursprungs sind, gleichen sie sich in den wesentlichen Grundzügen.[951]

Dem Übereinkommen vom 19.6.1980 über das auf vertragliche Schuldverhältnisse anzuwendende Recht wurde seitens des Deutschen

---

947 EC/JOHNSTON, S. 42.

948 KROPHOLLER, S. 8.

949 REITHMANN/MARTINY, Rn. 2.

950 REITHMANN/MARTINY, Rn. 3 f.

951 ADOMEIT/FRÜHBECK, S. 47.

Bundestages am 25.7.1986 zugestimmt,[952] wobei die wesentlichen Artikel (1 - 21) innerstaatlich keine unmittelbare Wirkung entfalten, Art. 1 II EVÜ. Sie wurde erst nachfolgend durch Änderung des EGBGB transformiert, und dadurch manifestiert sich das IPR in Deutschland in Art. 27 - 37 EGBGB. Im Rahmen der Änderungen des EGBGB wurde der Text des EVÜ nicht wesentlich geändert. In den wesentlichen Grundzügen gleichen sich die entsprechenden Normen des EGBGB und des EVÜ; in der Regel sind die Unterschiede solche semantischer oder gesetzesstruktureller Art.[953]

Der Vollständigkeit halber sei erwähnt, daß das EVÜ nicht nur Vertragsstaaten gegenüber gilt. Daher ist die nach dem EVÜ maßgebliche Rechtsordnung auch anwendbar, wenn sie die eines Nichtvertragsstaates ist, Art. 2 EVÜ.

Zu unterscheiden sind die Regelungen des IPR, die für die Arbeitnehmer gelten, von denen des IPR, die das allgemeine Vertragsrecht regeln und insoweit für Selbständige gelten. Im Rahmen der Untersuchungen zur *Telearbeit* wurde bereits festgestellt, daß für Telearbeiter die allgemeinen Rechtsvorschriften einschlägig sind. Dieser Grundsatz gilt ebenso im Rahmen des IPR. Auch im Hinblick auf die Telearbeit muß zunächst ermittelt werden, ob es sich um einen Telearbeiter im Arbeitsverhältnis oder um einen im Selbständigenstatus handelt. Zum besseren Verständnis werden die Regelungen zum IPR in Deutschland und Spanien von den telearbeitsspezifischen Fragen losgelöst erörtert, bevor auf die Rechtsfragen zu Telearbeit und IPR eingegangen wird.

1. Regelungen zum IPR in Deutschland

Die Vorschriften zum IPR im Einführungsgesetzbuch des BGB finden sich wie bereits erwähnt in den Art. 27 - 37.

a. Arbeitsrecht und IPR

aa. Das Arbeitsverhältnisstatut

Für den Arbeitsvertrag gilt teilweise Privatrecht (etwa für Vertragsschluß und Kündigungsfragen) und teilweise öffentliches Recht (etwa für den Schutz des Arbeitsplatzes, für die Betriebsverfassung u.a.). Das IPR gilt für den Arbeitsvertrag in privatrechtlicher Hinsicht. Im Bereich des öffentlichen Rechts herrscht das Territorialprinzip; das Recht des Betriebsorts mit 'Ausstrahlung' gilt, wenn der Arbeitnehmer vorübergehend ins Ausland entsandt ist.[954]

---

[952] BGBl. II, S. 809 ff.

[953] Wesentliche inhaltliche Änderungen finden sich dagegen u.a. in Art. 3 III; 7; 9; 11; 12; 13; 14; 16 u. 17 EVÜ bzw. in Art. 27 III; 29 III; 33 u. 34 EGBGB.

[954] KEGEL, § 23 VII.

Arbeitsschutzrecht ist, wie erwähnt, nicht Gegenstand der vorliegenden Arbeit. Daher sei nur kurz festgestellt, daß Arbeitszeit, Jugendschutz- und Arbeitszeitschutzrecht den am tatsächlichen Arbeitsort geltenden Vorschriften folgt, das Urlaubsrecht sich hingegen am Arbeitsvertragsstatut orientiert.[955] Dies gilt ebenso für die *Telearbeit*.

Bei Arbeitsverträgen und Arbeitsverhältnissen besteht grundsätzlich eine Rechtswahlfreiheit, auf die konkludent oder ausdrücklich rekuriert werden kann.[956] Die Rechtswahlfreiheit wird von Art. 30 I EGBGB vorausgesetzt; die Norm schränkt die Privatautonomie beim Arbeitsvertrag nur sachlich ein. Nach h.M. kann jedem Arbeitsverhältnis fremdes Recht zugrundegelegt werden, unabhängig davon, ob der Arbeitsvertrag tatsächlich eine Auslandsberührung aufweist;[957] so auch bei der *Telearbeit*.

Sofern vom Recht der freien *Wahl nicht Gebrauch gemacht* wird, unterliegen Arbeitsverträge und Arbeitsverhältnisse in erster Linie dem Recht des Staates, in dem der Arbeitnehmer in Erfüllung des Vertrages gewöhnlich seine Arbeit verrichtet, selbst wenn er vorübergehend in einen anderen Staat entsandt ist (Art. 30 II Nr.1 EGBGB) oder, sofern dieser seine Arbeit gewöhnlich nicht in ein und demselben Staat verrichtet, dem Recht des Staates, in dem sich die Niederlassung befindet, die den Arbeitnehmer eingestellt hat, Art. 30 II Nr.2 EGBGB. Diese Grundsätze greifen auch im Falle der *Telearbeit* ein.

Dies gilt jedoch nicht, wenn sich aus der Gesamtheit der Umstände ergibt, daß der Arbeitsvertrag oder das Arbeitsverhältnis engere Verbindungen zu einem anderen Staat aufweist. Dann gilt das Recht dieses anderen Staates, Art. 30 II EGBGB a.E. Die gemeinsame Nationalität der Parteien, der inländische Wohnsitz des Arbeitnehmers, die frühere oder lange Inlandstätigkeit des Arbeitnehmers können ausschlaggebend sein und daher die Anwendung eines anderen Rechts instruieren.[958] Auch in Zusammenhang mir der *Telearbeit* ist also nach entsprechenden Kriterien Ausschau zu halten.

Das durch Wahl oder sonst maßgebende Recht regelt grundsätzlich alle mit Begründung, Inhalt, Erfüllung und Beendigung eines Arbeitsverhältnisses zusammenhängende Fragen, Art. 32 I EGBGB.

Wie besprochen unterliegt nach Art. 30 II EGBGB der Arbeitsvertrag in erster Linie dem Recht des Staates, in dem der Arbeitnehmer in Erfüllung des

---

955 COLLARDIN, S. 209 f.; für kollektivrechtliche Fragen grenzüberschreitender Telearbeit vgl. dgl., S. 200 ff.

956 REITHMANN/MARTINY, Rn. 1337.

957 Dies wird aus Art. 27 III EGBGB geschlossen, der auch für das Arbeitsverhältnis gilt, vgl. COLLARDIN, S. 191.

958 MÜNCHARBR-BIRK, § 19, RN. 52.

Vertrages gewöhnlich seine Arbeit verrichtet; gesprochen wird von der *Maßgeblichkeit des Arbeitsortes.*[959] Aus dem Wortlaut ergibt sich, daß der Arbeitsort und nicht der Erfüllungs- oder Leistungsort maßgeblich ist. Dies ergibt sich auch aus dem Wortlaut des vielsprachigen EVÜ, in dem in der entsprechenden Passage von 'seine Arbeit verrichtet', von '*carries out his work*' und von '*accomplit habituellement son travail*' die Rede ist, Art. 6 II a) EVÜ.[960] Für die *Telearbeit* folgt daraus, daß bei fehlender Vereinbarung eines Arbeitsvertragsstatuts der Sitz des Telearbeiters maßgeblich ist und nicht etwa der des Betriebes o.ä.

Es wird zwar vertreten, daß bei organisatorischer Eingliederung in den Betrieb der Ort, an dem sich der Betrieb befindet, den Ausschlag geben soll, sonst der Ort, an dem die Tätigkeit ihr zeitliches und inhaltliches Schwergewicht hat.[961] Doch diese Aussage läßt sich nicht auf *Telearbeit* anwenden. Denn hier besteht die Besonderheit, daß die Eingliederung bereits aufgrund der Verwendung der Software-Programme, die die Arbeitsweise des Telearbeiters genau vorschreibt, resultiert und die Tätigkeit der Arbeitskraft außerhalb des Betriebes erfolgt. Diese Besonderheit konnte von REITHMANN/MARTINY nicht berücksichtigt werden, da sie noch nicht allgemein bekannt ist.

Für *mobile Telearbeiter*, die staatenübergreifend tätig werden, kommt bei fehlender Vereinbarung der Ort der einstellenden Niederlassung für die Anknüpfung in Betracht.[962] Damit ist unerheblich, wo der Vertrag unterschrieben wurde.

Die Ausweichklausel des Art. 30 II EGBGB kann bei *Telearbeitern* dann anwendbar sein, wenn sich eine engere Verbindung zu einem Staat ergibt. Dies kann insbesondere bei Telearbeitern im Grenzgebiet der Fall sein, etwa wenn sie sich aufgrund der Sprache oder der Währung ergibt. Es kommt stets auf die Umstände des Einzelfalls an.[963]

Sofern der gewöhnliche Arbeitsort wechselt, ändert sich das maßgebliche Recht.[964]

---

959 REITHMANN/MARTINY, Rn. 1345.

960 So auch COLLARDIN, S. 193. Nicht nachvollziehbar ist in dem Zusammenhang, daß nach JOHNSTON dennoch in einigen Staaten Gesetze bestimmen sollen, daß entweder der Ort, an dem der Vertrag unterschrieben wurde oder der an dem das Angebot angenommen wurde, maßgebliches Kriterium für die Anwendung des jeweiligen Rechts sein soll. Dies führe zu einer beachtenswerten Unsicherheit, besonders weil die Anwendung von IuK-Mitteln und das Erbringen nichtmaterieller Leistungen Schwierigkeiten bezüglich der Frage aufwerfen kann, wo genau der Arbeitsort liegt oder wo der Vertrag unterschrieben wurde, vgl. EC/JOHNSTON, S. 42. Diese Vorschriften ergeben sich jedenfalls nicht aus dem EVÜ.

961 REITHMANN/MARTINY, Rn. 1345 m.w.N.

962 COLLARDIN, S. 193.

963 COLLARDIN, S. 193 f.

964 REITHMANN/MARTINY, Rn. 1345.

Auch im Falle der vorübergehenden Versendung gilt das Recht des gewöhnlichen Arbeitsortes; ein Statutenwechsel findet nicht statt.[965] Bei der Telearbeit gelten also grundsätzlich die gleichen Grundsätze, die auch bei nicht mit IuK-Mitteln tätigen Arbeitskräften anwendbar sind.

bb. Zwingendes Recht

Bei Arbeitsverträgen und Arbeitsverhältnissen darf die Rechtswahl jedoch nicht dazu führen, daß dem Arbeitnehmer "der Schutz entzogen wird, der ihm durch die zwingenden Bestimmungen des Rechts gewährt wird", das nach Absatz 2 mangels einer Rechtswahl anzuwenden wäre, Art. 30 I EGBGB. Die Norm stellt nach einhelliger Meinung keine Sachnorm-, sondern eine kollisionsrechtliche Verweisung dar. Die konkrete Rechtswahl ist nicht unwirksam, es wird nur die Rechtswahl durch das objekive Arbeitsverhältnisstatut verdrängt.[966] Im Hinblick auf die *Telearbeit* sind auch diese Grundsätze anwendbar.

Das Gesetz legt nicht fest, welcher Art die *zwingenden Bestimmungen* sein müssen. Grundvoraussetzung ist, daß die Vorschriften nach internem Sachrecht nicht abdingbar sind, worunter solche und richterrechtliche Regeln fallen, welche die Rechtsstellung des schwächeren Vertragsteils gegenüber dem stärkeren schützen sollen. Diejenigen Normen, die hierunter fallen, sind im Einzelfall schwer abzugrenzen von denjenigen, die ganz allgemein wirtschaftlichen, sozialen oder außenpolitischen Zwecken dienen.[967] Sie gelten auch für *Telearbeiter*; doch auch bei ihnen stellt sich das Problem, zu ermitteln welche Vorschriften nicht abdingbar sein sollen.

Das in Art. 30 II EGBGB normierte Prinzip wird als *koalitionsrechtliches Günstigkeitsprinzip* bezeichnet.[968] Demnach ist der Inhalt der in Frage kommenden Rechtsordnungen miteinander zu vergleichen; die dem Arbeitnehmer günstigere Regelung erhält Vorrang. Dabei soll die Abwägung in einem *Vergleich der Ergebnisse*, zu dem die betreffenden Rechtsordnungen im Einzelfall führen, erfolgen. Grundlage für diesen Vergleich soll dabei nicht etwa die gesamte Rechtsordnung, sondern nur die zur Entscheidung stehende Sachfrage sein. Jedoch darf sich der Arbeitnehmer nicht nur auf die jeweiligen Einzelvorteile mehrerer Rechtsordnungen berufen, wenn deren Addition ein Ergebnis herbeiführen würde, das keiner der Rechtsordnungen bekannt ist. Das Günstigkeitsprinzip ist umstritten; etwa GAMILLSCHEG u.a. haben es erheblich kritisiert oder sich dagegen ausgesprochen.[969]

---

[965] REITHMANN/MARTINY, Rn. 1349.

[966] COLLARDIN, S. 195 m.w.N.

[967] REITHMANN/MARTINY, Rn. 1343.

[968] SCHAUB, § 6 III 4 c; COLLARDIN, S. 195.

[969] REITHMANN/MARTINY, Rn. 1344. So einleuchtend dieser Grundsatz zunächst erscheint, ergeben sich bei der Anwendung erhebliche Schwierigkeiten. Denn zunächst ist entweder das Recht des einen oder das des anderen anwendbar. Eine Mischlösung, bei der verschiedene

b. Selbständigkeit und IPR

Im Falle der Selbständigkeit des Telearbeiters gelten die für das allgemeine Vertragssrecht anwendbaren Normen des IPR, Art. 27 - 37 EGBGB. Sofern nicht nach Art. 27 I EGBGB ein bestimmtes Recht gewählt wurde, richtet sich das Vertragsstatut nach Art. 28 EGBGB. Regelmäßig wird für selbständige *Telearbeiter* nach Art. 28 II EGBGB an den Ort der Tätigkeit anzuknüpfen sein, denn die für Dienst- oder Werkverträge charakteristische Leistung wird regelmäßig am Ort der Niederlassung des durch einen Dienstvertrag Dienstverpflichteten oder des im Rahmen eines Werkvertrages tätigen Unternehmers erbracht werden.[970]

Für Selbständige gelten zwar nicht die Schranken des Art. 30 EGBGB, sondern die der Art. 27 III, 34 EGBGB. Zwingende Normen der Rechtsordnung des Staates, zu der der Vertrag ohne Rechtswahl alleinigen Bezug aufweist, gelten weiterhin, Art. 27 III EGBGB. Eingriffsnormen, die auf internationale Sachverhalte Anwendung finden sollen, regeln auch Werk- und Dienstverträge, Art. 34 EGBGB.

c. Arbeitnehmerähnliche und IPR

Die besonderen Regelungen der arbeitnehmerähnlichen Verhältnisse des deutschen Arbeitsrechts finden im IPR keine Berücksichtigung. Aufgrund der besonderen Nähe zu den Arbeitnehmern erscheint eine analoge Anwendung des Art. 30 EGBGB dahingehend sinnvoll, daß für innerstaatlich tätige Personen zwingende Bestimmungen auch für international tätige Arbeitnehmerähnliche anwendbar sein soll. Entscheidend wird jedoch letztendlich sein, ob der vom Europäische Gerichtshof zu schaffende Arbeitnehmerbegriff die Gruppe der Arbeitnehmerähnlichen einschließt.[971]

2. Regelungen zum IPR in Spanien

Bis zur Übernahme des EVÜ, das in Spanien als *Convenio de Roma sobre la ley aplicable a las obligaciones contractuales, del 19 de junio de 1980* (CLA)

Elemente sowohl des einen als auch des anderen Staates anwendbar sind, sollte vermieden werden, da sonst bestehende Strukturen zerschlagen würden. Doch selbst, wenn lediglich das 'günstigere' Recht des einen Staates anwendbar sein soll, ist problematisch zu ermitteln, welchen Regelungen ein höherer Stellenwert zukommt und welche als unbedeutender einzustufen sind. So können bspw. Arbeitszeitregelungen für den einen Telerarbeiter von sehr großer Bedeutung sein, für den anderen dagegen weniger. Ähnliches gilt auch für Mutterschaftsregelungen. Ein weiteres Problem stellt sich selbst dann, wenn das Begünstigungsprinzip nur in der EU gelten würde, denn es würde die grenzüberschreitende Telearbeit von Arbeitskräften, die nicht in der Union ihren Aufenthalt haben, nicht betreffen. Zwischenstaatliche Verträge, die diese Lücken schließen, wären dann erforderlich.

970 COLLARDIN, S. 199.

971 COLLARDIN, S. 198.

bezeichnet wird und im wesentlichen die spanische Übersetzung des EVÜ ist, galten die Vorschriften aus Art. 8 - 16 CC, die das IPR besonders regelten.

a. Arbeitsrecht und IPR

aa. Das Arbeitsverhältnisstatut

Im Rahmen von Arbeitsverträgen galt vor Einführung des CLA die spezielle Vorschrift Art. 10 Nr. 6 CC:

> Auf Verpflichtungen aus einem Arbeitsvertrag findet bei Fehlen einer ausdrücklichen Unterwerfung der Parteien und unbeschadet dessen, was in Artikel 8, Nummer 1 bestimmt ist, das Recht des Ortes Anwendung, an dem die Dienste geleistet werden.[972]

Durch den CLA hat sich die Rechtslage geändert, denn es ersetzt die IPR-Vorschriften aus dem *Código Civil*, selbst wenn die entsprechenden Normen nicht geändert wurden und auch heute noch in den einschlägigen Gesetzeskodifikationen anzutreffen sind.[973] Das CLA ist in Spanien direkt anwendbar, hier ergibt sich ein wesentlicher Unterschied zur EVÜ des deutschen IPR, das erst mittelbar durch die Änderung des EGBGB wirksam ist. Im spanischen IPR werden Fragen aus dem Bereich des Arbeitsrechts in Art. 6 CLA gesondert normiert:

Art. 6.1 CLA: Ungeachtet der Regeln des Artikel 3, darf im Rahmen des Arbeitsvertrages die teilweise Rechtswahl nicht zur Folge haben, daß der Schutz der Arbeitskraft, die ihm durch zwingende Normen zukommt, entzogen wird, und sofern keine Rechtswahl erfolgt, gilt Absatz 2 dieses Artikels.

Art. 6.2 CLA: Ungeachtet des durch Artikel 4 Bestimmten und sofern keine Rechtswahl im Sinne des Artikels 3 erfolgt ist, wird der Arbeitsvertrag geregelt:

a) durch das Recht des Staates, in dem die Arbeitskraft, in Ausübung des Arbeitsvertrages seine Arbeit üblicherweise ausführt, selbst wenn er temporär in einen anderen Staat entsendet worden ist, oder

---

[972]Art. 10 Nr. 6 CC: A las obligaciones derivadas del contrato de trabajo, en defecto de sometimiento expreso de las partes y sin perjuicio de lo dispuesto en el apartado 1 del artículo 8, les será de aplicación la ley del lugar donde se presten los servicios.

[973]ALONSO OLEA/CASAS BAAMONDE, S. 694. Nicht nur in einer Vielzahl an Gesetzeskompendien, sondern auch in Kommentaren und in Lehrbüchern wird häufig nicht ausdrücklich auf die Tatsache, daß die IPR-Vorschriften des CC vom CLA ersetzt werden, hingewiesen. GORELLI HERNÁNDEZ etwa beschränkt sich darauf, festzustellen, daß ihnen die gleichen Prinzipien zugrundeliegen (MONEREO PÉREZ/GORELLI HERNÁNDEZ, Art. 1.4, S. 56). MARTÍN VALVERDE/RODRÍGUEZ-SAÑUDO GUTIÉRREZ/GARCÍA MURCIA beschränken sich auf den Hinweis, daß bestimmte ältere Regelungen relativiert werden (S. 137).

b) wenn die Arbeitskraft die Arbeit nicht in einem Staat ausübt, durch das Recht des Staates, in dem das Unternehmen, das die Arbeitskraft beschäftigt hat, seine Niederlassung hat,

außer, wenn aufgrund des Zusammentreffens von Umständen der Arbeitsvertrag eine stärkere Verbindung mit einem anderen Staat aufweist. Dann ist das Recht des letzteren Staates anwendbar.[974]

Der Vergleich des Art. 6 CLA mit dem Art. 30 EGBGB ergibt, daß hier im Rahmen der Transfomation sich lediglich semantische und gesetzesstrukturelle Unterschiede eingeschlichen haben und nicht dagegen solche inhaltlicher Art. Insoweit kann im Hinblick auf die Rechtslage und auf die die *Telearbeit* betreffenden Fragen grundsätzlich auf die bereits zum deutschen Recht geäußerten Aspekte und Erörterungen verwiesen werden. Eine Ausnahme gilt jedoch für die neben den Vorschriften des CLA gültige Regelung aus Art. 1.4 ET, dem ein beschränkter Anwendungsbereich zukommt und der in diesem den Normen des CLA vorgeht:[975]

Die spanische Arbeitsgesetzgebung findet auch auf eine Tätigkeit Anwendung, die in Spanien eingestellte spanische Arbeitnehmer für spanische Unternehmen im Ausland erbringen, sofern nicht Vorschriften der öffentlichen Ordnung, die am Arbeitsort gelten, eingreifen. Die genannten Arbeitnehmer besitzen in jedem Fall dieselben vermögenswerten Rechte, die sie bei einer Arbeit auf spanischem Territorium besitzen würden.[976]

---

[974] Art. 6 CLA: *Contrato individual de trabajo*
1. No obstante lo dispuesto en el artículo 3, en el contrato de trabajo la elección por partes de la ley aplicable no podrá tener por resultado el privar al trabajador de la protección que le proporcionen las disposiciones imperativas de la ley que sería aplicable, a falta de elección, en virtud del apartado 2 del presente artículo.
2. No obstante lo dispuesto en el artículo 4 y a falta de elección realizada de conformidad con el artículo 3, el contrato de trabajo se regirá:
a) Por la ley del país en que el trabajador, en ejecución del contrato, realice habitualmente su trabajo, aun cuando, con carácter temporal, haya sido enviado a otro país, o
b) Si el trabajador no realiza habitualmente su trabajo en un mismo país, por la ley del país en que se encuentre el establecimiento que haya contratado al trabajador,
a menos que, del conjunto de circunstancias, resulte que el contrato de trabajo tenga vínculos más estrechos con otro país, en cuyo caso será aplicable la ley de este otro país.

[975] MONEREO PÉREZ/GORELLI HERNÁNDEZ, Art. 1.4, S. 56 m.w.N.

[976] Art. 1.4 ET: La legislación laboral española será de aplicación al trabajo que presten los trabajadores españoles contratados en España al servicio de empresas españolas en el extranjero, sin perjuicio de las normas de orden público aplicables en el lugar de trabajo. Dichos trabajadores tendrán, al menos, los derechos económicos que les corresponderían de trabajar en territorio español.

Eine besondere und dem deutschen IPR nicht bekannte Voraussetzung ist, daß es sich bei dem betroffenen Arbeitnehmer um einen Spanier handeln muß.[977] Ferner muß der Betroffene von einer spanischen Firma in Spanien eingestellt worden sein. Fehlt eine dieser Voraussetzungen, so greift Art. 6 CLA.[978] Probleme generieren die Fälle, in denen der Arbeitsvertrag zwischen einem spanischen Unternehmen und einem spanischen Arbeitnehmer im Ausland abgeschlossen wurde oder wenn der Abschlußort nicht zu ermitteln ist. Dann ist nicht Art. 1.4 ET anwendbar, sondern Art. 6 CLA.[979] Schwierigkeiten gestalten sich im Hinblick auf den Abschlußort besonders, wenn der Arbeitsvertrag teils in Spanien und teils in einem anderen Staat unterschrieben wird. Problematisch dürfte auch die Zuordnung eines Vertrages sein, der mittels IuK-Mittel und digitaler Signatur an zwei verschiedenen Orten signiert wird, was insbesondere bei *grenzüberschreitender Telearbeit* vorkommen kann. Eine derartige Konstellation dürfte künftig häufiger eintreten.[980]

Bei spanischen Arbeitskräften kann die Anwendung des Art. 1.4 ET dadurch umgangen werden, daß der Arbeitsvertrag im Ausland abgeschlossen wird.

Zusammenfassend läßt sich feststellen, daß das auf das Arbeitsrecht bezogene IPR grundsätzlich die freie Rechtswahl zuläßt. Wird von der Wahlmöglichkeit nicht Gebrauch gemacht, greift das Recht des Ortes, in dem die Arbeitskraft üblicherweise tätig wird; wird die Arbeitskraft nicht üblicherweise in einem Staat tätig, ist das Recht des Staates anwendbar, in dem sich der Sitz des Unternehmens befindet. Wenn aufgrund verschiedener Umstände der Arbeitsvertrag eine stärkere Verbindung mit einem anderen Staat aufweist, dann ist das Recht dieses Staates anwendbar. Eine Ausnahme gilt für das sogenannte imperative Recht. Dieses gilt trotz oder mangels anderweitiger Vereinbarung. Eine weitere Ausnahme gilt für Spanier, die von einem spanischen Unternehmen in Spanien eingestellt wurden, für die spanisches Arbeitsrecht anwendbar ist.

Im Hinblick auf die Aspekte der *Telearbeit* gelten die obigen Erörterungen entsprechend.

---

[977] Fraglich bleibt, ob und inwieweit Art. 1.4 ET gegen die europarechtlichen Grundsätze verstößt, nach denen Angehörige anderer Mitgliedstaaten im Bereich des Arbeitsrechts gleichgestellt sein müssen.

[978] MONEREO PÉREZ/GORELLI HERNÁNDEZ, Art. 1.4, S. 56.

[979] MONEREO PÉREZ/GORELLI HERNÁNDEZ, Art. 1.4, S. 57.

[980] Wo der Abschlußort von Verträgen im Falle einer digitalen Signatur ist, ist aktuell Gegenstand einer Vielzahl an wissenschaftlichen Untersuchungen. Es ist hier nicht der Ort, hierauf näher einzugehen, da die Diskussionen noch im Fluß sind.

bb. Zwingendes Recht

Die Ausnahme aus 6.1 CLA betrifft das imperative Recht und damit besondere Ausnahmesituationen. Hierzu gehören etwa die in der spanischen Verfassung (*Constitución Española*) unter Art. 10 normierten Gerantien betreffend der Fundamentalrechte der Menschen. Über diese Brücke sind nichtspanische Arbeitsrechtsvorschriften, die etwa Zwangsarbeit vorsehen, in Spanien nicht anwendbar. Ferner sind Polizeigesetze zwingend, Art. 7 CLA.[981]

Anders als in Deutschland gilt in Spanien der mit *Polizeirechten* überschriebene Art. 7 CLA. Er bezieht sich auch auf die Fälle, die durch Art 6.1 CLA umschrieben sind:[982]

Art. 7.1: Bei Anwendung des Rechts eines bestimmten Staates aufgrund dieses Übereinkommens kann den zwingenden Bestimmungen des Rechts eines anderen Staates, mit dem der Sachverhalt eine enge Verbindung aufweist, Wirkung verliehen werden, soweit diese Bestimmungen nach dem Recht des letztgenannten Staates ohne Rücksicht darauf anzuwenden sind, welchem Recht der Vertrag unterliegt. Bei der Entscheidung, ob diesen zwingenden Bestimmungen Wirkung zu verleihen ist, sind ihre Natur und ihr Gegenstand sowie die Folgen zu berücksichtigen, die sich aus ihrer Anwendung oder ihrer Nichtanwendung ergeben würden.

Art. 7.2: Dieses Übereinkommen berührt nicht die Anwendung der nach dem Recht des Staates des angerufenen Gerichtes geltenden Bestimmungen, die ohne Rücksicht auf das auf den Vertrag anzuwendende Recht den Sachverhalt zwingend regeln.[983]

Über Art. 7 CLA äußert sich das Günstigkeitsprinzip. *Zwingende Bestimmungen* im Sinne dieser Norm sind solche, die per Vertrag nicht außer Kraft gesetzt werden können, vgl. Art. 3.3 CLA.[984] Hier muß ähnlich wie im deutschen IPR

---

981 ALONSO OLEA/CASAS BAAMONDE, S. 697.

982 ALONSO OLEA/CASAS BAAMONDE, S. 696.

983 Art. 7 CLA: *Leyes de policía*
7.1: Al aplicar, en virtud del presente Convenio, la ley de un país determinado, podrá darse efecto a las disposiciones imperativas de la ley de otro país con el que la situación presente un vínculo estrecho, si y en la medida en que, tales disposiciones, según el derecho de este último país, son aplicables cualquiera que sea la ley que rija el contrato. Para decidir si se debe dar efecto a estas disposiciones imperativas, se tendrá en cuenta su naturaleza y su objeto, así como las consecuencias que se derivarián de su aplicación o de su inaplicación.
7.2: Las disposiciones del presente Convenio no podrán afectar a la aplicación de las normas de la ley del país del Juez que rijan imperativamente la situación, cualquiera que sea la ley aplicable al contrato.

984 ALONSO OLEA/CASAS BAAMONDE, S. 697.

eine Einzelfallprüfung vorgenommen werden, um ermitteln zu können, ob es sich im konkreten Fall um eine zwingende Bestimmung handelt oder nicht.

Art. 6 und 7 CLA gelten mangels anderweitiger Regelung ebenso für *Telearbeiter.*

b. Selbständigkeit und IPR

Auch in Spanien gelten für selbständige *Telearbeiter* die für das allgemeine Vertragsrecht anwendbaren Normen des IPR. Der Código Civil stellte bezüglich des auf allgemeine vertragliche Verpflichtungen anwendbaren Rechts einen Katalog von Normen auf, die subsidiär anwendbar waren. Primär fand das von den Parteien gewählte Recht Anwendung, wenn es zu dem Rechtsgeschäft in irgendeiner Beziehung (*alguna relación*) stand.[985] Die Einschränkung der besonderen Verbindung konnte umgangen werden, indem etwa ein ausländischer Gerichtsstand vereinbart wurde.[986] Bereits aus der im Vertragstext verwendeten Sprache, der Bestellung eines Schiedsgerichts oder der Vereinbarung einer gerichtlichen Zuständigkeit konnte sich die Rechtsordnung, der sich die Parteien unterwerfen wollen, ergeben.

Sofern eine Vereinbarung nicht abgeschlossen wurde, richtete sich die vorzunehmende Einordnung nach der gemeinsamen Staatsangehörigkeit der Vertragsparteien, hilfsweise nach dem (gemeinsamen) gewöhnlichen Wohnsitz und zuletzt nach dem Ort des Vertragsschlusses, Art. 10 Nr. 5 CC.

Die Normen des CC zum IPR wurden jedoch, wie bereits angesprochen, durch die des CLA verdrängt. Die wesentlichen Vorschriften des IPR in Deutschland zum allgemeinen Vertragsrecht decken sich wie bereits erwähnt mit den des EVÜ (und damit auch des CLA). Insoweit kann, um unnötige Wiederholungen zu vermeiden, auf die Äußerungen zu den Rechtsfragen in Deutschland verwiesen werden.

3. Gemeinsamkeiten

Zwei Aspekte bedürfen in diesem Zusammenhang noch der Erwähnung: zum einen die Bezeichung der 'Arbeitsverträge' im Sinne der EVÜ und zum anderen die Richtlinie 96/71/EG, die Rechtsfragen der Arbeitnehmer, die in einem anderen Mitgliedsstaat tätig werden, behandelt.

a. Arbeitsrecht und IPR

Die Bezeichnungen *Arbeitsvertrag und Arbeitsverhältnis* des EVÜ erfassen Arbeitsverträge aller Art. Maßgeblich ist nicht das Rechtsverständnis des

---

[985] IBÁN, S. 220.

[986] ADOMEIT/FRÜHBECK, S. 48.

jeweiligen nationalen Rechts, sondern das des europäischen Kollisionsrechts. Eine einheitliche und allgemein akzeptierte europäische Definition wird sich wohl erst dann entwickeln lassen, wenn der EuGH seine Zuständigkeit zur Auslegung des EVÜ nutzt. Als Arbeitsverträge in diesem Sinne sind Dienstverträge zwischen Arbeitgeber und Arbeitnehmer zu verstehen, die eine abhängige, weisungsgebundene Tätigkeit gegen Vergütung zum Gegenstand haben.[987]

b. EG/RL 96/71 / *Directiva 96/71/CE*

Die Richtlinie 96/71/EG des Europäischen Parlaments und des Rates über die Entsendung von Arbeitnehmern im Rahmen der Erbringung von Dienstleistungen vom 16.12.1996 ist im Zusammenhang mit der Entsendung von Arbeitnehmern in einen anderen Mitgliedstaat zu erwähnen. Sie ist in Spanien unter der Bezeichnung *Directiva 96/71/CE, del Parlamento Europeo y del Consejo, de 16 de diciembre de 1996, sobre el desplazamiento de trabajadores efectuado en el marco de una prestación de servicios* wirksam. Sie verpflichtet die Mitgliedstaaten, bis zum 16.12.1999 Durchführungsvorschriften zu Arbeits- und Beschäftigungsbedingungen für in ihr Hoheitsgebiet entsandte Arbeitnehmer zu erlassen. Die Bedingungen sind in Art. 3 der Richtlinie geregelt und umfassen Arbeitsschutzvorschriften im weiteren Sinne. Unter entsandte Arbeitnehmer im Sinne dieser Vorschrift werden diejenigen Arbeitnehmer verstanden, die für eine begrenzte Zeit ihre Arbeit in einem Mitgliedstaat der EU leisten, in dem sie nicht üblicherweise tätig werden.[988] Hierunter würden *mobile Telearbeiter*, die temporär im Ausland tätig sind, zu subsumieren sein und solche, die zwar nicht üblicherweise mobil tätig sind, sich aber dennoch *temporär* im Ausland aufhalten.

Sobald die Mitgliedstaaten auf der Grundlage des Art. 3 EG/RL 96/71 Normen erlassen, kann die Richtlinie auch im Zusammenhang mit internationaler *Telearbeit* relevant werden. Es ist dann auf die Einzelregelungen abzustellen. Die entsprechenden Ausführungsvorschriften sind abzuwarten.

Nach der EU/RL 96/71 soll das anwendbare Recht dasjenige des Mitgliedstaats sein, in dem der Arbeitnehmer tätig wird. Dies gilt für die grundsätzlichen Arbeitsbedingungen wie Arbeitszeit, Mindest-Urlaubsdauer, Arbeitssicherheit und Hygiene, Mutterschutz, Mindestlohn, Jugendarbeit u.a.[989] Das bedeutet im Falle der Telearbeit, daß der Ort, an dem tatsächlich die Tätigkeit ausgeübt wird, ausschlaggebend ist.

---

[987] REITHMANN/MARTINY, Rn. 1333 f.

[988] MARTÍN VALVERDE/RODRÍGUEZ-SAÑUDO GUTIÉRREZ/GARCÍA MURCIA, S. 137.

[989] MARTÍN VALVERDE/RODRÍGUEZ-SAÑUDO GUTIÉRREZ/GARCÍA MURCIA, S. 137.

III. Befugnis zur grenzüberschreitenden Versetzung

Die örtliche Versetzung von Arbeitskräften wurde bereits behandelt. Aufgrund der thematischen Nähe zu den im Rahmen dieses Kapitels behandelten grenzüberschreitenden Aspekten sei hier noch kurz auf die Rechtslage, die sich im Zusammenhang mit der grenzüberschreitenden Versetzung besteht, eingegangen. Unproblematisch ist der Einsatz eines Arbeitnehmers im Ausland, sofern er diesem zustimmt. Anderes gilt im Hinblick auf die Frage, ob der Arbeitgeber den Arbeitnehmer ohne bzw. gegen seinen Willen versetzt.

1. Telearbeit in Spanien für einen Betrieb mit Sitz in Deutschland

Der Einsatz einer in Deutschland beschäftigten Person im Ausland kommt selbst dann bei Montagearbeiten in der Regel nur in Betracht, wenn er vertraglich vorgesehen ist.[990] Gleiches muß auch für andere Arbeitskräfte gelten, es sei denn, aus dem Berufstyp (z.B. Stewardeß o.ä.) ergibt sich bereits zwangsläufig, daß ein Auslandseinsatz Inhalt des Vertrages ist.

Damit ist auch im Falle der *Telearbeit* die Versetzung ins Ausland grundsätzlich nur im Falle einer Vereinbarung ausdrücklicher oder konkludenter Natur möglich. Berufstypabhängige Versetzungen im Rahmen der Telearbeit sind (noch) nicht denkbar.

2. Telearbeit in Deutschland für einen Betrieb mit Sitz in Spanien

Die Versetzung von Arbeitskräften innerhalb Spaniens wurde oben besprochen. Die dort und in Art. 40 ET genannten Grundsätze gelten mangels anderweitiger Regelung auch im Hinblick auf ins Ausland zu versetzende Arbeitskräfte. Doch an die Voraussetzungen sind strengere Anforderungen zu stellen als bei ausschließlich nationalen Versetzungen.

---

[990] LAG Hamm DB 74, 877.

H. Schlußbetrachtung

Auf Grundlage der vorliegenden Arbeit ist festzustellen, daß die Telearbeit nicht den Rahmen der klassischen Arbeitsbeziehungen sprengt;[991] das deutsche und das spanische Recht werden grundsätzlich der grenzüberschreitenden Telearbeit gerecht.

Telearbeit ist nach den in Deutschland und Spanien vorherrschenden Auffassungen eine Arbeitsform, bei der Arbeit unter Verwendung von IuK-Mitteln an einen Ort fern vom klassischen Betrieb, ausgelagert wird; sie kann besondere, teilweise erhebliche Auswirkungen auf das Arbeitsleben haben. Es bestehen Unterformen der Telearbeit, die zwar teilweise der Lösung von Rechtsfragen dienen, jedoch an keinen rechtlichen Kategorien festzumachen sind. Auch der Begriff Telearbeit ist an keine rechtlichen Voraussetzungen gebunden.

Es wird erwartet, daß Telearbeit in Europa noch ein erhebliches Wachstumspotential hat. In Spanien ist die Ausbreitung dieser neuen Arbeitsform noch verhältnismäßig gering. Der Diskusionstand zur Telearbeit ist in Deutschland auch in juristischer Hinsicht weit fortgeschritten. In Spanien begann die Beschäftigung mit dem Thema aber zögernd; erst seit 1998 beginnt eine intensivere Erörterung auch juristischer Telearbeitsfragen.

Telearbeiter können nach deutschem und spanischen Recht Arbeitnehmer oder Selbständige sein. In Deutschland ist bei der Telearbeit der Status der Arbeitnehmerähnlichen grundsätzlich auch in Form des in Heimarbeit Beschäftigten denkbar, doch kommt dieser weniger häufig vor. Im spanischen Recht sind weder Arbeitnehmerähnliche noch in Heimarbeit Beschäftigte bekannt. Der *trabajo a domicilio*, eine besondere Form des Arbeitsverhältnisses, welches besonders auf Tätigkeiten klassischer 'Heimarbeit' zugeschnitten wurde, scheitert im Falle der Telearbeit bereits am Kriterium der Überwachungsfreiheit. Die vorhandenen arbeitsrechtlichen Kriterien zur Einordnung der Arbeitskräfte lassen sich regelmäßig auf Telarbeiter anwenden. Ergänzung finden die Merkmale durch besondere Formen, wie etwa die *informationelle Subordination* bzw. *subordinación informática*,[992] die *informationelle Weisungsbefugnis* bzw. *dirección informática* oder die *informationelle Eingliederung* bzw. *inserción informática*. Doch auch sie lassen sich aus den bereits bekannten Kriterien herleiten und verstehen.

Bei der Telearbeit gilt sowohl in Deutschland als auch in Spanien grundsätzlich das Prinzip der Freiwilligkeit, unabhängig von der Frage, welcher Status

---

[991] So aber etwa SUÑÉ LLINAS, El Teletrabajo, S. 320.

[992] Zur neuen Terminologie vgl. RHEINHEIMER, Subordinación informática: El teletrabajo en Alemania, S. 6 f.

vorliegt. In Spanien kann jedoch eine Ausnahme vorliegen, wenn im Arbeitsverhältnis besondere Voraussetzungen vorliegen, die eine örtliche Versetzung erlauben.

Die Informationspflichten der Auftrag- bzw. Arbeitgeber, Fragen im Zusammenhang mit Nebentätigkeiten sowie Wettbewerbs- und Konkurrenzschutz hängen insbesondere vom Status des Telearbeiters ab.

Sofern keine anderweitige Vereinbarung vorliegt, hat weder der Auftrag- noch der Arbeitgeber nach beiden Rechtssystemen einen Anspruch auf Zugang zur Wohnung des Telearbeiters. Die Frage, ob eine konkludent erteilte Zustimmung vorliegt, hängt vom Einzelfall ab und kann nicht allgemein unterstellt werden. Kontrollbefugnisse per IuK-Mittel bestehen zwar, sind jedoch durch das allgemeine Persönlichkeitsrecht (Deutschland) bzw. den *derecho de privacidad* (Spanien) begrenzt.

Telearbeitnehmer sind im Rahmen der Betriebsvertretungswahlen nach spanischem und deutschen Recht aktiv und passiv wahlberechtigt.

In Deutschland dürfen Vermieter die Ausübung von Telearbeit in der Wohnung grundsätzlich nur bei unzumutbarer Störung verbieten. Im Falle eines gewerblichen Erlaubnisvorbehalts muß der Vermieter die Nutzung der Wohnung zur Ausübung von Telearbeit neben Wohnzwecken grundsätzlich erlauben. In Spanien wurden diese Fragen noch nicht untersucht.

In anderen Staaten der EU wird ein vergleichbarer Telearbeitsbegriff verwendet; die Unterformen sind dort ebenfalls bekannt. In arbeitsrechtlicher Hinsicht sind die Telearbeiter als Arbeitnehmer oder Selbständige einzuordnen. In einigen Mitgliedstaaten sind besondere Rechtsformen der 'Heimarbeit' denkbar, die sich teilweise an das Arbeitsverhältnis anlehnen, teilweise der Selbständigkeit zuzuordnen sind. Die Kontrollbefugnisse des Arbeitgebers gegenüber Telearbeitern sind regelmäßig beschränkt.

Im Hinblick auf Freizügigkeit und Arbeitserlaubnis steht einer Erwerbstätigkeit eines Deutschen in Spanien sowie eines Spaniers in Deutschland nichts entgegen. Gleiches gilt für die Angehörigen anderer Mitgliedstaaten der EU. Das IPR Spaniens bzw. Deutschlands regelt die Frage, welches Recht bei grenzüberschreitender Tätigkeit anwendbar ist. In der Regel besteht der Grundsatz der Rechtswahlfreiheit, sofern nicht zwingendes Recht greift. Das IPR bietet für Fragen grenzüberschreitender Telearbeit ausreichend Antwort. Die Normen des IPR Spaniens und Deutschlands haben die gleiche Wurzel und decken sich daher grundsätzlich.

Zusammfassend kann festgestellt werden, daß das Arbeitsrecht und das sonstige Recht für die Telearbeit grundsätzlich gewappnet sind. Einzelfragen bedürfen zwar noch einer intensiven Diskussion, doch die wesentlichen der überprüften

Aspekte sind mit den bisherigen Kriterien grundsätzlich zu erfassen, auch wenn teilweise eine Anpassung an die besonderen Erfordernisse erforderlich wird, die sich aufgrund des Einsatzes von IuK-Mitteln ergeben.

Literaturverzeichnis

ADOMEIT, KLAUS / **THAU**, JENS T. — Das Gesetz zur Vereinheitlichung der Kündigungsfristen von Arbeitnehmern und Angestellten, in: NJW 1994, S. 11 ff.

ADOMEIT, KLAUS — Der Dienstvertrag des BGB und die Entwicklung zum Arbeitsrecht, in: NJW 1996, S. 1710 ff.

ADOMEIT, KLAUS — Euro-Geld, Euro-Arbeit, Euro-Recht, in: NJW 1998, S. 2021 ff.

ADOMEIT, KLAUS — Rechtsquellenfragen im Arbeitsrecht, München 1969.

ADOMEIT, KLAUS / **FRÜHBECK**, GUILLERMO — Einführung in das spanische Recht: Das Verfassungs- Zivil-, Wirtschafts- und Arbeitsrecht des Königreichs Spanien, München 1993 (zitiert: ADOMEIT/FRÜHBECK).

ADOMEIT, KLAUS / **SODAN**, HELGE — Arbeits- und Sozialrecht, 2. Aufl., Baden-Baden 1999.

ALBIOL MONTESINOS, IGNACIO **ALFONSO MELLADO**, CARLOS / **BLASCO PELLICER**, ÁNGEL / **GOERLICH PESET**, JOSÉ MARÍA — Estatuto de los Trabajadores - Concordado con la Jurisprudencia de los Tribunales Constitutional y Supremo, Valencia 1999 (zitiert: ALBIOL MONTESINOS u.a.).

ALBRECHT, RÜDIGER — Die Einrichtung von Tele- und Außenarbeitsplätzen - Rechtliche und personalpolitische Anforderungen, in: NZA 1996, S. 1240 ff.

ALONSO OLEA, MANUEL / **CASAS BAAMONDE**, MARÍA EMILIA — Derecho del Trabajo, 16. Auflage, Madrid 1998 (zitiert: ALONSO OLEA/CASAS BAAMONDE).

ANDREAE, VOLKER — Attraktive Telearbeit, in: NJW-CoR 1996, S. 146.

ARCHE, JOSÉ MARÍA / **GALINER**, MANUEL — Glossario del mundo laboral - Glossar der Arbeitswelt - spanisch/deutsch - deutsch/spanisch, Kassel 1996.

AWV-ARBEITSKREIS — AWV-ARBEITSKREIS "ORGANISATORISCHE POTENTIALE DER BÜROKOMMUNIKATION" IM AWV-FACHAUSSCHUß "VERWALTUNGSMANAGEMENT UND - MODERNISIERUNG": Rechtsfragen der Telearbeit, Eschborn 1998 (zitiert: AWV).

BAHL-BENKER, ANGELIKA — Elektronische Heimarbeit - die "schöne neue Arbeitswelt"?, in: Die Mitbestimmung 1983, S. 572 ff.

BALKE, BARBARA / **MÜLLER**, ANDREAS — Arbeitsrechtiche Aspekte beim betrieblichen Einsatz von e-mails, in: DB 1997, S. 326 ff.

BALLARIN, LAURA / **BELIËN**, MARC — Travail a domicile et teletravail: Questions et definitions, in: Revue du Travail, 1995, Nº 20, S. 8 ff.

BARRIOS, CHRISTIAN / **MUÑOZ**, PEDRO — Teletrabajo - El trabajo en una nueva era de la información, Madrid 1996.

BAUER, JOBST-HUBERTUS / u.a. — BAUER, JOBST-HUBERTUS / DILLER, MARTIN / LORENZEN, STEFANIE: Das neue Gesetz zur "Scheinselbständigkeit", in: NZA 4/1999, S. 169 ff.

BAYRSTREG — Offensive Zukunft Bayern - BAYERN ONLINE - Datenhochgeschwindigkeitsnetz und neue Kommunikationstechnologien - Themenarbeitskreis Telearbeit und virtuelle Unternehmen - Innovativer Einsatz von Telearbeit - "TWIST" - Telearbeit in flexiblen Strukturen, Hg.v.d. BAYRSTREG - ÖFFENTLICHKEITSARBEIT, Jahresbericht 1997, München 1997 (zitiert: BAYRSTREG, TWIST).

BAYRSTREG Offensive Zukunft Bayern - BAYERN ONLINE - High Tech Kommunikation für Bayern, Hg.v.d BAYRSTREG - ÖFFENTLICHKEITSARBEIT, München Januar 1998 (zitiert: BAYRSTREG, High Tech).

BECHER, HERBERT J. Wörterbuch der Rechts- und Wirtschaftssprache - Teil 1, Spanisch - Deutsch, 4. Auflage, München 1994.

BESGEN, D. Telearbeit, in: b+p 1995, S. 404 ff.

BEUTHIEN, BERTOLD Telearbeit im Aufwind - Der Tarifvertrag der Deutschen Telekom AG, in: ZTR 1996, S. 204 ff.

BFAI BUNDESSTELLE FÜR AUßENHANDELSINFORMATION: Internationales und ausländisches Wirtschafts- und Steuerrecht Spanien - Arbeitsrecht, Köln / Berlin 1995 (zitiert: BFAI).

BMA BUNDESMINISTERIUM FÜR ARBEIT UND SOZIALORDNUNG (Hg.): Telearbeit für behinderte Menschen - Forschungsbericht im Auftrag des Bundesministeriums für Arbeit und Sozialforschung, Hamburg 1997 (zitiert: BMA, Telearbeit für behinderte Menschen).

BMA / BMWi / BMBF BUNDESMINISTERIUM FÜR ARBEIT UND SOZIALORDNUNG / BUNDESMINISTERIUM FÜR WIRTSCHAFT / BUNDESMINISTERIUM FÜR BILDUNG, WISSENSCHAFT, FORSCHUNG UND TECHNOLOGIE: Telearbeit - Ein Leitfaden für die Praxis, Bonn 1998 (zitiert: BMA/BMWi/BMBF, Telearbeit).

BMWI / BMA	BUNDESMINISTERIUM FÜR WIRTSCHAFT / BUNDESMINISTERIUM FÜR ARBEIT UND SOZIALORDNUNG: Telearbeit - Chancen für neue Arbeitsformen, mehr Beschäftigung, flexible Arbeitszeiten - Ein Ratgeber für Arbeitnehmer, Freiberufler und Unternehmen, Bonn 1998 (zitiert: BMWI/BMA, Telearbeit).
BOHNER, OTTO / **SCHRÖTER**, WELF (Hg.)	initiative tele@arbeit baden-würtemberg - Arbeiten im Netz - Beiträge zur Telearbeit, Stuttgart 1998.
BOTTERMAN, MARTEN	Work and Trade in a Changing World, in: ICEF GmbH, Online Collaboration Berlin - Second International Conference on Teleworking, Knowledge Management and Electronic Commerce - Book of Abstracts, Bonn 1998, S. 2 ff.
VON **BOYNEBURGK**, SUSANNE	Aktuelle Entwicklungstendenzen der Telearbeit - eine kritische Analyse, Göttingen 1995.
BRECHT, HANS-THEO	Heimarbeitsgesetz - Kommentar, München 1977.
BREVES, CHRISTIANE	Die Abgrenzung des Arbeitnehmers vom freien Mitarbeiter, Aachen 1998.
BUB, WOLF-RÜDIGER / **TREIER**, GERHARD	Handbuch der Geschäfts- und Wohnraummiete, 3. Auflage, München 1999 (zitiert: BUB/TREIER-BEARB.).
BUNDESREGIERUNG, PRESSE- UND INFORMATIONSAMT	Telearbeit: Die positiven Aspekte überwiegen - Gutachten des Fraunhofer-Instituts für Arbeitswirtschaft und Organisation, in: Sozialpolitische Umschau, Nr. 492/1997, S. 29 f.
CARRASCO GUTIÉRREZ, JOSÉ ANTONIO	El teletrabajo como una nueva opción, in: Estudios Financieros Nº 177, 1997, S. 121 ff.

CASADO, RAFAEL — Sociedad, tecnología y teletrabajo, in: gaceta sindical, 1996, Nº 149, S. 56 ff.

CHRISTENSEN, SÖREN — Herausforderung Informationsgesellschaft - Auswirkung auf Mensch und Gesellschaft, in: Akademie der Bundeswehr für Information und Kommunikation, Rabert, BERNHARD (Hg.): Herausforderung Informationsgesellschaft - Zukünftige Strukturen und Ziele bürgerlicher Information und Kommunikation, S. 52 ff., Strausberg 1997.

DE CLOET, CHARLOTTE — El centro de trabajo telemático: una opción para fomentar el empleo femenino rural, in: El Campo Nº 133, 1995, S. 295 ff.

COLEMAN, DAVID — Electronic Collaboration: The U.S. Experience, in: ICEF GmbH, Online Collaboration Berlin - International Conference on Teleworking - Bool of Abstracts Bonn 1997, S. 14 ff.

COLLARDIN, MARCUS — Aktuelle Rechtsfragen der Telearbeit, Berlin 1995.

COMISIÓN EUROPEA — Crecimiento, competividad, empleo - Retos y pistas para entrar en el siglo XXI - Libro blanco in: Fundación Galicia-Europa, Santiago, ohne Jahr.

COMMISSION EUROPEENNE - DG V — Suivi du Livre blanc - Le Télétravail - Supplément 3, Hg.v.d. COMMISSION EUROPEENNE - Direction Générale de l'Emploi, des Relations Industrielles et des Affaires Sociales, Bruxelles / Luxembourg 1995.

D+A CONSULTING / WEDDE, PETER — Entwicklungen der Telearbeit - Arbeitsrechtliche Rahmenbedingungen - Forschungsbericht 269 im Auftrag des Bundesministers für Arbeit und Sozialordnung, hrsg. vom Bundesminister für Arbeit und Sozialordnung, Bonn 1997 (zitiert: D+A CONSULTING/WEDDE, Entwicklungen).

DAG Tele(heim)arbeit als betriebliches Handlungsfeld - Ein Leitfaden für betriebliche Interessenvertretungen, in: Der Betriebsrat 1/1993, S. 1 ff.

DÄUBLER, WOLGANG (Hg.) Arbeitsbeziehungen in Spanien - Geschichte - Ideologien - Rechtsnormen, Köln 1982 (zitiert: DÄUBLER, Arbeitsbeziehungen).

DGFP Wie verändert Telearbeit die Arbeitswelt?, in: Arbeitgeber 1995, S. 936.

DIETL, CLARA-ERIKA / **MOSS**, ANNELIESE A. / **LORENZ**, EGON Wörterbuch für Recht, Wirtschaft und Politik - mit erläuternden und rechtsvergleichenden Kommentaren, Teil I, Englisch - Deutsch, 1. Auflage, München / New York 1987.

DÍEZ-PICAZO, LUIS / **GULLÓN BALLESTEROS**, ANTONIO Sistema de Derecho Civil - Volumen II - El Contrato en General, La Relación Obligatoria, Contratos en Especial, Cuasi Contratos. Enriquecimiento sin Causa, Responsabilidad Extracontractual, 7ª edición, Madrid 1995.

DPG (Hg.): Telearbeit - Tarifvertrag der Deutschen Postgewerkschaft mit der Telekom AG und der T-Mobil, Frankfurt/Main 1998 (zitiert: DPG, Telearbeit).

DUDEN Informatik - Ein Sachlexikon für Studium und Praxis, Hg. v. LEKTORAT DES B.I.-WISSENSCHAFTSVERLAGS, 2. Auflage Mannheim/Leipzig/Wien/Zürich 1993.

EMMERT, FRANK Europarecht, München 1996.

ERTEL, MICHAEL / **MAINTZ**, GUNDA / **ULLSPERGER**, PETER Telearbeit - gesund gestaltet, Broschüre der Bundesanstalt für Arbeitsschutz und Arbeitsmedizin - Gesundheitsschutz Nr. 17, 4. Auflage, Dortmund 1999 (zitiert: ERTEL/MAINTZ/ULLSPERGER).

ESCUDERO RODRÍGUEZ, RICARDO — Teletrabajo - Ponencia temática III, Bericht zum Referat auf dem X. Nationalen Arbeitsrechts- und Sozialversicherungs-Kongreß des A.E.D.T.S.S., Zaragoza, 28./29. Mai 1999.

EUROPÄISCHE GEMEINSCHAFT — Die sozialen Folgen der Telearbeit, Broschüre über die Berichte der Europäischen Stiftung zur Verbesserung der Lebens- und Arbeitsbedingungen, Hg.v.d. EUROPÄISCHEN GEMEINSCHAFT, AMT FÜR AMTLICHE VERÖFFENTLICHUNGEN Luxemburg, ohne Jahr (zitiert: EG, soziale Folgen).

EUROPÄISCHE KOMMISSION — Wachstum, Wettbewerbsfähigkeit, Beschäftigung - Herausforderungen der Gegenwart und Wege ins 21. Jahrhundert - Weißbuch, Luxemburg, ohne Jahr.

EUROPEAN COMMISSION - DG V / **HUWS,** URSULA — Follow-up to the White Paper - Teleworking - Report to the European Commission's Employment Task Force, ohne Ort, 1994 (zitiert EC/Huws).

EUROPEAN COMMISSION - DG XIII / **JOHNSTON,** PETER / u.a. — Legal, Organisational and Management Issues in Telework - New Ways to Work in the Virtual European Company - The Opportunities and Constraints for Teleworking and Business Restructuring in Europe, Luxemburg 1994 (zitiert: EC/JOHNSTON).

EUROPEAN COMMISSION - DG XIII / **RODER,** MATHIAS — Telework - The main legal aspects, in: EUROPEAN COMMISSION - DGXIII / JOHNSTON, PETER / U.A.: Legal, Organisational and Management Issues in Telework - New Ways to Work in the Virtual European Company - The Opportunities and Constraints for Teleworking and Business Restructuring in Europe, Luxemburg 1994, S. 84 ff. (zitiert: EC/RODER).

EUROPEAN COMMISSION - DG XIII — Telematics Applications Programme - Projekt Summaries - Urban and Rural Areas Sector, ohne Ort, 1996.

EUROPEAN COMMISSION - DG XIII — The Employment and Economic Impacts of Advanced Communications, and Social Trends in the Use of Communications Services - Pace 95, ohne Ort, 1995.

EUROPEAN FOUNDATION FOR THE IMPROVEMENT OF LIVING AND WORKING CONDITIONS — Telehomework case study - Empirical study on the conditions and effects of telehomework, Irland, ohne Jahr (zitiert: EUROPEAN FOUNDATION, Conditions).

BROCKHAUS — Brockhaus Enzyklopädie - 21. Band, 19. Auflage, Mannheim 1993.

FABRICIUS, FRITZ / **KRAFT**, ALFONS **WIESE**, GÜNTHER / **KREUTZ**, PETER / **OETKER**, HARTMUT — Betriebsverfassungsgesetz, Band II - §§ 74-132 mit Kommentierung des BetrVG 1952 - Gemeinschaftskommentar, 6. Auflage, Neuwied / Kriftel 1998 (zitiert: GK-BEARBEITER).

FABRICIUS, FRITZ / **KRAFT**, ALFONS **WIESE**, GÜNTHER / **KREUTZ**, PETER / **OETKER**, HARTMUT — Betriebsverfassungsgesetz, Band I - §§ 1-73 mit Wahlordnungen, 6. Auflage, Neuwied / Kriftel / Berlin 1997 (zitiert: GK-BEARBEITER).

FENSKI, MARTIN — Aktuelle Rechtsfragen der Telearbeit - Buchbesprechung, in: NZA 1997, S. 1103 f.

FENSKI, MARTIN — Außerbetriebliche Arbeitsverhältnisse - Heim- und Telearbeit, Neuwied/Kriftel/Berlin 1994.

FERNANDES-MARCOS, ADÉRITO **HORNUNG**, CHRISTOPH — Towards the Process of "Transforming" Traditional Stand-alone Enviroments into Cooperative Ones, in: ICEF GmbH, Online Collaboration Berlin - International Conference on Teleworking - Book of Abstracts, Bonn 1997, S. 47 ff.

FERNÁNDEZ DOMÍNGUEZ, JUAN JOSÉ / **MARTÍNEZ BARROSO,** MARÍA DE LOS REYES / **RODRÍGUEZ ESCANCIANO,** SUSANA
El Derecho del Trabajo tras las últimas Reformas "flexibilidoras" de la Relación Laboral, Madrid 1998.

FERNÁNDEZ ORRICO, FRANCISCO JAVIER
El uso del teletrabajo como relación laboral, y su conexión con la actuación de la Inspección de Trabajo, a la luz del artículo 18 de la Constitución, Comunicación al X. Congreso Nacional de Derecho del Trabajo y de la Seguridad Social de la A.E.D.T.S.S., Zaragoza, 28. y 29. de Mayo de 1999.

FLOHR, UDO
Nie mehr Feierabend? - Computer verlagern das Büro ins Heim - und verlängern den Arbeitstag, in: Der Spiegel special, Nr.3/1995, S. 96 ff.

FÖRSTER, GÜNTER
Praktische Aspekte der Telearbeit - Ein Erfahrungsbericht, in: CR 1997, S. 743 ff.

FRANCESCH, OSCAR / **BARRERA,** EDUARDO
Teletrabajo y desarrollo rural, in: El Campo, 1993, Nº 127, S. 265 ff.

FRANK, HANS-JOACHIM
The Prospects for Teleworking in Germany, in: ICEF GmbH, Online Collaboration Berlin - International Conference on Teleworking - Book of Abstracts, Bonn 1997, S. 77 f.

FRAUNHOFER INSTITUT FÜR ARBEITSWIRTSCHAFT UND ORGANISATION
Entwicklungen der Telearbeit - Arbeitsrechtliche Rahmenbedingungen - Abschlußbericht - Forschungsbericht 269a im Auftrag des Bundesministers für Arbeit und Sozialordnung, hrsg. vom Bundesminister für Arbeit und Sozialordnung, Bonn 1997 (zitiert: FRAUNHOFER, Entwicklungen).

GAETA, LORENZO
Teletrabajo y derecho: La experiencia Italiana, in: DL, 1996, Nº 49, S. 33 ff.

GALIANA MORENO, JESÚS / **SEMPERE NAVARRO**, ANTONIO	Legislación Laboral y de la Seguridad Social, Pamplona 1998.
GBEZO, BERNARD E.	Otro modo de trabajar: la revolución del teletrabajo, in: Trabajo - Revista de la OIT Nº 14, 1995, S. 4 ff.
GERLING, RAINER W.	Betriebsvereinbarung E-Mail und Internet - Ein kommentierter Entwurf für die Praxis, in: DuD 1997, S. 703 ff.
GIL CASADO, ROBERTO	El teletrabajo, in: PUCHOL, LUIS: Dirección y gestión de recursos humanos, 3. Auflage, Madrid 1997, S. 169 ff.
GK-BEARBEITER **FABRICIUS**, FRITZ / **KRAFT**, ALFONS / **WIESE**, GÜNTHER / **KREUTZ**, PETER / **OETKER**, HARTMUT	Betriebsverfassungsgesetz, Band I - §§ 1-73 mit Wahlordnungen, 6. Auflage, Neuwied / Kriftel / Berlin 1997 (zitiert: GK-BEARBEITER).
GK-BEARBEITER **FABRICIUS**, FRITZ / **KRAFT**, ALFONS / **WIESE**, GÜNTHER / **KREUTZ**, PETER / **OETKER**, HARTMUT	Betriebsverfassungsgesetz, Band II - §§ 74-132 mit Kommentierung des BetrVG 1952 - Gemeinschaftskommentar, 6. Auflage, Neuwied / Kriftel 1998 (zitiert: GK-BEARBEITER).
GMD	GMD - FORSCHUNGSZENTRUM INFORMATIONSTECHNIK GMBH (Hg.), VOLLMER, STEPHAN F.: TEA - Einrichtung und Erprobung von Telearbeitsplätzen bei der GMD Darmstadt, Darmstadt 1998 (zitiert: GMD).
GODEHARDT, BIRGIT	Telearbeit - Rahmenbedingungen und Potentiale, Opladen 1994.

GONZÁLEZ MOLINA, MARÍA DOLORES / **LÓPEZ AHUMADA**, JOSÉ E. — El teletrabajo y privacidad del trabajador, Comunicación al X. Congreso Nacional de Derecho del Trabajo y de la Seguridad Social de la A.E.D.T.S.S., Zaragoza, 28. y 29. de Mayo de 1999.

GRAY, MIKE / **HODSON**, NOEL / **GORDON**, GIL — El Teletrabajo - Aspectos generales, Madrid 1995.

GRAY, MIKE / **HODSON**, NOEL / **GORDON**, GIL — Teleworking explained, Chichester / New York / Brisbane / Toronto / Singapore 1993.

GRIEB, PHILLIPP — Teleworking and Mobile Intranet Access - Selection Criteria for Major Companies and Organisations, in: ICEF GmbH, Online Collaboration Berlin - International Conference on Teleworking - Book of Abstracts, Bonn 1997, S. 34 ff.

GRIESER, FRANZ / **IRLBECK**, THOMAS — Computer-Lexikon - Das Nachschlagewerk zum Thema EDV, München 1995.

VON DER GROEBEN, HANS / **THIESING**, JOCHEN / **EHLERMANN**, CLAUS-DIETER — Kommentar zum EU-/EG-Vertrag, Band 1, 5. Auflage, Baden-Baden 1997.

VAN HAAREN, KURT: — Multimedia - Das technisch Machbare taugt nicht als Leitbild, in: GMH 1995, S. 335 ff.

HAMMER, MICHAEL / **CHAMPY**, JAMES — Business Reengeneering - A manifesto for business revolution, reprinted, London 1995.

HAMMER, MICHAEL / **CHAMPY**, JAMES — Business Reengeneering - Die Radikalkur für das Unternehmen, 6. Auflage, Frankfurt/Main 1996.

HANAU, PETER / **ADOMEIT**, KLAUS — Arbeitsrecht, 11. Auflage, Neuwied/Kriftel/Berlin 1994.

HAUCK, FRIEDRICH	Arbeitsgerichtsgesetz - Kommentar, München 1996 (zitiert: HAUCK).
HÄUSSLER, RUDI	Die einen sagen so, die anderen so - Ein zeitlos aktuelles Thema bekommt durch moderne Technik wieder Rückenwind, in: FAZ vom 12. März 1996.
HEIKKILÄ, ASKO	Labour Legislation and Social Security of Telework - Abstrakt of Finnish reports to EU-commission telework program. Ministry of Labour, Working Enviroment Division, Research unit. Labour Policy Studies, Helsinki 1995.
HILGER, MARIE LUISE	Zum "Arbeitnehmer-Begriff", in: RdA 1989, S. 1 ff.
HOCH, MARC	Einsames Überleben in der häuslichen Leere des Büros - Chancen und Risiken der Telearbeit in der Diskussion, in: Süddeutsche Zeitung vom 6. Juli 1996.
HOHMEISTER, FRANK	Scheinselbständige und arbeitnehmerähnliche Selbständige in der Sozialversicherung, in: NZA 7/1999, S. 337 ff.
HÖNICKE, INA	Telependler, in: Mitbestimmung 9/97, S. 47 ff.
HOOSE, ANJA	Telearbeit - Instrument zur Flexibilisierung und Deregulierung, in: Arbeit und Sozialpolitik 11-12/94, S. 53 ff.
HROMADKA, WOLFGANG	Arbeitnehmerähnliche Personen - Rechtsgeschichtliche, dogmatische und rechtspolitische Überlegungen, in: NZA 1997, S. 1249 ff.
HROMADKA, WOLFGANG	Arbeitnehmerbegriff und Arbeitsrecht - Zur Diskussion um die "neue Selbständigkeit", in: NZA 1997, S. 569 ff.

HUBER, JOSEPH — Telearbeit - Ein Zukunftsbild als Politikum, Opladen 1987.

HUNOLD, WOLF — Musterarbeitsverträge und Zeugnisse für die betriebliche Praxis - Rechtssichere Muster für gewerbliche Arbeitnehmer, Angestellte und leitende Angestellte, Kissing 1999.

IBÁN, IVÁN C. — Einführung in das spanische Recht, Baden-Baden 1995.

IGM — Teils im Betrieb - teils zu Hause - Neue Formen der Telearbeit - Chancen und Risiken für die Beschäftigten - Positionen und Empfehlungen, Frankfurt/Main 1993.

INNOVATIONSFORUM MULTIMEDIA-ANWENDUNGEN — initiative tele@rbeit baden-würtemberg - Ermutigung zu qualifizierten Anwendungen der Telearbeit im Netz und in Netzwerken, Hg.v. INNOVATIONSFORUM MULTIMEDIA-ANWENDUNGEN DER LANDESREGIERUNG VON BADEN-WÜRTTEMBERG, ARBEITSGRUPPE "TELEWORKING", Stuttgart 1998 (zitiert: INNOVATIONSFORUM).

ITURBE, BEGOÑA — El teletrabajo: un fenómeno económico y social, in: Suplemento de la Revista TELOS 41, 1995, S. 11 ff.

JOHNSTON, PETER — Teletrabajo y Transporte: hacia una sociedad basada en la información, in: ALFOZ - Madrid Territorio, Economía y Sociedad - La Ciudad accesible, 1994, Nº 109, S. 78 ff. (zitiert: JOHNSTON, ALFOZ).

KAPPUS, MATTHIAS — Rechtsfragen der Telearbeit, Heidelberg 1986.

KAPPUS, MATTHIAS — Telearbeit de lege ferenda, in: NZA 1987, S. 408 ff.

KARPF, HUGO	Heimarbeit und Gewerkschaft - Ein Beitrag zur Sozialgeschichte der Heimarbeit im 19. und 20. Jahrhundert, Köln 1980.
KASSELER HANDBUCH ZUM ARBEITSRECHT	Band 1 - Arbeitsverhältnis und Inhalt des Arbeitsverhältnisses, hrsg. v. LEINEMANN, WOLFGANG, Neuwied / Kriftel / Berlin 1997 (zitiert: KASSELER HANDBUCH-BEARB.).
KASSELER HANDBUCH ZUM ARBEITSRECHT	Band 2 - Besondere Arbeitsverhältnisse und Arbeitsverhältnisse mit besonderem Schutz - Kollektives Arbeitsrecht - Arbeitsgerichtliche Verfahren - Neue Bundesländer - Europarecht, Nrn. 3. - 11., hrsg. v. LEINEMANN, WOLFGANG Neuwied / Kriftel / Berlin 1997 (zitiert: KASSELER HANDBUCH-BEARB.).
KEGEL, GERHARD	Internationales Privatrecht - Ein Studienbuch, 7. Auflage, München 1995.
KILIAN, WOLFGANG / **BORSUM**, WOLFGANG / **HOFFMEISTER**, UWE	Telearbeit und Arbeitsrecht - Forschungsbericht 139 im Auftrag des Bundesministers für Arbeit und Sozialordnung, hrsg. vom Bundesminister für Arbeit und Sozialordnung, Bonn 1986.
KILIAN, WOLFGANG / **BORSUM**, WOLFGANG / **HOFFMEISTER**, UWE	Telearbeit und Arbeitsrecht - Ergebnisse eines Forschungsprojekts, in: NZA 1987, S. 401 ff.
KIRCHNER, HILDEBERT	Abkürzungen für Juristen - Alphabetisches Verzeichnis der Abkürzungen, 2. Auflage, Berlin/New York 1993.
KIRCHNER, HILDEBERT	Abkürzungsverzeichnis der Rechtssprache, 4. Auflage, Berlin/New York 1993.
KÖBLER, GERHARD	Rechtsspanisch - Deutsch-spanisches und spanisch-deutsches Rechtswörterbuch für jedermann, München 1997

KÖHLER, WOLFGANG — Jede fünfte Firma denkt über Tele-Jobs nach - Bonn fördert Arbeit am heimischen Bildschirm - Für eine Firma in Münster ist die Zukunft bereits Realität, in: Welt am Sonntag vom 26. Januar 1997.

KORTE, WERNER B. / **KORDEY**, NORBERT / **ROBINSON**, SIMON: — El teletrabajo en Europa: penetración, potencial y práctica - ¿Ha colmado las expectativas?, in: I&T Magazine, 1994-95, Nº 16, S. 24 ff.

KORTE, WERNER B. / **WYNNE**, RICHARD — Telework - Penetration, Potential and Practice in Europe - Results from Representative Surveys and Case Studies and an Analysis of the Conditions for Telework Development - Final Report of the Projekt T1016 TELDET, ohne Ort Juli 1995.

KRAMER, RALPH — Die Scheinselbständigkeit und ihre individualarbeitsrechtlichen Folgen, Aachen, 1998 (zitiert: KRAMER, Scheinselbständigkeit).

KROPHOLLER, JAN — Internationales Privatrecht, 3. Auflage, Tübingen 1997.

LEINEMANN, WOLFGANG — KASSELER HANDBUCH ZUM ARBEITSRECHT, Band 1 - Arbeitsverhältnis und Inhalt des Arbeitsverhältnisses, hrsg. v. LEINEMANN, WOLFGANG, Neuwied / Kriftel / Berlin 1997 (zitiert: KASSELER HANDBUCH-BEARB.).

LEINEMANN, WOLFGANG — KASSELER HANDBUCH ZUM ARBEITSRECHT, Band 2 -, Besondere Arbeitsverhältnisse und Arbeitsverhältnisse mit besonderem Schutz - Kollektives Arbeitsrecht - Arbeitsgerichtliche Verfahren - Neue Bundesländer - Europarecht, Nrn. 3. - 11., hrsg. v. LEINEMANN, WOLFGANG Neuwied / Kriftel / Berlin 1997 (zitiert: KASSELER HANDBUCH-BEARB.).

LIEB, MANFRED — Arbeitsrecht, 6. Auflage, Heidelberg 1997.

LIEBS, ANNEDORE	Telework - The First Step to the Virtual Company, in: ICEF GmbH, Online Collaboration Berlin - International Conference on Teleworking - Book of Abstracts, Bonn 1997, S. 82 ff.
LINNENKOHL, KARL	Tele-Computing - Ein Modell für selbstbestimmte und flexible Arbeitszeit, in: BB 1996, S. 51 ff.
MAESTRE, PEDRO	Tendencias de las tecnologías de la información y las comunicaciones hacia el año 2000, in: RAE, 1995, № 3, S. 65 ff.
MAHFOOD, PHILLIP E.	Trabajo a distancia - Selección, dirección y control de trabajadores a distancia, Barcelona 1995.
MARTÍN DE LA HOZ, PABLO	The Design of Training Modules of Teleworkers: A Pilot Projekt, in: ICEF GmbH, Online Collaboration Berlin - International Conference on Teleworking - Book of Abstracts, Bonn 1997, S. 52 ff.
MARTÍN FLOREZ, LOURDES	"Outsourcing" y teletrabajo: Consideraciones jurídico-laborales sobre nuevos sistemas de organización del trabajo, in: REDT 1995, № 71, S. 401 ff.
MARTÍN VALVERDE, ANTONIO **RODRÍGUEZ-SAÑUDO GUTIÉRREZ**, FERMÍN / **GARCÍA MURCIA**, JOAQUÍN	Derecho del trabajo, 7. Auflage Madrid 1998.
DI MARTINO, VITTORIO / **WIRTH**, LINDA	Teletrabajo: un nuevo modo de trabajo y de vida, in: revista internacional del trabajo 1990, Vol. 109, № 4, S. 469 ff.
MAUS, WILHELM / **SCHMIDT**, KLAUS	Heimarbeitsgesetz - Kommentar, 3. Auflage, München 1976.

McCaffrey, Sheila	A Case Study Sustainable Teleworking, in: ICEF GmbH, Online Collaboration Berlin - Second International Conference on Teleworking, Knowledge Management and Electronic Commerce - Book of Abstracts, Bonn 1998, S. 152 f.
Mella Méndez, Lourdes	Sobre la manera de trabajar: el teletrabajo, in: Aranzadi Social, Nº 11, Octubre 1998, S. 37 ff.
Mendoza Navas, Natividad / **Zachert**, Ulrich	Spanisches Arbeitsrecht, in: AuA 3/1994, S. 77 ff.
Meyers Enzyklopädisches Lexikon	Band 20, Mannheim 1977.
Ministerio de Trabajo y Asuntos Sociales	Ministerio de Trabajo y Asuntos Sociales - Instituto Nacional de Condiciones de Trabajo (Hg.), Pérez Bilbao, Jesus / Nogareda Cuixart, Clotilde / Sancho Figueroa, Tomas: Teletrabajo - Nuevas perspectivas en la organización del trabajo, Barcelona 1997 (zitiert Ministerio).
Ministerium für Wirtschaft und Mittelstand, Technologie und Verkehr des Landes Nordrhein-Westfalen	Landesinitiative NRW - Band 11 - Initiative Telearbeit NRW, Dortmund / Düsseldorf 1998.
Mitchell, Horace	Moving Forward: Market Opportunities and Needs and the Role of Europe´s Fifth Framework Programme, in: ICEF GmbH, Online Collaboration Berlin - Second International Conference on Teleworking, Knowledge Management and Electronic Commerce - Book of Abstracts, Bonn 1998, S. 16 ff.

MOLINA, JOSÉ LUIS — Implantar con éxito el teletrabajo en la empresa, in: Alta Dirección, 1995, № 184, S. 437 ff.

MONEREO PÉREZ, JOSÉ LUIS / ALARCÓN CARACUEL, MANUEL R. / u.a. — Comentario al Estatuto de los Trabajadores, Albolote 1998 (zitiert: MONERERO PÉREZ/BEARB.).

MONTOYA MELGAR, ALFREDO — Derecho del trabajo, 18. Auflage, Madrid 1997.

MONTOYA MELGAR, ALFREDO / GALIANA MORENO, JESÚS M. / SEMPERE NAVARRO, ANTONIO V. / RÍOS SALMERÓN, BARTOLOMÉ — Comentarios al Estatuto de los Trabajadores, 2. Auflage, Pamplona 1998 (zitiert: MONTOYA MELGAR, u.a.).

MÖSLEIN, CHRISTOPH — Achtung Steuerfallen!, in: teleworx 1/97, S. 56 f.

MÜLLNER, WOLFGANG — Privatisierung des Arbeitsplatzes - Chancen, Risiken und rechtliche Gestaltbarkeit der Telearbeit, Stuttgart / München / Hannover 1985.

MÜNCHENER HANDBUCH ZUM ARBEITSRECHT — Band 1 - Individualarbeitsrecht I, §§ 1 - 110, hrsg. v. RICHARDI, REINHARD / WLOTZKE, OTFRIED, München 1992 (zitiert: MÜNCHARBR-BEARB.).

MÜNCHENER HANDBUCH ZUM ARBEITSRECHT — Band 2 - Individualarbeitsrecht II, §§ 111 - 232, hrsg. v. RICHARDI, REINHARD / WLOTZKE, OTFRIED, München 1993 (zitiert: MÜNCHARBR-BEARB.).

MÜNCHENER HANDBUCH ZUM ARBEITSRECHT — Band 3 - Kollektives Arbeitsrecht, §§ 233 - 383, hrsg. v. RICHARDI, REINHARD / WLOTZKE, OTFRIED, München 1993 (zitiert: MÜNCHARBR-BEARB.).

MÜNCHENER KOMMENTAR ZUM BÜRGERLICHEN GESETZBUCH	Band 3 - Schuldrecht - Besonderer Teil I, §§ 433 - 606, hrsg. v. SÄCKER, FRANZ JÜRGEN / REBMANN, KURT, 3. Auflage, München 1995 (zitiert: MÜNCHKOMM-BEARB.).
MÜNCHENER KOMMENTAR ZUM HANDELSGESETZBUCH	MÜNCHENER KOMMENTAR ZUM HANDELSGESETZBUCH, Erstes Buch. Handelsstand - §§ 1-104, hrsg. v. SCHMIDT, KARSTEN, München 1996 (zitiert: MÜNCHKOMMHGB-BEARB.).
VON MÜNCH, INGO / **KUNIG**, PHILIP	Grundgesetz-Kommentar - Band 1 - Präambel bis Art. 20 GG, 4. Auflage, München 1992.
N.N.	Anexo, in: Alta Dirección, 1995, Nº 184, S. 444 ff.
N.N.	Arbeitsplätze, in: CR 1996, S. 514 f.
N.N.	El teletrabajo - Experiencias y perspectivas, in: Suplemento de la Revista TELOS 41, 1995, S. 62 f.
N.N.	EU-Tele-Arbeit, in DuD 1996, S. 172 f.
N.N.	Firmen werden bei der Vernetzung unterstützt, in: Berliner Wirtschaft 2/1998, S. 22 f.
N.N.	Förderprogramm "Telearbeit im Mittelstand", in: NJW-CoR 1997, S. 186.
N.N.	Scheinselbständige sollen künftig besser erfaßt werden, in: FAZ v. 15.1.1999, S. 21.
N.N.	Tarifvertrag über alternierende Teleheimarbeit, in: NZA 1996, S. 189 f.
N.N.	Tarifvertrag über Telearbeit, in: RdA 1996, S. 47 f.
N.N.	Wachstumsschub durch Telearbeit, in: NJW-CoR 1996, S. 333.

DI NICOLA, PATRICIO — Why Telecenters?, in: ICEF GmbH, Online Collaboration Berlin - Second International Conference on Teleworking, Knowledge Management and Electronic Commerce - Book of Abstracts, Bonn 1998, S. 140.

NILLES, JACK u.a. — The Telecommunications-Transportation Tradeoff: Options for Tomorrow, New York / London / Wiley 1976.

OLIVER, LUIS EUGENIO — El Teletrabajo y otras Repercusiones de las Nuevas Tecnologías en el Terecho Laboral, Denia 1998 (zitiert: OLIVER, El teletrabajo).

ONLINE-FORUM TELEARBEIT — Basisinformation Telearbeit, Frankfurt/Main, ohne Jahr, (zitiert: ONFORTE, Basisinformation).

ORTIZ CHAPARRO, FRANCISCO — El Teletrabajo - Un nuevo mundo laboral y social, in: Sociedad y Utopia - Informática y Sociedad, 1997, № 9, S. 107 ff.

ORTIZ CHAPARRO, FRANCISCO — El Teletrabajo - Una nueva sociedad laboral en la era de la tecnología, Madrid / Buenos Aires / Caracas / u.a. 1996.

OTTEN, AUGUST WILHELM — Heim- und Telearbeit : Kommentar zum HAG und heimarbeitsrelevante Normen sowie Erläuterungen zur Telearbeit, München 1996.

OTTEN, AUGUST WILHELM — Heimarbeit - Ein Dauerrechtsverhältnis eigener Art, in: NZA 1995, S. 289 ff.

PADILLA MELÉNDEZ, ANTONIO — Los flujos de información telemáticos en la dirección de empresas. Análisis del teletrabajo, Málaga 1997.

PALANDT, OTTO — Bürgerliches Gesetzbuch - Kommentar, 58. Auflage, München 1999 (zitiert: PALANDT-BEARBEITER).

PÉREZ DE LOS COBOS ORIHUEL, FRANCISCO — Nuevas Tecnologías y Relación de Trabajo, Valencia 1990.

PESCH, ULRICH — Das virtuelle Büro, in: teleworx 1/97, S. 9 ff.

PESCH, ULRICH — Im Land der Selbständigen?, in: teleworx 2/98, S. 3.

PESCH, ULRICH — Online Collaboration in the Production of teleworx Magazine, in: ICEF GmbH, Online Collaboration Berlin - International Conference on Teleworking - Book of Abstracts, Bonn 1997, S. 57 ff.

PETERS, FALK — Informationstechnischer Verbund Berlin/Bonn (IVBB), in: CR 1995, S. 504 ff.

PETERS, FALK / **ORTHWEIN**, MATTHIAS — Alternierende Teleheimarbeit - Das Beispiel der Deutschen Telekom AG, in: CR 1997, S. 293 ff.

PETERS, FALK / **ORTHWEIN**, MATTHIAS — Teleheimarbeit bei der IBM, in: CR 1997, S. 35: ff.

PEUSTER, WITOLD — Das spanische Zivilgesetzbuch, Köln 1979.

PFARR, HEIDE M./ **DRÜBKE**, HELMUT — Rechtsprobleme der Telearbeit: Arbeitsrechtliche Aspekte der Dezentralisierung von Angestelltentätigkeiten mit Hilfe neuer Informations- und Kommunikationstechnologien, Baden-Baden 1989.

POLLMAN, RAINER — "Networking in the Global Networked Economy" - The European Telework Developement (ETD) Initiative is Connecting to a Better Future, in: ICEF GmbH, Online Collaboration Berlin - International Conference on Teleworking - Book of Abstracts, Bonn 1997, S. 23 ff.

POLLMANN, RAINER — Das Projekt DIPLOMAT: Europäische Charta für Telearbeit, in: teleworx 1/98, S. 11.

POLLMANN, RAINER — Der Telearbeitsverband 'Telelavoro & Tecnologia', in: teleworx 2/98, S. 10.

PREUß, JENS — Regelungsbedarf bei Telearbeit, in: Der Betriebsrat 6/1977, S. 89 ff.

VON **RADETZKY**, GERDA — Vertrauen versus Kontrolle, in: teleworx 1/97, S. 54 f.

RAFFLER, ANDREA / **HELLICH**, PETER — Unter welchen Voraussetzungen ist die Überwachung von Arbeitnehmer-e-mails zulässig?, in: NZA 1997, S. 862 ff. (u. in: AiB 1995, S. 149 ff.).

RAITHEL, SABINE — Bisher noch ein schöner Traum: Telematic-Germany - Tele-Arbeit: Deutschland ist Schlußlicht, in: Das Parlament vom 9. August 1996.

RAMOS QUINTANA, MARGARITA ISABEL — Derecho de los trabajadores extranjeros, in: REDT 1997, Nº 86, S. 863 ff.

RAY, JEAN-EMMANUEL — Le droit du travail à l'épreuve du télétravail. Une nécessaire adaptation, in: DROIT SOCIAL 1996, Nº 4, S. 351 ff.

RAY, JEAN-EMMANUEL — Le droit du travail à l'épreuve du télétravail: le statut du télétravailleur, in: DROIT SOCIAL 1996, Nº 2, S. 120 ff.

RAY, JEAN-EMMANUEL — Le droit du travail à l'épreuve du télétravail: Une nécessaire adaptation, in: problèmes economiques 1996, Nº 2.477, S. 13 ff.

REICHE, LUTZ / **REICHE**, DIETER — Allein zu Haus, in: Die Woche v. 28.2.1997.

REITHMANN, CHRISTOPH / **MARTINY**, DIETER — Internationales Privatrecht - Das internationale Privatrecht der Schuldverträge, 5. Auflage, Köln 1996.

REXRODT, GÜNTER "Wir müssen die Akzeptanz bei allen Beteiligten deutlich erhöhen" - Dr. Günter Rexrodt zu Fragen der Telearbeit und ihren Chancen, in: Die Welt v. 25.6.1997.

RHEINHEIMER, JOHANNES F.K. Subordinación informática: El teletrabajo en Alemania, Comunicación al X. Congreso Nacional de Derecho del Trabajo y de la Seguridad Social de la A.E.D.T.S.S., Zaragoza, 28. y 29. de Mayo de 1999.

RICHARDI, REINHARD Arbeitnehmerbegriff und Arbeitsvertrag, in: WILKE, DIETER (Hg.): Festschrift zum 125jährigen Bestehen der Juristischen Gesellschaft zu Berlin, S. 607 ff., Berlin / New York 1984 (zitiert: RICHARDI, Arbeitnehmerbegriff).

RICHARDI, REINHARD Betriebsverfassungsgesetz - Mit Wahlordnung, 7. Auflage, München 1998 (zitiert: RICHARDI, BetrVG).

ROCK, REINHARD Enorme Vorteile durch Flexibilität - Telearbeit NRW eine wichtige Option, in: Handelsblatt 3.6.1997.

RODRÍGUEZ-PIÑERO, MIGUEL Nuevos empleos y derecho del trabajo, in: Economía y Sociología del Trabajo Nº 29/30, 1995, S. 96 ff.

ROßNAGEL, ALEXANDER Grundrechte und Politikgestaltung in der Informationsgesellschaft, in: Akademie der Bundeswehr für Information und Kommunikation, RABERT, BERNHARD, (Hg.): Herausforderung Informationsgesellschaft - Zukünftige Strukturen und Ziele bürgerlicher Information und Kommunikation, S. 150 ff., Strausberg 1997.

SAGARDOY DE SIMÓN, IÑIGO Teletrabajo: esperanza o realidad?, in: RMTAS - Economía y sociología, Nº 11, 1998, S. 25 ff.

SALLER, RUDOLF — Telearbeit, in: NJW-CoR 1996, S. 300 ff.

SÁNCHEZ-RODAS NAVARRO, CHRISTINA — Teletrabajo y poder de dirección, Comunicación al X. Congreso Nacional de Derecho del Trabajo y de la Seguridad Social de la A.E.D.T.S.S., Zaragoza, 28. y 29. de Mayo de 1999.

SANTOS FERNÁNDEZ, DOLORES — El poder disciplinario en el teletrabajo, Comunicación al X. Congreso Nacional de Derecho del Trabajo y de la Seguridad Social de la A.E.D.T.S.S., Zaragoza, 28. y 29. de Mayo de 1999.

SCHAUB, GÜNTER — Arbeitsrechts-Handbuch - Systematische Darstellung und Nachschlagewerk für die Praxis, 8. Auflage, München 1996.

VON SCHÉELE, FABIAN / OHLSSON, KJELL — The Impact of a Semi-Virtual Organisation on Different Groups of Employees - A Prospective View of its Implications, in: ICEF GmbH, Online Collaboration Berlin - Second International Conference on Teleworking, Knowledge Management and Electronic Commerce - Book of Abstracts, Bonn 1998, S. 42 ff.

SCHMIDT, KLAUS / KOBERSKI, WOLFGANG / TIEMANN, BARBARA / WASCHER, ANGELIKA — Heimarbeitsgesetz - Kommentar, 4. Auflage, München 1998 (zitiert: SCHMIDT/KOBERSKI/TIEMANN/WASCHER).

SCHMIDT-RÖGNITZ, ANDREAS — Mit voller Kraft zurück!, in: Tagesspiegel vom 15.1.1999, S. 32.

SCHNEIDER, HANS-JOCHEN — Lexikon der Informatik und Datenverarbeitung, 2. Auflage, München/Wien 1986.

SCHOLZ, UWE — ISDN: An Economical and Flexible Medium for Teleworking and Mobile Teleworking, in: ICEF GmbH, Online Collaboration Berlin - International Conference on Teleworking - Book of Abstracts, Bonn 1997, S. 43 ff.

SCHREIBER, VIVIANE	Anwendung der Telematik in Ihrer Organisation, Brüssel 1995.
SCHREIBER, VIVIANE	Telematics - Telematik geht uns alle an, Brüssel, 1995.
SCHUCHARDT, JOCHEN	TELWEB - Transnational Telecentre Network for Individuals and Small Firms for Sustaining and Developing Work Opportunities and Competitiveness, in: ICEF GmbH, Online Collaboration Berlin - Second International Conference on Teleworking, Knowledge Management and Electronic Commerce - Book of Abstracts, Bonn 1998, S. 147 ff.
SCHULZE, HANS HERBERT	Das RORORO Computer Lexikon, Reinbek bei Hamburg 1984.
SCHUPPERT, GUNNAR FOLKE	Zutrittsrechte zu Telearbeitsplätzen - Ein Beitrag zu den rechtlichen Rahmenbedingungen der Telearbeit, Baden-Baden 1997.
SELLAS I BENVINGUT, RAMÓN	Teletrabajo: naturaleza jurídica y relaciones laborales, in: TS, Nº 92-93, Agosto-Septiembre 1998, S. 20 ff.
SITTEK, DIETMAR	Das Internet-Lexikon - Begriffe, Abkürzungen, Slang - enträtselt und erläutert, München 1997.
SOERGEL, HANS THEODOR / **SIEBERT**, WOLFGANG / u.a.	Bürgerliches Gesetzbuch - Mit Einführungsgesetz und Nebengesetzen, Band 4, §§ 516-651, 12. Auflage, Stuttgart / Berlin / Köln 1998.
SÖLLNER, ALFRED	Grundriß des Arbeitsrechts, 12. Auflage, München 1998.
STERNEL, FRIEDEMANN	Mietrecht aktuell - Erläuterung der neuen Mietgesetze, aktuelle Rechtsprechung, Gesetzestexte, 3. Auflage, Köln 1996.

SUÑÉ LLINAS, EMILIO — El Teletrabajo, in: ANGEL DAVARA, MIGUEL (Hg.), Encuentros sobre Informática y Derecho - 1997-1998, Madrid, 1998, S. 319 ff. (zitiert: SUÑÉ LLINAS, El Teletrabajo).

SUÑÉ LLINAS, EMILIO — El Teletrabajo, in: Informática y Derecho, Nos 19-22, S. 585 ff.

SYSDEM — Construire une société de l'information européene, in: Observatoire de l'Emploi - Tendances No 25, 1996, Brüssel, S. 5 f.

SYSDEM — L'impact de la société de l'imformation sur l'emploi: les experiences des Etats membres, in: Observatoire de l'Emploi - Tendances No 25, 1996, Brüssel, S. 3 ff.

SYSDEM — L'impact de la société de l'imformation sur l'emploi: Résumés et commentaires en provenance des Etats membres - Espagne, in: Observatoire de l'Emploi - Tendances No 25, 1996, Brüssel, S. 19 ff.

TARRAGÓ, XAVIER — Experiencia de teletrabajo aplicado a la toma de decisiones, in: Alta Dirección, 1995, No 184, S. 427 ff.

TEIJEIRA MARTINEZ, JOSÉ — Arbeitnehmerbegriff in der deutschen und spanischen Gesetzgebung, Berlin 1982.

THIBAULT ARANDA, XAVIER — Aspectos jurídicos del teletrabajo, in: RMTAS - Economía y sociología, No 11, 1998, S. 93 ff.

THIBAULT ARANDA, XAVIER — Teletrabajo y teledisponibilidad, Comunicación al X. Congreso Nacional de Derecho del Trabajo y de la Seguridad Social de la A.E.D.T.S.S., Zaragoza, 28. y 29. de Mayo de 1999.

TOFFLER, ALVIN — The Third Wave, London 1980.

DEN TOOM, JACQUES — Teleworking as an Opportunity for Enterprises and Employees, in: ICEF GmbH, Online Collaboration Berlin - International Conference on Teleworking - Book of Abstracts, Bonn 1997 S. 41 f.

DE VAL ARNAL, J. JESUS — La necesidad de una regulación del tele-trabajo, in: Acciones e Investigaciones Sociales, Nº 7, Marzo 1998, S. 207 ff.

VIDEGAIN MURO, JUAN J. — IBM España, una experiencia Europea de teletrabajo, in: Alta Dirección, 1995, Nº 184, S. 395 ff.

VILLANUEVA I PALACIOS, PANTALEÓ — Teletreball, Barcelona 1996.

WAHSNER, RODERICH — Elektronische Fernarbeit - Mehr Selbständigkeit per Computer?, in: AiB 7/84, S. 104 ff.

WANIOREK, GABRIELE — Gestaltungsformen der Teleheimarbeit, Berlin 1989.

WANK, ROLF — Arbeitnehmer und Selbständige, München 1988 (zitiert: Arbeitnehmer).

WANK, ROLF — Telearbeit, Heidelberg 1997.

WEDDE, PETER — Aktuelle Rechtsfragen der Telearbeit, in: NJW 1999, S. 527 ff.

WEDDE, PETER — Telearbeit - Handbuch für Arbeitnehmer, Betriebsräte und Anwender, 2. Auflage, Köln 1994 (zitiert: WEDDE, Telearbeit).

WEIßBACH, HANS-JÜRGEN — Telearbeit - eine Arbeitsform der Zukunft?, in: Mitbestimmung 8/95, S. 35 ff.

WLOTZKE, OTFRIED — Neuerungen im gesetzlichen Arbeitsrecht - Das Gesetz zur Änderung des Heimarbeitergesetzes und anderer gesetzlicher Vorschriften, in: DB 1974, S. 2252 ff.

WOLBER, CORNELIA
"Nichts Halbes, nichts Ganzes" - Umfrage: Alternierende Telearbeit in Deutschland am häufigsten, in: Die Welt vom 19. November 1996.

WOLBER, CORNELIA
Revolution der Berufswelt stockt - Zahl der Telearbeitsplätze in Deutschland steigt zwar, hinkt der internationalen Entwicklung aber hinterher - Konferenz in Bonn, in: Die Welt vom 13. November 1996.

WURZER, JÖRG
Der Call-Center-Boom bricht nicht ab, in: teleworx 2/98, S. 40 ff.

YZER, CORNELIA
Perspektiven der Digitalen Gesellschaft - Auswirkungen auf Mensch und Gesellschaft, in: Akademie der Bundeswehr für Information und Kommunikation, RABERT, BERNHARD (Hg.): Herausforderung Informationsgesellschaft - Zukünftige Strukturen und Ziele bürgerlicher Information und Kommunikation, S. 77 ff., Strausberg, 1997.

ZÖLLNER, WOLFGANG / **LORITZ**, KARL-GEORG
Arbeitsrecht - Ein Studienbuch, 5. Auflage, München 1998.

Abkürzungsverzeichnis[993]

a.A.	anderer Ansicht
a.a.O.	am angegebenen Ort
a.E.	am Ende
A.E.D.T.S.S.	Asociación Española de Derecho del Trabajo y de la Seguridad Social
a.F.	alte Fassung
a.M.	andere Meinung
aaO	am angegebenen Ort
Abb.	Abbildung
abgedr.	abgedruckt
Abk.	Abkommen / Abkürzung
abl.	ablehnend
Abs.	Absatz
Abschn.	Abschnitt
ACD	Automatic Call Distribution (Systeme)
ACTS	Advanced Communications Technologies and Services
AG	Arbeitgeber
ähnl.	ähnlich
AiB	Arbeitsrecht im Betrieb
allg.	allgemein
Alt.	Alternative
Am.	Americanism
AN	Auftragnehmer
Ang.	Angestellte(r)
Anh.	Anhang
Anl.	Anlage
Anm.	Anmerkung
AP	Arbeitsrechtliche Praxis
Ar.	Aranzadi
ArbG	Arbeitsgericht
ArbGG	Arbeitsgerichtsgesetz
ArbN	Arbeitnehmer
ArbSchG	Arbeitsschutzgesetz
ArbuR	Arbeit und Recht
ArbZG	Arbeitszeitgesetz
ArbZO	Arbeitszeitordnung
ARS	Arbeitsrecht-Sammlung, Entscheidungen des RAG und der Landesarbeitsgerichte (1928 - 1944)
Art.	Artikel (auch im Plural), artículo

[993] Soweit möglich orientiert sich das Verzeichnis an KIRCHNER, Abkürzungsverzeichnis bzw. an KIRCHNER, Abkürzungen.

Arte	Acciones Regionales en Telecomunicaciones
AS	Aranzadi Social
ASiG	Arbeitssicherheitsgesetz
ATTICA	Analysis of Constraints to Transborder Telework in the European Community and the EEA
AuA	Arbeit und Arbeitsrecht
AufenthG/EWG	Gesetz über die Einreise und Aufenthalt von Staatsangehörigen der Mitgliedstaaten der EWG
Aufl.	Auflage
AWV	Arbeitsgemeinschaft für wirtschaftliche Verwaltung e.V. (Eschborn)
AZO	Arbeitszeitordnung
b+p	Betrieb und Personal
BAG	Bundesarbeitsgericht
BAGE	Entscheidungen des Bundesarbeitsgerichts
BArbBl	Bundesarbeitsblatt
BayrStReg	Bayerische Staatsregierung
BB	Betriebs-Berater
Bd.	Band
BDI	Bundesverband der Deutschen Industrie
BDSG	Bundesdatenschutzgesetz
Bearb.	Bearbeiter
bearb.	bearbeitet
BenshSlg.	Entscheidungen des RAG und der Landesarbeitsgerichte, verlegt bei Bensheimer
betr.	betreffend
BetrVG	Betriebsverfassungsgesetz 1972
BfAI	Bundesstelle für Außenhandelsinformation
BGB	Bürgerliches Gesetzbuch
BGBl.	Bundesgesetzblatt
BGH	Bundesgerichtshof
Bl.	Blatt, Blätter
Bln	Berlin
BMA	Bundesministerium (bzw. Bundesminister) für Arbeit und Sozialordnung
BMBF	Bundesministerium (bzw. Bundesminister) für Bildung, Wissenschaft, Forschung und Technologie
BMFT	Bundesministerium (bzw. Bundesminister) für Forschung und Technologie
BMWi	Bundeswirtschaftsministerium (bzw. Bundeswirtschaftsminister) für Wirtschaft
BOE	Boletín Oficial del Estado
BPersVG	Bundespersonalvertretungsgesetz
BPR	business process re-enginering

Bsp.	Beispiel
bspw.	beispielsweise
Btx.	Bildschirmtext
BV	Betriebsvereinbarung
BVaA	Betriebsvereinbarung der IBM Deutschland GmbH über außerbetriebliche Arbeitsstätten vom 12.10.1992
BVMT	Betriebsvereinbarung über Mobile Telearbeit und Flexible Büroarbeitsplätze in der IBM Informationssysteme GmbH, Niederlassung Stuttgart
BVTA	Bundesverband Telearbeit
bzw.	beziehungsweise
CAD	Computer Aided Design
CC	Código Civil
CC.OO.	Comisiones Obreras
CCE	Commission des Communautés Européennes
CE	Constitución Española
CES	Confédération européene des syndicats
Cfr.	cifrado
CLA	Convenio de Roma sobre la ley aplicable a las obligaciones contractuales, del 19 de junio de 1980
COBRA	Constraints and Opportunities in Business Restructuring - An Analysis
ComHdB	Computerrechts-Handbuch
CR	Computer und Recht
d.h.	das heißt
DAG	Deutsche Angestelltengewerkschaft
Darst.	Darstellung
DB	Der Betrieb
DECE	RD 766/1992, de 26 de junio (modifiziert durch den RD 737/1995, de 5 de mayo)
Der ArbG	Der Arbeitgeber
ders.	derselbe
DFÜ	Datenfernübertragung
DG	Direction Générale de la CCE (Generaldirektion der Europäischen Kommission), entspricht GD
DG V	Direction Générale V, für Beschäftigung, Arbeitsbeziehungen und soziale Angelegenheiten der Europäischen Kommission
DG XIII	Direction Générale XIII, Abteilung für Telekommunikation, Informationsmärkte und Forschungsanwendung der Europäischen Kommission
DGB	Deutscher Gewerkschaftsbund
DGFP	Deutsche Gesellschaft für Personalführung
dgl.	der gleiche, die gleiche(n)

dies.	dieselbe(n)
DIHT	Deutscher Industrie- und Handelstag
Dipl.	Diplom
disp. final	disposición final
Diss.	Dissertation
DL	Documentación Laboral
DPG	Deutsche Postgewerkschaft
DSM	Decretos sobre Salario Mínimo interprofesional
ebda.	ebenda
EC	European Commission
EDI	Elektronischer Datenaustausch
EDV	Elektronische Datenverarbeitung
EEA	European Economic Area
EEC	European Economic Community
EG	Europäische Gemeinschaft
EGBGB	Einführungsgesetz zum BGB
EII	Europäische Informations-Infrastruktur, European Information Infrastrukture
EK	Europäische Kommission
Erg.Lfg.	Ergänzungslieferung
ET	Estatuto de los Trabajadores / Ley de Estatuto de los Trabajadores (Real Decreto Legislativo 1/1995, de 24 de marzo, por el que se aprueba el texto refundido de la Ley del Estatuto de los Trabajadores (BOE núm. 75, de 28 marzo))
ETD	European Telework Development
EU	Europäische Union
EuGH	Gerichtshof der EG
Euro-ISDN	Standard des ISDN in Europa
EWG	Europäischen Wirtschaftsgemeinschaft
EVtr	Einigungsvertrag
EVÜ	EG-Übereinkommen über das auf vertragliche Schuldverhältnisse anzuwendende Recht vom 19.6.1980
EWG	Europäische Wirtschaftsgemeinschaft
f.	folgende (Seite)
FAZ	Frankfurter Allgemeine Zeitung
Feder	Fondo Europeo de Desarollo Regional
ff.	folgende (Seiten)
Fn.	Fußnote
FOREM	Fundación Formación y Empleo
Fundesco	Fundación para el Desarrollo de la Función Social de las Comunicaciones
GD	Generaldirektion
gem.	gemäß

ges.	gesetzlich
GfK	Gesellschaft für Konsumforschung
GG	Grundgesetz
ggf.	gegebenenfalls
Ggtl.	Gegenteil
gl.A.	gleicher Ansicht
gl.M.	gleiche Meinung
GmbH	Gesellschaft mit beschränkter Haftung
GMH	Gewerkschaftliche Monatshefte
GSM	Global System for Mobile communication
h.L.	herrschende Lehre
h.M.	herrschende Meinung
HA	Heimarbeit
HAG	Heimarbeitsgesetz
Halbs.	Halbsatz
HB	Handelsblatt
HBd.	Halbband
HBV	Gewerkschaft Handel, Banken und Versicherungen
Hg.	Herausgeber
Hg.v.d.	Herausgegeben von dem/der
HGB	Handelsgesetzbuch
Hrsg.	Herausgeber
hrsg.	herausgegeben
Hs.	Halbsatz
HTML	Hypertext Markup Language
i.A.	im Auftrag
i.d.Bek. v.	in der Bekanntmachung vom
i.d.F.	in der Fassung
i.d.R.	in der Regel
i.e.S.	im engeren Sinne
i.S.d.	im Sinne des, der
i.S.v.	im Sinne von
I.u.K.-	Informations- und Kommunikations-
i.V.m.	in Verbindung mit
i.w.S.	im weiteren Sinne
IAO	Internationale Arbeitsorganisation
ICEF	International Conferences Exhibition and Fares
ICT	Information and Communication Technology
IG Medien	Industriegewerkschaft Medien, Druck und Papier, Publizistik und Kunst
IG Metall	Industriegewerkschaft Metall
IGM	Industriegewerkschaft Metall
IHK	Industrie- und Handelskammer
ILO	International Labour Organisation

IPR	Internationales Privatrecht
ISDN	Integrated Services Digital Network, Integrierendes System digitaler Netzanschlüsse
ISO	International Standards Organization
IT	Informationstechnik, information technology
IT&T	Information technology and telecommunikations
IT-	informationstechnische
IuK	Information und Kommunikation
IuK-	Informations- und Kommunikations-
iuk-	informations- und kommunikations-
IV	Informationsverarbeitung
IVBB	Informationstechnischer Verbund Berlin/Bonn
Jg.	Jahrgang
JuS	Juristische Schulung
Kap.	Kapitel
KAPOVAZ	Arbeit mit kapazitätsorientierter variabler Arbeitszeit
KMU	kleinere und mittlere Unternehmen
KSchG	Kündigungsschutzgesetz
L&T	Lavoro & Tecnologia
LAN	Lokal Area Network
LAS	Ley 19/1977, de 1 de abril, reguladora del derecho de asociación sindical (BOE núm. 80, de 4 abril)
LCA	Ley sobre el contrato de agencia (12/1992, de 27 de mayo)
LET	Ley de Estatuto de los Trabajadores
LG	Landgericht
Lit.	Literatur
lit.	litera
LOEx	Ley Orgánica sobre derechos y libertades de los extranjeros en España (7/1985, de 1 de julio)
LOLS	Ley Orgánica 11/1985, de 2 de agosto, de Libertad Sindical
LPRi	Ley de prevención de riesgos laborales (31/1995, de 8 de noviembre)
lt.	laut
m.M.	Mindermeinung
m.w.N.	mit weiteren Nachweisen
MietRVerbG	Gesetz zur Regelung von Ingenieur- und Architektenleistungen vom 4. November 1971
MOPTMA	Ministerio de Obras Públicas, Transporte y Medio Ambiente
MünchArbR	Münchener Handbuch zum Arbeitsrecht
N.N.	neminem nescio
NJW	Neue Juristische Wochenschrift

NJW-CoR	Neue Juristische Wochenschrift - Computer Report
Nº	número, numéro
Nos	números
Nr.	Nummer
Nrn.	Nummern
NRW	Nordrhein-Westfahlen
NZA	Neue Zeitschrift für Arbeitsrecht
o.g.	obengenannt(e)
o.J.	ohne Jahresangabe
OIT	Organización Internacional de Trabajo
OnForTe	Online-Forum Telearbeit
PC	Personalcomputer
PRACTICE	Code of Practice for Telework in Europe
RAE	Revista Asturiana de Economía
RAG	Reichsarbeitsgericht
RdA	Recht der Arbeit
RDSI	Red Digital de Servicios Integrados
RDV	Recht der Datenverarbeitung
REDT	Revista Española de Derecho del Trabajo (CIVITAS)
RELx	Reglamento de ejecución de la LOEx (aprobada por Real Decreto 155/1996, de 2 de febrero)
RL	Richtlinie
RMTAS	Revista del Ministerio de Trabajo y Asuntos Sociales
Rn.	Randnummer(n)
Rspr.	Rechtsprechung
S.	Satz, Seite
s.	siehe
s.a.	siehe auch
s.o.	siehe oben
s.u.	siehe unten
SchlBst.	Schlußbestimmung
SJS	Sentencia del Juzgado de lo Social
SMART	Space, Morale and Required Technology
sog.	sogenannte(n)
sonst.	sonstige, sonstiges, sonstiger
st. Rspr.	ständige Rechtsprechung
STCT	Sentencia del Tribunal Central de Trabajo
STS	Sentencia del Tribunal Supremo
STSJ	Sentencia del Tribunal Social de la Justicia, Sala de lo Social
SYSDEM	Système européen de documentation sur l'emploi
SZ	Süddeutsche Zeitung
TA	Telearbeit
Tab.	Tabelle

TELDET	Telework Developments and Trends
TI	Technologie de l'information
TIC	Tecnología de la información y la comunicación, bzw. Technologie de l'information et de la communication
TK	Telekommunikation
TK-	Telekommunikation(s)-
TS	Tribuna Social
TVG	Tarifvertragsgesetz
TWIST	Telearbeit (Telework) in flexiblen Strukturen
u.	und
u.a.	unter anderem, und andere
u.ä.	und ähnliche(s)
u.U.	unter Umständen
UIMP	Universidad Internacional Menendez Pelayo
Urt.	Urteil
USA	United States of America
usw.	und so weiter
v.	von, vom
VBG	Verwaltungs-Berufsgenossenschaft
VDMA	Verband Deutscher Maschinen- und Anlagenbau
vgl.	vergleiche
VO	Verordnung
Vorb., Vorbem.	Vorbemerkung
VTD	Verband Telearbeit Deutschland
WAN	Wide Area Network
WOBetrVG	Erste Verordnung zur Durchführung des Betriebsverfassungsgesetzes
WuM	Wohnungswirtschaft und Mietrecht
WWW	World-Wide-Web
z.	zum
z.B.	zum Beispiel
z.Zt.	zur Zeit
ZFA	Zeitschrift für Arbeitsrecht
Ziff.	Ziffer(n)
zit.	zitiert
Zsfg.	Zusammenfassung(en)
Zshg.	Zusammenhang
ZTR	Zeitschrift für Tarif-, Arbeits- u. Sozialrecht des öffentlichen Dienstes
ZVEI	Zentralverband Elektrotechnik und Elektronikindustrie

Schriften der Deutsch-Spanischen Juristenvereinigung

Band 1 Santiago Gonzáles-Varas: Die Verwaltung in Privatrechtsform in Spanien und Deutschland. 2002.

Band 2 Eva Romanski: Sozialstaatlichkeit und soziale Grundrechte im Grundgesetz der Bundesrepublik Deutschland und in der spanischen Verfassung. 2000.

Band 3 Alexander von Kuhlberg: Änderung und Revision der spanischen Verfassung vom 29. Dezember 1978. 2000.

Band 4 Kai Christian Fischer: Verbraucherschutz im spanischen Vertragsrecht im Lichte der europäischen Rechtsangleichung. Eine Studie mit rechtsvergleichenden Bezügen zum deutschen Recht. 2000.

Band 5 Miguel Félix Rodríguez y Rowinski: Die Haftung für Hilfspersonen im spanischen Recht. 2001.

Band 6 Ole Brühl: Immissionsschutzrechtliche Vorhabengenehmigung in Deutschland und Spanien. Eine rechtsvergleichende Untersuchung unter besonderer Berücksichtigung der Rechtslage in den Autonomen Gemeinschaften Spaniens. 2001.

Band 7 Florian Pagenkemper: Die Mängelhaftung des Bauunternehmers in Spanien nach der *Ley de Ordenación de la Edificación* und dem *Código civil*. Eine Untersuchung der vertraglichen und gesetzlichen Haftung mit rechtsvergleichenden Bemerkungen zum deutschen Recht. 2002.

Band 8 Daniel Friedrich Berg: Die Rückabwicklung gescheiterter Verträge im spanischen und deutschen Recht. Eine rechtsvergleichende Untersuchung unter besonderer Berücksichtigung des Einheitsrechts. 2002.

Band 9 Maria Isabel Haas: Der Durchgriff im deutschen und spanischen Gesellschaftsrecht. Eine rechtsvergleichende Analyse. 2003.

Band 10 Sonja Kohtes: Das Recht der vorformulierten Vertragsbedingungen in Spanien. Die Umsetzung der Richtlinie 93/13/EWG über missbräuchliche Klauseln in Verbraucherverträgen. 2004.

Band 11 Markus Artz: Kollisionsrecht und ausländisches Recht in spanischen und deutschen Zivilverfahren. Eine rechtsvergleichende Untersuchung. 2004.

Band 12 Johannes F.K. Rheinheimer: Arbeitsrechtliche Fragen nationaler und internationaler Telearbeit in der Europäischen Union an den Beispielen Deutschland und Spanien. 2004.

Peter Lang · Europäischer Verlag der Wissenschaften

Monika Reckhorn-Hengemühle

Aktuelles spanisches Erbschaft- und Schenkungsteuerrecht

Abwicklung deutsch-spanischer Erb- und Schenkungsfälle

Frankfurt am Main, Berlin, Bern, Bruxelles, New York, Oxford, Wien, 2003. 169 S.
Schriften zum Internationalen und vergleichenden Privatrecht.
Herausgegeben von Abbo Junker. Bd. 4
ISBN 3-631-50676-7 · br. € 35.30*

Die durch den signifikanten Rückgang an Geburten und den überproportionalen Anstieg alter Menschen veränderte Altersstruktur der Deutschen und die parallel dazu verlaufende stetige Zunahme äußerst wohlhabender Bürger in der Altersgruppe zwischen 55 und 65 Jahren mit einem hohen Investitionsaufkommen in Spanien führt angesichts der Alterskonzentration gleichzeitig zu einer stetigen Zunahme der Erbfälle bzw. im Vorfeld einer vorausschauenden Planung der Vermögensnachfolge zu einem steigenden Aufkommen an Schenkungsfällen. Die steuerliche Behandlung deutsch-spanischer Erb- und Schenkungsfälle wirft angesichts der durch die unterschiedlichen Anknüpfungspunkte der beiden nationalen Steuersysteme bedingten bilateralen Steuerpflichtigkeit der Erwerbstatbestände in Anbetracht eines in diesem Bereich fehlenden Doppelbesteuerungsabkommens besondere Probleme auf und macht die Kenntnis des materiellen spanischen Erbschaft- und Schenkungsteuerrechts unerlässlich.

Aus dem Inhalt: Einblick in das aktuelle spanische Erbschaft- und Schenkungsteuerrecht · Rechtsgrundlagen der Besteuerung · Einzelne Steuertatbestände · Die Bemessungsgrundlagen · Das System der Steuererhebung · In Ermangelung eines deutsch-spanischen Doppelbesteuerungsabkommens bestehende Möglichkeiten zur Beseitigung der Doppelbesteuerung durch die Anrechnung

Frankfurt am Main · Berlin · Bern · Bruxelles · New York · Oxford · Wien
Auslieferung: Verlag Peter Lang AG
Moosstr. 1, CH-2542 Pieterlen
Telefax 00 41 (0) 32 / 376 17 27

*inklusive der in Deutschland gültigen Mehrwertsteuer
Preisänderungen vorbehalten

Homepage http://www.peterlang.de